U0627667

国家社科基金项目"20 世纪《孙子兵法》英译研究"（项目批准号：14BYY028）

20世纪《孙子兵法》英译研究

裘禾敏 著

人民出版社

目　　录

导　　论

　　《孙子兵法》英译研究是一项跨专业、跨学科、跨领域的课题，因为它囊括了翻译学、语言学、文献学、哲学、传播学、文艺学等诸多人文社会科学，不仅涉及了由源语与目标语相关的各类兵学术语、文言文句法结构、兵学篇章特征、春秋修辞文体、战国思维方式等组成的内部体系，而且包含了由译者、作者、读者、注疏者、研究者、历史语境、社会诸要素构建的外部体系。我们将着重剖析世界《孙子兵法》英译史上四种最具典型意义的全译本，多视角探讨《孙子兵法》英译脉络，将其置于"孙子学"与中西文化交流史的宏大背景下，廓清译者的翻译目的、价值取向、翻译策略及其对《孙子兵法》的总体认识，试图描绘不同译本在不同历史时期所呈现出的错综复杂的翻译现象，从历时与共时的维度比较、分析译本在译入语社会的接受、传播、影响，描摹《孙子兵法》在英语世界的运行轨迹与反拨情况。

　　我们认为，无论从哪个视角考虑，《孙子兵法》英译研究都属于"宏大叙事"（grand narrative event），纵横驰骋古今时空，多维涵盖诸门学科。因此，我们拟以孙子学历时梳爬为经度，以翻译学共时比较作纬度，编织成一张纷繁复杂、扑朔迷离但引人入胜的探索之网。

汉代许慎在《说文解字》里指出:"典,五帝之书也。"① 即谓上古时期圣王传承下来的具有神性意味的文献。他又指出:"籍,簿书也。"清代段玉裁注解:"簿当作薄。"引申为"凡著于竹帛皆谓之籍"。由此可见,"典籍"是"从五帝时期传来的、具有神性或者权威性质的竹帛文献"②。"典籍"一词盖源于《孟子·告子章句下》:"诸侯之地,方百里;不百里,不足以守宗庙之典籍。"③ 赵岐注:"谓先祖常籍之法度之文也。"《尚书伪孔序》:"秦始皇灭先代典籍,焚书坑儒。"这是早期历代学人有关"典籍"内涵较为笼统而宏观的理解,既指任何"著于竹帛"之"籍",也强调"神性"与"权威性"。

中国是世界上图书目录学(bibliography)成熟最早的国家,"目录"一语源于西汉刘向所著的《别录》,比西方首部文献目录《万国书库》(Bibliotheca Universalis,1545)还要早一千五百多年。晋代学人荀勖提出"甲乙丙丁"四部分类,唐代魏徵在《隋书》里接受了这样的分类体系,提出了"经史子集"命名法,自那时起算,已沿用千年之久。事实上,汗牛充栋、浩如烟海的中国典籍④所包含的"经史子集",主要指"群经、历史、诸子、文学"等四部分,"经部"细分"易、书、诗、礼、春秋"等十类,"史部"细分"正史、编年、传记"等十五类,"子部"细分"儒家、兵家、法家、医家"等十四类,"集部"细分"楚辞、总集、别集、诗文评、词曲"等五类。季羡林指出:"在世界上所有的文明大国中,古代典籍流传下来在质和量的方面都独占鳌头的,只有中国一国……古代

---

① (汉)许慎:《说文解字·五上·丌部》。
② 黄亚平:《典籍符号与权力话语》,中国社会科学出版社 2004 年版,第 2 页。
③ 孟子:《孟子译注》,杨伯峻译注,中华书局 2012 年版,第 225 页。
④ 如按时间划分,产生于中国清末 1911 年以前并流传至今的典籍估计达 8—10 万种(引自《我国古籍正在逐步整理出版》,《光明日报》,1983 年 11 月 25 日)。另外,自 2008年国务院颁布首批《国家珍贵古籍名录》至今,该名录共收纳了 11375 种典籍。就"经史子集"而言,仅《论语》《大学》《诗经》《楚辞》《孙子兵法》《庄子》《道德经》,及部分汉赋、唐诗、宋词、元曲杂剧、明清小说已被翻译成英语,大约占总数的千分之几。

典籍是我们中华民族对世界人民、对世界文化一个伟大的贡献。"① 在中国传统学术里，典籍具有文化的原型符号的特质，蕴藏着能够"遗传"并不断再生的文化"基因"；典籍是中国传统文化的内核，在一定程度上，它是相应历史时期主流文化的意义单位，同时还是传统文化的符号构成规则。

就典籍的价值而言，它指经受过一定时空考验与筛选，在推动民族文明甚至世界文明进步的过程中发挥过重大作用的文献与典册。换而言之，是其思想富于原创性、主题具有恒久性的著作，含有"始典、首典、宝典、元典"② 等意蕴。就其学科而言，典籍包括中国历代哲学、宗教、文学、兵学、历史、科技、法律等方面的经典作品。它们经过历史长河无数次的"大浪淘沙"而流传至今，因此，具有"披尽千沙始得金"的永恒学术价值。无论在哪个时代，典籍总是被历代学者不断地研究、增益、注疏、阐释、传播与借鉴，如刘勰在《文心雕龙》所言"振叶以寻根，观澜而索源"，助推诞生于人类文明"轴心时代"③ 的典籍走得更远。

典籍是全人类共有的精神财富，也是人类社会各种文明的结晶。一方面，作为民族文化的原型符号，典籍自己就有不断再生、不断重现、不断阐释的需求；另一方面，如果不进行有效的传播，不进行世代相传，就很

---

① 季羡林：《季羡林谈义理》，人民出版社 2010 年版，第 104 页。

② 《周易》首卦是"乾"，周文王解释乾卦的首字是"元"；孔子的弟子子夏解释"元"："元，始也。"开天辟地之气为"元气"，承载文化的最早典籍称为"元典"，蕴含最早、最重要、至善、至美、源起、原创性、原汁原味等传统文化内涵。中国历来有原道、征圣、宗经的传统，人们追原、师从、宗奉的"道""圣""经"都来自元典，如意象思维源自《周易》，诗性思维源自《诗经》，辩证思维源自《老子》，名实思维源自《墨子》，齐物思维源自《庄子》。元典既经纬天地，又弥纶群言；既充满张力，又指涉繁复；既通变恒久，又亘古亘今。总之，元典因具有首创性、深邃性与普世性而成为思想精粹。

③ 德国存在主义哲学家雅斯贝尔斯（Karl T. Jaspers）在《智慧之路》一书里指出，如果以公元前五百年为中心时间坐标考察，人类文明精神的基础几乎同时在中国、印度、波斯、巴勒斯坦与希腊独立形成，出现了一批伟大的精神导师，如中国的孔子、老子，印度的释迦牟尼，希腊的苏格拉底、柏拉图，其精神建筑过程形成一个轴心，因此，称为"轴心时代"，相对于中国的春秋时期。

难实现其潜在的永恒价值。由于时空殊隔、语境差异、意义变迁，从符号学角度看，典籍传播一般需借助符号间翻译。倘若在世界范围内考察典籍传播的路径，可以看出，一般可分为两种路径，第一是"汉语文化内部传播"，即典籍从古到今在同一汉语言文化体系里的世代传承（主要是注疏、考据、今译等），旨在继承弘扬民族文化，这就是典籍的"古文今译"，属"语内翻译"（intra-lingual translation）；第二是"异质文化跨域传播"，即典籍从译出语国输出到译入语国（主要系汉译外），走出国门，借翻译之"船"远涉重洋，让昭示原创意蕴、富含现代价值的文化元典进入全新的异质语言文化系统，这是"母语与外语间的翻译"，属"语际翻译"（inter-lingual translation）。我们着力探讨的是中国兵学典籍《孙子兵法》对外传播的"语际翻译"，具体而言，即东学西传的英译研究。

第一节　中国典籍英译研究述评

据文献记载，中国典籍外译大抵肇始于公元 508 年至 534 年之间，北天竺僧人菩提流支把中国僧人昙无最的《大乘章义》译成梵语，传至西域①。美国波士顿大学康思奇（Louis Komjathy）博士指出："中国史料显示，唐代高僧兼佛经翻译家玄奘开启了道家典籍的外译活动。公元七世纪，他将《道德经》译为梵文，并将译本随身出使西域求真经。罗马天主教耶稣会传教士莱伯尔（Mathew Raper）带回英国的拉丁文译本《道德经》（1788）是第一部西文译本。"② 可见，早期的典籍外译大多与宗教元典的对外传播有关：既有佛经回译成梵语，回流至西域天竺，反哺印度文化；又有老庄思想外译远播欧洲，开辟东西文化交流通道。

---

① 马祖毅、任荣珍：《汉籍外译史》，湖北教育出版社 2007 年版，第 2 页。

② Komjathy, Louis. DAOIST TEXTS IN TRANSLATION. Online text available at: http://www.onmarkproductions.com/taoist-texts-in-translation.pdf, 2005.

自 16 世纪起，中国文学典籍开始译介到欧洲。1590 年，西班牙传教士高母羡（Friar Juan Cobo）翻译的《明心宝鉴》（Precious Mirror of the Clear Heart）被誉为"中国文学译成欧洲文字的第一本书"①。这个时期，中国典籍大多是通过转译、编译其他语种（主要是拉丁语、西班牙语、意大利语）的形式进入英国的，譬如英译其他国家汉学家、传教士翻译的"四书""五经"。如果从 1741 年英国作家哈切特（William Hatchett）编译元杂剧算起，那么西方译者英译中国文化典籍的活动已有 270 多年的历史。19 世纪末，英国汉学家理雅各（James Legge）翻译了《春秋》《礼记》《书经》《易经》《老子》等重要典籍；20 世纪，英国著名译家霍克斯（David Hawkes）翻译了《红楼梦》（The Story of the Stone）等。历代西方翻译家呕心沥血译介中国典籍，为典籍跨语言、跨文化、跨国度传播做出了重大的贡献。

从欧洲范围来看，虽然英国英译中国典籍的工作不算早，但自近代以来，共翻译出版了 260 多种中国古典文学的图书。在北美洲，20 世纪美国的中国典籍英译及其研究发展势头十分迅猛，出版的相关图书与以此为选题的博士论文加在一起超过了一千多种，一跃成为西方汉学研究的重镇，涌现了一大批以宇文所安（Stephen Owen）、白之（Cyril Birch）、龙夫威（Fred Drake）、季北慈（Bates Gill）、芮玛丽（Mary Wright）、魏特夫（Karl Wittfogel）、倪德卫（David Nivison）等为代表的翻译家与汉学家，他们是不可小觑的海外典籍英译力量。

我们梳理了大量的相关文献，综合近几个世纪以来中外学界翻译研究中国典籍的主要情况，认为中国典籍的外译大致呈现以下五个主要特点。

第一，就翻译主体（translator）而言，典籍外译一般有这样几类译者：普通译者、传教士译者、文人译者与汉学家译者。普通译者（ordinary translator）根据手头已有的文言资料，将其翻译成外语，他们关注的是中

---

① 汪榕培、王宏主编：《中国典籍英译》，上海外语教育出版社 2009 年版，第 4 页。

外文字转换，很少考虑传统典籍的版本（version）及其版本学（bibliography）问题，很少会不辞辛劳地考证、遴选同一典籍的不同版本，他们的重点放在自己的译文与其他同类的比较、借鉴，力求超越现有的译文。传教士译者（missionary-translator）以传播基督教福音为宗旨投身中国典籍翻译，企图找到基督教是普世真理的依据，所以他们大多根据宗教认知模式从事翻译，开启了早期的中西文化交流。如意大利的利玛窦（Matteo Ricci）翻译《论语》时把"天""小人"英译为 heaven 与 sinner，减损了儒学内涵，增添了神学色彩。文人译者（scholar-translator）主要从事中国古典文学翻译，注重译文的文学性与审美价值，如翻译楚辞、汉赋、唐诗、宋词、元曲、明清小说，他们讲究语言优美、意象鲜明、语句押韵等。我国的翻译大家许渊冲、杨宪益、林语堂、叶君健是文人译者的杰出代表，他们往往侧重意译，视翻译为艺术，将文学翻译的审美性置于崇高的地位。汉学家译者（sinologist-translator）大多是海外译家，他们往往身兼翻译家、文献学家等多重身份，饱读中国四书五经，长期浸润于中国传统文化，有的还是中国古代文学博士，对翻译客体的历史价值与各种版本了解比较透彻，常常在序言里作长篇累牍的介绍与评价，而且译文穿插许多注释与讨论，最著名的汉学家译者有英国翟林奈（Lionel Giles）、韦利（Arthur Waley）与理雅各等，还有美国的白之、宇文所安等。自 18 世纪以来，许多西方思想家、哲学家、历史学家主要仰仗那些汉学家大量的典籍英译逐步了解中国，他们包括英国的汤因比（Arnold Joseph Toynbee）、美国的爱默生（Ralph Waldo Emerson）、法国的伏尔泰（Voltaire）、德国的海德格尔（Martin Heidegger）与尼采（Friedrich Wilhelm Nietzsche）等。汉学家的翻译作品是他们认识东方文明、认识中国文化价值的重要学术资源。

第二，从译出语（source language）与译入语（target language）翻译过程关系看，中国典籍外译大致有两种情形。首先是"直译"，直接从汉语转换成译入语，通常是汉学比较发达的国家，如英国汉学家亚瑟·韦利英译《诗经》《楚辞》《道德经》等。其次是"转译"，往往发生在缺少汉语译者的那些国家，译者通常无法从汉语翻译，不得不借助其他语言的译文，如荷兰从德译本转译《三国演义》，意大利从德译本转译《水浒传》等，属于"二度翻译"。

第三，从翻译模式（translating mode）看，中国典籍外译大抵有两种模式。第一种是"独立翻译"，这种情形较多，因为翻译是复杂的脑力劳动，属于适宜在案头展开的个性化思维活动，译者徜徉于不同语种的文本之间，沉浸在相对自足的精神世界里，多少耕耘就期待多少收获。如明清之际，法国传教士马若瑟（Joseph de Prémare）法译了《书经》《尚书》《诗经》等；19世纪20年代，德国传教士、翻译家、汉学家卫礼贤（Richard Wilhelm）德译了《老子》《庄子》《列子》《吕氏春秋》等，特别是其德译《易经》，向来为西方公认的权威解读，被转译成英语、法语、西班牙语、荷兰语、意大利语等多种欧洲文字，传遍整个西方世界。德国心理学家荣格受《易经》启发，提出了重要的"共时性原则"（synchronicity），作为其分析心理学发展的基础。第二种是"合作翻译"，可细分为本国译者合译、跨国译者合译。如李治华夫妇法译《红楼梦》，杨宪益夫妇英译多种中国古代文学名著，英国译者理雅各与中国学者王韬合译多部中国儒家经典作品，意大利传教士殷铎泽（Prospero Intorcetta）与葡萄牙传教士郭纳爵（Ignatius da Costa）合译了《大学》《论语》等，合作翻译可以发挥译者各自的语言文化优势，产生富于特色的作品，可大力推进在译入语文化系统的传播。

第四，从翻译篇章（translating length）看，中国典籍外译既有节译，如美国翻译家赛珍珠（Pearl S. Buck）英译七十回《水浒传》节本；又有全译，如沙博理（Sidney Shapiro）英译一百回《水浒传》全本。既有零星翻译，如法国最早只有法译本《汉宫秋》等少量的元杂剧作品；又有结集式的译介，汉学家巴赞（Antoine Pierre-Louis Bazin）翻译出版了《中国戏剧》等集子，使法国读者可较全面地了解中国元杂剧的主要作品及其特点；还有重要典籍的全译，如杨宪益夫妇合译的《红楼梦》、英国霍克斯与闵福德（John Minford）合译的《红楼梦》，都是传播于欧美国家的英译全译经典作品。

第五，从翻译目的（translating purpose）看，译者抱着各式各样的意图从事典籍翻译。明末以利玛窦为代表的传教士翻译儒家典籍，主要是为了传播基督教福音，意在用基督教替代儒学，所以大多采用"以耶释儒"的翻译策略。20 世纪初，以亚瑟·韦利为首的英国翻译家开始尊重中国文化及其价值，诉求异质文化，将文献学等纳入翻译实践。当代美国汉学家、翻译家安乐哲（Roger T. Ames）认为："我们要做的不只是研究中国传统，而是设法化之为丰富和改造我们自己世界的一种文化资源。"① 他们的翻译具有两重目的，一方面想借助翻译澄清中国哲学的独特性与差异性，另一方面希望西方关注现实，让典籍英译服务于改造西方世界，所以他的作品折射出"中国文化中心"的倾向。从历时的角度看，随着时代的进步，中外文化交流的增强，全球化进程的加速，中国硬实力与软实力的不断提升，话语影响力的稳步扩大，国家形象的逐步改善，典籍翻译已经从初期译者的充满好奇幼稚、怀有偏见成见到逐渐走向成熟理智、开放大气的发展道路了。

迄今为止，虽然已有不少典籍借助外译传播域外，但追踪这些外译本如何在国外流传，特别是有关在英语世界的翻译、接受、影响等情况的学者不多，这在客观上造成了中外文化影响研究的极度失衡，"知彼"明显多于"知己"。因此，学界应该紧紧围绕中国文化"走出去"战略方针，有计划、有组织地展开传统典籍翻译作品在目标语国家的传播情况调查分析，进行不同语种、不同时代、不同译者、不同受众、不同区域的多层面调研，宏观了解掌握对外翻译的组织模式与具体策略，重点关注翻译产品

① 安乐哲：《和而不同：比较哲学与中西会通》，温海明译，北京大学出版社 2002 年版，第 15 页。

的海外传播效率，总结符合当今新形势下国际话语体系的翻译策略与传播方式，为中国文化对外传播工程的政策规划与实际操作提供真实可信、有理有据的资讯。

与其他典籍相比，"诸子"英译要稍晚一些。以《庄子》为例，据英国学者安娜·伯罗尔（Anna Berall）博士考证，1881 年巴尔福（Frederic Henry Balfour）翻译、出版了《南华经》（即《庄子》The Divine Classic of Nan-Hua），译者详细介绍、评析了原作的主要思想，就"道""造化""真人"等关键术语的内涵做了说明。他认为，老子的道家思想最纯粹、最崇高，从庄子开始变异。1889 年翟理思（Herbert A. Giles）翻译、出版了《庄子》（Chuang Tzu：Mystic，Moralist，and Social Reformer）。学界普遍认为，该译本掺入译者较多的个人成分，以阐释学的术语评价为"过度阐释"（over-interpretation），但翻译的庄子形象充满了智慧。1891 年理雅各翻译、出版了《庄子》（The Writings of Kwang Zou），这是该书最权威的英语全译本。

先秦诸子里外译最多且影响最大者为《老子》（又称《道德经》），而外译语种最多的首推春秋末年齐国孙武所著的《孙子兵法》。成吉思汗熟读《孙子兵法》，具有卓越的军事才能，他率领的蒙古铁骑大军一直打到多瑙河流域，将《孙子兵法》输入了欧洲。据不完全统计，迄今为止，《孙子兵法》已被翻译成英语、日语、法语、德语、俄语、西班牙语、阿拉伯语等四十多种外语，其中亚洲出版的翻译与研究著述已有十四种语言，近七百部，占全世界《孙子兵法》译著的九成以上[①]，形成了一定范围的传播影响，在不同地区掀起了"孙子热"。

"典籍英译"是翻译研究的分支，在国内学界，该术语的出现只是三十年前的事。[②] 众所周知，典籍翻译属研究型翻译（research-oriented trans-

---

① 韩胜宝主编：《〈孙子兵法〉与文化战略》，古吴轩出版社 2016 年版，第 3 页。
② 1991 年，汪榕培在《英译〈老子〉》前言里谈到了"古典名著英译"的比较与翻译研究，这是国内译界较早的提法。

lation or scholarly translation），明显要难于其他类型翻译实践。译者不仅具有高超的双语水平，而且需对原作进行深入的探究，广泛涉猎与原作相关的文献，面对众说纷纭的注疏，要有较高的学术判断力，否则就难以深刻理解原义，遑论有效的英译了。典籍是国学的文化元典，是古代文化的承载者，因年代久远，其语言往往晦涩难懂，意义游离不定。在外译时，还要考虑到文化差异问题，要注意传达出原意的实质。典籍翻译涉及的古代思想、古代事物与现代的思想、事物差异悬殊，加上语言因素，即便是现代中国人阅读此类作品也存在许多理解问题，对外国译者而言，更是困难重重，举步维艰。

中国学者自觉向西方推介、英译典籍的活动发端于一百多年前。晚清名士辜鸿铭遍游欧洲，开启了中国译者独立从事典籍英译的先河。他英译过《论语》《中庸》等先秦典籍，颇受西方好评。辜鸿铭的翻译实践贯穿这样一条红线："翻译目的——为中华文明而译，翻译批评——准确理解与地道表达，翻译标准——再现内容与风格，读者意识——为了读者理解"[1]。他着眼于弘扬中国传统文化，采取了归化的翻译策略，譬如他专门引用爱默生有关个人修养的内容，解释"君子之道"的主要内涵，希望通过英译儒家经典《中庸》（The Universal Order or Conduct of Life），阐释东方的道德责任感，据此提出建立人类道德行为的主张，因此借英美文化概念演绎中国典籍大义。为了让西方读者更有效地知晓《论语》大义，他常常引用欧洲某些作家的话语，如援引莎士比亚、卡莱尔、歌德、阿诺德的语句来补充、解释原文，有时放在注释里，吸引读者的注意力，借用"迁移"的心理作用打动他们，帮助他们读懂中国文化。为此，辜鸿铭还采取名人类比的方法介绍中国不同历史时期的人物，譬如将管仲比作德意志帝国铁血宰相俾斯麦（the Bismarck of Ancient China），将尧舜比作《圣经》

---

① 朱宝锋：《辜鸿铭的翻译思想初探》，《世界文学评论》2007 年第 1 期，第 183—185 页。

里的长寿父子亚伯拉罕与以撒（the Abraham and Isaac in patriarchal times of Chinese history），其中以撒的出生是以上帝的应许与能力造就的，赋予其很多神秘的色彩。

辜鸿铭在致力于典籍英译的大量实践之余，还涉猎了翻译批评。他在1884年英语报纸《字林西报》（North China Daily News）① 上发表了《中国学》，明确指出，传教士理雅各英译《中国经典》时因为对儒家思想、典章制度、风俗习惯等理解不到位，英译转述里时而歪曲了儒家原义要旨，采取"援儒释耶"的翻译策略，结果是比附中国元典，曲解了中国人与中国文化。所以，他决定翻译儒家著作，修正有教养、有思想的西方人对待中国的成见，改善中英两国人民之间的态度。他反对字当句对的语言转换，提倡意译，努力实现原文思想在译文里得到相同的效果。他提出了不仅需要彻底掌握原文意义、译出原作文字的翻译要求，而且还主张再现源语文体风格的翻译标准。

近四十年来，国内学界有关典籍英译研究主要集中在古典文学的对外译介上，代表性著述有许渊冲的《中诗英韵探胜》（1992）、汪榕培的《比较与翻译》（1997）、《陶渊明诗歌英译比较研究》（2000）等论著。许著主要阐述了古诗翻译的"文学翻译十论"，即"三美论"（意美、音美、形美）、"三似论"（形似、意似、神似）、"三化论"（深化、等化、浅化）、"三之论"（知之、好之、乐之）、"艺术论"（从心所欲而不逾矩的艺术）、"矛盾论"（真与美：矛盾统一提高论）、"再创论"（用译入语的创作）、"优势论"（发挥译入语优势）、"竞赛论"（哪种文字更能表达原作内容）等。汪著探讨了典籍英译要注意的若干问题，提出了"传神达意""比读是复译的基础，复译是比读的升华"等典籍英译的指导原则，

① 《字林西报》是英国人19世纪50年代在中国创立的、很有影响力的英语报纸，前身是《北华捷报》（North China Herald），主要读者是当年在华的外国传教士、外交官员、商人。该报十分重视时政新闻，报道了许多重大的中外事件（如中日甲午战争），深受中外人士关注，是记录、研究近代上海的重要史料来源。

以冀"准确真实的本来面貌"译介中国传统文化。翁显良在《意态由来画不成》(1981) 里指出，古诗翻译是再创作，要求意足神完，不在乎词句对应。这几位资深译家兼学者从各自的翻译实践出发，涉及中国典籍英译的诸多重要方面，着力阐述"如何译得好""如何译得对"的传统译学论题，对当前翻译研究无疑具有一定的借鉴；但我们还可以把该课题拓宽到"为谁译""谁在译""译本在译入语文化系统发生了怎样的变化""译入语主流文化如何接纳、影响、改造译本"等更宏大、更宽阔的研究领域，探索典籍外译本在译入语体系里的动态意义，如何参与构建当地文化系统等。

西方也有很多翻译家、汉学家探究中国典籍英译问题。美国白之结合自己翻译《牡丹亭》的实践经验，提出了"从心所欲"(itch and twitch) 的主张。他认为，阅读原文在于收获乐趣而不是传授什么，译者必须要掌握轻松、庄重、粗俗、华丽等各种英语文体。[1] 就戏曲翻译而言，译者在节律上避免刻意追求押韵，也不需要严格遵循原文的节奏，注意"节律对应"(prosodic correspondence)，就能取得很好的艺术效果，"既能得到原音乐，同时既不牺牲英语诗的节奏美，又能让人听得懂"。[2] 他对中国古典戏曲的特殊性保持积极开放的心态，譬如面对众多的词牌名，采用罗马字母加汉语拼音，采取全缩、半缩的版式来区分唱腔与诗词；遇到诗歌，他用节律对应的方式处理，英译文里以接近相等的重音数量对应原文的音节数，较好地体现了古典戏曲"可唱性"的翻译难题；面对富含中国传统的内容，他主要采取"意象加文内夹注"的翻译技巧，主要目的是最大限度地保留异质的文化元素。

----

① Cyril Birch, *Reflection of a Working Translator*, in *Translating Chinese Literature*, eds., Eugene Eoyang and Lin Yao-fu, Bloomington and Indianapolis: Indiana University Press, 1995, p. 9.

② [美] 西利尔·白之:《白之比较文学论文集》，微周等译，湖南文艺出版社 1987 年版，第 86 页。

美国当代翻译家宇文所安表达了自己对翻译中国古典文学的看法：文学翻译是一项令人烦恼的艺术，其特性好比一种博彩。名家名作也许译成普通的读物，无名之作经翻译可能变得光彩照人，全靠译者每瞬间如何把握具体的语境与语言的运用。① 他在自己的翻译实践里倾向于可接受的翻译规范与略带归化的翻译策略。他主张，中西文学传统的差异性是显而易见的，不必过度夸大，因此，自己偏向归化的翻译策略旨在揭示中国文学作品能够引人入胜的真正原因，并不想说明对他者具有"异域"吸引力的理据。

由此可见，即使同样是美国译者，他们翻译中国典籍也会采取不同的策略。白之尽可能保留《牡丹亭》蕴含的中国戏曲诗性的异质特点，不仅全力以赴地英译了押韵诗词，还惟妙惟肖地用黑人英语再现了方言的个性化特征。宇文所安同样尊重那些反映中国文化传统的语言现象，他在保证译文流畅性的前提下，也在适当的地方借助一些注释，解释具有中国独特文化内涵的表述。他主编的《中国文学选集：初始至 1911》（*An Anthology of Chinese Literature：Beginning to* 1911），将自己翻译的《牡丹亭》收入选集，并跻身"诺顿文学书系"（Norton Anthology of Literature），这是英语世界认可中国古典翻译文学的有力证明。

第二节　《孙子兵法》英译研究概述

从事《孙子兵法》英译研究，我们必须得厘清《孙子兵法》在中外军事、思想乃至文化史上的地位、作用、价值与意义，只有着手弄清研究对象的来龙去脉，才能开展深入研究。

《孙子兵法》又称《孙武兵法》《吴孙子兵法》《孙子兵书》《孙武兵

---

① Owen, S., *A Note on Translation*, *in An Anthology of Chinese Literature*, Beginnings to 1911, New York and London：W. W. Norton & Company, 1996, xliii.

书》《孙子》《吴孙子》《兵法十三篇》等，成书于春秋时期，系我国迄今为止最古老、最完整、最著名的军事著作，两千五百多年来被誉为"兵学圣典""兵经"。作者孙武历来被奉为"百世谈兵之祖"，他的作品在中国军事史上占有不可替代的地位，对历代军事家、政治家、思想家、战略家产生过非常深远的影响。

这部堪称整个中国古代兵学体系的元典性著作，集中体现了中华民族在战争实践中积累、沉淀的军事智慧，既是中国优秀传统文化的重要组成部分，又是世界三大兵书之一（另外是日本宫本武藏《五轮书》①），比另一部兵书欧洲克劳塞维茨（Clausewitz）写的《战争论》（On War）② 还早 2300 多年。《孙子兵法》博大精深，其谋略思想与哲学思想被广泛地运用于军事、政治、经济等领域，其战略战术既适合小规模的战役，也适用于重大的国事决策，是中国传统思想对现实世界影响最大的典籍之一。

《孙子兵法》不仅在中国兵学史上意义非凡，而且在世界军事史上也占有极其重要的地位。20 世纪 20 年代，欧洲著名战略理论家利德尔·哈特（Liddell Hart）与富勒（John Frederick Charles Fuller）潜心研究《孙子兵法》。哈特说："《孙子兵法》是世界上最早的军事著作，其内容之博大，论述之精深，后世无出其右者。"③ 第二次世界大战期间原子弹爆炸，促使他开始反思西方军事理论，孙子"不战而屈人之兵"的思想改变了他的战争观点，他认识到控制战争、控制暴力的重要性，主张学习"伐谋""伐交"的东方智慧。他在著作《战略论》扉页上引用了世界上 7 位军事家的 21 条语录，孙子的语录不仅被列于篇首，而且占了 15 条。美国战略学家约翰·柯林斯（John Collins）曾这样评价："孙子是古代第一个形成

---

① 宫本武藏（1584—1645），日本著名兵法家，《五轮书》分"地之卷、水之卷、火之卷、风之卷、空之卷"等五卷，在西方世界影响深远。

② 克劳塞维茨（1780—1831），德国军事理论家、军事历史学家，有"西方兵圣"之誉，著有《战争论》。

③ Sun Tzu: The Art of War, translated and with an introduction by Samuel B. Griffith, with a foreword by B. H. Liddell Hart, Oxford: the Clarendon Press, 1963, p. v, foreword.

战略思想的伟大人物。孙子十三篇可与历代名著包括 2200 年之后的克劳塞维茨的著作媲美。今天，没有一个人对战略的相互关系、应该考虑的问题和所受限制比他有更深刻的认识。他的大部分观点在我们的当前环境中仍然具有和当时同样重大的意义。"[1] 俄罗斯郭泰纳夫在《中国军人魂》里指出，孙武的确是世界上第一流军事学家。可见，在西方世界《孙子兵法》同样具有极其崇高的声誉。

《孙子兵法》英译研究主要包括译本批评与翻译理论探讨，具体指基于这一兵学元典在不同历史时期翻译过程的描写性、分析性、阐释性探究，梳理原文不同版本的流传与注疏，剖析译者赖以翻译的原文版本与译本之间的互动关系，增强人们对有关典籍英译在中外文化交流重要性的认识，揭示跨文化、语际交流的实质，在此基础上试图构建中国典籍外译的理论模式，探索中国典籍外译的共性乃至普世原则。

《孙子兵法》英译实践首先面临的最突出的问题是语内阐释——典籍今译，即译者如何有效地把握该典籍的原义。文化元典《孙子兵法》经过了历代注疏家逐字逐句的校勘，明确本意，疏解本旨，澄清讹夺，产生了形形色色的注疏版本，为译者提供了丰富多彩的文献资料，同时又考验译者如何使用、甄别、借鉴这些宝贵的资源。《孙子兵法》经过历史的淘洗、沉淀，语言精练，语义丰厚，富含哲理，深藏玄机，虽片言只语，但言简意赅，字字珠玑，文化负载深厚，意蕴内涵精深。

当代译学家斯坦纳（George Steiner）认为，把汉语译成西方语言之难是众所周知的事实，语法、词汇之类的参考书对译者没有什么用处，需要借助上下文，包括最广泛的语言文化背景，才能说明原文含义。[2] 德国哲学家洪堡（Wilhelm von Humboldt）这样评价文言文：大家不能否认古典汉语具有惊人的高雅性，主要体现在摒弃了全部没有用处的（语法）关系，

---

[1]　约翰·柯林斯：《序言》载《大战略》，军事科学院译，战士出版社 1978 年版。

[2]　Steiner, G. *After Babel*: *Aspects of Language and Translation*. *Shanghai*: *Shanghai Foreign Language Education Press*, 2001, p. 376.

凭借语言自身、舍弃语法形式来有效地表述纯粹的思想。① 这里提到了汉语的异质性，涉及承载文化典籍的文言文，其异质性就更独树一帜了，原因有三方面：汉字体系不具备形态发生学机制，汉字的形式与形态呈弱势状态而意念处于强势，汉字句法的形成依靠意念的直接组合等。② 所以，翻译《孙子兵法》这样的中国文化元典，还须借助注疏、考据、训诂等研究手段，把握远离现代读者语境的原作主旨、风格，从历史文献里探寻意义，采用目标语汉语的阐释体系，借助西方汉学资源，获得新的阐发，才有可能比较全面、系统地向外传播其兵学要义、哲学内涵、语言意蕴与文化意义。

目前学界，无论是语言文字研究，还是典籍外译研究，都忽略了诸子典籍翻译。从事典籍翻译是一项学科跨度很大的课题，研究者不仅需熟练掌握外语、汉语、翻译学，还要通晓文言文、中国古代哲学、文学与历史，研究中古时期中国的社会文化、物质文化、生态文化等形而上的内容，构建典籍自身的文化框架，保留特有的历史信息。毫无疑问，诸子典籍翻译研究，既是一个充满挑战、布满荆棘的跨学科领域，又是一项富于创新、极具诱惑的选题。

一、国内《孙子兵法》英译研究回溯

《孙子兵法》从春秋战国时代流传至今，已有 2500 多年的历史，可谓源远流长。迄今为止，据不完全统计，就"子书"外译而言，翻译语种最多的是《孙子兵法》。③ 根据最新数据统计，目前已有四十余种外国文字翻译的数千种译本刊行世界，能与全世界发行量极大、影响力极广的《圣经》媲美。自 1905 年《孙子兵法》第一个英译本问世以来，它已在英语

---

① Humboldt, v. W. *On Language. Cambridge University Press*, trans. *Peter Heath*, 1989, p. 146.

② 刘宓庆：《翻译与语言哲学》，中国对外翻译出版公司 2007 年版，第 162—163 页。

③ 马祖毅、任荣珍：《汉籍外译史》，湖北教育出版社 2007 年版，第 87 页。

世界传播了一个多世纪，大约有几十种英译本在全球出版。回顾《孙子兵法》英译研究，可以揭示西方世界认识、接纳、研究中国传统文化的某些规律性特征。

从理论上讲，我国历代以来研究孙子及其兵学的文献应该汗牛充栋，但实际存世的是另一番景象。据目前国内较权威、较全面的孙子学成果《孙子学文献提要》统计，共有 1849 种古今中外研究孙子的各类文献，它收录的文献上溯两千多年前的先秦，下迄 20 世纪 90 年代初。其中"国内著作类文献 519 种，论文、记载类 978 种，合计 1497 种；国外著作类文献 237 种，论文、记载类 115 种，合计 352 种"①，虽然这是目前收录孙子学文献最多且最全的著述，但我们可以十分肯定地认为，这至多只是所有文献的底数，并"足以证明孙子学文献源流之长、数量之大、分布之广、著述者之多"② 的客观事实了。

根据国内学界《孙子兵法》研究分类体系，其翻译研究归属于"文献研究"，从已掌握的资料看来，它只占微小的比例，而有关英译研究的更是少之又少。在 1849 种文献里，把涉及不同语种译本流传、同一语种不同版本传播、译本点评、译介对其他学科影响等内容全部统计在内，共有 50 多种与此相关的文献。而且，有些文献介绍了少数民族文字翻译，如国内最早译成少数民族文字、出现于宋代的西夏文译本（原本现存俄罗斯，篇数与《宋本十一家注孙子》同）；流播于清朝的民族文字翻译包括满文译本（译者是耆英，共四卷，刊行于 1846 年，即道光二十六年）、蒙古文译本、满汉文对照译本及满蒙汉三语对照译本；还有的文献勾勒了其他语种翻译、接受、传播与影响等概况，如日语、法语、俄语、朝鲜语、意大利语、德语等译本及其在相应国家的流播；有些文献描述不同英语译本（主要是美英诸国译者）的特点与得失，内容概括性强，属于简单介绍。

① 于汝波主编：《孙子学文献提要》，军事科学出版社 1994 年版，第 9 页。
② 于汝波主编：《孙子学文献提要》，军事科学出版社 1994 年版，第 10 页。

总而言之，剥离、剔除上述文献，真正涉及《孙子兵法》英译研究的文献不足 10 篇。

这些有限的文献合在一起，大致描摹了《孙子兵法》英译本的传播图景，这是我们深入研究的基础。在《孙子学文献提要》里，于汝波收录了《孙子兵法》8 种英译本，附有其版本、作者、内容介绍，篇幅不长，但内容精炼，编排明了。该书给研究者提供了十分宝贵的现存文献目录，其时间下限是 1992 年底，没有收录新产生的许多英译本，尤其缺乏海外英译情况。另外，因受写作体例限制，每篇文献大致按照"篇名、朝代、编著者/注释者/译者、版本、编著者/注释者/译者简介与内容概要"的格式排列呈现，不可能提供更为详尽的文献资料，只有最主要的元素。由于是文献提要，作者罗列了孙子研究有关的重要著述，虽然只能窥见一斑，知道概貌，无法深入了解各种英译本的具体情况，但提供了深入研究的文献目录及其概况，学者可按图索骥，寻找更多的资料。

另外，英国汉学家鲁惟一（Michael Loewe）主编、李学勤等翻译的《中国古代典籍导读》（Early Chinese Texts：a Bibliographical Guide）提到 4 种《孙子兵法》英译本①；吴如嵩主编的《〈孙子兵法〉辞典》介绍了 4 种英译本②，但限于图书体例、编纂侧重等因素，都只是稍微提及《孙子兵法》英译概况，简单勾勒几笔。

令人欣慰的是，于汝波主编的《〈孙子兵法〉研究史》③增补了许多文献，时间跨度是从 1993 年至 2000 年底，正好是《孙子学文献提要》的延续。该书收录的孙子学"论著"分类著作，共 308 部，"文章"类，共 612 篇。其中与《孙子兵法》翻译研究有一定关联度的著述共计 11 部、文章共计 8 篇。如果再细分与英译研究相关的文献，则只有 7 部英译本（有 1 部带"评述"，题名为《〈孙子兵法〉与评述》，英汉对照，谢国良

---

① 鲁惟一主编：《中国古代典籍导读》，李学勤等译，辽宁教育出版社 1997 年版。
② 吴如嵩主编：《〈孙子兵法〉辞典》，白山出版社 1993 年版。
③ 于汝波主编：《〈孙子兵法〉研究史》，军事科学出版社 2001 年版。

评注，张惠民翻译，1995年中国文学出版社）。另外，书里仅仅收录了5篇与孙子英译有关的论文。

这里需要特别指出的是，《〈孙子兵法〉研究史》增加了不少《孙子兵法》翻译研究的篇幅，如第十一篇较详细地介绍了7世纪以来该兵学典籍东传日本、西渐法国的简要历程，尤其是第十二篇"《孙子兵法》传播及影响不断扩大的时期——20世纪"，较为系统地描述了20世纪初《孙子兵法》第一个英译本的问世，其他主要英译本陆续诞生的历史轨迹，有一定的广度与深度，是其他类似文献所不能企及的。另外，书里还涉及了西方世界有关该兵法军事思想的应用研究，并介绍了日本率先将兵法付诸商界的非军事领域研究情况，即第十三篇"20世纪国外关于《孙子兵法》的应用理论研究"。但由于作者同时讨论多语种译本，所以未能很好地叙述20世纪《孙子兵法》英译本的整体情况。

古棣主编的《〈孙子兵法〉大辞典》以较多的篇幅论述了《孙子兵法》在国外的影响，还分别介绍了《孙子兵法》在英国、美国的翻译与研究状况。该书在论述《孙子兵法》在美国的传播时称，"鉴于英美语言文字的同源，阐述《孙子兵法》在美国的传播，离不开对于历史上出现的主要英译本的考察"。① 尽管如此，因为这是孙子专题的大辞典，并非学术专著，没有把《孙子兵法》英译本当作独立的对象加以探讨，只是罗列了一些事实，谈不上深入研究。

我们综合《孙子学文献提要》与《〈孙子兵法〉研究史》这两部重要著述，可以知道：前者收录的文献上限是2500多年前的战国至先秦，下限到1992年，共计1849种文献；后者汇集了1993年至2000年间920种孙子学文献。这样，截至20世纪末，在绵绵两千多年的历史长河里，有文字记载的《孙子兵法》研究文献至少有2769种。笔者进一步统计与《孙子兵法》外译有关的文献，放宽标准，把有一丁点关联度、连同各语

---

① 古棣主编：《〈孙子兵法〉大辞典》，上海科学普及出版社1994年版。

种翻译介绍（其中不少是相同语种译本）的文献也计算在内，合计有 60 多种，低于文献总量的 3%，而与英译研究有关的约 20 种，不足 1%。由此可见，一方面，英译研究成果在早已成为"显学"的孙子学里可谓"微乎其微"；另一方面，这些现状表明，《孙子兵法》英译研究是一个跨专业、跨学科、跨系统的领域，是一个亟待开发的富矿，蕴藏着很大的学术资源，具有广阔而诱人的前景，既有悠久深远的传承历史、汗牛充栋的注疏文献传世，又能借助丰富多彩的现代研究理论，凭借缜密思辨的西学研究范式，可以召唤更多学者积极探索，推出更多更新的成果。

统计至 2000 年底，名副其实的、专门探讨《孙子兵法》英译研究的论著真可谓"凤毛麟角"。从我们所能掌握的文献看，它们大多从文本翻译角度对《孙子兵法》的某些英译本提出批评意见，如刘桂生的《十一家注〈孙子〉献疑——兼谈英日译本中的一些问题》①、罗建平的《〈孙子兵法〉Giles 译本译误分析》②，还有其他一些相关论文。刘桂生在文中列举了三大类十个例子，对比说明《十一家注〈孙子〉》、日本服部千春《〈孙子兵法〉校解》（系外国人在中国出版的第一部孙子研究著作，他还出版了《〈孙子兵法〉新校》《孙子圣典》等中日文著述）、英国汉学家翟林奈（Lionel Giles）英译本、美国军事家格里菲思（Samuel B. Griffith）英译本等存在的错误，并指出，有时会出现一种十分特殊的现象，即同一条错误，既在《十一家注》里，又在不同版本的新注及在外国学者的注释里原封不动地延续下去，有的错误甚至还呈现扩大化的趋势。罗建平论文通过 16 个例子，分析翟林奈译本中的一些不当之处，指出翟林奈虽较好地掌握了古汉语，原文理解也很到位，但因过于追求形似的直译反而损害了原义，导致其译文有些地方明显欠妥，此外，作者还归因于东西方的文化差异。此类文章重在《孙子兵法》文本献疑商榷，并不涉及英译本的整体

① 刘桂生：《十一家注〈孙子〉献疑——兼谈英日译本中的一些问题》，《刘桂生学术文化随笔》，中国青年出版社 2000 年版。

② 罗建平：《〈孙子兵法〉Giles 译本译误分析》，《钦州学刊》1998 年第 1 期。

特点、视角等。另外，尽管在讨论翟林奈与格里菲思英译本的同时，还简单提到了《孙子兵法》的其他英译本，但受论文篇幅、涉及主题、研究方法等影响，大多只是泛泛而谈，无法涵盖孙子英译研究概况。

自 2001 年以来，尤其是进入 2010 年，《孙子兵法》英译研究情况发生了新的变化，主要是集中出现了一些关于该选题的本体论研究论文，讨论的专题不限于语言层面，也不限于探讨翻译正误，更多的探究触及中西文化交流，涉及军事、哲学、传播、文学、美学等，开拓了英译研究领域，这是 20 世纪《孙子兵法》英译研究少见的、可喜可贺的学术气象。我们按照时间顺序，精选不同专题的孙子英译成果，排列出比较典型的单篇学术论文，以此窥见最新的研究动向，主要包括：商海燕《美国学者对〈孙子兵法〉的翻译与研究》[①]，黄海翔《论典籍翻译的历史忠实与阐释辩证观——基于〈孙子兵法·计篇〉两个英译》[②]，《〈孙子兵法〉复译中的文化误读与译者身份之辨》[③]，庞冬等《主体间性与〈孙子兵法〉军事译本的诞生》[④]，周建川《形合意合与〈孙子兵法〉的翻译》[⑤]，李桂峰《〈孙子兵法〉在日本与欧美的传播与研究述略》[⑥]，谢艺璇《试析〈孙子兵法·计篇〉英译之失与误》[⑦]，裘禾敏《〈孙子兵法〉在英语世界的传

---

① 商海燕：《美国学者对〈孙子兵法〉的翻译与研究》，《滨州学院学报》2007 年第 5 期。
② 黄海翔：《论典籍翻译的历史忠实与阐释辩证观——基于〈孙子兵法·计篇〉两个英译》，《天津外国语学院学报》2008 年第 2 期。
③ 黄海翔：《〈孙子兵法〉复译中的文化误读与译者身份之辨》，《中州大学学报》2009 年第 2 期。
④ 庞冬等：《主体间性与〈孙子兵法〉军事译本的诞生》，《南京理工大学学报》2009 年第 3 期。
⑤ 周建川：《形合意合与〈孙子兵法〉的翻译》，《牡丹江大学学报》2009 年第 4 期。
⑥ 李桂峰：《〈孙子兵法〉在日本与欧美的传播与研究述略》，《临沂师范学院学报》2009 年第 4 期。
⑦ 谢艺璇：《试析〈孙子兵法·计篇〉英译之失与误》，《福建师范大学福清分校学报》2009 年第 6 期。

播》①,《〈孙子兵法〉英译本的回译性解读：激活与遮蔽》②,《国内〈孙子兵法〉英译研究综述》③,《典籍英译与中国英语关系探讨》④,《典籍英译与东方情调化翻译倾向》⑤ 等。从论文题目看，学者们已经关注孙子英译的历史观、复译的文化误读、译者身份、国内外传播概况、回译性研究、中国英语等新的主题，研究者们从不同视角考察《孙子兵法》英译的许多问题，主要从语言层面、文化层面、哲学层面等阐发己见，因而是我们继续深入研究的重要参考学术资源。

此外，我们注意到一部题名为《〈孙子兵法〉语法研究》的博士论文，作者蔡英杰（2003）声称，《孙子兵法》的语法研究一向薄弱，因而力求通过对《孙子兵传》语法事实的细致描写，全面揭示《孙子兵传》的语法特点及其语法规律，"对《孙子》的复句和句群做了较为深入细致的研究，对每一类型的结构层次、语义关系、连接手段都做了细致描写，并揭示了复句与句群之间的差异"。该论文主要从古汉语角度较系统地梳理、发掘并揭示了《孙子兵法》的句法规律，可为孙子英译提供语言方面的学术资源。

综上所述，如果我们对《孙子兵法》翻译研究进行历时剖析，就可大致将其分为三个阶段。第一阶段为先秦至清末（1904），在这漫长的两千多年时间里，宋代出现了《孙子兵法》的西夏文译本，清代出现了蒙古文、满文等少数民族文字译本，大约 7 世纪东邻日本出现了日语译本，1772 年西方出版了第一个法语译本，但还没有英译本，所以就根本不存在《孙子兵法》英译研究。我们暂且称之为"外译研究准备期"。第二阶段

① 裘禾敏：《〈孙子兵法〉在英语世界的传播》，《浙江社会科学》2012 年第 6 期。
② 裘禾敏：《〈孙子兵法〉的回译性解读：激活与遮蔽》，《西安外国语大学学报》2014 年第 4 期。
③ 裘禾敏：《国内〈孙子兵法〉英译研究综述》，《孙子研究》2015 年第 9 期。
④ 裘禾敏：《典籍英译与中国英语关系探讨》，《亚太跨学科翻译研究》2017 年第 2 期。
⑤ 裘禾敏：《典籍英译与东方情调化翻译倾向》，《西安外国语大学学报》2019 年第 1 期。

为 1905 年至 20 世纪 90 年代，这是《孙子兵法》英译研究的关键时期，发生了具有里程碑意义的事件——1905 年诞生了第一个英译本，由英国卡尔斯罗普上尉从日语转译了《孙子兵法》，并于 1908 年出版了修订本，紧接着英国、美国与中国本土相继推出了一系列《孙子兵法》英译本，为英译研究者提供了研究对象与研究目标，但真正意义上的英译研究成果依然"乏善可陈"。我们称之为"英译研究起始期"。第三阶段自 20 世纪 90 年代末起，《孙子兵法》英译领域开始涌现一批本体论研究成果，从一定程度上拓宽了包含在传统"孙子学"里的"文献研究"，而且，其英译研究逐步开垦自主的学术势力范围，但仍然鲜见《孙子兵法》英译研究专著。我们可称之为"英译研究独立期"。我们希望拓宽更多的研究领域，期待更好、更新的成果问世，开辟更广、更深的研究天地。

二、国外《孙子兵法》英译研究概况

《孙子兵法》经翻译介绍流播到国外的历史，从时间顺序看，先东传再西播，"以传入朝鲜半岛为最早"，再传至欧洲；就传入国取得的成果而言，"研究成果以日本为最多，军事应用以美国为最突出，非军事应用研究还须首推日本"①。由此可见，孙子"近水楼台先得月"，最早经译介在汉字文化圈的东亚地区传播。

根据文字记载，《孙子兵法》最早流传到国外，可追溯到 1300 多年前。日本兵法史学者佐藤坚司考证，至少在 663 年前由百济人（今朝鲜人）引进《孙子兵法》。有韩国学者认为，当时来自百济国的兵法家到日本修筑城池，因精通中国兵法被授予荣誉勋章，由此推断，百济人将《孙子兵法》传入日本。② 只是迄今未见 14 世纪前其在朝鲜翻译、传播的任何记载，但据《朝鲜通史》，15 世纪李朝的义宗至世祖时期曾刊行《武经七

---

① 于汝波主编：《〈孙子兵法〉研究史》，军事科学出版社 2001 年版，第 14—15 页。
② 韩胜宝主编：《〈孙子兵法〉与文化战略》，古吴轩出版社 2016 年版，第 9 页。

书》的注释书，里面包含了《孙子兵法》。过了 16 世纪，孙子的朝鲜文译著、评述文章就大量涌现了。大约在 735 年，日本"遣唐使"吉备真备将《孙子兵法》带回日本，在太宰府传授《九地》篇目，同时代的日本史书《续日本记》摘录了《孙子兵法》的若干篇章，开启了东传日本之旅。1660 年出现了《孙子兵法》日译本，被誉为"日本孙子"的武田信玄撰写了《孙子谚义》。18 世纪朝鲜出现了《新刊增注孙武子直解》，1961 年施达志的《孙子兵法》问世。① 就孙子学宏观的研究成果而言，1980 年日本佐藤坚司出版的《孙子思想研究史考》可谓杰出代表。就注释、校勘而言，1987 年日本服部千春在中国出版的《〈孙子兵法〉校解》无疑是一部力作，他在该书基础上潜心修改与充实，1995 年著成《〈孙子兵法〉新校》，并以此获得南开大学博士学位。就英译本而言，1910 年英国翟林奈翻译的《孙子兵法：世界最古之兵书》与 1963 年美国格里菲思翻译的《孙子兵法》均为海外的学术型范本、军事型模本。

《孙子兵法》传入西方已有两百多年历史。1772 年法国传教士钱德明（French Jesuit Jean Joseph Marie Amiot，1718—1793，别名钱遵道，字若瑟，法国耶稣会士）首先将《孙子兵法》（根据《武经七书》满语手抄版、并对照汉语版）翻译成法文，书名为 Art Militaire des Chinois（《中国人的兵法》），最早向欧洲介绍了这一兵书经典，引起西方的广泛兴趣，开启了《孙子兵法》在西方传播的历程，随后两百多年间以此为底本翻译的《孙子兵法》不断问世。19 世纪有几种《孙子兵法》俄文译本问世，但没有产生太大影响。西方世界开始强烈关注《孙子兵法》并将其运用于各个领域，还是最近一百年的事情。一方面，20 世纪是战争频发的时代，人类经历了两次影响深远的世界大战，随即进入四十多年的"冷战"阶段，国际军事与两个超级大国的军备竞赛深刻地影响着世界的格局；另一方面，20世纪是人类社会空前发展与繁荣的时期，或称为"和平与发展"的新时

---

① 吴如嵩：《〈孙子兵法〉新论》，解放军出版社 1989 年版，第 6—7 页。

期，东西方文化交流日益频繁，极大地促进了以《孙子兵法》为代表的中外军事文化交流。

自 20 世纪 50 年代起，西方军界尤其是美国军界对《孙子兵法》极为关注，推动了《孙子兵法》的翻译与研究。80 年代以来，世界范围内的《孙子兵法》研究热潮蓬勃兴起，孙武思想在非军事领域的应用逐渐推广。除了军事与国家战略之外，《孙子兵法》还渗透到了企业管理、商业竞争、股市投资、政治哲学、人才择用、信息情报、外交谈判、交际处世、思维科学、教育科技、体育竞技、医学诊治等领域。从某种意义而言，"孙子热"已成为一种国际文化现象。在这样的背景下，我们有必要认真研究这一现象所产生的原因与过程，从翻译学角度做出深入而广泛的探索，以期更好地认识、研究《孙子兵法》这一中国典籍。

1905 年是《孙子兵法》英译研究史上具有划时代（epoch-making）意义的一年，因为日本东京出版了英国皇家野战炮兵上尉卡尔斯罗普（Captain Everard Ferguson Calthrop，1876—1915）翻译的《孙子兵法》。这是世界上第一个英译本，尽管是根据日文《孙子兵法》转译而成，但是毕竟开启了《孙子兵法》西行英语世界的大门，具有开拓性意义。

由于是转译本，几度阐释，几度走样，几度变异，结果是该英语首译本充溢着挥之不去的"日式风格"，书名采用按日语假名发音、按罗马字母书写的 Sonshi（日语的当用汉字"孙子"按音读念作そんし），把吴王阖闾与孙武脱胎换骨地变成了大和民族的帝王将相。卡尔斯罗普可能当时意识到这些问题，经过三年的不懈努力，1908 年，他根据汉语底本，重译出版了《孙子兵法》英译本，取名为《兵书——远东兵学经典》（The Book of War, The Military Classic of the Far East）[①]，封面上附有 translated from the Chinese by Captain E. F. Calthrop 的注释。译著包括《孙子语篇》

---

① Calthrop, E. F., *The Book of War: The Military Classic of the Far East.* London: John Murray, 1908.

（The Articles of Suntzu）与《吴子语录》（The Sayings of Wutzu）两部分。综观全书，英译本大致顺着原著十三篇的顺序与内涵阐释，几乎抹去了首版因从日语转译而带有的浓重"日本味"，内容也更加充实了。

1910 年，翟林奈翻译、出版了《孙子兵法》英译本，该译本对《孙子兵法》在西方世界的广泛传播发挥了十分重要的作用。翟林奈以清朝学者孙星衍《十家孙子会注》为底本全译了孙子十三篇，第一次比较准确地用英语译介了中国兵学元典的基本原则与哲学思想，并为其他西方文字翻译《孙子兵法》夯实了语言、文化基础，为该典籍进一步西传铺平了道路。

美国哈佛大学教授、加拿大籍学者阿拉斯泰尔·约翰斯顿（Alastair Iain Johnston）（中文名为"江忆恩"）长期潜心研究《孙子兵法》等中国典籍，曾来中国参加孙子兵法国际研讨会，发表自己的见解。他在《孙子研究在美国》（Sun Zi Studies in the United States，1999）一文里扼要地介绍了美国学界、商业教育与培训及军界等领域孙子研究及其具体应用的情况。他指出，自 20 世纪 80 年代西方兴起"孙子热"以来，越来越多的美国人开始认识、了解《孙子兵法》及其价值。他还认为，中国自古以来有一套独特的军事战略，倾向于借助外交手段处理国际关系，不到万不得已不会诉诸武力。

约翰斯顿还介绍了《孙子兵法》在美国的英译历程。20 世纪 80 至 90 年代间，美国出版了五种较有影响的英译本。第一种是格里菲思英译本，首版于 1963 年，当时就被联合国教科文组织列入《中国代表作丛书》，多次重版，其特点是：第一，较好地参照了中国权威注疏本《宋本十一家注孙子》，所以译文颇具"历史感"；第二，英国战略学家利德尔·哈特为该译本做了精彩的序言，客观上陡增其价值。第二种是 1988 年哈佛大学托马斯·克利里（Thomas Cleary）翻译出版的《孙子兵法》英译本。克利里关注兵法的防御性特点，其译文带有鲜明的"宗教"痕迹，因内容明显偏离孙武源语而屡遭汉学家的批评，因此很少用于军事院校的教学与研究。

第三种是 1983 年詹姆斯·克拉维尔（James Clavell）编辑、作序的翟林奈英译本，但它实际上只是翟林奈 1910 年英译本的重版，添加了一些注释与点评。第四种是 1993 年拉尔夫·索耶（Ralph D. Sawyer）翻译出版的"武经七书"，其中包含《孙子兵法》英译本。索耶第一次全面地将宋本"武经七书"译介给英语读者，填补了东西方军事文化交流史的空白，标志着"中国兵学西渐"进入了新的阶段，具有十分重要的学术意义。第五种是 1993 年罗杰·埃姆斯（Roger Ames，中文名为"安乐哲"）英译本，他侧重于从哲学的角度阐释《孙子兵法》，认为军事哲学思想是许多中国政治性哲学典籍探讨的普遍主题。

至于孙子研究在美国学界的影响，则主要集中于小部分汉学家、历史学家与哲学家，但即使他们也很少直接研究中国古代军事思想，具体针对孙子的更为少见。有力的佐证是 20 世纪 80 至 90 年代间，在探究古代中国为主题的一线期刊《哈佛亚洲研究学报》(Harvard Journal of Asiatic Studies)上未见孙子思想研究的论文，只发表了几篇介绍有关中国古代军事思想的文章，这算比较靠近孙子研究了。

此外，借助论文索引，我们还可搜寻到另一份重要期刊《亚洲研究学报》（The Journal of Asian Studies），但同样未见专门研究《孙子兵法》的论文，甚至连笼统涉及中国古代军事思想的著述也没有。

不过，如果我们稍稍扩大一点主题范围，就能搜索到 20 世纪 70 年代至 90 年代以中国古代军事思想为选题的 5 篇博士论文。这几篇博士论文分别是 Christopher Rand 的 The Role of Military Thought in Early Chinese Intellectual History（PhD，Harvard University，1977）；Edmund Balmforth 的 A Chinese Military Strategist of the Warring States Period：Sun Bin（PhD，Rutgers University，1979）；Robin Yates 的 The City Under Siege：Technology and Organization as Seen in the Reconstructed Text of the Military Chapters of Mo-Tzu（PhD，History，Harvard University，1980）；Alastair Iain Johnston 的 An Inquiry into Strategic Culture：The Parabellum Paradigm and Strategic Choice in the Ming Dynasty（PhD，Political Science Department，the University of Michigan，1993）；David Graff 的 Early Tang Generalship and the Textual Tradition（PhD，History Department，Princeton University，1995）等。就其内容而言，这些以探讨中国古代兵学思想为选题的博士论文，有的涉及战国时期墨子围城的战略、战术；有的首次英译并研究了孙膑作品；有的分析"武经七书"及其对明代外交政策的影响，也有的探究唐代初叶军界借鉴古代兵学的概况。这些博士论文虽然各有侧重，但有一个共同的特点，即在某些章节直接或间接地论及孙武或《孙子兵法》的某些方面，大多从军事文化、历史的视角探究包括《孙子兵法》在内的中国古代兵学著述，没有触及英译问题。

近年来，西方重新掀起了《孙子兵法》翻译热与研究热，涌现了 21 种全新的英译版，还有大量再版的英译，比较有影响的英译本包括：1999 年加里·加葛里亚蒂（Gary Gagliardi）出版了《兵法：孙子之言》（The Art of War：In Sun Tzu's Own Words），2002 年英国汉学家约翰·闵福德出版了《孙子兵法》，2007 年汉学家维克多·默尔（Victor Mair）推出了新的英译《孙子兵法》。这些新英译本的不断问世，不仅丰富了孙子英译研究对象，为世界范围内持续关注孙子起到了推波助澜的作用，而且增添了中国传统典籍文化在海外传播的新动力。

我们将中美《孙子兵法》文献进行比较研究，可以大致了解到美国人研究《孙子兵法》的情况与特点。自 20 世纪下半叶以来，美国翻译、出版了十几种孙子英译本，在西方世界力拔头筹。根据美国国会图书馆网络的检索结果，美国人研究《孙子兵法》主要有三大特点：一是他们十分重视《孙子兵法》，与此相关的图书出版数量较多，拥有一批具备较深造诣的研究者；二是他们的应用研究偏重于工商管理、经济学及军事领域，美国军界与专门研究机构从孙子吸取战略博弈思维，政界、企业高层都将孙子视作体现高度智慧的指导性经典；三是民间已有上百个研究《孙子兵法》的学会、协会，他们或解读孙子的哲学思想，或强调孙子理论的经世致用，或致力于中国传统文化的意象研究。

西方世界认识、了解、研究与应用《孙子兵法》，很大程度上应该归功于《孙子兵法》英译本。虽然迄今为止英语世界翻译《孙子兵法》才有一百多年的历史，但因为英国、美国代表着当今世界的强势文化，它们在国际社会上发挥着举足轻重的话语作用，其他不少国家借助英译转译到自己的民族语言，借道引进孙子兵学思想，所以，要想知道西方世界如何理解、传播、接纳《孙子兵法》，就必须先从研究《孙子兵法》英译本入手。

总而言之，西方研究者以不同于中国学者的研究思路、切入角度、价值观念与文化背景探讨《孙子兵法》英译课题，带来异质文化语境里清新而不同凡响的阐释与解读，可以拓宽国内研究者的视野，丰富汉学研究内涵，增加来自不同语言、文化背景的人们对孙武兵学战略战术的理解，开拓从异质学术视角反思传统元典的崭新渠道。在中外交流日益频繁的当下语境里，这样的研究更具有国际视野与人文情怀。

第三节　《孙子兵法》英译研究框架与理论意义

我们将着重剖析四种《孙子兵法》英语全译本，多视角探讨孙子英译西传脉络，描绘这部兵学典籍在英语世界翻译、介绍、接受与影响的历史与现实图景，认真审视与反思一百多年以来中西方文化交流的这些阶段性成果。

一、研究对象

《孙子兵法》的四种英语全译本包括：（1）1908 年英国上尉卡尔斯罗普翻译的 The Book of War：The Military Classic of the Far East，由伦敦 John Murray 出版；（2）1910 年英国汉学家翟林奈翻译的 Sun Tzu on the Art of War：The Oldest Military Treatise in the World，由伦敦 Luzac Co. 出版；（3）

1963 年美国海军准将格里菲思翻译的 Sun Tzu：The Art of War，由牛津 Clarendon Press 出版；（4）1999 年国内资深学者林戊荪翻译的 Sun Zi：The Art of War Sun Bin：The Art of War，由外文出版社出版。另外，国内译者育委根据格里菲思英译本 Sun Tzu：The Art of War 翻译成汉语的《孙子兵法——美国人的解读》（由学苑出版社 2003 年出版），也是我们的研究对象，用于《孙子兵法》的回译研究，这是另类的检验性英译研究。

我们选定上述四种英语全译本作为研究对象，是基于它们具有典型性与代表性的考虑：卡尔斯罗普翻译的是世界上《孙子兵法》英语首译本，翟林奈译本是欧美学界公认的学术型文本，格里菲思翻译的是西方军界首推的军事型权威译本，林戊荪译本是迄今为止国内颇具对外传播影响力的文化型英译本。而且，这些英译者分别来自中国、英国与美国，他们的作品既是《孙子兵法》在中国原产地与异国他乡英译实践、英译研究、英译传播的结晶，又是不同历史时期中外文化交流的成果。

《孙子兵法》英译研究需立足于现有的英译本，没有翻译实践，翻译研究无异于"缘木求鱼"。由于《孙子兵法》的英语全译本 1905 年方才问世，明显晚于其他一些重要的汉语典籍翻译（如 1868 年出现《道德经》英译本，1871 年理雅各博士出版了《诗经》英语全译本），所以其翻译研究起步也较晚、成果也相对较少，但研究空间十分广阔，这是客观事实。

从语言学考察，承载《孙子兵法》的古汉语是一种极具弹性的语言，其词义的浑圆性（古汉语单音词出现频率高，用法灵活，意义模糊宽泛而圆融）、语法的意合性（以意组合，虚实自如，脉络深蕴，句法规则弱，语义语用强）、修辞的空灵性（形式与意义的不确定）等特点决定了英译者在解构、建构意义时的多样性选择。由此可见，《孙子兵法》既是"一个永不枯竭的井泉，满载宝藏，放下汲桶，唾手可得"（尼采评价老子语），又是一个"博尔赫斯式的迷宫"（指一种特殊的立体几何般的思维，一种简单而优雅的语言，一种黑洞式的深邃无际的艺术魅力），具有难以穷尽的研究价值。

《孙子兵法》问世以来，就已经让世世代代的语内注疏者与研究者、语际翻译者与研究者处于这种虽阐释不尽但又欲罢不能的境地。

《孙子兵法》富含兵学、哲学、文学等语义，词语的多义性与阐释者（注疏者与翻译者）的能动性决定了其译本呈现出一个永无止境的意指过程。典籍一经诞生，就开始了其漫长而传奇的多维旅行。第一种维度是主体的运动，从作者、注疏者、译者、研究者到读者；第二种是时间的流动，从两千多年前的战国时代穿越悠长的时光隧道，一直流传到信息化的现当代；第三种是语言的驿动，从文言文到现代汉语（语内翻译），从汉语到外语（语际翻译）；第四种是受众场域的变动，从译出语国（中国）传播、迁徙到译入语国（世界各地），担当着中外文化交流的重任。《孙子兵法》经过英译而变异、再生，不同程度地融入了英语国家，在西方世界找到了第二个精神家园，为人类文明做出了应有的贡献。

二、研究方法

我们将从语言学、文艺学、哲学等多学科深入探讨《孙子兵法》英译历程。具体而言，即把《孙子兵法》翻译研究放置于中西文化交流史的宏大背景下，廓清译者的翻译目的、价值取向、翻译方法、翻译策略以及译者对《孙子兵法》的总体认识，试图描绘不同译本在不同历史时期所呈现的错综复杂的翻译现象，从历时与共时的维度比较、分析译本在目标语社会的接受、传播、影响，揭示中国兵学典籍在英语世界的运行轨迹、流播反拨情况。就语言学而言，我们将从高语境（汉语）与低语境（英语）理论、话题突出性语言（汉语）与主语突出性语言（英语）、本源概念（认知语言学）等视角探讨《孙子兵法》英译问题。

（一）高语境（汉语）与低语境（英语）理论

1923年，英国社会人类学家、功能学派创始人马林诺夫斯基

（Bronislaw K. Malinowski）提出了"情景语境"（context of situation）这一概念，表示文本的"即时语境"，围绕话语的当下所见所闻。① 1935 年，他提出"文化语境"（context of culture）概念，认为在每一类语言材料里，每个词语、每个句子乃至文本都置于恰当的文化语境之内。② 马氏把文化语境拓展到跨文化领域，包含了与词语相关的物质、活动、兴趣与美学价值等，将语境研究推到新的高度。根据马氏理论，文化语境指的是语言交际活动参与者所处的整个文化背景，文化差异性是这个概念的基础。20 世纪 70 年代，人类学家爱德华·霍尔（Edward Hall）指出，人类交际要受到语境的影响。他将语境定义为"与事件有关的信息，并与事件的意义密不可分"（the information that surrounds an event；it is inextricably bound up with the meaning of the event），率先提出高语境文化（high-context culture）与低语境文化（low-context culture）概念，为跨文化交际与交际环境的关系研究开辟了崭新的视角。90 年代，学界开始将语境应用于不同语言之间的理解与翻译研究。没有语境，就没有意义。同理，没有语境，就谈不上翻译实践，更谈不上翻译研究了。

根据霍尔的观点，在高语境文化里，人们在交际时很多信息或由社会文化环境与情景来传递，或内化于交际者的思维记忆深处，显性的语码所负载的信息量相对较少，人们对交际环境的种种微妙之处较为敏感。汉语无疑是比较典型的承载高语境文化的语言。而在低语境文化里，人们交际时大量的信息由显性的语码负载，隐性的环境传递出相对少量的信息。也就是说，在低语境文化里的人们习惯借助言语的力量来交际。根据语言及其文化的特征，英语可代表承载低语境文化的西方语言。

人们通常认为，东方文化属于高语境文化，西方文化属于低语境文

---

① Malinowski, B. *The Problem of Meaning in Primitive Languages. Supplement 1*, in C. K. Ogden & I. A. Richards. *The Meaning of Meaning*（c）. *San Diego*, New York and London：Harcourt Brace Jovanovich, Inc., 1923, p. 306.

② *Malinowski, B. Coral Gardens and Their Magic*. Vol. 2. London：Routledge, 1935, p. 22.

化。所以，在东方文化里，以中国人为代表，人们交际中重"意会""领会""尚象"，尚"言象互动"；而西方人尤其是美国人交际时十分重视"言传"，即"尚言"。高语境文化与低语境文化及交际呈现悬殊的特点，路斯迪格（M. W. Lustig）、高斯特（J. Koester）等学者认为，高语境文化一般具有以下的特征：内隐含蓄，富含暗码信息，偏重较多的非言语编码，反应很少外露，内外有别，人际关系紧密，高承诺，时间处理高度灵活；低语境文化的特征为：外显明了，富含明码信息，借助较多的言语编码，反应偏于外露，圈内外灵活，人际关系不密切，低承诺，时间高度组织化、计划化。① 高语境文化多产生于东方，儒、道、释等为其文化源头；低语境文化多产生于西方，古希腊赫拉克利特的"逻各斯"与苏格拉底、柏拉图、亚里士多德的逻辑、理性、辩论术等则为其文化发源地。

《孙子兵法》语言简约，蕴义丰富，极富隐喻性、象征性、多义性，因此，其英译实践实在是一项极具挑战性的工作。

（二）话题突出性语言（汉语）与主语突出性语言（英语）理论

Li 与 Thompson 通过比较汉语与英语的句法结构，考察两者的主要差异，得出这样的观点：汉语是话题突出语（topic-pr 强调的是话题的确立、话题与说明的关联性，没有语义与语法规则的强制要求，词性与句子间未必保持对应关系。而英语的主语与动词之间则必须保持语义的选择关系、形式上的一致性与句子成分的对应关系。因此，英语是强制性、封闭性的语言结构，句子结构宛如树状，枝干相连，庞杂而不乱；汉语是开放性的，在话题限定的范畴内说明语块滚动而出，形成竹子式结构，控制话题的因素主要是话语链而并非句法成分与一致性原则。

应用到《孙子兵法》的英译领域，第一是如何识别话题句，第二是关

---

① 贾玉新：《跨文化交际学》，上海外语教育出版社 1997 年版，第 103 页。

注语块的排列顺序。英汉语言的不同结构表明，英语主谓句结构严谨，语法成分位置与词性保持对应；汉语话题句更注重话题语与说明语间的语义连贯性，语法成分位置与序列处于从属地位。

（三）本源概念英译——认知语言学视角

本源概念（indigenous conception）指某一语言社团在自己的历史、文化、社会与思维方式发展中产生的特有概念，它相对于另一个语言社团来说是外来概念（alien）。本源概念可分两类：一是存在的或存在中的实物（artifacts）；二是人类了解万物的认知方式（cognitive patterns）。实物包括历史、地理、民族、服饰、建筑、法律、艺术、日常生活方式等。认知方式来源于特定语言的特定文化传统。

《孙子兵法》是中国重要的文化元典，包含许多"本源概念"，主要是富含中国国情学的众多术语，涉及古代兵学、哲学、地理等诸多领域。学界认为，系统研究本源概念英译模式的论文并不多见。从认知语言学看来，从译出语到译入语有一个概念意旨整合或筹划过程（conceptual mediation/mapping）①，有关这个心理认知领域的研究成果至今尚不多见。借助本源概念翻译模式，可提供英译的概念意旨整合证据。

从认知语言学角度看，译出语输出与译入语输入之间存在两种编码机制：第一，原文需要解码，原文传达的概念与意旨在认知系统里经过整合再次编码，这是垂直（vertical）翻译；第二，记忆系统抽取记存下来的译语进行配对编码，导出译文，这是水平（horizontal）翻译。即垂直翻译主要发生在原文、译文间的概念意旨整合（conceptual mediation），水平翻译主要涉及原文与译文间的记忆配对。研究翻译过程的语言学家、认知心理

---

① Holmes, J., *Describing literary translations: Models and methods. In J. Holmes（ed.）Translated! -Papers on Literary Translation and Translation Studies*. Amsterdam: Rodopi, 1978 / 1988, pp. 82-92.

学家 de Groot① 与译学家 Toury②、Wilss③ 等认为，人有语言基因，但没有翻译基因，翻译是基于语言运用的认知过程（performance-based cognitive process）。概念意旨整合是翻译策略的认知基础。

三、研究难点与创新之处

《孙子兵法》共十三篇，凡五千余字，两千多年以来，历代无数注疏家皓首穷经，留下许多版本。这些版本既是英译研究的目标与难点，也是学术创新的平台。

（一）难点概述

难点之一：《孙子兵法》英译研究首先要仔细梳理其众多版本，选定赖以翻译的权威底本，先做好典籍今译的"语内翻译"，才能展开汉译英的"语际翻译"。研究者须厘清其主要版本的校勘修订、授受源流，即所谓"辨章学术，考镜源流"（章学诚《校雠通义》）。

难点之二：《孙子兵法》英译研究还要摸清每位译者所参照的源语底本、同时代的研究成果。《孙子兵法》翻译不只是语言转换，而是一项学术性很强的系统工程；译者不仅是文字解码、编码工作者，而且是《孙子兵法》的深入研究者，还须通晓文言文、英语、中国传统哲学、中西文化等众多学科，翻译研究也至少需涉及上述学科。

难点之三：《孙子兵法》英译研究涉及面广泛，至少包括三个方面。（1）典籍英译的难点：古汉语蕴义丰富而不确定性。（2）典籍英译的原

① De Groot，A.，*The cognitive study of translation and interpretation：Three approaches. In J. Hanks et al.（eds.）Cognitive Processes in Translation and Interpreting*. Thousand Oaks：Sage，1997，p.31.

② Toury，G.，*Descriptive Translation Studies and Beyond. Amsterdam：John Benjamins*，1995，p.98.

③ Wilss，W.，*The Science of Translation：Problems and Methods. Tubingen：Narr.* 1982，p.29.

则：重意薄文，突出"信"度；能同不异，保持古代兵法术语概念的民族性。（3）英汉两种语言代表东西方两大文化体系，《孙子兵法》英译本既呈现出局部篇章与整体篇章的语言互动关系，又让研究始终处于多元观照、多方参照、内外渗透的宏大系统里。

（二）创新提要

人文学科有其自身的发展规律，其中比较显著的是不断出现的"返祖"现象，即在不同时期学者借助"新方法、新视角、新观念、新理论"研究学界所谓的"老问题"，呈现出"发酵式"的态势，逐渐膨胀增大，不断拓展领地；或是展示"涟漪式"的势头，如清风徐来，泛起水波，层层推进。《孙子兵法》既是中国古代"武经"最重要的原型典籍，又是中国传统文化的元典。就人文科学的研究范畴而言，古今中外的世代学者从文献学、战争学、语言文字学、哲学、社会学等学科研究《孙子兵法》的成果可谓汗牛充栋，著述浩若烟海。但是如果与上述这些传统强势显学的丰硕成果相比，《孙子兵法》的翻译研究则显得十分单薄，仍有许多研究工作要做。

人文学科的创新通常体现在两个方面：一是发现新材料，即找到某种长期以来被忽视或被遗忘的重要文献，足以证明一个假说或甚至推翻一个定论；二是提出新观点，即提供某种发现问题、分析问题、解决问题的新视角，借以对已有的材料重新做出解释，而且这种解释胜于现有的解释，或者至少是富于启发性的。鉴于此，《孙子兵法》英译研究力求从以下四方面超越前人已有的学术成果。

创新之一：据我们掌握的文献，迄今为止，国内较少有学者从中西文化交流的维度专门对《孙子兵法》的英语翻译个案做过全面而系统的研究。

英语是世界通用语，汉语是使用人口最多的语种。从语言学角度看，研究《孙子兵法》英译，可以考察这两种分属于孤立语（汉语）、屈折语（英语）在翻译过程中转承、变异、互动等错综复杂的关系，是一个很有意义的选题。我们拟作以下考察：预设《孙子兵法》的每一个英译文本是一种译者想象的结果，那么，它保存了哪些来自古汉语的片言只语、句群序列与整段篇章？删改了哪些话语、语义与信息单位？《孙子兵法》进入英语世界，为何有时保留了典籍词汇的汉语表达，有时又放弃了这些表达？这些问题都值得我们去认真探索。总而言之，《孙子兵法》英译研究既是一个广阔而崭新的领域，又是一方挑战与创新并存的天地。

《孙子兵法》离开了译出语——汉语的时间、地理、文化、空间，进入译入语——英语等不同的语言文化系统里，究竟发生了哪些变化？发生这些异同涉及哪些因素？我们拟从语义与语用、结构与功能等关系入手探讨这些内容。

创新之二：我们将从多维度研究《孙子兵法》在英语世界的翻译、接受与影响，以期探索中国典籍外译具有普遍意义的翻译规律，揭示左右典籍外译的社会、历史、文化等客体因素与译者、读者等主体元素。它包括：（1）从术语学剖析《孙子兵法》兵学术语英译、创造性误译问题；（2）从阐释学视角探究《孙子兵法》英译本的"东方情调化翻译倾向"；（3）从中国佛经翻译的哲学维度考察《孙子兵法》首译本的翻译策略"反向格义"及其在英译本里的具体运用；（4）基于《孙子兵法》不同英译本的比较研究，试图探讨全球化语境下中国典籍译介、传播与文化话语权课题；（5）从翻译模因论探讨兵学术语历时性的复制与传播历程，揭示语际翻译是模因跨语言、跨疆域传播的生存载体与手段的规律。

创新之三：我们拟探讨《孙子兵法》回译（back translation）问题。自有翻译实践与翻译研究以来，古今中外的学者一般多注重顺译（forward translation）研究，即通常所说的从译出语到译入语的翻译活动。从逻辑上看，回译正好与顺译相对，即将译入语还原成译出语。由于受人类固有的习惯思维等制约，译界对回译关注甚少，起步甚晚。拉森（Larson）认为，回译研究有助于很好地测试翻译质量，但必须要有双语专家的参与，不是一般批评者所能胜任的，这是纯粹的专家型的翻译批评。① 从笔者目前掌握的文献看，国内较早的回译研究论文是王宪明《返朴归真最是信：由几处经典引文回译所想到的》（1994）②，还有孙晓艳《〈静夜思〉英译本的回译比较》等（2009）③，但大多涉及回译研究的表层现象。就其本质而言，回译既是翻译，又是检索。回译研究是一种重现原来跨文化交际的交际，不仅能增强中国文化的向外传播，而且反过来能提升中国文化。我们将从"研究性回译"与"检验性回译"等两个层面研究《孙子兵法》的汉语回译本，认为至少可以从三方面说明其在翻译研究领域的意义：（1）检验中国典籍对外传播的效果；（2）激活淡忘的中国文化成果资源；（3）揭示中国典籍与文化被彰显或被遮蔽的内涵。

创新之四：从强势文化与弱势文化的视角探讨"中国英语"，包括中国英语与典籍今译、汉英语言文化翻译之间的关系。典籍英译促使中国英语的问世，中国英语既是汉英两种语言、文化杂合的结果，又是中国经济在新世纪崛起的产物。中国英语走向世界，已形成一种趋势。中国经济硬实力的不断增长，会促进传统文化向外输出的力度，进而逐渐提升中国在国际社会的话语权与影响力。

英国译论家苏珊·巴斯奈特（Susan Bassnett）在谈到当今翻译理论时指出，"我们已经认识到，不同的文本要求采用不同的翻译策略"，并将文本分成四类：信息文本、娱乐文本、说明文本与文化资本（texts belonging to the "cultural capital" of a given culture）。④ 很显然，《孙子兵法》属于文

---

① Larson, Mildred. *Meaning-based Translation: A Guide to Cross-language Equivalence*, Lanham: University Press of America, Inc., 1998, pp. 534-537.

② 王宪明：《返朴归真最是信：由几处经典引文回译所想到的》，《清华大学学报（哲学社会科学版）》1994 年第 4 期，第 47—49 页。

③ 孙晓燕：《〈静夜思〉英译本的回译比较》，《科技咨询》2009 年第 4 期，第 222 页。

④ Bassnett, S. & Andre, L., *Constructing Cultures. Shanghai: Shanghai Foreign Language Education Press.* 2001, pp. 4-5.

化资本，其英译具有价值的特殊性，翻译策略与"总体审度"（total survey）紧密相关，即需借助诸如文化历史考证、文本内证及外证、互文观照及作品与文本的互证对文本等手段，进行语义诠释①，实施文本的"文化解读"。

　　总之，《孙子兵法》英译研究反映了文本、语言与文化等三个层面的整合与变异。（1）《孙子兵法》的每个英译本不仅仅是独立文本的操作，而是多文本的整合过程，也表现为对前译文本的综合性创造。典籍译者先进入自我与原文注疏者、前译者的无限交流过程，进而产生符合自我价值系统的新译本。（2）《孙子兵法》译者的思维与表达方式表现为译入语对译出语概念、表述的借用与词法、句法的变异。事实证明，现代汉语形合性日趋增强的现象，跟翻译与中国传统文化的碰撞、冲突、接受与融合有很大的关系。（3）译入语文化的丰富与发展是典籍翻译的高层次诉求。就《孙子兵法》英译而言，无论是中国译者，还是外国译者，他们往往立足于一定的文化立场阐释、吸收、传播《孙子兵法》的精华，所以其英译本总是汉英两种文化视野融合的产物，也是《孙子兵法》原文的变体。但是译本无论如何变异整合，它与其他中国典籍一起，为 21 世纪世界文化与文明的繁荣昌盛做出了积极的贡献。

---

　　① 　卓振英：《典籍英译中的疑难考辨》，《中国翻译》2005 年第 4 期，第 66 页。

第一章 《孙子兵法》及其翻译研究

火星人看见了十字架符号，想知道这是什么。如果他最先问的碰巧是考古学家，他可能明白，这是新石器时代挖掘出来的星象符号，源于生殖崇拜，或是其他听不懂的解释。这样的回答也许准确无误，但没有告诉火星人想要知道的：对于今天使用这个符号的人来说它意味着什么。①

——阿瑟·韦利②（Arthur Waley）

学界一般认为，《孙子兵法》成书于专诸刺吴王僚至阖闾三年孙武见吴王期间，即公元前 515 年至公元前 512 年之间。中国古代兵学源远流长，早在孙武之前，就已有了相当程度的发展。据史籍记载，《军志》《军政》《令典》《司马法》等远古兵书对《孙子兵法》的形成产生过重要的影响，一些核心概念如"道""仁""保民"等，孙武都用来吸收、借鉴，并加以阐发，由此丰富了孙子的兵学思想体系。据国内学者考证，现今所见《孙子兵法》十三篇并非一人一时所作，乃集世代累积之大成：大致初

---

① Waley, A. , *The Way and Its Power——A Study of the Tao Te Ching and Its Place in Chinese Thought*. London: George Allen & Unwin Ltd. , 1934, p. 2.

② 阿瑟·韦利，英国著名翻译家、学者，被誉为"没有到过中国的中国通"。他精通汉语、满语、梵语、蒙语、西班牙语等，主攻中国思想史、中国绘画史、中国文学，英译过《诗经》《论语》《中国古诗集》《九歌》《蒙古秘史》等中国典籍。

成于春秋末期，历经战国时期多人校辑、整理若干篇，其余杂篇为战国时期孙子后学增添、补充，加上其他历代研究者、兵家、战略家等不断修补、增益①，逐渐形成其雏形。

第一节　孙武其人其事

虽然"兵圣"孙武对中国及海外影响至深至远，可因年代久远，传承保护不易，其存世的资料十分匮乏。据文献记载，孙武大致与孔丘同时代。遥想两千多年前，"武圣"与"文圣"在齐鲁大地驰骋纵横，挥斥方遒；"武圣"孙武南征北战，叱咤风云，"文圣"孔子周游列国，主张仁政。孙武的年代正值社会动荡不安、战争频繁的春秋时期，也是各种学术思想风起云涌、诸子勃兴、学说竞驰，继而百家争鸣的年代，加上他出身于军事世家，所以从小就受到兵家氛围的熏陶，受到各种社会思潮的影响。

司马迁第一个在"究天人之际，通古今之变，成一家之言"的《史记》里为孙武立传。其时，他距孙武生活时代已有四百多年。尽管孙武传记仅仅四百多字，主要记述了孙武见吴王阖闾与"吴宫教战"这段浪漫而富于传奇色彩的文字，但这也说明，司马迁对孙武的资料了解不多，掌握甚少。另外，早于《史记》的汉简本《孙子兵法》也有这段叙述，与司马迁的文字相对照，几乎如出一辙。司马迁因修史严谨缜密而著称，想必不会任意杜撰孙武的生平事迹。鉴于此，这段记载是认识孙武生平弥足珍贵的史料。

《史记·孙子吴起列传第五》记叙了孙武、吴起等人的事迹。有关孙武的文字虽不多，但颇有意思，兹录于此：

---

① 于如波主编：《〈孙子兵法〉研究史》，军事科学出版社2001年版，第47页。

孙子武者，齐人也。以兵法见于吴王阖庐。阖庐曰："子之十三篇，吾尽观之矣，可以小试勒兵乎？"对曰："可。"阖庐曰："可试以妇人乎？"曰："可。"于是许之，出宫中美女，得百八十人。孙子分为二队，以王之宠姬二人各为队长，皆令持戟，令之曰："汝知而心与左右手背乎？"妇人曰："知之。"孙子曰："前，则视心；左，视左手；右，视右手；后，即视背。"妇人曰："诺。"约束既布，乃设铁钺，即三令五申之。于是鼓之右，妇人大笑。孙子曰："约束不明，申令不熟，将之罪也。"复三令五申而鼓之左，妇人复大笑。孙子曰："约束不明，申令不熟，将之罪也；既已明而不如法者，吏士之罪也。"乃欲斩左右队长。吴王从台上观，见且斩爱姬，大骇，趣使使下令曰："寡人已知将军能用兵矣。寡人非此二姬，食不甘味，愿勿斩也。"孙子曰："臣既已受命为将，将在军，君命有所不受。"遂斩队长二人以徇，用其次为队长，于是复鼓之。妇人左右前后跪起皆中规矩绳墨，无敢出声。于是孙子使使报王曰："兵既整齐，王可试下观之，唯王所欲用之，虽赴水火犹可也。"吴王曰："将军罢休就舍，寡人不愿下观。"孙子曰："王徒好其言，不能用其实。"

于是阖庐知孙子能用兵，卒以为将。西破强楚，入郢，北威齐、晋，显名诸侯，孙子与有力焉。①

这段堪称军事寓言的叙述，至少可说明如下三层寓意：第一，彰显了孙武"合之以文，齐之以武"的治军要旨；第二，履行了孙武主张的"将在军，君命有所不受"的将帅权力；第三，体现了孙武言行一致即"用其实"的处世原则。孙武不仅善于撰文整理自己的战争经验，而且并非"纸上谈兵"，同样善于诉诸实践，执法严厉，不畏权威，敬业不懈。

针对这则"吴宫教战"的传奇，宋人曾做了别出心裁的阐释。比如，

---

① 司马迁：《史记》，岳麓书社 1995 年版，第 499—500 页。

何去非在《何博士备论·陆机论》里认为，孙武练兵杀吴王宠姬，旨在"借其首以探王之诚心，所以信我者固与不固"，阖闾王竟不惜二姬而任孙为将，"知王之所以任我者固而安为其将，故能西破强楚，北威齐晋，而吴以强霸"。这种猜测性说法是为了强调君、将之间互相信任的重要：诚信方能成大事。何去非借古喻今，这种点评看来是他对宋代"御将"做法的含沙射影。李新则有另外的解释，谓孙武此不同凡响之举，可看作是激将法之企图，借以激发阖闾"有为之志"，必须"除其惑志之本"，实乃"清君侧"之术，值得宋人仿效。① 不管怎样，"吴宫教战"包含着丰富的蕴意，人们可以从不同角度解读其内涵。

自宋朝起，《孙子兵法》被列为"武经七书"之首②，成为中国封建王朝武举考试的必读书目。明代茅元仪称："先秦之言兵者六家，前孙子者，孙子不遗，后孙子者，不能遗孙子。"③《四库全书总目提要》称之为"兵经""百代谈兵之祖"。自三国魏武帝曹操以降，历代研究《孙子兵法》者层出不穷，文献繁富，版本迭出，形成了蔚为壮观的孙子研究景象。

《孙子兵法》饱含丰富的辩证法思想，探讨了与战争有关的一系列矛盾的对立与转化，如敌我、主客、强弱、攻守、胜败、奇正、进退等，提出了原始、朴素的战略与战术。《孙子兵法》谈兵论战，集"韬略""诡道"之大成，被历代军事家广为援用，其缜密的军事、哲学思想体系，深邃的哲理，变化无穷的战略战术，在世界军事思想领域拥有广泛的影响，享有极高的声誉。它不仅是一部重要的军事元典，而且是一部蕴藏着炎黄

---

① 李新：《跨鳌集》卷十四《孙武论》。
② 北宋元丰三年（1080），宋神宗诏令司业朱服、武学教授何去非校定《孙子兵法》《六韬》《吴子》《司马法》《黄石公三略》《尉缭子》《李卫公对问》等七书，以官方名义颁行，号"武经七书"，于是，"七书"取得了与儒家经典同等重要的地位，《孙子兵法》位居首位，体现了宋人兵事尚智、首重权谋的编纂指导思想。参见于如波主编：《〈孙子兵法〉研究史》，军事科学出版社2001年版，第113—116页。
③ 茅元仪：《武备志·兵诀》。

子孙智慧与思想的文化典籍，系数千年华夏文化的结晶与源泉。

值得关注的是，自 20 世纪 80 年代起，世界范围内的"孙子热"勃然兴起，《孙子兵法》的作用不再局限于军事范畴，它还被广泛运用于外交、政治、经济、体育、企业、人际等社会生活的方方面面，进入了孙子兵学思想全方位应用的新阶段。

第二节　国内《孙子兵法》历时性研究概况

《孙子兵法》研究是一项庞大的系统工程，自其诞生之日起绵延不断，历代注疏、考据、著述不胜枚举，研究成果精彩纷呈，已形成初具规模的"孙子学"。从历时维度考察，《孙子兵法》研究史大致可分成七个时期①，为此，我们有必要做个简要的介绍。

（一）远古至春秋的孕育成书流布期：《孙子兵法》一般认定产生于春秋时期，系孙武著，经后人校理而成。当时频繁、激烈、多样的战争是《孙子兵法》产生的源泉。先秦社会业已经形成的整体思维、辩证思维、象类思维等思维方式对《孙子兵法》理论体系的构筑起到了指导性作用。此前大抵经历了漫长的孕育期。孙武吸取了诸如《军志》《军政》等更古老的军事典籍的营养，接纳了春秋关于"道""仁""阴阳""保民""无神论"等主流概念，将其统统摄入《孙子兵法》的基本范畴与理论体系。

（二）战国至秦汉的早期校理期：战国时代，出现了中国历史上最早的"孙子热"，以"藏孙、吴之书者，家有之"② 为证。孙武后学在这一时期对"十三篇"做了大量解释、阐发、增益的工作，竹简《吴问》《四变》《黄帝伐赤帝》《地形二》《见吴王》等，均应是古代学者解释、阐

---

① 于如波主编：《〈孙子兵法〉研究史》，军事科学出版社 2001 年版，第 1—8 页。
② 《韩非子·五蠹》云："境内皆言兵，藏孙、吴之书者，家有之，而兵愈弱，言战者多，被甲者少也。"

发、增益"十三篇"之作。

到了汉代，朝廷组织学者对《孙子兵法》进行了三次较大规模的收集、校订、整理。第一次是汉高帝时"韩信申兵法""张良、韩信序次兵法，凡百八十二家，删取要用，定著三十五家"；第二次在汉武帝时，"军正杨仆捃摭遗逸，记奏兵录，犹未能备"；第三次在汉成帝时，"步兵校尉任宏校兵书"，此为传世之本（辑定书名、篇名、篇次），由任宏、刘向排定，录入《汉书·艺文志》，分为"兵权谋""兵形势""兵阴阳""兵技巧"等四种，《孙子兵法》位于"兵权谋"之首。

需要特别说明的是，据考证，1972年山东省临沂市银雀山汉墓出土的《孙子兵法》竹简系汉朝任宏、刘向两人校订的版本。这些由历代朝廷组织的文献整理活动有助于《孙子兵法》早期的定位、定型，为世代绵延流传夯实了文字基础。

（三）魏晋至隋唐的削繁、注释时期：曹操《孙子略解序》曰：（《孙子兵法》）"训说况文烦富"，杜牧《注孙子序》云："武所著书，凡数十万言，曹魏武帝削其繁剩，笔其精切，凡十三篇，成为一编，曹自为序，因注解之。"经曹操"削其繁剩"，只注精选的"十三篇"，称《孙子略解》，广泛流传于世，其余篇章因"烦富"且"未得旨要"而陆续散佚。《孙子略解》是迄今所见最早的《孙子兵法》注本，它标志着《孙子兵法》真正进入了注解的历史阶段。曹注重文字训解，理论性、实践性相结合，为后世蜂起的注家、注本打实了基础。此外，还有东吴沈友注《孙子兵法》、贾诩《钞孙子兵法》等。这些注文大都比较简略，偏重文字训诂，呈现出《孙子兵法》早期注解的特点。

隋唐五代是《孙子兵法》注释的高峰时期，主要注本有：隋朝《萧吉注孙子》，唐朝《李筌注孙子》《贾林注孙子》，杜佑《杜牧注孙子》《陈暤注孙子》《孙镐注孙子》，五代《张昭制旨兵法》等。宋人所辑《十一家注孙子》，唐人占五家，较魏晋南北朝时已有较大进步。杜牧"其学能道春秋战国时事，甚博而详"，其注纵谈横论，颇有创见，堪称曹操之后的第二大注家。值得一提的是，《孙子兵法》唐朝时传入百济（今朝鲜），经由百济流入日本，开启了向国外传播的序幕。

（四）武经首位确立的两宋时期：宋王朝十分重视兵学研究，曾诏令司业朱服、武学教授何去非校定《孙子兵法》等七书，号称"武经七书"，正式颁行，并以"七书"试士。"武经"本《孙子兵法》成为后世流传的首要版本。

宋朝集大成之作是《十家孙子会注》，一般认为是存世的《十一家注孙子》，具有极高的军事与史料价值。自此，以"武经"本《孙子兵法》与《十一家注孙子》为底本不断繁衍注本，逐渐构成传世版本的两大脉络。与此同时，出现了西夏文《孙子兵法》，这是迄今所见最早的国内少数民族语言译本。

（五）阐发、考据的明清时期：学界认为，明清是《孙子兵法》在疏解、阐发与考据等方面取得丰硕成果的历史时期。影响较大的注本有刘寅的《孙子直解》、赵本学的《孙子书校解引类》、李贽的《孙子参同》、黄献臣的《武经开宗》、朱墉《孙子汇解》等。他们着力于理论阐发，论述多有新见，体例日趋完备。清代顾福棠、黄巩等自觉将《孙子兵法》与西方军事理论相结合，在《孙子兵法》研究史上具有开拓性的意义。

清中期，学者转向孙子的考据研究。孙星衍、章学诚等颇有建树，他们在关于孙子事迹，《孙子兵法》成书时间、篇数、文字校订等方面做了深入考究。尤其是孙星衍以华阴《道藏·孙子》为底本、参《通典》《太平御览》等书校订而成的《孙子十家注》，纠正了原书的不少错误，成为《孙子兵法》流传的最主要版本之一，改变了自宋以来主要靠"武经"本流传的格局。其间，满文、蒙古文、满汉文对照译本与满蒙汉三语对照译本陆续问世，表明《孙子兵法》不断跨越汉语界域，开始通行于满、蒙等北方主要少数民族间，逐渐扩大了在其他地区的传播影响。

（六）近代中西军事融合的民国时期：这时期的孙子研究有了重大变化，具体表现为，《孙子兵法》与火器条件下的战争实践结合紧密，在战役战术乃至战略思想上均有新的重大发展；《孙子兵法》与西方军事理论碰撞、融合，结束了闭关锁国、近亲繁衍的局面；注重阐发军事理论，不再局限"训字、注词、解句、讲章"，集中在战争问题、战争指导、战略战术、治军思想等方面展开系统的论述，为现代人更科学地认识其军事理论铺平了转型的道路。有影响的著作包括民国时期"孙子研究第一人"李浴日《〈孙子兵法〉之综合研究》，还有蒋方震、刘邦骥《孙子浅说》、钱基博《孙子章句训义》、陈启天《〈孙子兵法〉校释》等。这是一个承前启后的时期，它宣告中国古代孙子学的落幕，近现代孙子研究的开始。

近代以来，学界对孙子的"兴趣往往集中在其军事理论的分析和思想史的评价方面，有些人还引用西方近现代的战例和军事思想做比较研究，笺释评述之作数量也相当惊人"①，然而，有关军事术语、军事制度方面的历史考据比较薄弱。

（七）孙子学确立与大发展的新中国时期：《孙子兵法》研究在继承近代研究成果与方法的基础上进入了一个崭新的时代，出现了一系列闪耀着历史唯物主义与辩证唯物主义光辉的研究著作。代表作有郭化若《孙子译注》、银雀山汉墓竹简整理小组《银雀山汉墓竹简（壹）·〈孙子兵法〉》、吴如嵩《〈孙子兵法〉浅说》、杨丙安《孙子会笺》、陶汉章《〈孙子兵法〉概论》、吴九龙《孙子校释》、李零《孙子古本研究》等，他们译注信达公允，笺注广征精取，校释集粹于一体，在古文献研究上独辟蹊径。尤其是汉简本《孙子兵法》版本系统的出现，改变了长期以来主要靠"武经"本与十一家注本《孙子兵法》等两大系统流传的格局，其影响重大、意义深远。20 世纪八九十年代，以杨炳安、陈彭、许保林、姚有志、黄朴民等为代表的学者提出了要建立"孙子学"或"孙子兵学"的主张。

1989 年，中国孙子研究会成立，接着举办了几届《孙子兵法》国际

---

① 李零：《孙子译注·前言》，中华书局 2007 年版，第 2 页。

研讨会。这一时期的研究成果，不但在《孙子兵法》版本流传、文字校勘、注释训解、军事思想阐发、哲学思想研究等方面颇多建树，而且开辟了多学科、多领域研究的新局面。学者们从系统论、决策学、管理学、经济学、预测学、谈判学、语言学、心理学、逻辑学、地理学、数学、医学等不同角度进行研究。《孙子兵法》非军事应用研究成为重要的新领域。所有这些成果逐渐催生了一门新学科——"孙子学"。

如今，围绕《孙子兵法》研究已形成一门显学"孙子学"①，即探究"《孙子兵法》文献、思想及其应用的学说"②，它主要包含了"孙子其人其书的文献性研究，《孙子兵法》军事理论研究和《孙子兵法》非军事应用研究"③ 等三部分，是中国传统兵学的核心内容。

就文献研究而言，按内容还可细分为"目录类"（史书艺文志、经籍志、公私数目等）、"校勘类"（如不同版本）、"注释类"（如义注、考注、评注、详注、眉注等）、"阐发类"（如引类、史证、概论）、"翻译类"（如古文今译、古文译成少数民族语言与外国语言）与"考证类"（有关文本、作者、成书时间等考证、辨伪）等。

就军事理论研究而言，主要包括《孙子兵法》自身军事理论研究与应用理论研究。前者是《孙子兵法》的本体论，涵盖战争观、战争指导思想、战略战术思想、治军思想、军事哲学思想、军事伦理、军事心理、军事经济、军事地理思想等；后者侧重如何将其理论与实践相结合，如《孙子兵法》与当代国际战略、现代高技术战争、核威慑理论、现代局部战争、军队管理、现代武器论等。

非军事应用研究是指将《孙子兵法》的某些军事原则应用到其他社会

---

① 蒋方震、刘邦骥：《孙子浅说》，1915 年。在此前，蒋方震著《孙子新释》，将《孙子兵学》与西方军事学进行比较研究，是《孙子浅说》的成书基础。转引自赵国华：《中国孙子学的历史考察》，《南都学坛》2008 年第 1 期，第 27 页。

② 于如波主编：《孙子学文献提要》，军事科学出版社 1994 年版，第 1 页。

③ 于如波主编：《孙子学文献提要》，军事科学出版社 1994 年版，第 1 页。

领域，诸如借鉴"知己知彼，百战不殆""兵贵胜，不贵久""不战而屈人之兵，善之善者也""攻其无备，出其不意""小敌之坚，大敌之擒也""以正合，以奇胜""兵之所加，如以碬投卵者，虚实是也"等思想应用到企业运作、人际交往、竞技比赛、社团经营、国际战略、经济贸易等。

目前，学界将孙子学放置于中国历史与文化发展的宏大叙事框架内，从历史演进、地域发展、文化影响等维度阐发其理论体系，揭示孙子学内在的逻辑关系，运用军事学、历史学、哲学、运筹学等多学科的方法论，极大地拓展了传统孙子研究的领域。

第三节 《孙子兵法》历代重要底本注疏考察

《孙子兵法》经世代校勘、注疏、阐释而世代流传，已形成较为复杂的版本系统。回溯其在漫漫历史长河里经不断演绎而形成的版本系统与不同特点，可以为我们从事英译研究打下坚实的历史文献基础。

一、《孙子兵法》与先秦典籍流传

先秦典籍大多为西汉成帝河平年间校书定型，但因秦皇"焚书坑儒"、项羽怒焚秦宫，散佚无数，收集、整理、校勘谈何容易。再历经王莽之乱、东汉献帝西迁等两次浩劫，汉代藏书损失严重。再经三国、十六国、南北朝，兵燹不断，战火频仍，屡遭毁灭。总体而言，中国典籍在几千年的流播历程中，难逃"兵、虫、水、火、秘"之侵害，造成"缺、乱、衍、错、佚"之结局。先秦典籍大致分为两类：传世典籍与出土典籍，前者历经漫长时间的淘洗而流传至今，后者大多因偶然机遇经考古人员发掘出土而重见天日。① 《孙子兵法》既属于传世典籍，又可归为出土典籍

---

① 据李零考证，先秦传世典籍约有 60 种，包括经传类 11 种、小学类 2 种、史书类 6 种、子书类 26 种、诗赋类 1 种、兵书类 5 种、数术类 4 种、方技类 5 种。

（1972 年山东省临沂市银雀山汉墓出土其竹简）。出土典籍有其特殊的可贵之处：一是未经流传，避免了人为改写，大都能保留其历史原貌；二是研究人员可借助现代科技手段鉴定成书年代①；三是可印证、佐证已有的传世典籍。

梁启超曾在《古书真伪及其年代》里说过："（古代）所有书籍，大半聚在京城，或藏之天府，古书的收藏传播，靠皇帝之力多。既然好书多在天府，每经一次内乱，焚毁散乱，一扫而空。"梁氏之言甚是，每逢王朝更新换代、战乱蜂起，书籍就难逃浩劫。自司马迁《史记·孙子吴起列传》记述："世俗所称师旅，皆道《孙子》十三篇、吴起《兵法》，世多有，故弗论，论其行事所施设者。"唐太宗李世民与其名将李靖问对兵法时赞叹《孙子兵法》："观诸兵书，无出孙武"（《李卫公问对》）。历代公私目录书里对《孙子兵法》均有著录。战国时期，典籍主要依靠简帛传阅流播，研读大多采取"口耳授受"方式，手抄笔录，未必有完整的文字，所以，古籍文本得来实在不易，像《孙子兵法》这样的远古军事文献能流传至今，确系珍贵而稀少了。

二、《孙子兵法》 传世的主要版本简介

《孙子兵法》版本大体上可归纳为三大系统，其一是"武经七书"本系统。其二是"十一家注本"系统，即宋本《十一家注孙子》，最早著录于尤袤的《遂初堂书目》，《宋史·艺文志·子部》所著录的三种《孙子》集注本，都属于这个系统。其三是"汉简本"系统，即指 1972 年山东省临沂市银雀山出土的竹简"吴孙子兵法"，这份汉初抄本是迄今发现的最早版本。另外，较有影响的流传本还有《太平御览》辑本、《杜氏通典》辑本等。

自古到今，《孙子兵法》的注疏、注释本层出不穷。根据考证，在国

---

① 陈小荷等：《先秦文献信息处理》，世界图书出版公司 2013 年版，第 4 页。

内约有两百部，在海外，仅日本就存有一百六十多部。① 历代注释家众多，他们钩沉爬梳，殚精竭虑，力求逼近兵学元典的真义。最著名的首推曹操，其《孙子略解》系最早的注释本。欧阳修曰："世所传孙子十三篇多用曹公、杜牧、陈皞注，号三家。"宋吉天保《十家孙子会注》中的十家指曹操、李筌、杜牧、陈皞、贾林、孟氏、梅尧臣、王晳、何延锡、张预等。清孙星衍《平津馆丛书》所收的影宋本《孙吴司马法》里《魏武帝注孙子》也是重要的注本。近代，国内大陆学者有蒋百里、刘伯承、陶汉章等，台湾学者如许诗玉、钮先钟等；国外的学者如日本在 1536 年问世的《孙子抄》可谓是最早的孙子诠释日语著述，当代学者服部千春出版了《〈孙子兵法〉校解》。

《孙子兵法》注解时代开始的重要标志是曹操《孙子略解》的问世，这是孙子研究史上的里程碑。② 此书又称《魏武帝注孙子》《曹注孙子》等。曹操自序称其注为"略解"，曹注的本名似应为《孙子略解》。又《隋志》著录"《孙子兵法》二卷，吴将孙武撰，魏武帝注"；到《新唐志》就直书为《魏武帝注孙子》三卷，书题似唐人所改，简称为《曹注孙子》。据推断，《曹注孙子》大致在公元 198 年至 211 年之间完成。曹操在《孙子序》里感叹："吾观兵书战策多矣，孙武所著深矣。"因为孙子"审计重举，明画深图，不可相诬"，他注解孙子的原因是"世人未之深亮训说，况文烦富，行于世者失其旨要，故撰为略解焉"。

曹操《孙子略解》具有如下的特点：第一，曹注受汉儒治经的影响，重名物训诂；曹操是军事家，有"御军三十年"之经验，注重实际应用，其注理论性、实践性兼备，是诸家注里较全面者。第二，训解简洁而多能得其要旨，文字简练而切要，对于后人理解《孙子兵法》本义具有开创性意义，后来注家多依其说。第三，少量征引他书言论、史例，结合个人实

---

① 吴如嵩：《〈孙子兵法〉新论》，解放军出版社 1989 年版，第 1 页。
② 于如波主编：《〈孙子兵法〉研究史》，军事科学出版社 2001 年版，第 75 页。

践体会阐发《孙子兵法》义旨。这种参证、例释虽不多，但开《孙子兵法》注家参证与以例释义之先河，且其不拘泥章句的思维方式可启智益慧。第四，曹注本在文字校勘方面有很大价值。其注中有"一云""一作""一本作"之类的话，说明曹操曾用不同版本的《孙子兵法》参校，因而成为最可信赖的本子之一。宋代的《武经七书·孙子》就是以曹注本为底本进行校勘的，《十家注》本也深受其影响。但是，曹注也存在一些问题，主要是有关孙子思想的战略方面注解不足，只着眼于战法、战术；有的注释因过于简略而言不尽意；有的训诂不够准确。① 这些都是历史的局限性，一般都难以避免。

魏晋南北朝是《孙子兵法》注解的发端时期，至隋唐五代就达到了高峰，注家蜂起，异彩纷呈，内容、形式均有创新，为宋明《孙子兵法》疏解阐发时代的到来打下了基础。这一时期注解《孙子兵法》之书主要有：隋代的《萧吉注孙子》，唐代的《李筌注孙子》《贾林注孙子》，杜佑《通典》包含的训解《孙子》《杜牧注孙子》《陈皞注孙子》《孙镐注孙子》《纪燮集注孙子》等。从流传下来的注解内容看，这一时期的《孙子兵法》注书大抵具有另辟蹊径、纠谬补缺、义详例丰、整体把握等特点。

《杜牧注孙子》在十一家注里鹤立鸡群，杜牧被誉为曹操之后的第二大注家。杜牧有关《孙子兵法》的总体认识比较全面、准确，认为"武之所论，大约用仁义，使机权"，较有些学者只见其"诈"不见其"仁"即进行褒贬而更有见地。他大量征引史例及其他典籍之言，阐发《孙子兵法》本旨，弥补了曹注过于简略的不足。欧阳修《孙子后序》称杜牧"其学能道春秋战国时事，甚博而详"，"博"与"详"是杜牧注孙子的两个主要特点，为其他各家所不及。但其注也有不足，如有的不够准确，陈皞认为其注"阔疏"。

---

① 于如波主编：《〈孙子兵法〉研究史》，军事科学出版社 2001 年版，第 77—78 页。

三、《十家孙子会注》概述

"武经"本《孙子兵法》与《十家孙子会注》的校定刊行，是宋人对孙子研究乃至对中国兵学做出的重大贡献。《十家孙子会注》，《宋史·艺文志》著录为吉天保辑，无注者姓名，辑者事迹及此书的编辑、刊刻情况，史籍无载。现存《十家注》里注家为曹操、孟氏、李筌、杜佑、贾林、杜牧、陈皞、梅尧臣、王皙、何延锡、张预，其实有十一家，孙星衍、毕以珣、余嘉锡等均认为现存《十家注》即是吉辑本。

《十家孙子会注》具有重要的军事、史料价值，为《孙子兵法》研究者必读之书。郑友贤认为："学兵之徒，非十家之说，亦不能窥武之藩篱，寻流而之源，由径而入户，于武之法，不可谓无功矣。"[①] 但有的注家注文不多，似辑者对之有所取舍。另外，辑者将各注家的本子汇集在一起时，对各本所存异文必须决定取舍。总而言之，由于其参照比较的本子多，有利于取优去劣，所以此书在《孙子兵法》文字校勘上也有较高的价值，是孙子书最重要的版本之一。

真正代表清中期《孙子兵法》研究水平的是孙星衍、毕以珣、章学诚等考据学者对孙子其人其书的考据。受乾嘉考据之风的影响，他们从大量的典籍里广泛搜集了关于孙子其人其书的记载，进行了细致的考订。因此，出现了集大成之作——孙星衍校订的《孙子十家注》。孙星衍以华阴《道藏（北藏）·孙子》为底本，主要依据《通典》《太平御览》等书进行校订。他认为《道藏·孙子》所据原本即《宋史·艺文志》所著录之宋吉天保辑《十家孙子会注》，因而将所校定之书题为《孙子十家注》。此书不仅成为宋《十一家注孙子》到清代以后最主要的流传版本，而且改变了宋以降《孙子兵法》主要靠《武经七书》本流传的格局。此外，他采用

---

① 郑友贤：《孙子十家注遗说序》。

《孙子兵法》正文与各家经典注文配套排版的形式，有助于加深理解《孙子兵法》本义，极大地促进了孙子研究的持续发展。

不过，《孙子十家注》存在着明显的缺陷，如孙星衍误校《孙子兵法》正文以及各家注文的现象不少，尤其在刊刻方面出现了重大疏忽，如大段注文漏刻。

四、《孙子兵法》 近代版本与"汉简本" 简述

民国时期，"五四"新文化运动推行白话文、新式标点，译注者用白话译注《孙子兵法》，如冯家勋《新译〈孙子兵法〉》、周传铭《〈孙子兵法〉古今释例》、杨杰《孙武子》、孙思政《孙子与〈孙子兵法〉》等出现了一批较为有影响的作品，孙子因此走出由来已久的象牙塔，很快面向广大的民众。叶玉麟根据孙星衍校《孙子十家注》译注《白话译解〈孙子兵法〉》，译成通俗简练的现代汉语，赢得了更多的受众，开白话文译注《孙子兵法》之先河。袁韬壶采用现代标点符号，注《新式标点孙子十家注》，全书注上新式标点，还对书名、人名等加标符号，引征文字用引号标明，便于现代人阅读，易于普通民众接受，《孙子兵法》因此得到了更为广泛的传播。

1972 年，山东省临沂市银雀山出土的《孙子兵法》与《孙膑兵法》竹简，是我国考古史上的一件大事，更是孙子学史上具有划时代意义的事件。它证明《孙子兵法》与《孙膑兵法》不是同一部书，《汉书·艺文志》将《吴孙子兵法》与《齐孙子》分别著录是有根据的。吴孙子、齐孙子两部兵书的同时发现，不仅平息了聚讼两千多年的争论，证明孙武、孙膑各有其人，各有兵书传世，而且为校勘《孙子兵法》提供了第一手文物资料。由此涌现了一批整理竹简、用简本校勘《孙子兵法》的成果，如吴九龙著《银雀山汉简释文》等。

第四节　《孙子兵法》从语内翻译到语际翻译

《孙子兵法》英译是一个把古汉语翻译成现代英语的过程，而从译出语（文言文）到译入语（现代英语）的转换经历了语内翻译与语际翻译两个阶段。第一阶段是语内翻译，即借助现代汉语①合理地诠释典籍的古汉语。这是发生在汉语系统内的"古文今译"，译出语是古汉语，译入语是现代汉语。第二阶段是语际翻译，即借助"中介语"现代汉语，用现代英语确当地表达文言文。这是跨越语种的翻译，译出语是现代汉语，译入语是现代英语。

为此，我们回顾一下国外有关语内翻译与语际翻译的理论流派，借鉴相应的学术资源，为我们的进一步研究打好基础。

布拉格学派最有影响的翻译理论家罗曼·雅科布逊（Roman Jakobson）原籍俄国，移居捷克，第二次世界大战时迁至美国，加入美籍。他对翻译理论的贡献体现在《论翻译的语言学问题》（On Linguistic Aspects of Translation）一文里。他从语言学角度阐述了翻译的重要性、语言与翻译的关系及存在的问题。该文自 1959 年发表以来，一直被西方奉为翻译研究的圭臬。

雅科布逊的观点包括三个方面：第一，从符号学角度把翻译分成三类："语内翻译"（intra-lingual translation，an interpretation of verbal signs by means of other signs in the same language），指同一语言中借助一些语言符号解释另一些语言符号，即通常所指的"改写"（rewriting），如汉语典籍的古文今译；"语际翻译"（inter-lingual translation，or translation proper，an

---

① 根据王力的"四分法"，汉语可划分为四个阶段：上古汉语（公元 3 世纪以前），中古汉语（公元 4 世纪到 12 世纪），近代汉语（公元 13 世纪到 19 世纪），现代汉语（自 20 世纪五四运动起至今）。参见王力：《汉语史稿》，中华书局 2006 年版，第 43 页。

interpretation of verbal signs by means of some other language），指两种语言之间的翻译，即用一种语言的符号来解释另一种语言的符号，所谓严格意义的"翻译"（translation proper），如汉英翻译；"符际翻译"（inter-semiotic translation，an interpretation of verbal signs by means of nonverbal sign system），指通过非语言符号系统解释语言符号，或用语言符号解释非语言符号，如把语言转换成图画、手势、音乐来表达，把旗语或手势变成言语表达等。第二，词义的理解取决于翻译，在语言学习与理解过程中，翻译起着决定性作用。第三，准确的翻译取决于信息对称。翻译所涉及的是两种不同语符中的对等信息。第四，语言都具有同等表达能力。如果词汇不足，可通过借词、造词或释义等方法补充语汇。第五，语法范畴是翻译最复杂的问题，如存在时态、性、数等语法形式变化的语言，其语法特别繁杂。① 这些论点，规范了翻译的分类，梳理了不同翻译类型的主要内涵、特点，拓宽了当代翻译研究的领域。

雅科布逊借助符号学理论，提出了翻译的三种类型，具有十分深刻的意义，主要体现在以下三方面。第一，将翻译分为广义与狭义两个层面。第二，区分了文化翻译与传统语言学意义上的翻译内涵，翻译不再只是两种语言间的转化，开拓了翻译研究视野。第三，他首次提出了翻译研究的对等概念。对于语内翻译，翻译过程是用一个语符单位置换另一个语符单位，既可选用同义词，也可采用迂回表述法，改换说法会使原意有增减、变形等。对于语际翻译，符号之间一般不存在完全对等关系，具体到翻译实践，很难用一种语言的符号机械地去更换另一种语言的对应符号，而往往替代更大的符号单位，用信息替代信息，关注的不仅是符号与符号之间的对应，而且也关注符号与符号组合对等。

此外，许多西方学者亦从不同视角阐释翻译概念。以纽马克（Peter

---

① Jakobson, R., *On Linguistic Aspects of Translation*, *The Translation Studies Reader*, (*ed.*) *Lawrence Venuti*, London and New York: Routledge, 2000, pp. 113–118.

Newmark）①、弗斯（J. R. Firth）、韩礼德（M. A. Halliday）、穆南（G. Mounin）、奈达（E. A. Nida）②、卡特福德（J. C. Catford）③、威尔斯（W. Wills）、弗米尔（Hans Vermeer）、巴尔胡达罗夫（Barhudarov）④ 等为代表的翻译语言学派为现代翻译研究铺垫了学科、学理基础，翻译理论开始走上了系统化、科学化、客观化的学科道路。

日益加快的全球化进程，越来越依赖于翻译，同时也前所未有地影响着翻译。全球化可导致经济一体化与文化趋同化。在此过程中，文化交流是翻译研究者关注的一个重要对象，当今世界文化失衡已成为愈演愈烈的现象，即强势文化长驱直入地向弱势文化渗透，倾销各种文化产品，这自然与文化翻译的不平衡有直接的联系。

就全世界范围看，1987 年全球出版了约 65000 种译本，其中译自英语的约 32000 种，占 49.2%，译自汉语的 216 种，占 0.3%。⑤ 1994 年，美国共出版 51863 种图书，其中译本 1418 种，占 2.7%，译自汉语的有 55 种，占译本总量的 3.8%。⑥ 这些现象表明，英美国家向来极力向他国倾销

---

① Newmark：Translation is first a science, which entails the knowledge and verification of the facts and the language that describes them – here, what is wrong, mistakes of truth, can be identified; secondly, it is a skill, which calls for appropriate language and acceptable usage; thirdly, an art, which distinguishes good from undistinguished writing and is the creative, the intuitive, sometimes the inspired, level of the translation; lastly, a matter of taste, where argument ceases, preferences are expressed, and the variety of meritorious translation is the reflection of individual differences.

② Nida：Translating consists in reproducing in the receptor language the closest natural equivalent of the source language message, first in terms of meaning and secondly in terms of style.

③ Catford：Translation may be defined as follows：the replacement of textual material in one language by equivalent textual material in another language.

④ Barhudarov：Translation is a process in which the parole of one language is transferred into the parole of another with the content i. e. meaning unchanged.

⑤ 此数字源自联合国教科文组织，1987 年以后因统计数字不全面而未引用。参见 Lawrence Venuti. *The Scandals of English：Towards an Ethics of Difference*. London and New York：Routledge, 1998, p. 160.

⑥ Lawrence, Venuti, *The Scandals of English：Towards an Ethics of Difference*. p. 160.

英语图书，而非英语国家也长期热衷于进口、翻译英语图书。

在全球图书翻译语境下，汉语作为源语的图书输出显然处于弱势地位。远的姑且不提，就近现代经历的两次翻译高潮而言，据统计，在 1900 年至 2000 年的一百年间，中国总共输入、翻译了 106800 种西方图书，但是西方翻译、出版中国 20 世纪的著述不到 1000 种。① 文化输入与文化输出之比非常悬殊，两者比率竟高达 106：1！难怪有学者感叹："一百多年来，中国接受西方的文化很多，而中国文化流到西方则少得可怜。"② 究其主要原因，"自海禁开，西学东渐，遂启千古未有的变局……于是中外文化的交流，始肇其端"③。就近期中外文化交流情况而言，考察图书题材内容，中国引进翻译的大多集中于科技、管理、经济、贸易、文学等门类，出口、外译的多为传统文化，如《孙子兵法》《黄帝内经》《诗经》《道德经》《论语》《红楼梦》《三国演义》等文化典籍。

这样，长期以来中外文化交流的巨大逆差影响了中国在西方世界的形象与地位，由此潜移默化地累积许多历史与现实的偏见。有学者指出，自第二次世界大战结束的半个多世纪以来，西方一般民众对待中国的认识与态度，依然带着殖民心态，依然抱有说不清道不明的迷思，具体而言，是三分猎奇、三分轻蔑、三分怜悯，还有一分"非我族类"的敌意。④ 该学者出生于中国大陆，学成于中国台湾、美国，现居中国香港，长期从事中外文化交流研究，凭借不同时期居住不同地区的人生经历得出的上述观点还是比较客观真实的。如此看来，语际翻译事关中国在海外的国家形象，尤其在全球化的当今世界，翻译带来的辐射力早已跨越了学术研究的疆域，正投向波澜壮阔的国际舞台，为构建新时代的大国形象发挥着不可或

---

① 王岳川：《新世界中国文艺理论的前沿问题》，《社会科学战线》2004 年第 2 期，第 215 页。

② 陈平原：《大书小书》，广东旅游出版社 1992 年版，第 269 页。

③ 苏渊雷：《序》，载邓子美《传统佛教与中国近代化》，华东师范大学出版社 1994 年版，第 1 页。

④ 史景迁：《序》，载《大汗之国》，阮叔梅译，广西师范大学出版社 2013 年版。

缺的作用。当代译论家乔治·斯坦纳认为，文化通过翻译前人的经典作品而螺旋式推进，文化是恒量按时间顺序的翻译与转换的过程。① 由于文化具有动态发展与世代继承的特点，翻译的介入就为文化的持续更新提供了宽广的生存与成长平台。

从《孙子兵法》英译的整个过程来看，第一个阶段主要是借鉴吸收历代善注善译的成果，完整透彻地把握典籍。决定典籍英译质量的关键因素有三个：第一取决于译者驾驭双语的能力，包括其对古文的理解，即最大限度地领会典籍的内容、意义、成语典故与风格意境等方面，再译成英语；第二取决于译者的双文化能力，包括如何处理文化负荷概念、词语等；第三取决于译者的古典文学、哲学等学术素养，包括善于鉴别不同版本，吸收前人成果等。《孙子兵法》这部兵学典籍，历代学者在校注译等方面已做了大量工作，积累了丰富的经验。译者需要泛观博览前人成果，细心钻研，尽可能知晓典籍的微言大义。

《孙子兵法》英译既有广义翻译的共性，又有其狭义翻译的个性。其独特的个性源于典籍所包含的语言与文化的经典性，具体表现在价值观念、伦理道德、风俗习惯、宗教信仰、意识形态等方面，经过数千年的历史沉淀，穿越时空，无不考验不同时代、不同国籍、不同身份译者的学术能力、版本鉴别眼光、双语能力、双文化驾驭力等综合素质。

从雅科布逊翻译"三分法"可知，他较早注意到翻译与普通语言学理论的关系，认为语言符号的意义在于将一种符号翻译为另一种符号，翻译实际上就是语符与信息的诠释。雅科布逊强调了诠释语言现象时语言学对翻译行为的依赖性。

雅科布逊的翻译三分法，扩大了翻译研究的领域，将各种媒体符号的转换全部纳入翻译研究体系。这为急于要冲出双语转换的狭窄领地，摆脱

---

① Steiner, G. *After Babel：Aspects of Language and Translation. Shanghai：Shanghai Foreign Language Education Press*, 2001, pp. 448–449.

从属于语言学甚至对比语言学的次学科地位的翻译研究寻找到了突破口，并使之一跃成为当今跨越多门学科的显学。这是雅科布逊对翻译研究作出的重要贡献。

一、语内翻译

《孙子兵法》英译首先涉及语内翻译。雅科布逊翻译"三分法"对学界很有启示：我们应当重视将古汉语译成现代汉语的语内翻译。典籍翻译由语内翻译与语际翻译两个阶段构成。第一阶段先要做语内翻译，因为"盖语言易世而必变，既变，则古书非翻不能读也"①，语内翻译涉及的译出语与译入语间存在时间、表述等差距，而语际翻译还要面对不同空间或文化语境中所使用的不同语言，即面对时间、空间、语言、文化、思维等多重挑战。

中国典籍浩如烟海，汗牛充栋，之所以世代相传，经久不衰，是由其两种特定属性决定的，一是"超时间性"（supra-temporality），二是"超空间性"（supra-spatiality），两者结合在一起，不断激励注疏者进入典籍这座辉煌的宫殿，"毕其一生于一役"，孜孜不倦地踏上探索真"经"的漫漫旅途。语内翻译在同一语言的不同历史时期中进行或在不同的变体之间演绎、进行，一般具有一致或相同的语言内容与共同的文化基础。

注释或注疏是《孙子兵法》训诂的主要形式。欲分析注家注释之特点，则不得不涉及"以今翻古"的汉语诠释传统——训诂学。依《尔雅》解释："训者，谓字有意义也。"《说文》云："诂，训故言也。"这样，"训"与"诂"合在一起，即表示用现代汉语解释文言文，通过辨正、解说等形式澄明典籍文本的意义。借助辞章考据，至少有以下四方面的作用：第一，纠正前人对关键字句的误读、误释，确定典籍的正解；第二，拨开层层迷雾，清除长期以来的学术谜团，正本清源；第三，筑就"贯通

---

① 梁启超：《中国佛教研究史》，上海三联书店 1988 年版，第 81 页。

上下、沟通古今"的历史性延续通道；第四，催生典籍的现代汉语文本，为语际翻译做好文本准备。

注疏是语内翻译的重要形式。由于《孙子兵法》的形成时代与注疏者大相迥异，常使得历代注疏者们陷入困境。王国维曾说："其难解之故有三：讹阙，一也；古语与今语不同，二也；古人颇用成语，其成语之意义，与其中单语分别之意义又不同，三也。"① 王氏主要从语言的差异阐明注疏的困难。注疏借助浅白易懂的文字，可激活《孙子兵法》文言文的活力，传承传统的厚重与渊博，"担负着把古代延伸到现在，将往昔转化为当今，或者说使时间的流程逆转为空间的铺排这一艰巨的任务"②，让典籍走进现代读者的视域，赢得更加广阔的传播空间，获得更深远的影响力。

但事实上，学界对语内翻译关注甚少，研究更少，因为人们认为"典籍今译"算不上真正意义的翻译（translation proper），至多是学生学习文言文的手段，借以了解古代文献的中介，何况如今校园还流传这样的顺口溜："一怕写作文，二怕文言文，三怕周树人。"另一方面，近年来兴起的"国学"热潮一浪高过一浪，"孔子学院"不断走向世界，这些都离不开对中国典籍有"效度"与"信度"的阐释，离不开典籍今译这个重要环节。

不管怎么说，《孙子兵法》语内翻译是典籍英译的第一阶段，既是绕不过的一道门槛，也是英译研究不能回避的课题，但因目前学界对此不够重视（翻译界主要关注语际翻译理论与实践），这方面的成果不多，直接可借鉴的文献很少，所以是个不容易说清楚的话题。

在《孙子兵法》的语内翻译阶段，译者首先要面对"典籍今译"，即把典籍原本的古汉语译成现代汉语，再译成英语。但很快，译者又面临新问题，《孙子兵法》底本历经了多少注疏家"穷尽式"（exhaustive）的注

---

① 王国维：《与友人论〈诗〉〈书〉中成语书》，《观堂集林》卷二，世界书局 1964 年版，第 75 页。

② 蔡新乐：《翻译与汉语》，中央编译出版社 2006 年版，第 74 页。

疏，世代流传了多少个注疏本，究竟该以哪个底本为源语"蓝本"呢？这是对译者学识修养、学术洞察力的考验。理论上说，译者一般选择该典籍的某一权威注释本，或再参照现代汉语译本进行翻译。综观当世影响最大的一些典籍英译本，大抵遵循这条规则。

中国古代著述包括经史子集，"经"排列首位。《庄子》记载孔子问道于老子的文字："丘治《诗》《书》《礼》《乐》《易》《春秋》六经，自以为久矣。"这大抵是较早提及"经"的记述。对"经"的定义，历代学者众说纷纭。刘勰在《文心雕龙》里指出："经也者，恒久之至道，不刊之鸿教也。"① 表示"经"是历久长存、至高无上的大道，也是不可磨灭的伟大教诲。章炳麟指出："经者，编丝连缀之称，犹印度梵语之称'修多罗'也（'修多罗'梵语指 sutra，意谓'用丝把贝叶编缀成书'，笔者注）。"这与中国远古时期借助丝线连缀竹简、捆扎成书卷有着异曲同工之妙，可了解"经"的原初意义。

阅读《孙子兵法》，"不是去接触一个来自过去、属于过去的东西，而是把我们自己与经典所能给予我们的东西融合在一起……代表着文化积累的价值，而对现在起积极作用……是超越时代及其趣味的变化的，所以成为现在与过去联系的最佳途径"②，因此，研究像《孙子兵法》这样的元典，不仅需了解、认识两千五百多年前的军事思想、哲学原理等，而且更关注典籍精髓对当今世界的渗透与影响。

学界普遍认为，先秦元典很少出自一人所言或所作，往往假托某大师或名人，其实为其弟子及门徒累积而成。《孙子兵法》也存在类似的著作权争议问题。对此，陈寅恪指出："中国古代史之材料，如儒家及诸子等

---

① 刘勰：《文心雕龙》，中华书局 2017 年版，第 22 页。
② 黄俊杰主编：《中国经典诠释传统（一）：通论篇》，华东师范大学出版社 2008 年版，第 6 页。

经典，皆非一时代作者之产物。昔人笼统认为一人一时之作，其误固不俟论。"① 因此，一部典籍历经多人撰写、改编、增删等，很难预设其存有自始至终、贯穿统一的思想体系，于是造成这样的结果：今日所见典籍内容往往参差纷杂，注疏各不相同，甚至互相矛盾，这对理解、转述、翻译带来了不可小觑的挑战。

中国典籍的研究注疏同样备受以英美等为代表的西方学界的关注。他们从不同视角探究，如 H. Roth 与 W. Boltz 借用"形式校勘"（form criticism）与"版本校勘"（redaction criticism）分析道家著述，探讨中国古代哲学术语、基本前提等问题②，不仅丰富了文献研究方法，而且对中国学者有一定的借鉴意义。

韩德森（John B. Henderson）在《典籍、正典与注疏：儒家与西方注疏传统的比较》（Scripture, Canon, and Commentary: A Comparison of Confucian and Western Exegesis, Princeton: Princeton University Press, 1991）里指出，注疏者面对典籍时大多持有如下的假设：典籍（1）大多内容广博，巨细靡遗，涵盖所有重要知识与真理；（2）层次井然，富于逻辑性；（3）内容饱满，不会自相矛盾；（4）大抵具有道德说教、语义深奥、不含赘言浮词。③ 葛纳德（Daniel K. Gardner）在《儒家传注与中国思想史》（Confucian Commentary and Chinese Intellectual History, The Journal of Asian Studies, 57: 2, May, 1998）里谈到注疏者与典籍的关系时有着生动的描述："在经典与注疏之间，仿佛有两个声音进行着不断的对话：经典设定议题，注疏起而回应。经典框住了注疏回应的范围，而注疏也限制了经典可能的意义；两者互相依赖，也互相限定……注疏者不仅与圣人……同时与读者

---

① 陈寅恪：《冯友兰〈中国哲学史〉上册审查报告》，《陈寅恪先生文集》，里仁书局1981年版，第248页。
② 黄俊杰主编：《中国经典诠释传统（一）：通论篇》，华东师范大学出版社2008年版，第169页。
③ 黄俊杰主编：《中国经典诠释传统（一）：通论篇》，华东师范大学出版社2008年版，第201页。

进行对话，使得数百年、数千年前的经典能有意义地对后世读者发言。注疏者同时面对过去与现在，可说是儒家传统中的不可或缺的中介人（broker）。"① 由此看来，注疏担当着承前启后、继往开来的重任。从这个意义上来说，语内翻译，换而言之"注疏"，同样发挥着"古文今译"、传承古代文化、弘扬古代文明这几项举足轻重的功能。

鉴于《孙子兵法》的白话文注本在民国时期才问世，1905 年由英国卡尔斯罗普上尉完成的首个英译本是否经历了"语内翻译"，我们不得而知，但有一点可以肯定，他是在日本人的帮助下经日译本转译而成的，所以，他不可能经历"文言文转换成白话文"的"语内翻译"。至于其 1908 年出版的修订本，虽注明得到友人帮助、根据汉语翻译成英语，但当时恐怕还没有"现代汉语"之说，因此可以推断是文言文直达英语了！

由此引出另一个问题，同样英译《孙子兵法》，因译者母语与文化不同，就语际翻译与语内翻译而言，外国人与中国人英译典籍会有不同的过程。像卡尔斯罗普上尉这样的早期译者因不通汉语而"跳过"语内翻译，或者说他借助的是"中介语"（inter-language）日语，再迂回翻译成英语的。而现代中国译者一般都得经历语内翻译与语际翻译两个过程。我们中国的传统文化多以文言古籍的形式世代相传，为了便于现代人阅读古籍或检验其理解古文的能力，可多借助古文今译的手段来实现。这种语内翻译大致通过理解、分析文言文，采用语言学的方法或是文艺学的思路转换成现代汉语。跟语际翻译相比，语内翻译也经历"理解"与"表达"两个过程，要求译文在思想内容、语言形式上与文言文相对应，不能变成随意的解说。但是，文言翻译理论与方法有其自身的特点。首先，典籍讲究"微言大义""广大悉备"与"纤介不遗"，从事这种语内翻译，尽管也须考虑字、词、句、修辞、文体、风格等因素，但是语言层面对等与作品艺术

---

① 黄俊杰主编：《中国经典诠释传统（一）：通论篇》，华东师范大学出版社 2008 年版，第 223 页。

风格的再现会成为等量齐观的要求吗？答案是不一定。虽然人们普遍承认古今语言的差异性，但是并不强求以现代汉语的词法、句法去顺应文言文。正是基于这个原因，翻译成现代汉语的文言典籍在作品风格上与"之乎者也"的文言作品大不相同。其次，典籍翻译时人们允许采用更加灵活的方式解决语言对等问题，容许翻译形式的变化与部分信息的缺失，无论是标准，还是要求，都比较宽泛。对于《孙子兵法》的语内翻译，通常报以更宽容的态度，借助更多样的方法：对于某些信息与形式，既可"不译"，也可采取近乎随意的阐释，游走于两个极端之间。语内翻译是一个比较隐蔽的心理过程，没有直接外显的书面凭证，其结果是不列入学术研究范畴，至多是文字转换，帮助读者理解文言文，自然不会有规范的标准与要求。事实上，很多时候，这两种在语际翻译近乎对立的方法居然在同一文本的翻译里"相安无事"！语内翻译与语际翻译的评价标准区别如此之大，语内翻译一般忽略了语言形式、语法结构、语义对应等问题，多注重思想内容的传递。

《孙子兵法》语内翻译对译出语的形式、内容两个方面都起着作用。语内翻译是一个没有间断的过程，只要翻译活动不停止，语内翻译就一定发挥着作用。从拓扑翻译学①的角度看，语内翻译是原作不断变形的连续体，是世代注疏者、阐释者不断理解阐发的结果，包含许多新的意义，但其最主要的精髓应该保持恒定不变，这是语内翻译的基础。

根据王力在《汉语史稿》有关汉语发展不同历史时期的"四分法"（上古汉语指公元 3 世纪以前，中古汉语指公元 4 世纪到 12 世纪，近代汉语指公元 13 世纪到 19 世纪，现代汉语指自 20 世纪五四运动起），成书于

---

① 拓扑翻译学（topo-translatology）是将连续几何学（拓扑学）原理与翻译研究相结合的交叉学科，起源于当代译伦家斯坦纳的文化拓扑结构理论，借鉴拓扑学图形系列变形、主要特征保持不变的核心思想来解释翻译现象，揭示译入语的嬗变、变异与源语恒定元素之间的变量与恒量关系，建立拓扑翻译的操作机制，说明翻译结果形变而质不变的理据，设置翻译作品的评价体系。参见陈浩东等：《拓扑翻译学》，人民出版社 2016 年版，第 9—10 页。

两千五百多年前的《孙子兵法》是用上古汉语书写而成的（公元 3 世纪前属上古时期），它面对无数的注疏者，他们生活在不同朝代，处于复杂的历史网络里，其网络因素由长期的、历史的积淀所构成，所以，都不可避免地打上所处时代的烙印，其注疏也会有局限性。

显而易见，穿行在《孙子兵法》历史语境，与其所处当下环境间的注疏者难免"穿凿附会"，掺杂自己的观点。比较理想的注疏者"可以优游涵泳于其间，携古人之手与古人偕行，亲之味之，得其精神而舞之蹈之"①，如果做到这一点，就要求注疏者将《孙子兵法》加以历史化，换而言之，注疏者让自己暂时离开当下的语境，走进该典籍形成时的历史环境。

译者的阐释是在注疏者基础上进行的，所以具有历史性。一方面，不同译者因认知能力、语言能力、文化背景等不同而左右着翻译过程；另一方面，文本意义不由作者决定，而由处于不同境遇的读者与文本的互相作用决定。理解者与被理解对象都是历史的存在，文本的意义与理解者一起处于不断形成、交互影响的过程中，这就是所谓的"效果历史"②。据此表明，语内翻译需要借助历代文人学者的注疏，每个时代读者的理解可以不尽相同，但可以互相借鉴，有可能产生不一样的解释。

比如说，宋本《十一家注孙子》的 11 位注家分别生活在魏、梁、唐、宋等不同朝代，他们身份各异：三国时期的曹操集军事家、政治家、文学家于一身，杜牧为晚唐诗人，梅尧臣为宋文学家，贾林系武将，李筌潜心研究道教；等等。他们不同的时代背景、人生阅历决定了不同的阐释方式、不同的阐释目的，进而产生不同的文本意义，有的甚至相互抵牾。

《孙子兵法》历代注疏者的理解是其个人经验的再现，无不打上鲜明

---

① 黄俊杰主编：《中国经典诠释传统（一）：通论篇》，华东师范大学出版社 2008 年版，第 255 页。

② 何卫平：《通向解释学辩证法之途：伽达默尔哲学思想研究》，三联书店 2001 年版，第 184 页。

的个人与时代的烙印。在哲学家伽达默尔看来,"理解"不仅可视为一种个人的切身"经验",而且具备全人类共同拥有的"普世"价值,因此与人们具体的社会实践总是保持紧密的关系。就文本解读经验而言,在实现着理解的"效果历史"过程中总存在着两种不同的视域:一是文本的视域,一是理解者的视域。文本之所以有历史视域,是因为它是在特定的历史条件下由特定历史存在的个人创造出来的;理解者也有自己特定的视域,这种视域是由他自己的历史境遇所赋予的。理解就是综合这两种视域的融合(infusion of horizons)。① 据此,分析《十一家注孙子》的注家,就很能说明这种观点。行伍出身的曹操注疏《孙子略解》,拥有数十年戎马生涯的优势,所以注疏大多与自己的战事体验有关,容易领会孙武的兵学要义,他的《孙子略解》为历代推崇借鉴;张子尚《孙武兵经》其实为曹注之二度阐释,行文明易流畅;李筌《李筌注孙子》从宏观上把握孙子的军事思想,考察原著十三篇次序与其思想脉络之间的因果关系,不再拘泥于字词句单位的考据。② 杜牧长于诗文,"慨然最喜论兵",其《杜牧注孙子》从当时实际出发,总结新经验,侧重军事原理注解,故其注获得"疏阔宏博"的称誉。贾林的《贾林注孙子》,多具思辨特色,亦时有新见。《郡斋读书志》说《陈皞注孙子》,"以曹公注隐微,牧注阔疏,重为之注",欧阳修在《孙子后序》中将其注与曹操、杜牧注并称为"三家注"。

二、语际翻译

鉴于我们主要研究《孙子兵法》的汉英语际翻译,因此有必要先梳理一下国内外最有影响的译学思想,以加深、拓展英译研究。

---

① 何卫平:《通向解释学辩证法之途:伽达默尔哲学思想研究》,三联书店 2001 年版,第 200—201 页。

② 于如波主编:《〈孙子兵法〉研究史》,军事科学出版社 2001 年版,第 96—97 页。

（一）语际翻译与文化纳新

《孙子兵法》语际翻译是跨语言、跨文化、跨精神、跨疆域的交流，从译出语文化体系输入的作品一旦在译入语文化体系里着陆、生根、开花，就会形成相当的势力，左右激荡，四处奔突，寻求新的精神家园。

伽德默尔（Hans-Georg Gadamer）曾在《真理与方法》里指出："一切有生命的东西都是从与它们相异的东西中养成自身的。生命存在的基本事实是同化。区分因而也就是不区分。异己者被自己所占有。"① 由此可见，《孙子兵法》语内翻译的"本己性"在于可利用自我之外的"世界"，获得"他者"的营养，促使自我精神的成长、势力范围的扩大与自身力量的增强；其语际翻译具有同样的特点，即追求如何扩充当下的实在（being），从根本上而言，这种实在表现为空间对时间的整合。换个视角看，如果语际翻译侧重"历史意识"，精神创造力就会因拘泥于译出语的历史性而难以自拔，导致向着"一切有生命的东西都是从与它们相异的东西中养成自身的"这个方向前进。有学者指出："大凡说到底，人是无以自足的。不借取他者来充实自己，就不能使自己变得丰满、深邃、高大和得到发展……从他者摄取养分，对于肉体和精神说来同样都是不可欠缺的。可是，我们每每忘却这一事实。"② 依此看来，《孙子兵法》语际翻译中的译入语文化可视为"生命（体）"，而且，这个"生命（体）"同样需要这样"本己性"的活动，每次翻译实践可视为补充新营养的机遇、发展自己的平台。

有人说，人类时常感到孤独无助，因为他生活在单一的世界，人类觉得无可奈何，因为他面对广袤的宇宙而不知所措。语际翻译可作为异质文

---

① 倪梁康：《现象学及其效应》，生活·读书·新知三联书店1994年版，第258页。
② ［日］大塚幸男：《比较文学原理》，陈秋峰等译，陕西人民出版社1985年版，第29页。

化的媒介，将不同民族引入多姿多彩的多元文化世界，为人类减少几分孤独，增加几许"众声喧哗"的热闹。陈寅恪指出："盖今世治学以世界为范围，重在知彼，绝非闭户造车之比。"① 陈氏强调"重在知彼"，即注重吸收外来文化，强调世界各国文化的融合、吸收与繁荣。他是站在"西学东渐"的角度说这番话的，其道理同样适用于《孙子兵法》英译的"中学西传"，中国典籍英译同样可丰富译入语的西方文化，给他们引进富于异质的东方文化。

总而言之，语际翻译既可为输入国的民族文化注入新鲜的活力，促使民族文化产生新的增长点，又可充当延续自身发展的原动力，甚至创造转旧为新的文化发展掠点。语际翻译既能为输出国扩大自己的国际影响力，争取更多的国际话语权，又能传播优秀的民族文化。其间，语言差异、文化差异的研究尤为语际翻译的重中之重。

《孙子兵法》语际翻译至少需要跨越语言、文化与精神这三重疆界。译者从译出语进入译入语，从一种文化进入另一种文化，从一种精神进入另一种精神，由此开启"双向交流"的大门，可避免或减轻归属于不同民族的人的孤独与思想的单一，分享人类的精神成果，开阔眼界，促进共生、共融、共有、共荣。

（二）西方主要翻译哲学思想概述

《孙子兵法》英译研究需要参照西方相关的译学理论。其实，自古到今，西方很多哲学家、思想家都与翻译结下了不解之缘，他们富于启迪的语言哲学大多涉及了翻译话题，或者揭示了翻译实质，或者展示了翻译与有关学科受体与供体（recipient-donor）的关系，有助于开拓《孙子兵法》英译研究的跨学科视野。

译学的成果并非提出某些问题之一劳永逸的答案，而是更应关注问题

---

① 陈寅恪：《吾国学术之现状及清华之职责》，《金明馆丛稿二编》，第362页。

提法的改变与视角的转换（如从感性技巧的探讨到理性原则体系的建构，从语言学、文学、哲学等个别学科拓宽至跨学科的多元研究）所带来的境界之提升，这样，新的问题得以呈现，新的理论得以发展。翻译研究的每一种理论模式都有一种哲学思想在支撑，或者说，翻译研究大都建立在某种哲学思想的基础之上，寻求理论支撑。

翻译是跨语言的转换、理解与交际过程，它涉及至少两种语言、两个文化体系，是一种十分复杂的语言现象、认知现象与跨文化活动，因而自然就进入了许多哲学大师的研究视野，成为他们潜心研究的重要对象。像海德格尔、尼采、叔本华、施莱尔马赫、伽达默尔、本雅明、福柯、德里达、德曼等西方当代著名的哲学家都探讨过翻译问题。

传统西方译论较多地表现为译出语与译入语之间的不平等地位，核心观点是译入语要忠实地再现（faithfully represent）译出语。譬如说，西方译界的代表人物有西塞罗、贺拉斯、哲罗姆、阿诺德、纽曼、德莱顿、泰特勒等人，他们异口同声地主张"忠实对等"，是翻译研究语文学阶段的典型观点。随着西方哲学出现的认识论转向，感性的经验让位于理性的思维，译论家们提出翻译研究应该基于翻译客体这个对象，仰仗于文字内部结构分析这个出发点，着力于意义转换等值这个目标，由此掀起了波澜壮阔的翻译语言学派大潮，在西方学界风行一时。

20世纪是西方哲学迅速发展的时期，完成了从认识论到语言论的转向（linguistic turn），显著的变化是，哲学家十分倚重语言分析的作用，宣称将语言分析当作他们哲学研究的聚焦领域（focal sphere），这样做的结果是语言的封闭体系（sealed system）几乎被瓦解了，语言走出了自足（self-sufficient）的天地，拥抱一个内涵丰富的广阔世界，这里既包括了语言的使用者——人，语言的环境——社会，又纳入了人类历史及其文化。我们选择几位与翻译研究有密切关系的著名西方哲学家与思想家，按时间顺序着重梳理他们的翻译观，旨在开拓《孙子兵法》语际翻译研究新视角与新领域，获取更多的理论资源。

洪堡（Wilhelm von Humboldt，1767—1835）是德国哲学家、语言学家、19世纪语言哲学创始人，他曾按照目的将翻译分类，具有深远的方法论意义。他指出，翻译可帮助许多不懂源语、无法阅读原作的现代人了解原作大义；翻译还可帮助有能力阅读原作的人更好地理解原作意义；对于计划阅读原作的读者来说，翻译能将原作的精神、原作的风格有效地告诉他们。这样看来，翻译就具备了三种功能——第一种功能的翻译，译者没有必要忠实源语，只需传达大义即可；第二种功能的翻译，译者必须忠实原文，最好是字当句对地翻译；第三种功能的翻译，译者忠于原作精神、原作形式就可以了。① 他还认为，翻译有必要展示两种语言、两种文化的差异（difference）。如果读者有机会比较，即使是完美、细致、忠实的译文，也会发现原作与译文之间存在着很大的差异。倘如我们考察十八九世纪的德国学界，就能发现这样的事实——语际翻译一直以来就担负着丰富德国语言、振兴德意志文化的任务。许多著名的哲学家、翻译家与作家，像尼采、歌德、施莱尔马赫、海德格尔等矢志不渝的努力，让"存异"的思想变成了德国特立独行的翻译传统，因此，译介外国文化是德语从附属走向主导、从边缘走向中心的推动力量。

维特根斯坦（Ludwig Wittgenstein，1889—1951）是20世纪伟大的西方哲学家、思想家，他提出的"语言游戏（language game）"是其哲学思想的核心概念。维氏认为，语言游戏一般是儿童开始使用语词的语言形式，研究语言游戏就是研究初始语言；语言游戏的实质是，语言的意义在于其使用。这种语用决定语义的观点，极大地冲击了封闭的语言系统的传统语言观，成为翻译研究语用学转向的坚实基础之一。

在维特根斯坦的语言游戏理论里，有两点值得翻译研究者们的关注：一是他所提出的"语言的意义在于运用"；二是他所强调的语言与文化的

---

① Lefevere，Andre，(ed.) .*Translation/History/Culture*：*A Sourcebook*. London：Routelege. 1992, pp. 30-31.

关系。前者使翻译不仅仅只盯着客体的语言结构，而是开始更多关注主体的意图、情感。后者则将翻译置入到更加广阔的文化背景里，使翻译不仅仅只是语言间的转换，而是了文化间的转换。这种影响直接推动了20世纪末翻译文化学派的产生、发展，为翻译研究的"文化转向"夯实了哲学理论基础。

海德格尔（Martin Heidegger，1889—1976）被公认为20世纪最有见识的（the most insightful）哲学家。他指出，人具有一定的历史局限性，他来自特定的历史语境，文本也具有一定的历史局限性，因此，人试图解读文本时不可避免地受到当时的历史限制，也一定会受到其历史意识的左右。那么，我们如何才能走进一个真实的文本世界呢？抹掉历史痕迹是个很好的方法。此观点可较好地有助于我们进行《孙子兵法》的英译研究，用于阐述文本解释的历史性语境、历史偏见等问题。

海德格尔的翻译解释论认为，翻译就是对文本意义所作的解释，而解释以先在的理解（prejudice）为前提，它规定、影响这种解释，每种解释都受制于先在的理解，而先在的理解又是以更先在的理解为基础。这等于否定有原作者"本意"的存在。如此反复，寻求原作者的"本意"便是徒劳。海德格尔通过抹去原作者的"本意"，使文本脱离原作者而成为一个自足的存在。他认为翻译不是要去与原作者认同，而是要摈弃主体（译者）的各种先入之见，"转渡"到客体（文本）本身的语言结构之中。海德格尔的这种观点对解构主义翻译观影响深远。

本雅明（Walter Benjamin，1892—1940）肯定翻译的积极功能——有助于增强译者民族语言的表达力，翻译是丰富民族语言异质性的催化剂，也是再现"纯语言"（pure language）的有效手段。他在《译者的任务》里指出，真正的译作是透明的，它不掩盖原作，不挡住原作的光芒。要做到这一点，尤其要对句型进行直译。① 他特别指明所谓"纯语言"的重要

---

① 谢天振主编：《当代国外翻译理论导读》，南开大学出版社2008年版，第329页。

性。本雅明认为，在那种最依稀平常的翻译方式里能发现最深奥、最神圣的知识。他所说的就是"隔行对照注解"（interlinear gloss）。翻译不仅是给读者文本，而且是通向"纯语言"的过程。此时，存有瑕疵的语言可译成完善的语言。"纯语言"虽然能够存在于字里行间，但同时超越了读者的视野。他还指出，语言间存有相互补偿的关系，表达时具有"语言的亲缘性（the kinship of languages）"，语际翻译是呈现这种亲缘性的重要途径。翻译不仅保持、促进、改变其母语的发展，而且保护原作的语言。

德里达（Jacque Derrida，1930—2004）系法国哲学家、解构学派的鼻祖。他多次宣称：一般而言，哲学的命题就是"可译性"（translatability），换句话说，哲学探讨的是意义从甲语言转换到乙语言而不产生实质性的损失……哲学起源于翻译，或者说起源于可译性命题。① 他创设了"延异"（differance）这个概念，明确指出，作为符号的语言不存在固定而单一的意义（significance），其意义需要借助差异变化不断呈现、不断证实。翻译目的不是获得同一性，而是探究语言文化之间异质性的东西。在《巴别塔》（Des Tour de Babel）里，德里达通过个案分析专有名词，论证了不可译性问题。他提出，翻译虽然是不可能完成的任务，但是操持不同语言的人类从来都没有停下孜孜以求的步伐，从来没有放弃过重新搭建被上帝拆除的那座通天巴别塔。从哲学意义上讲，拆除了再建，这种周而复始的理性意义，就组成了德里达解构主义（deconstructionism）的要义，同时也是学界从解构主义角度从事翻译研究的宝贵理论资源。

那么，解构主义翻译研究的实质是什么呢？简而言之，这种研究方法从解构出发，将语言视作载体（medium），把翻译当作手段（means），视重构为目标（goal），从哲学高度探讨翻译的概念、实质、特点及其与其他相关学科的内在关系。借助解构主义的理论工具开展翻译研究，可以让翻

---

① Derrida, trans. *Peggy Kamuf*: *As The Ear of the Other. Lincoln and London*：*University of Nebraska Press*, p. 120.

译学脱离封闭的语言学窠臼束缚，拓展翻译的研究领域，提高翻译实践的社会价值，解构作者与译者之间的不平等关系。究其实质，解构主义者断然否定了原文话语的霸权地位，强调译者在构建系统里也拥有同样的话语权力。

上述西方重要哲学家从本体论（ontology）高度对翻译各抒己见，从不同视角揭示翻译研究的客观规律：海德格尔将翻译"历史化"，他把翻译视为"历史既定性"；维特根斯坦强调语言的规则，翻译是语句转化，他将翻译"语法化"；本雅明彰显"真理语言"或"纯粹语言"的重要性，认为这样的"语言"包含在"翻译"内，他将翻译"神圣化"；德里达背离了任何传统意义上的文化价值指向与意旨，借助"延异"及由此产生的"游戏"，将翻译"解构化"，将意义阐释置于开放的系统里。

上述不同的西方翻译思想体系，可为《孙子兵法》英译研究提供宝贵的理论资源与方法论，拓宽我们的研究思路。

（三）国内代表性的翻译思想概览

《孙子兵法》英译研究同样需借鉴国内的翻译理论。中国有着悠久的翻译历史，最早的翻译活动可追溯到周代。① 中国历史上出现过三次翻译高潮，即东汉至唐宋时期的千年佛经翻译、明末清初的科技翻译与晚清至"五四"前的文学翻译。中国两千多年的翻译历史与无以计数的翻译实践，是建构翻译理论的宝贵财富与思想资源。所以，中国翻译理论应当包括传统理论与现代理论两大部分。

什么是中国传统译论？王宏印认为："凡在中国现代译论产生以前，在中国学术领域内产生的关于翻译的一切理论，都属于广义的中国传统译

---

① 据记载，周朝时期，开始出现专门从事翻译的官职。《周礼》称翻译官为"象胥"，他们"掌蛮夷闽貉戎狄之国使，掌传王之言而喻说焉，以和亲之"。参见《礼记》给负责东南西北四方的译员以不同的称呼："五方之民，言语不通，嗜欲不同，达其志，通其欲。东方曰寄，南方曰象，西方曰狄，北方曰译。"

论"，"中国传统译论是指在翻译论题上、研究方法上、表述方法上，以及理论特质和精神旨趣上都表现出浓厚的传统国学味道的译论，以之有别于别国的译论"。① 从外部环境看，西方语言学、译学的引进是一个关键的因素，"引进"之前算是纯粹的传统译论范畴。

关于中国传统译论，学界在不同时期持有不同论点。罗新璋归结为"案本——求信——神似——化境"② 等四种基本思想；王秉钦梳理为十大学说，包括古代的"文质说"（支谦、支谶）、近代的"信达雅说"（严复）、现当代的"信顺说"（鲁迅）、"翻译创作论"（郭沫若）、"翻译美学论"（林语堂）、"翻译艺术论"（朱光潜）、"艺术创造性翻译论"（即"意境论"）（茅盾）、"神似说"（傅雷）、"化境说"（钱锺书）与"整体（全局）论"（焦菊隐）③。罗氏侧重于整个翻译史，宏观地把握重要翻译思潮，视野宏阔；王氏着眼于个体译家译论，微观地剖析阶段性翻译思想，显得脉络清晰。

哲学是科学的科学，是所有学科的高度概括，是人类智慧的结晶，翻译研究自然绕不过哲学这座巍峨峻拔、富含珍宝的高山。中国历代哲学家，如老子主张的"信言不美，美言不信"等属于语言哲学的观点，应该是当代翻译研究宝贵的理论源泉。借助传统的哲学话语让我们换个角度理解翻译现、翻译实践与翻译理论，所以，重新发现、认识、借鉴传统哲学体系里闪现的翻译论点，既体现出学人对中国翻译哲学思想的关怀与兴趣，也反映了翻译学科建设的自身诉求，这方面我们有大量的工作可做。

中国传统哲学源自老庄，一贯以价值判断为依据，以求"用"为目的，这极大地影响了历代翻译思想，即大多注重文本操作、文本对比。中

---

① 王宏印：《中国传统译论经典诠释——从道安到傅雷》，湖北教育出版社 2003 年版，第 220 页。

② 罗新璋主编：《翻译论集》，商务印书馆 1984 年版，第 19 页。

③ 王秉钦：《20 世纪中国翻译思想史》，南开大学出版社 2004 年版，第 16 页、第 146 页、第 184 页、第 207 页。

国翻译事业发轫于东汉至隋唐时期的佛经翻译，产生了系列翻译主张，如东晋著名佛经译师①释道安首倡"五失本，三不易"之说，提出译文要贴近原文，是直译理论的代表；鸠摩罗什主张只要能存本旨，可以"依实出华"；唐代玄奘提出"既需求真，又需喻俗"的佛经翻译标准，是意译理论的倡导者。

中国传统译论的核心思想，从佛经翻译的"改'胡音'为汉意""案本而传""不加文饰"，到近代严复的"信达雅"、现代鲁迅的"宁信而不顺"，再到当代钱锺书的"神似""化境"，大都关注译文质量，追求译文对原文的忠实反映，讲究的是文质关系、放收分寸等翻译策略，总是在翻译客体内部兜圈子。自 20 世纪 90 年代起，译界开始关注翻译活动的主体译者的作用。尤其是进入 21 世纪以来，受西方翻译研究"文化转向"的影响，学界热衷于翻译主体的研究，梳理、挖掘出许多重要文学家、翻译家的翻译思想。

另外，中国传统美学也与翻译研究有着渊源关系。无论是林语堂的美学论、郭沫若的创作论、朱光潜的艺术论，还是傅雷的"神似"说、钱锺书的"化境"说、许渊冲的"竞赛论"等，都从不同层面借鉴了传统的中国美学理论。中国传统翻译思想璞玉浑金似的书札语录不少，但多以指导翻译实践为主旨，其理论核心是探讨翻译的标准与原则，自圆其说的理论不多。有学者认为中国译学零星散漫，感悟多于推理，感性重于理性，难成系统。中国译学虽无形式意义的"系统"，但有其实质性的理论贯穿古今，即严复归纳的"信达雅"论。纵观中国翻译历史，从"贵本不失""弃文存质"，到"案本而传""趣不乖本"，再到"宁朴近理"与"求真喻俗"，推究其理论实质，大都陷于严复"三字经"的范畴与窠臼，研究对象过于单一，往往限于静态的文字比较分析；研究方法过于主观，大多

---

① 据文献记载，在中国，"翻译"一词最早出现于南朝梁慧皎《高僧传》："先沙门法显于师子国得弥沙塞律梵本，未被翻译，而法显迁化。"

依靠个人感悟推测。

总之，《孙子兵法》英译研究，既需要学习、借鉴西方译论，又需要吸纳、融会中国传统翻译思想，在中西相互观照的体系里更有效地揭示"中学西渐"的语际翻译规律与原则，逐步构建典籍英译的理论框架。

第二章 《孙子兵法》英语首译本：早期传播之探析

　　实际上，我们这里探讨的可能是宇宙演化过程中业已发生的最复杂的事件（笔者按：指"翻译"）。

——I. A. 瑞恰兹

　　卡尔斯罗普上尉（Captain Everard Ferguson Calthrop）起初只是一名十分普通的英国军人，20世纪初因受命派遣至日本学习外语，偶然间接触到日语版《孙子兵法》，适值日俄战争（1904—1905）爆发，于是抱着了解、学习远东古代兵法的念头，决定设法英译中国兵学典籍。几番周折，几经努力，他完成了迄今世界上第一个《孙子兵法》英译本，由此成为该领域的开拓性人物，与孙武一起载入了世界《孙子兵法》研究的史册。

第一节 卡尔斯罗普英译本述评

　　19世纪，欧洲的汉学研究得到了长足的发展。理雅各在香港期间得益于中国学者王韬的鼎力帮助，花费了二十几年的时间，翻译了"四书""五经"，合而结集为《中国经典》（Chinese Classics），自1861年至1886年间出版了这些典籍英译本；1883年赫伯特·翟里斯（Herbert A. Giles）

编译了《中国文学瑰宝》（Gems of Chinese Literature）两卷本。但当时还没有英译者去触及兵学元典《孙子兵法》。

一、颇遭诘难的 1905 年首译本

1905 年，日本东京出版了英国军人卡尔斯罗普翻译的英语版《孙子兵法：中国的军事经典》①。该书由《前言》《导论》、英语译文与日语译文等部分构成，里面还介绍了司马迁《史记》上记载的与孙武、孙膑有关的历史资料。扉页上印有"温古知新"的字样（也许是"温故知新"的笔误），看来是 There is no new thing under the sun 的英译文，回译成汉语是"太阳底下没有新鲜事物"，显然是曲解了孔老夫子的真义，与"温故知新"相距甚远，姑且看作是历史局限性造成的时代烙印。有意思的是，这首个英译本是经日语版《孙子兵法》转译（译自第三国文字即"媒介语"，与"直译"相对）而成的。当时，卡尔斯罗普在日本学习外语。从英译题名上看，显然是译者按日语拼读汉语"孙子"（Sonshi）② 的结果，由于卡尔斯罗普上尉不懂汉语，他是在两个日本人（据考证，他们是东京高等师范学校的金沢与田山）的协助下经日语"翻译"而成英语的，没有借鉴源语汉语《孙子兵法》。细看内文目录，他将"孙子兵法"英译成"The Articles of Sonshi"，再看正文，变成了"Complete Works of Sonshi"，很可能是受到日译文的影响，也可能属于他自己的理解、自己的表达。

该英语译本一经问世，就遭到英国汉学家翟林奈的强烈批评。他在自己的《孙子兵法》英译本《序言》里指出：卡尔斯罗普译本"充斥着令人相当痛苦的日本味道"（a rather distressing Japanese flavor pervades the work throughout），正因为日本人的"帮忙"，才使译文"糟糕透顶"（ex-

---

① Calthrop, E. F., *trans. Sonshi*, *The Chinese Military Classic.* Tokyo：Sanseido，1905.
② 按照日语《五十音图》平假名的发音，日语当用汉字"孙子"发そんし之音，转换成罗马字母，相当于 Sonshi 拼法。

cessively bad），让"孙子蒙尘受辱，需要为其正名"（Sun Tzu deserved a better fate than had befallen him）。英译本存有严重的错误（downright blunders），虽然错误是任何译者都难以避免的，但文内省略之处比比皆是，艰涩难懂的段落被任意曲解（willfully distorted）或忽略跳过（slurred over），这些问题是不可原谅的（less pardonable）。① 他不留情面地继续批评道：两千多年前的吴王阖闾、兵学家孙武都变成了日本的帝王将相（King Ho Lu masquerades as "Katsuryo"，Wu and Yueh become "Go" and "Etsu"）。可见，无论从语言转换层面评价，意义再生方面分析，还是从风格、文化方面考察，翟林奈通过毫不客气的措辞表达了对其同胞的强烈不满。

翟林奈可能不懂日语，不了解汉译日的基本规则，所以他对中国古代诸侯王名字翻译提出的尖锐批评，无疑是既缺乏学术依据，又有失公允。这里涉及汉语、英语、日语等三种语言的语音系统及其相互之间的翻译原则。首先，日语使用大量的汉字，即"当用汉字"②（Sinico-Japanese characters），其读音则借助假名字母发音规则，同样的汉字在日语与汉语里有不同的发音，将日语假名转写（transliterate）成拉丁字母的字符的过程称作"罗马化"（romanization），有利于拉丁语系学习者辨识。其次，汉语专有名词翻译成英语，一般采用汉语的发音，直接借助拼音拼写成单词进入英语，这与翻译成日语有较大的区别。事实上，缘于汉语与日语的亲缘关系，汉字专有名词翻译成日语，大体上会有两种途径：第一种是所谓的"训读"方式，即按日语发音拼写；第二种是"音读"方式，具体是借

---

① Giles, L., *Sun Tzu on the Art of War*: *The Oldest Military Treatise in the World.* London: Luzac Co., 1910, p. Ⅷ.

② 古代日本只有语言没有文字。大约隋唐时期，汉字开始传入日本。日本人借助汉字改变而来的平假名、片假名这两个语音书写体补充汉语书写体。最初，他们把汉字作为表音的符号使用，即日语有几个音节，就用几个汉字标注。1946 年，日本政府进行了一次文字改革，规定了一些汉字作为使用的范围，共有 1850 个，称作"当用汉字"。当用即"当前使用"或"应当使用"之意。这 1850 个之外的汉字不再使用，改以假名表记。但这只是政府的规定，仍还有人按习惯使用非当用汉字。1981 年 10 月 1 日，日本政府又公布、实行了"常用汉字表"，规定 1945 个常用汉字作为"一般社会生活中使用汉字的大致上的标准"。

鉴、模仿汉字读音拼写。据此，把吴王阖闾音译为 Katsuryo，这是汉字"阖闾"进入日语按"音读"发音、借助罗马字母书写的拼法，卡尔斯罗普采用了日语文言文读音かつりょ的拼读，现代日语里一般拼为こぅりょ（"音读"法），对应罗马字母拼法 Koryo 一词。春秋战国时代的"吴"与"越"音译为日语，相当于罗马字母 Go 与 Etsu，即日语当用汉字"吴"（ご）与"越"（ぇつ）。我们可以从音译的角度判断，这些专有名词均根据日语本《孙子兵法》转译而成，虽在英译本里的表述与汉语发音相去甚远，但由于是转译本，出现这样的情况也无可厚非，不能算"错译"或"乱译"，最多看作是译者深受日语语境的影响，以至于译文明显打上了日译的语言文化烙印。

然而，如果从军事战略的角度考察，加拿大历史学教授哈米什·艾恩（Hamish Ion）就提出了不同的观点。他认为，卡尔斯罗普英译《孙子兵法》的意图全然不是提供详尽的学术评论，而是想为英军高层人士挖掘孙子的智慧，告诉他们可以改变机构与制度，讨论日本是如何在日俄战争中打败俄国的。① 这样看来，这个英语首译本还具有一定的军事价值与特殊的历史文献价值，至少让英语世界初步了解来自中国的孙子及其兵学理念。

由于 1905 年《孙子兵法》英译本的影响力十分有限，虽经笔者多方搜寻，仍未找到完整的首译本，只有一些零星的参考史料。不过，我们从另一渠道了解到有关翻译参照的底本信息。据其同胞汉学家翟林奈考证，从内容上看，卡尔斯罗普的首个英译本与《周秦十一子》（1758）收录的

---

① Ion, Hamish, *Something New under the Sun*: *E. F. Calthrop and the Art of War*, *Japan Forum*, 1990, 2（1）: 29-41.

《孙子兵法》版本很相似，只是稍有差异，并认为该版本（从中国）传入日本①。出于翟林奈汉学家的身份考虑，他的考据无疑有较强的学理性，因而可以信赖。

不管怎么说，这是世界上《孙子兵法》的首个英译本，虽是源自日语的转译本，但它毕竟是首创的全译本，开启了通往英语世界的大门，因而具有历史意义。

目前，有关卡尔斯罗普上尉的存世资料十分稀少，我们所能了解掌握的内容是：在第二次布尔战争（the Second Boer War，1899—1902）期间，他服役于英国皇家野战炮兵营（the Royal Field Artillery，R. F. A.），不久，被委命派往日本驻对外服务署。他在日本的主要任务是为皇家联合情报所（the Royal United Services Institute）翻译日俄战争的日方军事材料。当时正值日俄海战，日本海军司令东乡平八郎借鉴了《孙子兵法》"以逸待劳，以饱待饥"的策略，将自己的舰队集结于作战海域，歼灭了千里劳顿、长途跋涉而来的俄国海军。卡尔斯罗普见此结局大开眼界，深受启发，决意将孙子介绍给英国。就他在日本的军事使命而言，根据日语版转译的《孙子兵法》英译本也是他需搜集的情报，焦点自然是军事情报的实用性，企图通过孙子借鉴东方兵学智慧，再加上他大胆的想象与理解，继而演绎成英译文，其他诸如流传版本、语言考据、文化传播等既不是卡尔斯罗普上尉的专长，当然也不是他的关注点与落脚点。

---

① Another copy at my disposal of what is practically the same text, with slight variations, is that contained in the "Eleven philosophers of the Chou and Ch'in dynasties" (1758) . *And the Chinese printed in Capt. Calthrop's first edition is evidently a similar version which has filtered through Japanese channels.* 援引自 Sun Tzu on the Art of War：The Oldest Military Treatise in the World, translated from the Chinese with introduction and critical notes by Lionel Giles, London：Luzac Co. , 1910, p. XXXII.

二、大有改进的 1908 年修订本

过了三年，卡尔斯罗普重译了《孙子兵法》，并由伦敦约翰·默莱公司出版，书名是《兵书》，副题是"远东兵学经典"，译者署名处注明"根据中文翻译"。从整体看，译文比较完整，十三篇没有重大脱漏，已大致摆脱了日译本影响。

1908 年英译修订本包括《引言》《孙子篇》《吴子语录》，书尾附有较详细的英文索引。卡尔斯罗普在《引言》里介绍了孙武、吴起生活的"诸侯割据、群雄争霸"的时代背景，指出当时的战争目的是"实现个人抱负与施展个人诡计"，而并非出于"人民的愿望"，所以不能依靠"爱国主义"鼓舞士兵斗志。他还认为，因为战争意味着破坏，所以不可轻易发起进攻，而应"静如处子"（At first behave with the discretion of a maiden），引诱对方出击，再乘机"动如脱兔"（dart in like a rabbit）①，向已疲惫不堪的对方发起猛攻。他还比较了中国军队与日本军队的不同，中方主要采取攻守结合（offensive-defensive tactics）的策略，日方临战时群情激昂，斗志高涨（the spirit of attack burns so strongly），倾向于进攻对方。结尾，卡尔斯罗普还提到了司马迁《史记》记载的"吴宫教战"的故事，这说明在动手翻译之前，他已经了解了一些中国历史，并点评了孙武"将在外，君命有所不受"（Sun pointed out that the king's wish that her life should be spared was a case of political interference with the general in the field）② 的治军思想。

译者卡尔斯罗普与其合作者兼审阅者均为军人（Major J. C. Somerville and Mr. G. B. Sansom），修订本在翻译兵学概念、军事用语方面颇多可取之

---

① Calthrop, E. F., *The Book of War*：*The Military Classic of the Far East.* London：John Murray，1908，p. 10.

② Calthrop, E. F., *The Book of War*：*The Military Classic of the Far East.* London：John Murray，1908，p. 16.

处。如开篇的"兵者"译为"战争";兵学概念如"奇正"（normal and abnormal manoeuvres）、"虚实"（emptiness and strength）等从一定层面上揭示了源语的内涵;有的古代军事术语如"距闉"一词,先采取音译,再加脚注,较详细地解释它的结构、功能等内容;针对具有战国时期特色的军事编制单位,如《谋攻篇》里的"军""旅""卒""伍"的军制等均在脚注里做一些数量方面的介绍。但是,有的关于作战方面的语句,如"小敌之坚,大敌之擒也"（A determined stand by inferior numbers does but lead to their capture）①的英译有点勉强。尽管这个译本有很多不完善之处与差错,但其译文的一些长处可供其他英译者借鉴、参照、启迪。

总的说来,卡尔斯罗普不懂译出语汉语,缺乏足够的了解,无法进入《孙子兵法》的文本语境纵深处,他把理解主要建立在自己的想象之上。

卡尔斯罗普在长达十页的《引言》里只字未提这个修订英译本的中文底本,但从其篇名英译看来,初步推断,他很可能选取了宋朝"武经七书"里的《孙子兵法》作为底本:第一,该修订英译本标题为《兵书——远东兵学经典》（The Book of War：The Military Classic of the Far East）,其中的 The Military Classic 英语表述,似乎对应了宋朝官方兵学圣书"武经七书"的"武经"一词,其英译本正文包括《孙子篇》《吴子语录》,这两部兵书恰好是《武经七书》收录的前两部典籍。第二,纵观修订译本的篇名,好多凑巧与"武经"本《孙子》的篇名相吻合,如第一篇《始计》英译 Preliminary Reckoning,第四篇《军形》英译 The Order of Battle,第五篇《兵势》英译 The Spirit of the Troops 等,这些篇名在《十家注》版本里分别为《计》《形》《势》等。

而且,卡尔斯罗普 在《引言》里开门见山的第一句话是——"公元前五世纪写成的《孙子兵法》与《吴子兵法》依然是中国典籍里最著名的

---

① Calthrop, E. F. , *The Book of War：The Military Classic of the Far East.* London：John Murray, 1908, p. 26.

兵书"（Written in the fifth century B. C. , Suntzu and Wutzu still remain the most celebrated works on war in the literature of China）。表明译者误将《孙武兵法》当作《孙吴兵法》，因此将《孙子兵法》与《吴子兵法》合称《孙吴兵法》。由此可见，典籍英译如果缺乏必要的文献学术研究与知识储备，就难以胜任翻译实践。

卡尔斯罗普的英译本没有引用具体材料，唯一提到《孙子兵法》注家时，仅指日本注释者。注重典籍注疏的汉学家翟林奈对此表示强烈的不满，批评卡尔斯罗普不该"只提到《孙子》的'日本注家队伍'，而对于中国注家却吝于赐予一字，尽管——我冒昧地断言——后者的数量可能多得多，而且是一支更为重要的'队伍'"①。其实，由于他们两人的身份、翻译目的不同等诸方面原因，英译《孙子兵法》时采取了不同的策略，因而产生不同的译本，这是十分自然的事。而翟林奈带着讽刺与诙谐的笔调，并巧用 army 一词，既指"军队"，又指"注疏队伍"，也算是愤慨的戏说式表达。

译本修订本反映了一个英国年轻军官对中国古典兵学的崇敬，以及他敏锐地察觉到《孙子兵法》对于现代战争的作用。正如他所说，中国古代兵学杰作"主要论述战争的根本原则，政治与人性对军事行动的影响，并以最卓越出众的方式表明这些原则是如何永恒不变的"②。这位英国上尉还指出，如今孙子已逐渐被欧洲相关的军事科学著作所替代，但出自《孙子兵法》的许多话语已成为军事格言。从译本《引言》看来，卡尔斯罗普通过英译《孙子兵法》，对中国古代的军事战术，如攻守战等战略、战法方面已有初步的认识、学习，并企图运用于具体战事，希望从东方的兵学典籍汲取营养，所以他英译《孙子兵法》不同于汉学家的翻译实践，他主要

---

① Giles, L. , *Sun Tzu on the Art of War：The Oldest Military Treatise in the World*. London：Luzac Co. , 1910, p. IX.

② Calthrop, E. F. , *The Book of War：The Military Classic of the Far East*. London：John Murray, 1908, p. 7.

想摄取孙子思想，而不关注语言文化方面的转换规范问题。

卡尔斯罗普的英译本主要是为了探究《孙子兵法》是如何影响 20 世纪初叶的日本军事战略，为此，他把读者设定为军界人员，主要是为了获取孙子的兵学思想，这样，其英译本自然就难以实现在欧美世界广泛流传的目标了。

法国巴黎战略与冲突研究中心龙乐恒指出："《孙子兵法》的最有趣之处是，公元前四百年的一本古书，居然对现代的军事、政治事务仍然产生影响，而克劳塞维茨著作的某些部分却已过时""中国军事传统的一个有趣之处是，至今人们仍在接二连三地翻印、注释、评论古代军事著作"。①由此看来，国际学界从事孙子研究更多的是为了满足各自的军事需求，希冀从中国兵学典籍里汲取营养，获取不同于西方的思想资源。这两个早期英译本无疑为当今许多国家深入传播、接受孙子军事思想打下了基础，并为孙子学向军事以外领域（尤其是外交、政治、企业管理等）的不断拓展铺平了道路。

尽管卡尔斯罗普的两个英译本在西方产生的影响力有限，但是他的英译与研究《孙子兵法》的开拓性工作，为 1910 年翟林奈英译《孙子兵法》打下了良好的基础，其原创之功不容忽略。英国上尉开辟了英语世界理解、接受、研究《孙子兵法》的重要通道，开创了英译中国兵学典籍的先河，开启了西方人审视孙子的军事学视角，这一做法过了半个多世纪就得到了美国海军准将塞缪尔·格里菲思的呼应，他于 1963 年出版的《孙子兵法》英译本，为英语世界乃至整个西方世界掀起的"孙子热"起到了推波助澜的作用。

---

① 郑克礼、周敏等主编：《〈孙子兵法〉在当今世界的妙用》，中国国际广播出版社 1992 年版，第 927 页。

第二节 《孙子兵法》初期英译策略：反向格义

卡尔斯罗普上尉是《孙子兵法》英语版首译者，1905 年东京出版的《孙子兵法》英译本是他在两名日本人的直接帮助下得以完成的。他们从日语转译两千多年前的中国兵学圣典，其翻译难度可想而知。如果我们把这个英语首译本比作汉朝初期的佛经汉译，那么，通过"格义"（analogical interpretation）这种翻译策略来考察卡尔斯罗普的《孙子兵法》英译，可能会开拓崭新的研究视野，获得崭新的研究成果。

什么是"格义"呢？"格义"一词可追溯至梁朝慧皎的《高僧传》，其中提出："法雅，河间人，凝正有气度。少善外学，长通佛义。衣冠士子，咸符咨禀。时依门徒，并世典有功，未善佛理。雅乃与康法朗等，以经中事数，拟配外书，为生解之例，谓之格义。"文中的"外书"指佛经以外的中国书籍，"经中事数"指佛经里的名词、概念，"拟配"意为对比，换言之，用中国传统的哲学术语比照印度佛教的概念。由此可见，所谓"格义"，就是指"比较对应观念或名词意义的一种方法或手段，意指用一种系统的概念来类比另一种概念体系，或延伸其意义"①。其实，格义是佛经翻译时名词对名词、概念对概念的一种翻译策略，相似于比附连类的解说或阐释。从《高僧传》得知，采用格义的直接原因可以归结为初学佛经的弟子"世典有功，未善佛理"，格义的好处是根据中国传统哲学的名词、概念与术语去翻译佛经，可以消除因梵语文字隔阂、佛理艰深玄奥而造成的交流困难，为早期佛教顺利输入中国，并为国人理解、接受这种来自西域印度的异质宗教夯实了理论基础。

可是，我们发现，古代佛教翻译的"格义"主要是凭借中国本土固有

---

① 何锡蓉：《佛学与中国哲学的双向构建》，上海社会科学院出版社 2004 年版，第 121 页。

的文化典籍概念去解释、比附完全陌生的外来文化的主要策略，即以中土之学说阐释印度佛教之概念，与卡尔斯罗普英译《孙子兵法》背道而驰。

我们还发现，近代胡适、冯友兰等学者率先运用西方哲学的概念、方法研究中国哲学，以"敢为天下先"的气魄写成了第一部从西方哲学视角观照的《中国哲学史大纲》（卷上，1919），完成了在中国、西方均有重要影响的第一部完整的中国哲学史（1931—1934）。以西方哲学的概念体系以及理论框架来研究分析中国本土的经典与思想，这是近代以来中国哲学的主流，正好与传统的"格义"方向相反。由此，我们把近代这种借助西方哲学概念与术语来研究、阐发中国哲学的方法称为"反向格义"（reverse analogical interpretation）法。

据此，我们认为，卡尔斯罗普英译《孙子兵法》时采用了"反向格义"的策略，换而言之，他用英语文化里的相近术语、概念翻译孙子兵学的主要概念，达到初步传递与沟通中国兵学元典思想的目的。这样看来，我们可借以深入研究这个英语首译本的早期特点。

1908 年，卡尔斯罗普根据汉语版《孙子兵法》印行了英译修订本，在《引言》里他介绍了孙武、吴起兵法对日本的影响："与中国相比，孙子、吴子或许在日本受到了更高的礼遇。在中国，战争是国民生活的动乱时期，军事胜利并非国家的最高成就。这与日本相去甚远。日本历代军人都离不开《孙子》《吴子》的熏陶。"他又声称："就像其他技法一样，兵法先前也充满着神秘的色彩，这是战略家要达到的目的。在相当长的时间内，少数日本人收藏着这些中国兵书……中国文献言简意赅，需要阐释才能澄清其意义。"① 由此可见，卡尔斯罗普可能从军事的角度翻译《孙子兵法》，他的"反向格义"策略主要体现在对孙武的兵学概念、原理、思想等方面的演绎与比附，凭借 20 世纪初西方军事理论去着力解释、比照

---

① Calthrop, E. F., *The Book of War: The Military Classic of the Far East*. London: John Murray, 1908, p. 14.

两千多年前中国兵学理论，为东西方沟通铺路搭桥，为古今时间打通流播隧道。

一、兵学概念的"反向格义"

胡塞尔（E. Edmund Husserl）曾举过一个有趣的例子："一个中国人来到欧洲，学习我们的音乐、诗歌等等，他并不能学习到它们本身的真正意义，不能学习到欧洲的文化，欧洲文化对于他来说并不是简单可体验到的。他必须先在他自身之中建造起一个欧洲人，他必须从他的经验前提中找到历史理解的途径，在这种历史的理解中才能构造起一个欧洲的自我，他必须学会用欧洲人的眼睛来看，只有用这种眼睛才能体验到此在的欧洲的文化。唯有通过这种不完善地获得的自身改造的迂回道路，通过一种极为间接的方式，我们才能设想一种对于心理之物，对于相距遥远的文化人类的相互理解而言的现实客观性。而在这种情况下，客观性便建立在这样一种理想化的基础上，即：理想地说，每一个人都有可能进行这样一种自身改造。"① 其实，这种所谓"自身改造"的理想可能性同时也意味着另一种交互理解的可能性。在实现异质文化交流之前的漫长时期里，不同区域的民族按照自身的规律与特点成长，各地区文化保持着自己的个性特征。有朝一日，交流之门洞开，交流使者需借助某种媒介从此岸到达彼岸，翻译就是最好的沟通桥梁，译者就成为文化摆渡人与引领者。

卡尔斯罗普刚接触到日语版《孙子兵法》，就像胡塞尔所举例子里的中国人到欧洲学习音乐、诗歌一样，"他并不能学习到它们本身的真正意义"，必须先在他自身里构建起一个"中国人"，"他必须从他的经验前提中找到历史理解的途径"，因此，他要英译《孙子兵法》，客观上没有先例

---

① Husserl：Husserliana（《胡塞尔全集》）ⅩⅩⅫ，*The Hague*，*Netherlands*：*Kluwer Academic Publishers*，1988，p. 163. 转引自倪梁康：《交互文化理解中的"格义"现象——一个交互文化史的和现象学的分析》，学术中华网，2006 年 5 月 9 日发布。

可参照，必须从兵学概念开始"反向格义"，逐渐搭建信息流通渠道。

中国最古老的典籍没有句读，一般情况下使用句号与逗号①。《孙子兵法》自然也不例外。所以在翻译时，译者除了加上冒号、引号外，还要对原有的行文根据需要进行适当的修改，分辨句子单位；或者可以利用现有的可靠注疏文，获得意义的解读。

《孙子兵法》全文共有十三篇。《计篇》是第一篇，主要论述军队出征之前要在庙堂上进行庙算，国君如果想要操握胜算，就决定发兵，这是兵略的第一要义。具体而言，庙算需通过五方面衡量："一曰道，二曰天，三曰地，四曰将，五曰法"②，即曹操所谓的"五事"，"求彼我之情也"③。只有"五事"稳操胜券，才下令举兵。"五事"虽包含五个汉字，但寓意丰富而深刻。卡尔斯罗普以 Way 译"道"，以 Heaven 译"天"，以 Earth 译"地"，以 Leader 译"将"，以 Law 译"法"，揭示了源语的部分含义。以 Way 译"道"，显然是接受了 19 世纪《道德经》英译本的译法，不过，他通过脚注进一步解释"道"的内涵（The five virtues of humanity 仁，righteousness 义，propriety 礼，wisdom 智 and faith 信 are known as The Way），以此充实这个兵学概念。接着，跟随孙武阐述"五事"详细内容的思路，译者进一步比附像"将"的含义（intelligence，truth，benevolence，courage and strictness），汉语罗列了将帅应具备的品质，译语受到了汉语语法的影响，通过六个并置的英语单词与之对应，可能出于突出"将帅品质"的考

---

① 我国最早的典籍没有标点。大约自汉代起使用句读：语意已完结且较大的停顿叫作"句"，语意未完而需稍作停顿的叫作"读"。宋代起使用圈点：在相当于句号的地方用圈（。），在相当于逗号的地方用点（，）。明代起出现∥与∥，分别表示人名与地名，这些简单的符号可看作是我国传统的标点符号，但很不完备，长期没有得到广泛使用。进入 20 世纪，白话文的使用日渐广泛，人们迫切需要有比较完备的新式标点符号。一些学人向国内介绍欧美最通行的标点符号，根据古代的句读符号，参考西洋方法，研究制定出了适合中国文字需要的新式标点符号。

② 据注家张预，"道"指"恩信使民"，"天"指"上顺天时"，"地"指"下知地利"，"将"指"委任贤能"，"法"指"法修""法令"，前三者俱备，可以议举兵。参见曹操等注，郭化若译：《十一家注孙子》，中华书局 1962 年版，第 2 页。

③ 孙武：《十一家注孙子》，曹操等注，郭化若译，中华书局 1962 年版，第 2 页。

虑需要。

"反向格义"在绝大多数情形下，大致采用译语的概念去比附源语，但有时源语的词语独特而原创，也可直接借用，进入译语。汉语"天者，阴阳、寒暑、时制也"一句，卡尔斯罗普用 Yin and Yang 音译"阴阳"，是一个明智的选择，因为"阴阳"这个古代哲学的基础概念意蕴丰富而复杂，在英语里很难找到对等词语。"反向格义"包括"不译"即"音译"。但是他在脚注里细述时，犯了一个严重的错误。他把"阴阳"意义的理解正好弄反了，"阳"误解为"女性的、被动的或黑暗的"，"阴"错解成"男性的、主动的或光明的"①，导致了对重要兵学概念的文化误读与误导。

二、"兵权谋" 的"反向格义"

根据《汉书·艺文志》，中国古代兵书可分为"兵权谋""兵形势""兵阴阳""兵技巧"四种。按现代军事术语表述，"兵权谋"表示战略，"兵形势"包括战术，"兵阴阳"囊括天候，"兵技巧"荟萃技术。《孙子兵法》介绍了系统化的"兵权谋"内容，也就是涉及现代意义的战略问题，对战略英译的探讨，也是翻译研究值得关注的方面。

孙武的"兵权谋"主要包括以下八条准则。（1）"先知原则"："故明君贤将，所以动而胜人，成功出于众者，先知也"（《用间篇》），"知彼知己，百战不殆"（《谋攻篇》）；（2）"先胜原则"："胜兵先胜而后求战"（《形篇》）；（3）"全胜原则"（《谋攻篇》）；（4）"致人原则"："善战者，致人而不致于人"（《虚实篇》）；（5）"奇胜原则"："战势不可奇正"（《势篇》），要求"以正合，以奇胜"；（6）"击虚原则"："兵

---

① The Yin and Yang are the two principles into which natural phenomena are divided in Chinese philosophy. Yin is the masculine, active, or light principle, and Yang is the feminine, passive, or dark principle. 援引自 Calthrop, E. F., The Book of War: The Military Classic of the Far East. London: John Murray, 1908, p. 18.

之所加，如以碫投卵者，虚实是也"（《势篇》）；（7）"任势原则"："转圆石于千仞之山"（《势篇》），就是运用力量，因势施谋，借势成事；（8）"善守原则"："善守者，藏于九地之下"（《形篇》），不但强调军队要善攻，而且也主张善守，即善于防御作战。

第三篇《谋攻篇》的开场白是孙子军事战略的精髓：

孙子曰：夫用兵之法，全国为上，破国次之；全军为上，破军次之；全旅为上，破旅次之；全卒为上，破卒次之；全伍为上，破伍次之。①

卡尔斯罗普的英译文是这样的：

SUN the Master said：

Now by the laws of war，better than defeating a country by fire and the sword，is to take it without strife.

Better to capture the enemy's army intact than to overcome it after fierce resistance.

Better to capture the "Lu"，the "Tsu" or the "Wu" whole，than to destroy them in battle. ②

从整体看，卡尔斯罗普的英译文无论是形式，还是内容，都对汉语进行了较大调整。首先是形式，源语是一个段落，主要由四个铿锵有力的排比句构成，译语则细分成四个段落。第一段对应"孙子曰"，看来是为了突出孙子的主体地位，表达对孙子的敬仰，因此，在 SUN the Master 的表述里，用大写字母拼写。第二段是一个句子，第三句与第四句均为比较级的动词词组，可能出于表达简洁的需要，也可能考虑到英语句法与汉语句法的差异。这也算是"反向格义"的策略，从英汉语言差异性着手，很显

---

① 孙武：《十一家注孙子》，曹操等注，郭化若译，中华书局 1962 年版，第 33—34 页。
② Calthrop, E. F., *The Book of War：The Military Classic of the Far East.* London：John Murray，1908，p. 24.

著地改变了汉语的意群组成。其次是内容，这段有关孙子兵学战略思想的文字，集中体现了"以小换大"、力求"全胜"的军事要旨。先涉及四个古代军制的术语"军""旅""卒"与"伍"等，译者笼统地用 army 翻译"军"，对其他三个则采用 the Lu，the Tsu or the Wu 的音译手法。初次翻译具有源语特色的概念，若借助音译，对译语读者来说是毫无意义的单词，属于承载零信息的语言单位，但是，译者在脚注里解释了每种编制单位的具体士兵人数，可谓不得已为之的补救措施。其中"破国"对应 defeating a country by fire and the sword，他用了形象的比喻"火与剑"，其余四个"破"分别译作 overcome 与 destroy 两个破坏程度很不一样的动词，从语义看是因为"破"的单位人数有多少，"破"的难度有大小。

从修辞学看，defeating a country by fire and the sword 是个隐喻。隐喻学的"映射"概念可给隐喻汉英翻译提供有益的启发。20 世纪 80 年代，Lakoff 与 Johnson 在《我们赖以生存的隐喻》（Metaphors We Live by）一书里提出了"概念隐喻理论"（Conceptual Metaphor Theory），他们借用源域（source domain）与目标域（target domain）产生的映射（mapping）及意象图式（image schema）等概念，揭示隐喻也是人们认知方式的本质，认为隐喻是一种"跨域映射"（cross-domain mapping），是人们参照已知、具体的概念去认识或思考未知的、抽象概念的认知方式。这种把不同概念相互关联起来的认知方式，就是隐喻的认知现象。隐喻实际上是两个义域在概念上发生的映射。

译者用 by fire and the sword（火与剑），将原文里的"战"具体化、形象化了，这是一种"映射"，引入隐喻翻译，由"跨域映射"可联想到隐喻翻译里原文的喻体转换成译文的喻体也应该是一种"跨域映射"的过程。把汉语隐喻的喻体意象当作"源域"，把英译文里的喻体意象当作"目标域"，汉语隐喻的喻体意象若能"映射"到英译文的喻体，让英语读者得到与汉语读者相同的认知，那么隐喻翻译就达到了传递喻体意象的目标。

孙武认为，战争目的是最大限度地歼灭敌人、最大限度地保存自己，为此提出"全利"原则，主张借助"伐谋""伐交""伐兵"到"攻城"等不同战略，看似逐步升级的过程也许预示着一种逆过程的再现，这种战略思想来自下面这段经典语录，体现了他的"全胜原则"：

> 是故百战百胜，非善之善者也；不战而屈人之兵，善之善者也。故上兵伐谋，其次伐交，其次伐兵，其下攻城……故善用兵者，屈人之兵而非战也，拔人之城而非攻也，毁人之国而非久也，必以全争于天下，故兵不顿而利可全，此谋攻之法也。(《谋攻篇》)①

解读这段文字，我们认为，"全"指赢得全局的胜利，"全"要求谋划全面周到，力争"全策"，还需处理好"全"与"破"的辩证关系。概括地说，谋全局，懂全破，筹全策。其中懂全破是兵学理论，筹全策是战术手段，谋全局是目的，三者相辅相成。实行这一原则的方法是伐谋、伐交与伐兵相结合，以"全"策瓦解敌心，以"破"策迫敌"全"屈等。这就是孙武的军事战略原则，也是《孙子兵法》全文的核心观点。

卡尔斯罗普的英译文是：

> To fight and conquer one hundred times is not the perfection of attainment, for the supreme art is to subdue the enemy without fighting.

> Wherefore the most skillful warrior outwits the enemy by superior stratagem; the next in merit prevents the enemy from uniting his forces; next to him is he who engages the enemy's army; while to besiege his citadel is the worst expedient.

> Therefore the master of war causes the enemy's forces to yield, but without fighting; he captures his fortress, but without besieging it; and

① 孙武：《十一家注孙子》，曹操等注，郭化若译，中华书局 1962 年版，第 34—41 页。

without lengthy fighting takes the enemy's kingdom. Without tarnishing his weapons he gains the complete advantage.

This is the assault by stratagem. ①

卡尔斯罗普英译文基本上尊重了孙武的"全胜原则"，较好地"反向格义"了重要的"兵权谋"概念，但同时不免带上一些西方军事术语的印记。这种现象无可厚非，正如汤用彤指出："大凡世界各民族之思想，各自解途径。名词多独有含义，往往为他族人民所不易了解。而此族文化输入彼邦，最初均抵牾不相入。及交通稍久，了解渐深。于是恍然二族思想，固有相通处。因乃以本国之理义，拟配外来思想。此晋初所以有格义方法之兴起也。迨文化灌输既甚久，了悟更深，于是审之外族思想，自有其源流曲折，遂了然其毕竟有异，此自道安、罗什以后格义之方法所由废弃也。况佛法为外来宗教，当其初来，难于起信，固常引本国义理，以申明其并不诞妄。及释教既昌，格义自为不必要之工具矣。"② 这是东西方兵学思想初次接触、初步融会过程中不可跨越的环节与难以避免的阶段。

以"西"释"中"是西方译者不可避免的倾向，卡尔斯罗普同样采取了这样的翻译策略。西方人虽然研究汉学，但是他们赖以生长的根基在西方，西方的意识形态已先于汉学根植于他们的思想，成为他们分析理解中国文学、文化的参照系。

三、"兵形势" 的"反向格义"

《孙子兵法》的"兵形势"主要系战术，即具体运用到战事的作战方案。这段选自《军争篇》的语录，旨在阐明军队如果采用远距离争利的战术，就可能给己方造成诸多弊端。

---

① Calthrop, E. F., *The Book of War: The Military Classic of the Far East*. London: John Murray, 1908, pp. 24-25.

② 汤用彤:《汉魏两晋南北朝佛教史》，中华书局 1983 年版，第 167—168 页。

故卷甲而趋，日夜不处，倍道兼行，百里而争利，则擒三军将；劲者先，罢者后，其法十一而至。五十里而争利，则擒上军将，其法半至；三十里而争利，则三分之二至。(《军争篇》)①

卡尔斯罗普的英译文是：

Discarding helmet and armour; stopping neither day nor night; marching double distance; doing double work; and finally contending with the enemy at a distance of a hundred leagues: results in the loss of the general. Since the strong men arrive first, and the tired drop in rear, only one-tenth of the forces is available.

A forced march of fifty leagues to secure an advantage may result in failure to the leader of the vanguard, for only half his men will arrive.

After a forced march of thirty leagues to secure an advantage, only two-thirds of the army will be available. ②

批判理性主义创始者卡尔·波普尔（Carl Popper）提出过"三个世界"的主张：第一世界指"物质世界"，系人类主体之外的客观自然世界，由有形的（tangible）、可见的（visible）物理性物质组成；第二世界指"精神世界"，包括有意识的经验与无意识的经验；第三世界指"语言文本世界"，是精神世界的客观化与符号化，包括理论、假设、观点等。③ 人们从第一世界获得感性知识，通过自身体验转化成各种层次的意识④，进入

---

① 孙武：《十一家注孙子》，曹操等注，郭化若译，中华书局 1962 年版，第 108—110 页。

② Calthrop, E. F., *The Book of War: The Military Classic of the Far East*. London: John Murray, 1908, p. 41.

③ Popper, Carl R., *Objective Knowledge. An Evolutionary Approach*. Oxford: Clarendon Press, 1972, p. 106.

④ 奥地利精神分析学家、精神分析学创始人弗洛伊德（Sigmund Freud）认为，人的意识可分为意识（conscious）、潜意识（subconscious）、无意识（unconscious）与下意识（pre-conscious）等不同层面。

第二世界，人们再借助发达的语言系统将提升的意识书写成文字，固化为包含许多符号的文本，转化为人类传承文明与文化的载体与精神财富，进而迈入第三世界。

语际翻译也涉及上述三个世界。孙武来自两千多年前的春秋时代，卡尔斯罗普处于20世纪初叶，他们各自的物质世界与精神世界迥然相异，不可同日而语，代表的生产力水平与社会体制相距甚远，两人的思维与思想也大相径庭。他们原来各不相干，毫无联系，但在第三世界——文本世界里不期而遇，借助语言这个媒介，卡尔斯罗普主动与孙武进行精神对话：第一步，他进入第一世界，研读日语版的《孙子兵法》，理解孙子原意；第二步，将自己捕获的兵学意义带进第二世界，产生翻译成英语的意图；第三步，把孙子思想迻译成英语，这样就产生了第三世界——包含英语表述的英译本世界，开启了《孙子兵法》远涉重洋的西行之旅，初步打开了东学西传的通道，为西方世界提供了学习、理解中国文化典籍的机遇。

孙武在上文探讨的是"军争"，即双方如何争夺作战的先机之利，日夜兼程急行军与辎重去留的矛盾：如果携带全部辎重竞相争利，就不可能先敌到达会战地点；如果抛弃辎重，就可能折兵损将，军队就没法生存。从语义看，卡尔斯罗普英译文的起首句 Discarding helmet and armour 误读了孙武的"故卷甲而趋"（卷起盔甲赶路）这个条件句的前提，译成"丢弃盔甲"急行军，与原义相反，给译语读者传递了错误的信息。不过，接下的 stopping neither day nor night; marching double distance; doing double work; and finally contending with the enemy at a distance of a hundred leagues 等事项，变成了四个并列的动名词结构，描述行军过程与目的，导致的结果是 results in the loss of the general（则擒三军将），行文节奏明显加快，似在模拟急行军，用以说明军队如果采取远距离争利的战术，就可能造成许多损失，使己方陷入不利境地。

另外，卡尔斯罗普用 league "反向格义"孙武的"里"，赋予了新的含义，虽然这只是古代表示长度的度量衡单位，但至少传播了来自异域的概念内涵。

第三节 《孙子兵法》本源概念英译模式探讨

本源概念（indigenous concept）指特定地域内经长期的历史、文化的积淀，逐渐演绎而形成的特有或本土（endemic or native）观念、思想等的表述方式，对其他地域的语言文化群体来说是舶来品（alien or exotic）或"异己者"。① 就翻译本源概念而言，从译出语到译入语存在着概念意旨的整合或筹划过程（conceptual mediation/mapping）②，而这个过程属于心理认知语言学的研究范畴，本源概念翻译可较好地印证意旨的整合情形。

《孙子兵法》有不少本源概念，为研究方便起见，可将它们粗略分为两大类。第一类是 2500 多年前孙武时代存在过的实物（artifacts），它包括"历史、地理、民族、国家建制（含所属之行政、立法、司法制度以及附属意识形态）、服饰、烹调、建筑、音乐、艺术、武术、民俗、宗教、日常生活方式"③ 等；第二类是春秋战国时期人们了解世界的认知方式（cognitive patterns），涉及当时社会的文化、哲学、思潮等。

从认知心理学看本源概念翻译的过程。1997 年荷兰学者 de Groot 发表了题为《翻译与口译认知研究的三种方法》的论文。该文认为，译入语输入与译出语输出之间存有两种编码机制：一是所谓的"垂直（vertical）翻译"，表示译出语被解码（decoded），接着从译出语里获得的概念在认知系统中再次编码（re-coded）；二是所谓的"水平（horizontal）翻译"，意

---

① 此概念借鉴了何元建《论本源概念的翻译模式》（《外语教学与研究》2010 年第 3 期，第 211 页）的部分定义，但出处原文的"本源"英语拼写有误，笔者已予以订正。

② Holmes, J., *Describing literary translations: Models and methods. In J. Holmes (ed.). Translated! Papers on Literary Translation and Translation Studies. Amsterdam: Rodopi*, 1978/1988, pp. 82-89.

③ 何元建：《论本源概念的翻译模式》，《外语教学与研究》2010 年第 3 期，第 212 页。

指译出语经过解码，记忆系统就把涉及的译入语单位进行配对编码。① 这样看来，显而易见的是，译出语与译入语间发生的概念整合（conceptual mediation）出现于垂直翻译阶段，而在水平翻译阶段，译出语与译入语则通过记忆进行配对。"水平翻译的关键是编码通过记忆配对，而垂直翻译过程中的关键，就是概念意旨的整合。"② 这样，译者在翻译过程中大部分时间与垂直翻译有关，不断通过概念整合来解读译出语信息；在水平翻译时，译者主要用力于编码配对，凭借"译出语—译入语"转换技巧，较快地产出译入语。

《孙子兵法》出现的本源概念，多与春秋战国时代中国社会文化有关，与当时的社会生产力有关，属于那个特定历史条件下原汁原味的兵学术语。如表示军事管理制度的"曲制、官道、主用"等；表示兵器装备与军需物资的"兵、驰车、驷、革车、甲、胄、矢、弩、戟、楯、蔽橹、丘牛大车、旌旗"等；表示国君、将领采用战略计谋的"五事七计、庙算、度、量、数、称、胜、形名、奇正"等；表示战争时期所需考虑的重要自然环境，包括"高陵、背丘、圮地、衢地、围地、天涧、天井、天牢、天罗"等。这些饱含浓郁民族特色的军事用语，经两千多年的历时演绎，有的成为文物，也有的继续保持着蓬勃的生命力，已发展成为富含"国情"的术语体系，与中国的传统哲学、文化密不可分。

自然语言之间很多情形下并不存在现成的对应关系。20 世纪初卡尔斯罗普着手翻译距自己两千五百多年的《孙子兵法》，确实要有相当大的勇气。他主要凭借的是孙子日译文，没法通过实物与实境的中介触发灵感，尝试着为外来"本源概念"在英语里构建译名，从某种意义上说，也就是美国哲学家奎因（Willard Van Orman Quine）所称的"原始翻译"（radical

---

① De Groot, A., *The cognitive study of translation and interpretation: Three approaches. In J. Hanks et al. (eds.). Cognitive Processes in Translation and Interpreting*. Thousand Oaks: Sage, 1997, pp. 25-28.

② 何元建：《论本源概念的翻译模式》，《外语教学与研究》2010 年第 3 期，第 216 页。

translation)①，指两种语言之间最初接触而产生的对应解释语对（language pair）。这是开拓性的翻译实践，第一，它率先开辟了语言之间寻求对等关系的原始通道，为他人继续进行更深入的跨语言、跨文化交流打下了基础，铺平了道路；第二，翻译活动最可贵的是，借助"对译入语的创造性操作为两种语言建立新的或更好的对应关系……在两种语言文化之间的空白区寻觅或开辟出通途，为他人树起路标"②，本源概念的英译更是如此，提出了前所未有的语言、文化、规范方面的挑战。

引进新文本的初期，译者或侧重于汲取新概念、新思想，没有余力去顾及新译名是否符合译入语的语言规范，也没有更多精力去考虑新译名是否与译出语完全保持一致。比如明末清初，传教士来华汉译西方自然科学，就采取了"西译中述"的合作翻译方式，即传教士先口述外语原著的大意，再由中国学者领会了写成汉语。当时，数学家华蘅芳与玛高温（Daniel J. Macgowan）一起汉译了西著《地学浅释》。前者生动地描述了合译的艰难与中西语言的差异："惟余于西国文字未能通晓，玛君于中土之学又不甚周知，而书中名目之繁、头绪之多，其所记之事迹每离奇恍惚，迥出于寻常意计之外，而文理词句又颠倒重复而不易明，往往观其面色、视其手势，而欲以笔墨达之，岂不难哉。"③ 开创性的"原始翻译"确实充满了荆棘坎坷，需要付出巨大的艰辛劳动，因而特别具有创新价值与原创意义。

遥想卡尔斯罗普英译《孙子兵法》的情景，他采取的想必是"日译英述"的翻译模式。英国上尉与两个日本人合作，由日本人看着孙子日译本，解说日语的主旨大意，上尉凭借那些可能是半通不通的"一度译语"，尽力感悟日（汉）语的道理与意象，全力发挥自己的英语语言潜能，变成

---

① 陈波：《奎因哲学研究》，三联书店 1998 年版，第 121 页。
② 王克友：《翻译过程与译文的演生》，中国社会科学出版社 2008 年版，第 256 页。
③ 熊月之：《西学东渐与晚清社会》，上海人民出版社 1994 年版，第 498 页。

"二度译语"英语。这样的英译历程完全是拓荒者的情景。

这样的合作翻译是"转译"，从日译者的叙述，到英译者的落笔，无疑是从日语的理解、转述到英语的再理解、成文的心理过程，英译者需首先考察与寻找英语里已有的概念或至少是近似概念，再逐渐过渡到日语孙子的理念。

语言层面的姑且不论，孙子的本源概念英译需跨越"文化缺省"（cultural default），即省略译出语里的一部分图式内容，并将其预设到读者的文化图式，译入语一般保留相应图式的提示词（cue）①。通过仔细分析孙子英语文本，此类英译可归纳为这样几类情形：文内直译（主要通过意译或与直译相结合）、文内音译（辅以脚注说明）、异化处理（遵循汉语字面意义翻译，适当照顾隐含的文化蕴意）、归化处置（借助英语现成的概念或者术语，取大致意义或相近语义）等。

一、本源概念的文内直译

在卡尔斯罗普的译本里，这类英译占较大的比例，主要集中于军事术语。《计篇》论述出战前的准备工作"庙算"，提到"知胜五事"之一"法者"。"法者"包含"曲制"，指军队的组织、编制等制度，该术语在《孙子兵法》之前及同时期的著作里均未出现过，系孙武自创、首创的本源概念。卡尔斯罗普英译 Law. Partition and ordering of troops 是独立的一个段落，漏掉了"官道、主用也"的英译文，似置于"法者"这一总概念里，没有细分"曲制、官道、主用也"这三个义项，但几乎涉及了"曲制"的内涵，解释核心语义。

谈到战争器材时，如"驰车"，系由四匹马驾引的轻型战车，每辆车配备 75 名步兵。曹操曰："驰车，轻车也，驾驷马。"② 其英译是 Now the

---

① 王克友：《翻译过程与译文的演生》，中国社会科学出版社 2008 年版，第 146 页。
② 孙武：《十一家注孙子》，曹操等注，郭化若译，中华书局 1962 年版，第 21 页。

requirements of war are such that we need a thousand light chariots with four hor-ses each，其中的 light chariots 对应的就是"驰车"，不过再用介词结构作后置定语，补充说明；卡尔斯罗普采用 chariot 一词，使人想起荷马时代古希腊人战斗时使用的战车，但可能是最接近"驰车"的含义了。

由此，我们联想到佛经汉译的本源概念处理，可作简单的类比，有助于理解卡尔斯罗普英译此类概念的方法与策略。

根据梁启超考证，佛经"初期所译，率无原本，但凭译人背诵而已。此非译师因陋就简，盖原本实未著诸竹帛也"①。该时期的译经大师以外国高僧为主，因"无本可写"而只能"师师口传"，由中国僧人执笔记录，这就是所谓的"笔受"。中外经师精诚合作翻译佛经，宋赞宁在《高僧传》里有这样的描述："初则梵客华僧，听言揣意。方圆共凿，金石难和。碗配世间，摆名三昧。咫尺千里，觌面难通。"这是早期佛经翻译的形象描绘。当时的情况是，既缺乏梵语佛经原本，又没有同时通晓梵语、汉语的双语译才，其起步之艰难可见一斑。中外高僧在翻译时斟酌词义、语义的表达，往往采用格义的翻译策略，即借助中国传统哲学里固有的词语比附佛经名词、概念，根据口授内容来解释、翻译佛经。根据记载，译事的一般程序是先由"梵客"背诵口授，然后由"华僧"揣摩意义再做笔录。

中国翻译事业发轫于东汉至隋唐时期的佛经翻译。在印度佛教中国化的漫长历程中，格义这种浸润着中国传统文化特色的翻译策略扮演了重要的角色。佛经的内容结构、思想方式、概念范畴与中国传统的学术迥异，佛经翻译本身就是"从盘古开天以来"亘古未有的伟大事业，没有任何先例可以参照，作为拓荒者的翻译先辈们凭着"筚路蓝缕，以启山林"的精神，开创中国翻译之先河。与此相比，卡尔斯罗普英译《孙子兵法》，同样借助"反向格义"这种翻译策略将《孙子兵法》引进英语世界，并发挥了不可替代的译介作用。

---

① 梁启超：《佛学研究十八篇》，天津古籍出版社 2005 年版，第 138 页。

二、本源概念的文内音译

此类概念表示春秋战国时期的特殊军事用语，包括军队编制、战法等方面的系列术语。

《谋攻篇》阐述了孙武系统的战略战术，涉及许多战技战法，带有战国时期的兵学特色。比如谈及攻城战时提到重要的本源概念"距闉"，它指"直接在敌方城池边堆土而攻城的战法"。李筌注："距闉者，土木山乘城。东魏高欢之围晋州，侯景之攻台城，则其器也。"① 其相关英译文字为then a further three months are required in front of the citadel, in order to make the Chuyin，译者用 Chuyin 音译"距闉"，再辅以脚注详细说明②，介绍了"距闉"的建筑结构、作战功能、弓箭手射围城等细节，颇有趣味性。但读遍《十一家注孙子》的相关注疏，并没有看到这些注疏家与译者脚注的对应细节，也许是日译本有类似的说明，或许是其日本助手的理解、增益、删减、阐发。

冯友兰先生认为，"格义"是"两种文化初遇时互相理解的一个必然过程"③。就像一个人初学外国语时，必须先把一句外国话对应地翻译成一句本国话，然后才能理解它一样，"一个国家的哲学，传到别国的时候，也要经过类似的过程。佛教初到中国的时候，当时的中国人听到佛教的哲学，首先把它翻译成中国哲学原有的术语，然后才觉得可以理解"④。卡尔斯罗普的这种策略特别显现于本源概念的英译，因为他没有可以参考借鉴的资源。

---

① 孙武：《十一家注孙子》，曹操等注，郭化若译，中华书局1962年版，第37页。
② The "Chuyin" was a large tower or work constructed to give command over the interior of the enemy's fortress. High poles were also erected, from the top of which archers, each encased in an arrow‐proof box and raised by a rope and pulley, shot at the besieged.
③ 冯友兰：《中国哲学史新编》第六册，人民出版社1989年版，第152页。
④ 冯友兰：《中国哲学史新编》第四册，人民出版社1986年版，第213页。

三、本源概念的异化处理

此类概念的意义比较抽象，但内涵丰富，难以找到合适的英译词。译者往往遵循汉语的字面意义翻译，适当顾及其隐含的文化蕴意。

《势篇》探讨态势，具体指战争里"人为、易变、潜在的诸因素"①。孙武把"势"看作是利用优势，借以制造机变，并认为"奇正"系核心内容。"奇正"是古代兵家重要的本源概念，一般指军队方阵的队形变化，作战的变法与常法，多指用兵时一般与特殊的辩证关系。具体而言，"奇"指将军留下用于侧翼接应或发动突袭的机动部队，"正"指交战时投入、并与敌方正面交锋的部队。② 曹操注："先出合战为正，后出为奇。"李筌注："当敌为正，旁出为奇。"③ 说明"奇正"根据不同情景可指不同的含义。

卡尔斯罗普将"奇正"英译为 By the skillful interchange of normal and abnormal manoeuvres are the armies certainly preserved from defeat④，用 normal and abnormal manoeuvres 英译"奇正"，回译为汉语是"正常与异常的调兵"，缩小了其内涵。此概念也难倒了汉学家、《孙子兵法》翻译家翟林奈（Lionel Giles），他感叹，要完整地理解"奇正"这个术语十分困难，再英译出"奇正"更绝非易事！⑤ 翻译实践要依据很多因素来定夺。

《虚实篇》谈论的是如何通过集中兵力与分散兵力，达到预定会战地

---

① 李零译注：《孙子译注》，中华书局 2007 年版，第 31 页。

② 《李卫公问对》，转引自李零译注：《孙子译注》，中华书局 2007 年版，第 33 页。

③ 孙武：《十一家注孙子》，曹操等注，郭化若译，中华书局 1962 年版，第 66 页。

④ Calthrop, E. F., *The Book of War: The Military Classic of the Far East*. London: John Murray, 1908, p. 31.

⑤ As it is by no means easy to grasp the full significance of these two terms, or to render them at all consistently by good English equivalents. 援引自 Giles, Lionel, *Sun Tzu on the Art of War: The Oldest Military Treatise in the World*. London: Luzac Co., 1910, p. 34.

点我强敌弱的目标。"虚实"是重要的本源概念，曹操、李筌的注疏十分笼统①，杜牧的注疏稍微具体一点："夫兵者，避实击虚，先须识彼我之虚实也。"② 英译者需要根据具体情况选择哪家注疏。

卡尔斯罗普的英译篇名为 EMPTINESS AND STRENGTH，直接采用了汉语的语义，简明扼要，比较妥当。

其实，本源概念的异化处理同样发生在外国传教士汉译外国语文时。晚明时期，比利时传教士金尼阁（Nicolas Trigault）与中国天主教友张赓合作翻译了《伊索寓言》，中文译名《况义》。观其书名，"况"者"比也""譬也"，作类比，源于班固《汉书·卷十六》"以往况今"之语，以古喻今，借助古往之事理描摹当今之人事。该译本于明朝天启五年（1625）在西安府刊行，现存世仅知法国巴黎图书馆藏有两册钞本，因此，见过此书的人极少，知晓此事的人也不多。周作人曾在《自己的园地》里提及《况义》，不过他是根据日本学者新村出氏的考证写成的。这里的"况义"，表示"设身处地于特定的情境或语境用最相契合的异国语言来翻译"的策略。什么情况下该"格义"，什么情况下该"反向格义"，都应遵循这一"况义"的原则。

经这样的异化翻译，如同汉译《伊索寓言》那样，卡尔斯罗普通过英译把《孙子兵法》的许多本源概念引进了英语世界。

四、本源概念的归化处置

卡尔斯罗普借用英语里现成的概念与表述，汲取其大意或相近语义，英译《孙子兵法》的本源概念。《行军篇》涉及不少古代地形、地貌的本源概念。如："天井"：四周高而中央低的地形；"天牢"：三面环山、易

---

① 曹操曰："能虚实彼己也。"李筌曰："善用兵者，以虚为实；善破敌者，以实为虚。"参见孙武：《十一家注孙子》，曹操等注，郭化若译，中华书局1962年版，第82页。
② 孙武：《十一家注孙子》，曹操等注，郭化若译，中华书局1962年版，第82页。

进难出之地形；"天罗"：草木繁茂、难以接战的地方；"天陷"：车马难通、易陷入泥泞之地形；"天隙"：高山峭壁之间的狭窄地带；等等。具体的英语译文为 steep and impassable valleys；well-like places；confined places；tangled impenetrable ground；swamps and bogs，narrow passages with pitfalls：quickly pass from these，and approach them not①，卡尔斯罗普大多借用了英语现存的表达方式，譬如有的采取对应翻译，有的借助解释性翻译等，不一而足。

英译孙子本源概念，相当于需在译入语里重新建立概念体系，这几乎是难以执行的使命。比如说，选用某个英语单词来翻译"奇正"这一概念，即使借用英语里已有了语义特征的词汇替代汉语"奇正"，也无法囊括"奇正"的全部语义特征，原因是词汇的社会意义、联想意义、语用意义等都是依据文化语境生成，文化语境不能复制，这样，译者往往只能从译入语里遴选最接近本源概念的词语。

"格义"的最初含义不是指"简单的、宽泛的、一般的中国和印度思想的比较"，而是指"一种很琐碎的处理，用不同地区的每一个观念或名词作分别的对比或等同"，"'格'在这里，联系上下文来看，有'比配'的或'度量'的意思，'义'的含义是'名称'、'项目'或'概念'；'格义'则是比配观念（或项目）的一种方法或方案，或者是不同观念之间的对等"。② "格义"作为一种文化交流的方法，早在古代便已受到关注、论述。近代以来西学东渐，文化交流日显突出，因而更加受到有关学者的重视。

如此看来，译者卡尔斯罗普大致采用这样的方法，即借用带有普适性的，语义浅显的词语翻译《孙子兵法》博大精深的兵学概念。由于他自己

---

① Calthrop, E. F., *The Book of War*: *The Military Classic of the Far East.* London：John Murray, 1908, p. 49.

② 汤用彤：《论格义——最早一种融合印度佛教和中国思想的方法》，载于汤用彤：《理学·佛学·玄学》，北京大学出版社 1991 年版，第 284 页。

不懂汉语，日语水平也不会很高明，在两个日本人的帮助下从日语转译成英语，而且没有其他资源借鉴，因此，为了表达的需要，卡尔斯罗普或译里夹释，或以释代译，或直译加注释，或干脆音译。无论他借助哪一种翻译技巧，都是为了取得两种文化信息的近似平衡，实现向英语世界译介孙子本源概念的目标。我们认为，这是一次弥足珍贵的开拓性事业。

第四节 从《孙子兵法》西传看高低语境文化间的转换

《孙子兵法》是高语境汉语文化里的历史文本，而英语则来自典型的低语境文化。我们将着重从语言学角度考察《孙子兵法》卡尔斯罗普英译本是如何跨越这两种高低语境文化的。

一、高低语境文化论与《孙子兵法》的意义传达

1976 年，美国文化人类学家爱德华·霍尔在《超越文化》一书中提出，文化具有语境性，语境可分为高语境（high context）与低语境（low context）两种类型。他认为："任何事物均可被赋予高、中、低语境的特征。高语境事物具有预先编排信息的特色，编排的信息处于接受者手里及背景中，仅有微小部分存于传递的信息中。低语境事物恰好相反，大部分信息必须处在传递的信息中，以便补充语境中丢失的部分（内在语境及外在语境）。"① 高语境传播的绝大部分信息已存于物质语境里，低语境则将大量的信息置于清晰的编码。根据信息由语境或编码表达的程度，可将文化分为高语境文化与低语境文化。

在一种文化的言语交际过程中，如果话语意义的创造对语境的依赖程

---

① ［英］爱德华·霍尔：《超越文化》，居延安等译，上海文化出版社 1988 年版，第 96 页。

度比较高而对所使用的言语的依赖程度比较低，那么这种文化就是高语境文化；相反，如果意义的产生对所使用的言语依赖程度相对较高而对语境的依赖程度相对较低，那么这种文化就属于低语境文化。

按照霍尔的观点，中国、日本等东方国家属于高语境文化，高语境文化又称含蓄型文化。中华民族拥有较为统一的文化基础，属于同质社会。大量共用的文化背景知识决定了大部分信息可隐藏于交际双方的共有知识内。在理解信息时，强调交际双方的领悟能力，信息的细节、表达的含义不需要特别指出，只需点到为止。根据霍尔标准，他可能针对的是现代汉语的文化语境，而《孙子兵法》是用上古汉语写成的文本，古汉语比现代汉语更浓缩、更精炼，所谓"微言大义"，表现出地简直是"超高语境"（super high context）了。

在高语境文化里，像《孙子兵法》这样的文本意义往往来源于或内化于著者当时所处的语境，表达的东西不仅限于他所著的语句。而在低语境文化里，如英语文本信息的意义通过语言可以表达得很清楚，不需要借助环境揣摩推测，即交际过程中所产生的信息量的大部分由显性的语码负载，只有少量的信息蕴涵在隐性的环境内。在低语境交际文化内的人们习惯侧重用言语本身的力量来进行交际。语境可以被看作是透过文化的影响自然形成的一套沟通方式与一种表达形态。

二、《孙子兵法》的主要句法分析

就内涵而言，《孙子兵法》博大精深，包罗万象；就篇幅来说，全文五千多字，属精炼浓缩的文言文本。孙武是如何以简练的语言表达尽可能多的语义信息呢？据笔者统计，《孙子兵法》出现了大量的复句（共分 9 类，总计 716 句），复句具有前后照应的特点，因此，可尽量减少不重要的词语，保留主干成分，凸显关键语义，如紧缩复句即所谓典型的句例。全书还呈现不少的单句（说明句 260 句，叙述句 234 句，合计 494 句）。

说明句因没有强式动词，句式结构显得拖沓，所以层次较少；而叙述句有强式动词，而且有不止一个动词，这样就构成连谓结构、谓并结构，适合表达复杂的内容，结构层次比说明句复杂一些。① 由此可见，光从句法上看，孙子语言高度浓缩，简洁有力，包含更丰富的蕴意。

《孙子兵法》所依托的是高语境文化，大量的信息可以通过交际双方的共有知识及话语或对话的语境来获得，信息多蕴含于语境层面。而处于低语境文化下的英语，大量的信息要依靠句型（pattern）、句序（order）、屈折（inflexion）变化来传递，信息多分布于语言层面。因此，在进行汉译英时必然牵涉到如何把中文语境中隐藏的信息传递到英语语境的问题。具体说来即意合如何向形合转换、写意如何向写实转化的问题。

我们将从句法结构、语义、语用等三个方面分述卡尔斯罗普《孙子兵法》英译本里出现的单句（说明句与叙述句）与复句（按断句与假设句）的英译情况，阐明汉英高低语境文化的差异对汉译英带来的影响。

《孙子兵法》的复句种类齐全，涵盖了现代汉语的主要复句类型。复句有助于表达丰富细致的语义内容，把各种战略战术原则阐述得深刻透彻。从一定意义上来看，复句的丰富与完善，反映了中国古代思维日益缜密的发展结果。英国学者利德尔·哈特惊叹"其内容之博大，论述之精深，后世无出其右者"，显然与孙武高超的语言技巧有关。

大量复句里，假设、并列、按断等三类占据了大部分，反映了《孙子兵法》这部兵书的语言风格：全面细致、简洁明快，每个篇章一气呵成，呈现鼓点般铿锵有力的节奏。复句的关联词，有的使用率较高，有的使用率较低，这取决于不同复句语义关系的显见度。语义关系显见度高的，就借助意合法，无须使用关联词语；语义关系显见度低的，就较多采用关联词语。比如，总分复句很少使用关联词语，让步复句大多要靠关联词语衔接，这种差别反映了两种复合句在语义关系显见度方面的不同情形。除了

① 蔡英杰：《〈孙子兵法〉语法研究》，商务印书馆 2006 年版，第 185—219 页。

常见的显性连接手段，隐性连接手段如句式、结构、韵律等在复句整合中同样发挥不小的功能。

三、文化语境性对句法结构的影响

文化高低语境性的差异，在英译《孙子兵法》的句法结构上有明显的体现。汉字是表意文字(ideograph)，汉字结构是两维的 (two-dimensional)，有左右、上下、内外结构，以意辖形，意形合一。汉语句法结构是隐性的，重的是意合（parataxis），语法上没有形态变化。《孙子兵法》的语序比较灵活，句子的词法、句法、语义信息大部分不是显露在词汇形态上，而是隐藏在词语铺排顺序里，需要译者潜心理解、表达。

英语句法结构呈显性特征，重的是形合（hypotaxis），表现出线性（lineal），文字与时间呈一维性（one-dimensional），因此具有发达的时态（tense）系统，句子通常以动词为中心，句法关系清晰地表露于结构里。王力说过："中国语的结构好像无缝天衣，只是一块一块的硬凑，凑起来还不让它有痕迹。"① 而英语结构严谨，具有明显的形式标记，运用丰富的衔接手段，语义关系十分清楚。《孙子兵法》里的词语、句法等语法关系要读者去把握，如果只靠逻辑，句子层面的含义就不易体现，交际的信息较多依靠语境层面呈现。

（一）单句里的说明句英译

据笔者统计，《孙子兵法》一共出现了 260 个说明句。说明句是表示事物或事物之间关系的句子，通常由主题语、说明语构成。主题语是说明的对象，说明语是对主题语对象的补充与解释。说明语的谓语动词与主题语之间往往不存在施事与受事的语义关系。② 这些说明句，经卡尔斯罗普

① 王力：《中国语法理论》，中华书局 1954 年版，第 98 页。
② 蔡英杰：《〈孙子兵法〉语法研究》，商务印书馆 2006 年版，第 186 页。

英译发生了什么样的变化呢？

（1）此安国全军之道也。（《火攻篇》）

Then is the state secure, and the army victorious in battle.

（2）不可胜在己。（《形篇》）

The causes of defeat come from within.

（3）见胜不过众人之所知。（《形篇》）

A victory, even if popularly proclaimed as such by the common folk, may not be a true success.

（4）举秋毫不为多力。（《形篇》）

To lift an autumn fleece is no proof of strength.

（5）夜战多金鼓。（《军争篇》）

Therefore in night fighting, beacons and drums are largely used.

（6）此五者，知胜之道也。（《谋攻篇》）

These five things are the heralds of victory.

《孙子兵法》的语句多为无主句、以单句形式表达复句内容的紧缩句、用体词（包括名词、代词、数词、量词）作谓语的体词谓语句等。这些都是高语境文化的表现特征。与此相对，卡尔斯罗普的英译句子里补充了必不可少的主语成分，谓语也必须由动词充当。信息清晰地显露于语言结构之中。由此可见，卡尔斯罗普在进行汉译英时，可能注意到需借助自己的储备知识对语句里省略的信息加工，把原先存在于汉语语境内的隐藏信息以文字的形式清楚明确地补充到英语译文里，使译文符合英语的句法规则。

（二）单句里的叙述句英译

据笔者统计，《孙子兵法》全文总计出现了 232 个叙述句。叙述句是描述动作及事物发展的句子，一般由话题语与叙述语构成。话题语表示叙述的对象，叙述语表示动作或行为。句中主语与谓语动词之间往往存有施事、受事等具体的语义关系①，动词有及物动词与不及物动词之分，表现为带宾语与不带宾语。那么，卡尔斯罗普将它们翻译成英语，在句法、语义等方面会产生什么样的不同？

（1）吾以此知胜负矣。（《计篇》）

Knowing these things, I can foretell the victor.

（2）莫知吾所以制胜之形。（《虚实篇》）

They see the signs of victory, but they cannot discover the means.

（3）内外之费，宾客之用，胶漆之材，车甲之奉，日费千金。（《作战篇》）

Wherefore the cost at home and in the field, the entertainment of guests, glue and lacquer for repairs, and necessities for the upkeep of wagons and armour are such that in one day a thousand pieces of gold are spent.

（4）十万之师举矣。（《作战篇》）

With that amount a force of one hundred thousand men can be raised: you have the instruments of victory.

（5）乱生于治，怯生于勇，弱生于强。（《势篇》）

If discipline be perfect, disorder can be simulated; if truly bold, we can feign fear; if really strong, we can feign weakness.

（6）善用兵者，役不再籍。（《作战篇》）

He who is skillful in war does not make a second levy.

我们发现，卡尔斯罗普英译叙述句时，也采用了多种多样的叙述句型与汉语匹配，包括单句（例1与例4）、转折状语从句（例2）、条件状语从句（例3）、排比式的条件从句（例5）与定语从句（例6）等。

上述单句英译，卡尔斯罗普采取了多样化的翻译手段，有的保留了源

---

① 蔡英杰:《〈孙子兵法〉语法研究》，商务印书馆 2006 年版，第 191 页。

语句式，有的改用了其他句式。在内容上，追求所谓的等化原则，但翻译技巧可变化多端。正如许渊冲所言："所谓等化，包括形似的对等、意似的动态对等、词性转换、句型转换、正说反译、主宾互换、主动被动互换、同词异译、异词同译、典故移植等。所谓浅化，包括一般化、抽象化、减词、合译、化难为易、以音译形等。所谓深化，包括特殊化、具体化、加词、分译、以旧译新、无中生有等。"① 许渊冲之说，实际上是在翻译实践细化了钱锺书关于"化境"说的"等化""浅化"与"深化"，既涉及词语层面，又触及句法层面。

四、文化语境性对语义的影响

高语境文化影响英译《孙子兵法》语义方面的表现为，汉语词汇多偶发义，其内涵要依靠语境进行解码，与语境联系十分密切。同一词语跟不同的句子搭配时拥有不同的内涵，而且某些含义与用法在字典里查不到，由语境所临时赋予。这些临时的含义与用法，虽然不符合规范，但对母语为中文的人来说，可根据高语境文化的语境解释能力获得正确的解释，领会到词语确切的意思。汉译英时，如果将这类词直接按字面意义翻译成英文是行不通的。按照功能翻译理论的思想，译者应在充分理解原文信息的基础上，采取译文读者可以接受的形式，使原文语境内的信息在译文里得到充分的表达。

（一）复句里的假设句英译

《孙子兵法》共有 261 个假设复句，在所有复句里居于首位。孙子阐述了系列战略战术的基本原则，往往先虚拟出特定条件，再指出特定条件下产生的结果或应对的方略，这是孙武借助如此丰富的假设复句的重要原因。其假设复句有这样的特点：形式简短、成串组合、论述深刻、表达

---

① 许渊冲：《翻译的艺术》，五洲传播出版社 2006 年版，第 11 页。

全面。

（1）不知三军之事，而同三军之政，则军士惑矣。（《谋攻篇》）

Ignorant of military affairs, to rule the armies in the same way as the state.

This is to perplex the soldiers.

（2）民既专一，则勇者不得独进，怯者不得独退。（《军争篇》）

When all are united, the strong are not left to go forward alone, the cowardly are not free to retreat unrestricted.

（3）形人而我无形，则我专而敌分。（《虚实篇》）

By making feints, and causing the enemy to be uncertain as to our movements, we unite, whilst he must divide.

（4）五间俱起，莫知其道。（《用间篇》）

If these five means be employed simultaneously, none can discover their working.

（5）知战之地，知战之日，则可千里而战。（《虚实篇》）

Having decided on the place and day of attack, though the enemy be a hundredleagues away, we can defeat him.

（6）夫王霸之兵，伐大国，则其众不得聚。（《九地篇》）

The great general, when attacking a powerful nation, prevents the enemy from concentrating his hosts.

通过对照，我们发现上述英译假设句里，卡尔斯罗普英语只对应英译了1个假设句型（例4），其余的则改译成单句（例1与例6）、时间状语从句（例2）、并列状语从句（例3）、让步状语从句（例5）。

（二）复句里的并列句英译

中国人历来重视整体思维，《孙子兵法》蔚为大观的并列复句，就是孙子整体思维运用在军事科学上的结晶。形式多样的并列复句，体现了句法结构内诸要素的对应关系。《孙子兵法》共有 218 个并列复句，在所有复句里占第二位。

《孙子兵法》的并列复句有这样一些特征：首先，并列复句具有相关、相近、相似、相对的语义关系，语义、结构、声律是其构成的三要素。其次，并列复句没有专门的连接词，而采用了隐性的连接手段，通常采用相同的句式、相似的结构、大致相同的字数，总体上均衡匀称，节奏鲜明整齐，音韵铿锵。

（1）攻其无备，出其不意。（《计篇》）

Attack weak points, and appear in unexpected places.

（2）兵贵胜，不贵久。（《作战篇》）

Now the object of war is victory; not lengthy operations, even skillfully conducted.

（3）善战者能为不可胜，不能使敌必可胜。（《形篇》）

Skillful soldiers make defeat impossible, and further render the enemy incapable of victory.

（4）微乎微乎，至于无形；神乎神乎，至于无声。（《虚实篇》）

Now the secrets of the art of offence are not to be easily apprehended, as a certain shape or noise can be understood, of the senses.

（5）无邀正正之旗，勿击堂堂之阵。（《军争篇》）

Do not attack where lines of banners wave, nor the serried ranks of battle spread, but patiently await your time.

（6）始如处女，敌人开户；后如脱兔，敌不及拒。（《九地篇》）

At first behave with the discretion of a maiden; then, when the enemy gives an opening, dart in like a rabbit.

上述英译并列句里，卡尔斯罗普英译了 4 个并列句型（例 1、例 3、例 5、例 6），其余的则改译为单句（例 2）、比较状语从句（例 4）。

（三）复句里的按断句英译

《孙子兵法》全文出现了 98 个按断句，在所有复句里排列第三位。所谓按断复句，是指"按断式，是论据在前，结论在后的。按断式可以是一种建议，也可以是一种对既成事实的判断"①；第一分句叙述情况，叫作"按"，第二分句对前面信息作出评判，叫作"断"。《孙子兵法》在阐述战争的各种情形时，常常需要对各种特定情况作出判断，再做出说明，所以，按断句的频繁运用可满足这种特殊的语义需求。

《孙子兵法》里的按断句具有这样的特点：一般按语较长、较复杂，结构层次较多；断语较短，结构层次较少。

（1）此兵家之胜，不可先传也。（《计篇》）

These are the secrets of the successful strategist, therefore they must not be made known beforehand.

（2）以治待乱，以静待哗，此治心者也。（《军争篇》）

To oppose confusion with order, clamour with quiet, is to have the heart under control.

（3）我专为一，敌分为十，足以十攻其一也。（《虚实篇》）

We become one body; the enemy being separated into ten parts. We attack the divided ten with the united one.

（4）合之以文，齐之以武，是谓必取。（《行军篇》）

By humane treatment we obtain obedience; authority brings uniformity. Thus we obtain victory.

（5）三军之众，可使必受敌而无败者，奇正是也。（《势篇》）

By the skillful interchange of normal and abnormal manoeuvre are the armies

---

① 王力：《中国现代语法》，商务印书馆 1983 年版，第 58 页。

certainly preserved from defeat.

（6）我可以往，彼可以来，曰通。（《地形篇》）

Open ground is that where either side has liberty of movement.

上述英译按断句里，卡尔斯罗普英译了4个判断句型（例1、例2、例5、例6），其余的译作并列句（例3）、因果状语从句（例4）。

以上译例表明，代表高语境文化文本的《孙子兵法》具有特殊的语境解释力，著者可以通过同一词的重复使用来达到特殊的效果。这类词往往比较笼统，需依靠语境的解释能力来获得具体的含义。如果离开特定语境，这些词便显得晦涩难懂。在英译时，不可能找到一个与其完全对等的词，只能通过不同的词语甚至通过变化句法结构来补充其隐藏含义。

五、文化语境性对语用信息的影响

高低语境对《孙子兵法》英译的影响除了表现在句法结构、语义方面，还表现为语用与语义关系的不同。高语境文化下的汉语注重写意，语用与语义的关系较疏远，作者的真正意图往往隐藏于语义表层下的潜台词，强调读者在阅读过程中依靠场景与交际各方的关系来领悟话语里暗含的信息。而英语重言传，说话人往往把自己的意思尽可能清楚地表达出来，尽可能避免语用歧义，让听者容易明白，语用与语义的关系更紧密。

我们着重研究较大的语言单位——句群。据考察，《孙子兵法》里出现的句群主要有并列句群、承接句群、按断句群、因果句群等形式。

句群，又称句组、语段，它指"两个或两个以上的句子按照一定组合规律构成的，大于句子而小于段落的语言单位。构成句组的句子，包括单句和复句，在句组中有相对独立性，互不作对方的分句，且有独立的句调。句组有一个而且仅有一个语义中心，句组中的句子围绕这个中心组合起来，不能割裂"①。一个句群，也可以成为一个上位的更大的句群的组成

---

① 白兆麟：《简明文言语法》，河北教育出版社1990年版，第21页。

部分，称为分句群。从内容看，句群比复句更充实，表达全面细致。从形式上看，复句的分句之间联系较紧密，而句群的句子之间联系较松散。从语义关系看，孙武使用的句群，有的属规律性论断，推出结论；有的属特定事例，推出结论；有的属结论追溯原因等；不一而足。

考察《孙子兵法》的卡尔斯罗普英译本，我们发现，他翻译句群的弹性很大，运用变化多样、结构丰富的英语句型来应对文言文句子。

（一）并列句群英译

凡兴师十万，出征千里，百姓之费，公家之奉，日费千金。内外骚动，怠于道路，不得操事者，七十万家。① （《用间篇》）

该句群的语义中心：战争需要耗费大量的人力、物力。

Calling 100,000 men to arms, and transporting them to a hundred leagues, is such an undertaking that in one day 1,000 taels of the citizens' and nobles' money are spent; commotions arise within and without the state; carriers fall down exhausted on the line of march of the army; and the occupations of 700,000 homes are upset. ②

（二）承接句群英译

夫未战而庙算胜者，得算多也；未战而庙算不胜者，得算少也。多算胜，少算不胜，而况于无算乎？吾以此观之，胜负见矣。③ （《计篇》）

该句群的语义中心：战争的胜负取决于战前的庙算得失。

At the reckoning in the Sanctuary before fighting, victory is to the

---

① 孙武：《十一家注孙子》，曹操等注，郭化若译，中华书局 1962 年版，第 223—224 页。

② Calthrop, E. F., *The Book of War: The Military Classic of the Far East.* London: John Murray, 1908, p. 70.

③ 孙武：《十一家注孙子》，曹操等注，郭化若译，中华书局 1962 年版，第 19 页。

side that excels in the foregoing matters. They that have many of these will conquer; they that have few will not conquer; hopeless, indeed, are they that have none.

If the condition of both sides with regard to these matters be known, I can foretell the victor. ①

(三) 按断句群英译

兵者，诡道也。故能而示之不能，用而示之不用，近而示之远，远而示之近。利而诱之，乱而取之，实而备之，强而避之，怒而挠之，卑而骄之，亲而离之。攻其无备，出其不意。此兵家之胜，不可先传也。②（《计篇》）

该句群的语义中心：兵者，诡道也。

War is a thing of pretense: therefore, when capable of action, we pretend disability; when near to the enemy, we pretend to be far; when far away, we pretend to be near.

Allure the enemy by giving him a small advantage. Confuse and capture him. If there be defects, give an appearance of perfection, and awe the enemy. Pretend to be strong, and so cause the enemy to avoid you. Make him angry, and confuse his plans. Pretend to be inferior, and cause him to despise you. If he have superabundance of strength, tire him out; if united, make divisions in his camp. Attack weak points, and appear in unexpected places.

These are the secrets of the successful strategist, therefore they

---

① Calthrop, E. F., *The Book of War: The Military Classic of the Far East*. London: John Murray, 1908, p. 20.

② 孙武:《十一家注孙子》，曹操等注，郭化若译，中华书局 1962 年版，第 12—18 页。

must not be made known beforehand. ①

(四) 因果句群英译

故用兵之法：十则围之，五则攻之，倍则战之，敌则能分之，少则能守之，不若则能避之。故小敌之坚，大敌之擒也。② （《谋攻篇》）

该句群的语义中心：用兵之法重在以多胜少的原则。

By the rules of war, if ten times as strong as the enemy, surround him; with five times his strength, attack; with double his numbers, divide. If equal in strength, exert to the utmost, and fight; if inferior in numbers, manoeuvre and await the opportunity; if altogether inferior, offer no chance of battle. A determined stand by inferior numbers does but lead to their capture. ③

我们注意到，卡尔斯罗普在英译上述句群时，不仅增加了译语段落，增添了意群划分数量，而且英语句式变化多样，既有对应，又有变异。由此可推断，在汉英这两种语境性差异较大的语言间进行交际时，必须要注意到两者在语用方面的差异。如果忽略了这种差异，译入语的读者会产生误会，译语不能确切传递出源语的意义。涉及句群单位，其英译会更复杂，因为还涉及单句、复合等，由此及彼，由小到大，逐级上升，经历不同层面的语义、语用与结构的理解、甄别与选择，才能产出相应的译文。

我们通过分析卡尔斯罗普的《孙子兵法》英译本，可以得出以下结论：无论是结构、语义层面，还是语用层面；无论是简单句，还是复合

---

① Calthrop, E. F., *The Book of War: The Military Classic of the Far East.* London: John Murray, 1908, pp. 19–20.

② 孙武：《十一家注孙子》，曹操等注，郭化若译，中华书局 1962 年版，第 41—44 页。

③ Calthrop, E. F., *The Book of War: The Military Classic of the Far East.* London: John Murray, 1908, p. 26.

句，甚至是句群，都说明了《孙子兵法》英译的复杂性，并从这个实证揭示了这样的规律，即翻译是译者把异域信息（语言、文化等层面）持续地输入译语文本的过程，并不断经历将"他者"（the other）"本土化"（localization）的固化程序与心理活动（mentality）。缘于汉英语言、文化系统的巨大差异，汉语代码与《孙子兵法》兵学语境难以在英语里找到完全对等的译码，所以，要采取灵活多变的翻译策略，借助代码明示、代码隐含、代码重复等手段，解决因代码系统差别而引起的语义不足（semantic deficiency）或过剩（redundancy）的冲突，语境不兼容（contextual incompatibility）的冲突。

第三章 《孙子兵法》阐释学派的解读

赫耳墨斯（Hermes）是神的信使，他把诸神的旨意传达给凡人。在荷马笔下，他通常是传达诸神的字面含义。然而，在世俗者的眼里，hermenus（阐释）的任务恰好是把一种陌生的或不可理解的语言翻译成可以理解的语言。翻译这个职业总有某种"自由"……谁想成为一名翻译者，就必须把他人意指的东西重新用语言表达出来。阐释学就是进行从一个世界到另一个世界的转换，从神的世界转换到人的世界，从一个陌生的语言世界转换到一个自己的语言世界。

——迦达默尔《真理与方法》（第二卷）

《孙子兵法》英译与西方的阐释学及中国传统的训诂学有着天然的渊源，这是不言而喻的。借助阐释学，可从哲学高度阐述孙武的兵学思想；凭借训诂学，可从文献学角度厘清《孙子兵法》要旨。萨里斯指出，"蕴含思想的言语自身就是翻译"（The Speaking in which thinking is enacted is in itself a translating）①，微言大义的典籍英译需要经历语内翻译、语际翻译两个过程，才能进入异质的第二精神家园，开启跨语言、跨文化、跨疆域的传播之旅。

---

① Sallis, J., *On Translation. Bloomington*: *Indiana University Press*, 2002, p. 18.

第一节　阐释学、训诂学与《孙子兵法》

如果从哲学层面看，"哲学的命题就是可译性，即意义或真理可以从一种语言转换到另一种语言，而不带来原则性的缺损……哲学源于翻译或可译性命题"①。哲学的终极目标是追寻世界万物的始初与起源，发端于对"存在"（to be）意义的反思与探索，而相同的意义可以储存在不同的语言里，"人同此心，心同此理"，语言与意义的关系"尤火之燃烛矣……烛无，火亦不能独行与虚空"。② 这表明，第一，语言是意义的载体；第二，不同语言之间可以传递意义，即可译性的哲学存在。《孙子兵法》英译是一种文本意义的阐释活动，但又不是一般的阐释，因为这是涉及英汉两种语言、两种文化的特殊阐释过程。

在西方，阐释学有着相当悠久的历史。主要学者有施莱尔马赫、狄尔泰、海德格尔、伽达默尔、哈贝马斯等。可分为古代阐释学（文艺复兴、宗教改革以前）、近代阐释学（从文艺复兴与宗教改革到 19 世纪）、当代阐释学（从狄尔泰认识论阐释学到当代哲学阐释学）等三个时期。③ 我们将着重借助伽达默尔的翻译哲学理论——阐释学（与我们的研究关联度比较大），深入探讨《孙子兵法》英译问题。

德国哲学家伽达默尔从阐释学的角度论述翻译问题，这颇有新意，其主要观点表现为三点：（1）理解的历史性。人是历史的存在，具有无法消除的历史特殊性与局限性。（2）视域融合。由于时间距离与历史情境变化，作者的视域与解释者的视域必然存在差异，两种视域交融在一起，达

---

① Derrida, J., *Peggy Kamuf as the Ear of the Other. Lincoln & London University of Nebraska Press*, 1985, p. 120.

② 任继愈：《中国哲学史》第二册，人民出版社 1997 年版，第 111 页。

③ 洪汉鼎：《阐释学——它的历史和当代发展》，人民出版社 2001 年版，第 30 页。

到"视域融合",使理解者、理解对象都超越原来的视域达到全新的视域。
(3) 效果历史。解释者通常将文本与自己所处的历史处境相结合进行解读，有时他对文本的理解可能比原作者还要深刻。① 因为原作者无意识创作内所隐藏着的深刻含义可能被解释者挖掘出，而且文本在新的历史情境下被注入时代的特征，可能呈现出新的意义。不同的历史时代会展现出不同的意义，并且，文本意义往往是向阐释者开放的（open-ended），因难以穷尽（inexhaustible）而充满魅力。

伽达默尔在《真理与方法》里阐述了一系列与翻译研究相关的理论。他认为，译者如要理解作者，就要先克服时间距离（temporal distance/distance in time），把自己置身于某个特定时代，确保历史的客观性："时间其实乃是现在植根于其中的事件的根本基础。因此，时间距离并不是某种必须克服的东西。……事实上重要的问题在于把时间距离看成是理解的一种积极的创造性的可能性。"② 时间距离"不仅使那些特殊的前见和有限的性质消失，而且也使那些促成真正理解的前见本身浮现出来"③。伽达默尔提出的"视域"（horizon）概念，本质上属于处境概念。视域就是视力（vision）所及的区域，它囊括了从某个立足点（vantage point）人们所能看到的一切。④ 解释者对文本的理解就是囿于自己的视域范围内的理解。离开了视域，文本的意义就无法显现。

就《孙子兵法》英译而言，译者首先需努力将自己融入孙武构建的春秋战国时期的历史语境，解读源语文本，再回到当下语境，演绎得到译入语。这就是伽达默尔进而提出的"视域融合"（fusion of horizons），它表示历史的视域与当前的视域因交融而合在一起，是历史文本视域与阐释者视

---

① ［德］伽达默尔：《真理与方法》，洪汉鼎译，商务印书馆 2007 年版，第 411—415、463—464 页。

② ［德］伽达默尔：《真理与方法》，洪汉鼎译，上海译文出版社 1999 年版，第 381 页。

③ ［德］伽达默尔：《真理与方法》，洪汉鼎译，上海译文出版社 1999 年版，第 383 页。

④ ［德］伽达默尔：《真理与方法》，洪汉鼎译，上海译文出版社 1999 年版，第 388 页。

域交融的情景。伽达默尔主张，"在重新唤起我们意义的过程中，解释者自己的思想总是已经参与了进去。就此而言，解释者自己的视域具有决定性作用，但这种视域却又不像人们所坚持或贯彻的那种自己的观点，它乃是更像一种我们可发挥作用或进行冒险的意见或可能性，并以此帮助我们真正占有我们所说的内容"①，视域融合的结果是形成了一个新的视域，它既不同于文本原有的视域，也不同于解释者原有的视域，而是对文本视域与解释者视域的超越，形成所谓的"二度融合"，《孙子兵法》英译就是译者持续不断地经历不同"融合"过程的结果。

此外，我们还需借助训诂学的主要概念，从文献学视角解读《孙子兵法》深藏的要旨。训诂学是涉及音韵、校勘、篇章等领域的释义研究，主要是对典籍进行界义、疏解、溯源等工作。英译《孙子兵法》，译者首先需理解其文言文的文本意义，尽力捕捉其丰富的蕴意，这就与中国传统的训诂学有很大的关系。在此过程中，他要面对解读困难与多元解释等两大难题。对诸多先秦典籍来说，这些难题大多源于"通假字、词义演变、句法变化和句读缺失等四个方面"②。通假字的存在，是导致译者语义逻辑迷失的重要原因。此外，还有同源字、假借字、异体字及其之间的多重关系，无疑增加了理解的难度。

古汉语少有句法概念，大体沿袭随文释义的传统。文言文与现代汉语的句法差异主要体现在虚词使用与句法结构上，虚词与实词的不同搭配容易造成阐释者对文本的歧义、偏差与误读。19 世纪末，马建忠编著了我国第一部语法著作《马氏文通》，他指出："字无定义，故无定类。而欲知其类，当先知上下之文义如何耳。"历史上较为著名的《孙子兵法》注疏文献包括宋朝吉天保辑《十家孙子会注》、三国曹操《孙子十家注》等，这些前人的重要成果至少在语义上有助于我们准确理解字词含义、句法结

---

① ［德］伽达默尔：《真理与方法》，洪汉鼎译，上海译文出版社 1999 年版，第406 页。
② 辛红娟：《〈道德经〉在英语世界：文本行旅与世界想象》，上海译文出版社 2008 年版，第 122 页。

构，从而深入把握并探究孙武博大精深的兵学思想体系。意义的探究是语言学玄奥的问题，从源语意义到目标语意义，更为复杂。

训诂《孙子兵法》，还要解决的是句读问题。句读是现代汉语标点符号的古称，较早出现于何休《公羊传序》："授引他经，失其句读。"李善注曰："《说文解字》，逗，止也。'投'与'逗'古字通，音豆；投，句之所止也。"古人著书很少使用句读，历代读书人或注疏者主要依靠自己的判断去理解作品、获得意义。四书五经、诸子百家等传统文化典籍往往"微言大义"，尤其强调所谓"熟读百遍，其义自现"，凭借语感、直觉、先前知识等手段，"优孟摇头而歌，然后可以得志"，这是以前读书人苦读圣贤书的生动写照。古代标点符号系统发展缓慢，即使到了清朝，句读也基本处于停滞不前的状态。

董洪利认为，古代句读与近代源自欧美的西语标点符号系统（punctuation system）不断融合、改造、取舍，逐渐形成现在的汉语标点符号系统。句读的功能包括划分章节、点断语句、点发音读、辨析语义、辨析错误，句读的结果关系到读者能否理解、注疏①、阐释古代文本等方面。② 这个过程涉及语内翻译，也是译者不断解码、编码的心理活动。

外国译家在英译《孙子兵法》时遇到的困难更大，困惑也就更大。Ta-kao Ch'u 深有感触地说："直到晚近中国才有标点符号，典籍作品里大量的歧义势必导致不同的解读。"从各自的研究需求出发，译者与编者往往会忍不住"篡改"原文。③ 这样做的结果是，不同译家根据自己的理解进行句读，于是产生各自不同的英译本。因此，他们在整个翻译过程中扮演多重角色，发挥多种作用。首先他们是句读者（punctuator），点断语句，划分好意群；其次是注疏者（expositor），深入文本，解码源语，捕获意

---

① 注疏是注文与解释注文的合称，对经书字句的注解为"注"，也称"传""解"；疏通注文的意义，对"注"进行注解称为"疏"，也称"义疏"等。

② 董洪利：《古籍的阐释》，辽宁教育出版社1997年版，第134—138页。

③ *Ch'u, Ta-kao, Tao Te Ching.* London：Unwin Paperbacks，1982，pp. 12-13.

义；再次是译者（translator），不断穿行于英汉语言、文化间，穿梭于古代时空与当下时空间，操用英语重新编码，直至产生英译文。

第二节 翟林奈英译本述评

翟林奈（Lionel Giles，1875—1958），英国汉学家，又称小贾尔斯。因深受其父翟理思（Herbert Allen Giles，1845—1935，即老贾尔斯）影响，他对中国传统文化怀有浓厚的兴趣。1900 年起，翟林奈进入大英博物馆（the British Museum），担任博物馆东方书刊与写本部助理馆长（Assistant Curator of the Department of Oriental Printed Books and Manuscripts in the British Museum）。这个职位为他广泛涉猎中国典籍、从事汉学研究提供了得天独厚的条件。

翟林奈出身于翻译世家，熟读汉籍，学养深厚，古汉语功底好，学风严谨，对中国文化有着深刻的了解。由于长期从事汉籍与写本的管理，他善于鉴别不同版本的学术价值，熟悉读者的困难与需求，在动手翻译前注意文本的鉴别、选择，翻译时对于概念的准确把握，对于英汉对照及注释方法的运用等，都比同时代的普通译者胜出一等。

他博览中国典籍，涉猎《左传》《史记》《淮南子》《汉书》《吴越春秋》《武经七书》《四库全书》等，无意间为自己英译《孙子兵法》做好了学术准备。1908 年出版了《中国书籍目录》(Catalogue of Chinese Books) 一书。1910 年，出版了其英译本《孙子兵法——世界上最早的军事论著》(Sun Tzu on the Art of War：The Oldest Military Treatise in the World)。这个英译本为他带来了很高的学术声誉，成为当时西方研究中国兵学的主要英译本。

翟林奈研究《孙子兵法》，源于他对中国传统文化的学术兴趣。他英译《孙子兵法》，直接起因是他极度不满意 1905 年卡尔斯罗普的首个英译本，间接原因是基于他对中国当时现实的特别关注。翟林奈出身于一个有着深厚汉学渊源的家庭，其父翟理思系卓有成就的汉学家，编著过《中国概要》《历史上的中国及其他概述》《中国的共济会制度》《华英字典》等，英译《聊斋志异》《洗冤录》《佛国记》等。翟理思与他的两个儿子翟比南（Bertram Giles）、翟兰思（Lancelot Giles）都担任过英国驻华领事。可以说，翟理思一家与中国、汉学结下了难解之缘。在这样的家庭氛围里，翟林奈自然热衷于汉学研究，关注中国社会。他在英译本《孙子兵法》的扉页上写道："本译著谨献给我的兄弟瓦伦丁·贾尔斯上尉，希望这一部有 2400 年历史的典籍依然包含着值得今天的士兵们考虑的教训。"①翟林奈的兄弟瓦伦丁·贾尔斯（Valentine Giles）时任英国陆军皇家工程师。显而易见，翟林奈也希望孙子英译本能造福于英国军队，因为学习、理解研究中国兵学元典《孙子兵法》，有助于英国获得更多的在华利益，因而其英译具有很强的功利目的。

翟林奈译本内容主要包括《序言》《导论》《十三篇英译文》《汉字索引》《英文索引》等部分。《序言》里描述了此前《孙子兵法》的译本情况，评价了钱德明法译本与卡尔斯罗普英译本，介绍了自己英译《孙子》的原因及特点。《导论》包括《孙武其人其书》《〈孙子〉文本》《注家》《关于〈孙子〉的评价》《为战争辩护》《参考书目》等内容。

翟林奈是饱读中国典籍的汉学家，自然了解重要典籍原著有许多注疏本，所以他十分注重遴选翻译底本，这体现了他严谨的治学态度。从英译本《序言》看，他看中了 1877 年重刊的清朝校勘家孙星衍校《孙子十家注》注疏本，决定充当翻译底本。② 历史证明，这是一个睿智而颇有眼光的选择，因为孙氏注本具有权威性、学术性，使得英译经得起时空的考

---

① Giles, L., *Sun Tzu on the Art of War：The Oldest Military Treatise in the World*. London：Luzac Co., 1910.

② Giles, L., *Sun Tzu on the Art of War：The Oldest Military Treatise in the World*. London：Luzac Co., 1910, p. Ⅳ.

验。他还研究了《孙子兵法》成书的历史背景与作者孙武,潜心比读了中国历代与现有版本。

他认为,孙星衍版本仔细比较了传世的版本,保留了存世的注解与取自郑友贤《十家注孙子遗说》的材料,修复了相当多的可疑章节,总体上与《孙子兵法》原本最接近,并认为是《孙子兵法》的"标准文本"(standard text),这是英译的学术基础。

这个版本以孙星衍的前言开篇(其中孙星衍极力为孙子生平事迹的传统观点作辩护,并用极其精练的方式堆积其证据),接着是曹操的《注孙子序》及《史记》里关于孙子的传记。附有孙星衍作序的郑友贤《遗说》,毕以珣编纂的题为《孙子叙录》的历史杂记与书目信息。在这个版本的《孙子兵法》正文里,每一个单独的句子附有文本校注,接着是按年代顺序排列的各家注解,简明扼要,一目了然。

翟林奈用阿拉伯数字将《孙子兵法》原文编号排序。他还借鉴英国汉学家理雅各译著《中国经典》(The Chinese Classics)汉英对照的印刷方式,让译文与注解排在同一页,注释参照中国古籍体例,紧接着是英译文。这样的排版,既尊重了原著,把译出语汉语与译入语英文排在同一页,既便于双语对照检索,又助于懂汉语的读者稽查《孙子兵法》原文。对段落层面的处理,有时他根据需要将汉语的两三段合并成一段翻译。

从翻译体例、处理中国典籍方法、学术规范看,翟林奈的英译本相当严谨,在迄今问世的《孙子兵法》英译本里十分突出,其译本的学术权威性不可动摇。翟林奈译本的底本是《孙子十家注》,他对各注家的解释做了较好的取舍,但同时也延续了前人的不当之处,尤其是训诂问题较为突出。

翟林奈在英译《孙子兵法》时,许多是按照源文逐字英译,甚至亦步亦趋,有时附以古汉字原文,加插历代中文注释,追求中国典籍英译的忠实度与准确性,体现了忠实性为中心的翻译策略观。他注重考证研究,追求翻译最大程度的忠实性。他专注于对原文的忠实,大大超出对行文雅致的投入。这样，其译作的可读性就会相对少一些，译文有时读起来有那么一点"离奇古怪"（eccentric flavor）。这种带有"古怪译味"的译著——"旧时王谢堂前燕"，虽然不易"飞入寻常百姓家"，可是受到了想进一步研究中国典籍的考究学者的大力欢迎，光从这点看，他已为《孙子兵法》得以在西方学术界顺利传播与接受做出了重要贡献。

由此可见，像翟林奈这样的汉学家在英译《孙子兵法》时已不知不觉地被"汉化"（sinicized）了，而这样的"汉化"，与其说是"近墨者黑，近朱者赤"的长期浸润于中国典籍的结果，还不如说是出于推崇、仰慕中国传统文化。

前言、导论、注释、附录及索引同翻译正文构成了翟林奈典籍英译研究不可分割的一个整体。其前言和导论不仅论及译者的翻译缘起、翻译方法体例及相关内容，也体现了英国翻译家兼汉学家的学者风范与研究成果。

翟林奈在书里介绍了中国历代的主要注疏家，对原文的重要兵学概念、人名、地名等都加注，还对原文进行考证注释，大都援引《孙子十家注》，有时插入自己的见解，有时点评其他英译本的优劣得失，借以更好地传译原文的核心意义与相关联系。为此，他既用脚注或尾注说明，也在文中以多种方法注解说明。不厌其烦地详尽考证说明，或解释篇章主题；或训释汉字意义；或解释专有名词；或引证众说，解释引文及其出处；或点评背景知识；或进行相应的释意或意译；或提供字对字的翻译等。

典籍英译的注释内容呈现包罗万象的特点，具有补充正文的阐释作用、提示读者的引领作用与介入市场的营销作用。而且，由于语言具有替换功能、文化承载功能与语境适应功能，译者必须努力解读源语游弋不定、驳杂纷繁、富含提示性的文言文意义，移译成疏略性为主的屈折语英语，实现从凝聚型汉语文化到扩散型西方文化的大跨越。

涉及中国文化专用词汇（culture-specific words），翟林奈往往音译加意译，再借助脚注介绍相关的史书记载等，甚至借用西方史料①进行点评与类比，这些翔实而有趣的信息，不仅解除了部分普通读者的疑惑，满足其求知欲望，增强阅读兴趣，而且为专业读者深入研究提供了可靠的学术资源与文献查找线索。

第三节 《孙子兵法》东方情调化翻译倾向

英译《孙子兵法》是一个不断斡旋于英语语言文化与汉语语言文化的循环往复过程，译者必然会涉及"东方"与"西方"两个文化概念，其英译本也难免包含东方情调化的特征。

一、东方文化与东方情调化

Orient 一词源于拉丁语 Oriens，表示"太阳升起的地方"；与此相对的 Occident 同样源于拉丁语 Occidens，意思为"太阳下山的地方"。"东方"与"西方"，在人类相当长的时期内只是表示两个普通的地理概念，"日出东方，日落西方"，这是司空见惯的自然现象。但是，随着欧洲文艺复兴、地理大发现、西方海外扩张与对东方的不断认识，Orient 被赋予越来越多的政治、文化等附加意义，逐渐演变成西方文明为摆脱困境、寻求精神慰

---

① 第十一篇《九地篇》提到"围地则谋"（On hemmed-in ground, resort to stratagem, 被包围时，要用奇谋突围），翟林奈引用了汉尼拔放出 2000 头火牛冲出重围，挫败罗马人的战例。This is exactly what happened on the famous occasion when Hannibal was hemmed in among the mountains on the road to Casilinum, and to all appearances entrapped by the Dictator Fabius. The stratagem which Hannibal devised to baffle his foes was remarkably like that which Ti'en Han had also employed with success. When night came on, bundles of twigs were fastened to the horns of some 2000 oxen and set on fire, the terrified animals being then quickly driven along the mountain side towards the passes which were beset by the enemy. The strange spectacle of these rapidly moving lights so a-larmed and discomfited the Romans that they withdraw from their position, and Hannibal's army passed safely through the defile. 援引自 Giles, L., Sun Tzu on the Art of War: The Oldest Military Treatise in the World. London: Luzac Co., 1910, p. 120.

藉的"异己"世界，成为西方的"他者"（the other），成为凭想象构建起来的乌托邦。

中国是东方的主要代表，历史上曾经是西方神往的国度，可是，至近代其强势文化地位很快旁落，19 世纪中叶逐渐沦为"半殖民地半封建"的国家，中国的国际地位一落千丈，国际话语日趋微弱。"西方的中国形象以 1750 年前后为界出现两种极端类型，最终不是因为中国的变化，而是西方文化本身的变化；不是西方的认识能力问题，而是西方的表述差异问题。因此，揭示西方现代文化结构中美化或丑化中国的两种极端化'他者'形象的动力原则，分析中国形象实现西方文化自我认同与超越功能的方式，才是我们研究的理论落实之处"①，与其说是西方文化发生了重大的变化，还不如说是中国闭关自守的政策导致了其在西方世界的地位直线下滑。我们可以这样认为，假设清朝前半时期是欧美国家了解中国社会的分界线（demarcation），他们在相当长的时间内曾经努力寻找东西方文化的兼容性与共同点（common ground），但是越过那道分界线时，国际格局就发生了颠覆性（subversive）的变化，从那时起西方人逐渐改变了对待中国的态度，侧重关注东西方文化的迥异性（discrepancy）与社会的差异性（difference）。时至鸦片战争，西方列强大肆入侵中国，瓜分豆剖清朝疆域，将大清帝国沦为"国将不国"。20 世纪的中国经历了一系列翻天覆地的制度变革，走过了多少"慨而慷"的历史阶段。现在，东西方文化交流进入了 21 世纪，国际格局已发生了前所未有的巨变，因此，我们应该采取与时俱进、积极包容的文化心态。

典籍英译历来是中国文化输出的重要途径，中国形象的变迁也必然反映到英译研究，其中之一是"东方情调化"（Orientalization）策略从隐形到显性的呈现与突兀。虽然"东方情调化"倾向早已一定程度地存在于包

---

① 周宁：《天朝遥远：西方的中国形象研究》，北京大学出版社 2006 年版，第 345 页。

括印度、阿拉伯等国的外译文本里，但"至今尚未被全面而系统地研究过"①，因此，从事这方面的探讨颇有翻译实践价值与译论研究意义。

考察东西方文化交流史，就书写方式、书写目的与发挥作用而言，异国情调可分为以下四种："景观性异国情调"（picturesque exoticism），主要指早期游记作品侧重描写异域的自然风光、地理特征等；"哲理性异国情调"（philosophical exoticism），作者通过不同文化比较，借以抒发内心不满，发泄对自己所处现实的愤慨；"心理性异国情调"（psychological exoticism），作者描摹他者（the other）的精神世界，借以勾勒另一民族的性格特征；"阐释性异国情调"（hermeneutical exoticism），作者凭借异域文化的向往之处，借助不同文化对话，实现东西文化的视域融合，达到超越原有共同视域的目标。

西方文化的自身需求是阐释性异国情调兴起的主要内因，而包括中国文化在内的"东学西渐"则是其勃兴的外因。"东方情调化"是异国情调的重要组成部分，同样可参照上述范畴进行分类，便于分别阐述。

我们借鉴上述观点，并用于《孙子兵法》英译研究，不妨称作"东方情调化"（Orientalization）倾向，更确切地说，可指"汉化"（sinicize）的行为，或者说是"汉化"（Sinicism）的结果，它可"让读者通过大胆、奇诡、出人意表的译文强烈感受到原文的神秘、怪异、有趣、甚至美妙。读者感受到了这些，就是感受到了异国情调或东方情调化"②。基于典籍英译的个性特征，我们主要考察"学理性东方情调化"（academic Orientalization）、"心理性东方情调化"（psychological Orientalization）与"阐释性东方情调化"（hermeneutical Orientalization）等三种翻译倾向，试图探究其在

---

① Jaquemond, R., *Translation and Cultural Hegemony: the Case of French-Arabic Translation* (A). *In Venuti*, L. (ed.) *Rethinking Translation* (C). London: Routledge, 1992, p. 149.

② 蒋骁华：《典籍英译中的"东方情调化翻译倾向"研究》，《中国翻译》2010 年第 4 期，第 42 页。

《孙子兵法》英译过程里是如何运行的。

二、"学理性东方情调化"（academic Orientalization）的体现

与《孙子兵法》首译者卡尔斯罗普上尉不同，汉学家翟林奈是饱读中国典籍之士，深受儒家文化熏陶。按照中国传统知识分子对儒经的注疏习惯，他在英译《孙子兵法》时，保留原文汉字文本，同时对每一句原文作详注，关键字、词句先注明重要注疏家的注疏，附有相应的英语翻译、解释，或客观陈述介绍，或主观评价，再辅以夹叙夹议，提出采纳某家之言，或独辟蹊径，表明自己的观点。这样的体例，反映出鲜明的"学理性东方情调"。

首先，翟林奈采用了严谨的文本排序，俨然是英语本的《十一家注孙子》。他在尊重孙子原文十三篇编排次序的基础上，根据自己的理解对篇内的句群予以编号。其次，原文没有句读，他编排的句子也没有标点符号，大致以一个句群为单位，设置一个自然段落，按照这样的顺序排列：（1）汉语篇名；（2）经编码的若干汉语段落；（3）英译篇名；（4）对篇名的题解；（5）编码的英语译文；（6）关键汉语字、词、句的英译解释，文中夹汉字，介绍中国知名或权威注疏家的注疏。

我们考察《孙子兵法》第二篇《作战》里第一个句群的英译情形，就可窥见一斑。以下篇段就是一个典型的"学理性东方情调化"例子，试按照翟林奈中英文的编排顺序仔细分析一下结构、内容与译者意图，再结合翻译策略讨论其学理意义。

Ⅱ. 作战篇

1. 孙子曰凡用兵之法驰车千驷革车千乘带甲十万千里馈粮则内外之费宾客之用胶漆之材车甲之奉日费千金然后十万之师举矣

Ⅱ. WAGING WAR

Ts'ao Kung has the note：欲战必先算其费务 "He who wishes to

fight must first count the cost," which prepares us for the discovery that the subject of the chapter is not what we might expect from the title, but is primarily a consideration of ways and means.

1. Sun Tzu said: In the operations of war, where there are in the field a thousand swift chariots, as many heavy chariots, and a hundred thousand mail-clad soldiers,

The 驰车 were lightly built and, according to Chang Yu, used for the attack; the 革车 were heavier, and designed for purposes of defence. Li Ch'uan, it is true, says that the latter were light, but this seems hardly probable. Capt. Calthrop translates "chariots" and "supply wagons" respectively, but is not supported by any commentator. It is interesting to note the analogies between early Chinese warfare and that of the Homeric Greeks. In each case, the war-chariot was the important factor, forming as it did the nucleus round which was grouped a certain number of foot-soldiers. With regard to the numbers given here, we are informed that each swift chariot was accompanied by 75 footmen, and each heavy chariot by 25 footmen, so that the whole army would be divided up into a thousand battalions, each consisting of two chariots and a hundred men. **With provision enough to carry them a thousand li,** 2. 78 modern li go to a mile. The length may have varied slightly since Sun Tzu'2] time.

the expenditure at home and at the front, including entertainment of guests, small items such as glue and paint, and sums spent on chariots and armour, will reach the total of a thousand ounces of silver per day.

则, which follows 粮 in the textus receptus, is important as indicating the apodosis. In the text adopted by Capt. Calthrop it is omitted,

so that he is led to give this meaningless sentence: "Now the require-
ments of War are such that we need 1, 000 chariots," etc. The second
费, which is redundant, is omitted in the Yu Lan. 千金, like 千里 a-
bove, is meant to suggest a large but indefinite number. As the Chinese
have never possessed gold coins, it is incorrect to translate it "1000
pieces of gold".

Such is the cost of raising an army of 100, 000 **men.**

Capt. Calthrop adds: "You have the instruments of victory,"
which he seems to get from the first five characters of the next sen-
tence. ①

很显然，孙子原文 53 个汉字，被翟林奈的英译文拆成了四部分（即
黑体字部分）。其中，第一部分前面是题解，提醒读者本篇拟讨论的主题；
紧随着的译文是关键兵学术语的解释，顺便批评了卡尔斯罗普上尉的翻
译，再将中国远古时期的战事与荷马时代做比较，还详细介绍了中国远古
时期战车与步兵的编制。这里，他还十分巧妙地借用一个生动的比喻，描
述步兵跟随战车的情形——犹如电子围绕着原子核！

在一个页面上出现如此多的解释与点评，想来必令普通读者望洋兴
叹，只有研究者、汉学家或者想通过英汉对比、参照解释来学习汉语的读
者才能有耐心读下去。② 这是翟林奈英译本成为西方世界首届一指的文献
型文本的重要原因之一。他的间接注释主要来自历代《孙子兵法》各家注
疏的解释，同时他潜心借鉴了不同时代中国孙子学、文献学的研究成果。
他的直接注释则充分体现了其作为汉学家兼翻译家的思考、研究与批评的

---

① Giles, L., *Sun Tzu on the Art of War: The Oldest Military Treatise in the World.* London:
Luzac Co., 1910, pp. 9-10.

② 汉译英语名著也有类似的"学究性"译本，如《尤利西斯》两个中文本包含很多的
直译，译者对原著难以理解之处或中外巨大的文化差异做了大量的注释，可谓煞费苦心。据
粗略统计，金堤的译本有 2000 多条注释，萧乾夫妇的译本有近 6000 条注释。这种做法有助
于高层次的汉语读者了解西方文化。

综合智慧。由此看来，翟林奈不仅扮演了孙子十三篇的评论者，而且发挥着东西文化摆渡人的作用。

五千多字的《孙子兵法》，翟林奈用了近 180 个页面来翻译、解释，他对各章所作的注释还包括：说明该章主要内容、分析剖析关键词语、提供相关的背景知识、评价等。究其实质，翟林奈采用的是直译式的"文献型"翻译方法，以"不以文害辞，不以辞害意，以意逆志，是为得之"为翻译准则。归源于这些特点，他的译本不失为一种"学术范本"。

纵观全译本，翟林奈善于比较参照历代的《孙子兵法》注释本，潜心梳理、研究、辨析各章题旨，立足于汉字的字形、读音、来历、本义、含义等，尽力解释《孙子兵法》篇名的意义，并常以历代中国权威注疏家的解说文字来佐证自己的观点与看法，其翻译自然给人留下忠实可信、准确权威的印象。对于一些颇具争议的孙子篇名英译，他也并不固执臆断，而是保持谨慎的态度。他详细研究解读孙子各章题旨，为的是忠实地传译《孙子兵法》的兵学思想特点，让读者领略迥然不同于西方学术的东方情调化倾向。他主要得益于比较熟悉中国传统的训诂学，借道溯源异质语言的微观意义，疏解孙子兵学内涵，做到化难为易、化繁为简，着力于分析篇章、说解修辞、阐释语法、校勘讹误，这些都是典籍英译必不可少的案头工作。

为了体现译文对原文字句的忠实再现，除了脚注或尾注外，译者的考证性注释也尽可能在正文内实现。他借助两种方法：一是在译文中加注释，另起一段，以斜体字或更小字号标明；二是在文内完成，辅以多种形式解释，如加括号添加补充说明、借助同位语解说或以"换而言之"的方式来不断复述。

三、"心理性东方情调化"（psychological Orientalization）的折射

鲁迅在《且介亭杂文二集》里说过："它必须有异国情调，就是所谓洋气。其实世界上也不会有完全归化的译文，倘有，就是貌合神离，从严辨别起来，也算不得翻译。凡是翻译，它必须兼顾着两面，一当然力求其易解，一则保存着原作的丰姿。"① 译者通过译入语，描摹东方（the Orient）的精神世界，借以勾勒东方民族的性格特征，想象一个遥远神秘的东方，这就是"心理性东方情调化"的翻译策略。

《孙子兵法》翟林奈英译本里的注与译，既独立又联系。注是译的前提，注为译提供正确的内涵，译是注的结果，译是注的最终目标。对译者来说，注与译是两道相辅相成的工作程序，在很多情形下，注释的篇幅大大超过了译文的篇幅，因为借助注，译者可以论古道今，谈东说西，纵横数千年，驰骋几万里，肆意汪洋，尽展自己的知识储藏。译是精华，是源语内容与形式的"二度创作"，同样尽显译者的功底与才情。

考察《孙子兵法》全文，其注释形式可归纳为六种：引文、按语、互见、释文、考证、评论。这些注释作为正文的有效补充手段，也是《孙子兵法》重要的增益内容，有助于开拓读者视野、增加汉学信息。翟林奈面对的是古奥难懂的文言文与纷繁芜杂的各式注疏，尽管经无达诂，不必苛全责备，但是他必须广泛搜集历代评注，尤其注重名家的注疏，避免偏狭浅陋，这样他的理解与翻译才可能符合孙子的整体精神与通篇要旨。

我们在考察孙子英译"心理性东方情调化"时，不仅要研究译文，而且也需深究相应的注释，译文与注释有机组合，共同体现了"心理性东方情调化"。

---

① 鲁迅：《新版鲁迅杂文集》，浙江人民出版社 2002 年版，第 290 页。

《孙子兵法》第十一篇《九地篇》讨论了作战与行军的九种地形，从内容看"十分凌乱"，"片段之间往往并不衔接"①。对此，译者翟林奈也有类似的评论。他在谈到地形时指出，《九地篇》与《九变篇》有一些混淆的概念，时有重叠互指，同一地形出现不同表述，让读者不知所云。②孙子认为，如果要成为"霸王之兵"（warlike prince），拔取敌国城池，成就霸王事业，就必须具备以下三个条件，并强调三者缺一不可：

是故不知诸侯之谋者不能预交不知山林险阻沮泽之形者不能行军不用乡导者不能得地利③

从语言角度考察《孙子兵法》，全文运用了多种修辞方式，诸如"连问不答""数字排列""正反相衬"、排比、对比、顶针、回文、比喻、感叹等，借以阐发精微、抽象的兵学理论。上面是典型的排比句式，读来铿锵有力。

翟林奈的英译文：

We cannot enter into alliance with neighboring princes until we are acquainted with their designs. We are not fit to lead an army on the march unless we are familiar with the face of the country——its mountains and forests, its pitfalls and precipices, its marshes and swamps. We shall be unable to turn natural advantages to account unless we make use of local guides. ④

① 李零译注：《孙子译注》，中华书局 2007 年版，第 74 页。

② But it is soon found impossible to carry out the distinction. Both are cross-divisions, for among the 地形 we have "temporising ground" side by side with "narrow passes", which in the present chapter there is even greater confusion. 援引自 Giles, L., *Sun Tzu on the Art of War: The Oldest Military Treatise in the World*. London: Luzac Co., 1910, p. 114.

③ 孙武：《十一家注孙子》，曹操等注，郭化若译，中华书局 1962 年版，第 205—206 页。

④ Giles, L., *Sun Tzu on the Art of War: The Oldest Military Treatise in the World*. London: Luzac Co., 1910, p. 140.

军语具有文字精练、节奏明快、易于传诵等特点。我们将上述汉语引文看作一个句群，它善用叠句排比创造节奏美，主要是为了剖析事理，说明道理。其修辞特色是将相同的句式一气呵成，让缺乏韵律的散体句式整齐，创造出斩钉截铁的节奏美。这是古汉语的优势，易于摄入文化信息，映照着古老民族文化的浩浩雄姿，这是汉字的镜像功能。① 再则，汉语具有较强的语义提示特性，读者看到富于形象的汉字，如"明"字由"日"与"月"构成，就很容易联想"日月同辉，无限光亮"的画面。这些都体现了鲜明的东方情调。

汉语采用三个双重否定的排比句，翟林奈也译出三个否定句式与此对应，分别是 not…until，not…unless 与 unable…unless 等英语句型，除了第二句有点偏长（插入了衍生义 the face of the country，译语 to lead an army on the march 不够凝练），三个英语句也算是排比句（parallelism），表现了古汉语的结构美。

我们再看与译文相对应的注释，从另一层面构建了中国古代军人的心理世界：既重战慎战，又备战善战，关注多因素制胜等。

> These three sentences are repeated in order to emphasize their importance, the commentators seem to think. I prefer to regard them as interpolated here in order to form an antecedent to the following words. With regard to local guides, Sun Tzu might have added that there is always the risk of going wrong, either through their treachery or some misunderstanding. ②

翟林奈既点评了中国历代注疏者的意见，又不苟同他们的观点，进而陈述自己的想法，表明这三句排比句是为了引出下文。他着重揣度孙子对

---

① 詹绪左等：《汉字的文化功能》，《天津师大学报》1994 年第 1 期，第 78 页。
② Giles, L., *Sun Tzu on the Art of War: The Oldest Military Treatise in the World*. London: Luzac Co., 1910, p. 140.

使用当地向导的顾忌，一是怕因向导叛变而误导军队行军，二是怕因双方口音不同而耽误行军。为此，他引经据典，举了 Hannibal 将军使用向导时，因错把地名 Casinum 念成 Cailinum 而误了军机大事的例子，说明无论东方、西方，都确实存在这样的风险。

翟林奈借用西方著名的军事案例，加入注释，以此强调春秋战国时期军人的矛盾心态：一方面，使用向导很重要，它是关系到能否成为"霸王之兵"的三个必要条件之一；另一方面，如果向导使用不当，就可能误导军队，反而带来严重的后果。Hannibal 的事例似乎让中国传统文化穿上了西服革履，打扮成西方人容易接受的模样，实际上他是"以西释中"，从西方视角反衬古代东方的军人心理世界，从西方维度更好地勾勒出东方民族的精神特征。

此外，翟林奈还借助另外的翻译与注释手段，体现"心理性东方情调"。孙武《火攻篇》谈论的是如何利用火攻帮助军事行动。其开场白直接说明火攻的五种方式：

孙子曰凡火攻有五一曰火人二曰火积三曰火辎四曰火库五曰火队①

翟林奈要做的第一件事就是题解。他认为，孙子用一半以上的篇幅讨论火攻主题，但另外篇幅偏离火攻，转而谈论其他话题了。② 他把 28 个字的原文拆分成五个部分，即英译文由五句组成，上句与下句之间的插入远远超过英译文的注释。

Sun Tzu said：There are five ways of attacking with fire. The first is to burn soldiers in the camp；

① 孙武：《十一家注孙子》，曹操等注，郭化若译，中华书局 1962 年版，第 215—216 页。

② Rather more than half the chapter is devoted to the subject of fire, after which the author branches off into other topics. 援引自 Giles, L., *Sun Tzu on the Art of War：The Oldest Military Treatise in the World*. London：Luzac Co., 1910, p. 150.

So Tu Mu. Li Ch'uan says：焚其营杀其士卒也 "set fire to the camp, and kill the soldiers"（when they try to escape from the flames）. Pan Ch'ao, sent on a diplomatic mission to the King of Shan-shan, found himself placed in extreme peril by the unexpected arrival of an envoy from the Hisung-nu. In consultation with his officers, he exclaimed："Never venture, never win! The only course open to us now is to make an assault by fire on the barbarians under cover of night, when they will not be able to discern our numbers. Profiting by their panic, we shall exterminate them completely; this cool the King's courage and cover us with glory, besides ensuring the success of our mission" …He then set fire to the place from the windward side, whereupon a deafening noise of drums and shouting arose on the front…The whole kingdom was seized with fear and trembling, which Pan Ch'ao took steps to allay by issuing a public proclamation. Then, taking the king's son as hostage, he returned to make his report to Tou Ku.

the second is to burn stores（省去注释）; the third is to burn baggage-trains（省去注释）; the fourth is to burn arsenals and magazines（省去注释）; the fifth is to hurl dropping fire amongst the enemy（省去注释）。①

短短一段译文，包含括号补益、脚注，并夹杂译者的评说解释，同时对术语翻译还保存一种谨慎的态度，目的无非是要尽可能保留原文的文化特色，尽量保持东方文化的传真与传神性，更好地传播中国传统文化。

翟林奈不惜笔墨，借助很长的篇幅，引用、英译了《汉书》里班超出使西域的生动故事，说明火攻的威力。一方面，说明他确实熟读中国文化

---

① Giles, L., *Sun Tzu on the Art of War*：*The Oldest Military Treatise in the World*. London：Luzac Co., 1910, p. 150.

元典，掌握了丰富的文史知识，并在翻译《孙子兵法》过程中能信手拈来，如数家珍，恰到好处地用于点评、印证，显示出作为汉学家与翻译家的翟林奈具有十分开阔的视野；另一方面，也反映出他着意体现出"心理性东方情调"的译风、译品。

不像罗马帝国任意践踏、改造比自己更辉煌的古希腊文化元典，视原作为自己任意宰割的文化"俘虏"，根据自身需要随意改造、改写，实行肆无忌惮的"豪杰译"。相反，翟林奈把自己深厚的汉学功底运用于尽量尊重中国典籍的英译事业里，尽可能保持东方文化的"异域情调"，这是难能可贵的。从注释里看出，他在翻译"火队"时，并没有承袭前面四种火攻法，放弃了 to burn 这样的英语词组，而是先参照中国注疏家如杜牧、李筌、梅尧臣、张预等各家的注疏，面对众说纷纭的解释，逐一分析、辨别、排除，夹注了不少汉语引文，利用自己掌握的文献，采纳了 to hurl dropping fire amongst the enemy 的英译表述，并陈述其考据的引文出处。因为典籍英译必须重视纵深探究历代注疏主流，熟悉其历史、文化语境，知晓其学术潮流。这样看来，译者借助注释里的旁征博引与英译文相互印证，努力回归孙子兵法春秋战国的历史语境，是挖掘典籍意义的必要手段。

四、"阐释性东方情调化"（hermeneutical Orientalization）的诉求

德国哲学家尼采曾把《老子》比作"一个永不枯竭的井泉，满载宝藏，放下汲桶，唾手可得"①，我们如果把此评论用于《孙子兵法》富含的微言大义，蕴藏的无限意义，也是恰如其分的。有学者指出："中国兵法如草书，笔尽而势不尽。西方兵法如楷书，字终而意亦终。二者确有高

---

① 陈鼓应：《老庄新论》，上海古籍出版社 1992 年版，第 42 页。

下之分。"① 语言包括言内之义（in the lines），还包藏暗示意义（implication），引发文内意蕴（between the lines），激发"言外之意"（beyond the lines），体会"尽在不言中"（implicit significance），任凭译者从字里行间会意。尤其是象形文字汉语，更具有这种由此及彼、由近及远、自古道今、自东到西的会意、联想特色，这是中国汉字所特有的确证功能②，也是中国古代兵家阐释兵学思想的旨归与载体。

"阐释性东方情调化"主要指译者以憧憬东方异域文化为依托，借助话语通道，实现东西方文化的视域融合（infusion of horizon），以超越原有的共同视域（shared horizon），开掘东方文化信息抵达西方世界的渠道。这是哲学层面的阐释性交流。

《孙子兵法》之所以成为兵学圣典，是因为它不仅跨越了科学、艺术两重境界，而且进入了最高的哲学境界。孙子全文充满着朴素的唯物论与辩证法思想，孙武运用了 100 多个对偶性范畴，如攻守、奇正、虚实、强弱、迂直、利害、劳逸、寒暑、远近、险易、宽狭、劳佚、饥饱、贵贱、上下、内外、分合、动静、取予等辩证概念③，在 200 多处做出了辩证的判断与论述，这标志着中国古代兵学家的辩证思维在春秋战国时期已相当成熟。全篇既体现了二元论，又反映了圆融和谐的统一，其哲学思想主要包括"修道保法"的朴素唯物主义战争观、"知彼知己"的战争认识论、"奇正相生"的军事辩证法思想。

孙子第三篇《谋攻篇》先探讨了"知胜"五原则，再得出了"知彼知己"的著名论断：

---

① 吴如嵩:《〈孙子兵法〉新说》，解放军出版社 2008 年版，第 7 页。

② 所谓确证功能，指以文字证明文化，为人们思想行为提供规范，起到价值判断的依据，引发思想的媒介等作用。转引自詹绪左等:《汉字的文化功能》，《天津师大学报》1994年第 1 期，第 75—77 页。

③ 刘振志:《孙子的关键字及其思想内涵》，《孙子新论集萃》，长征出版社 1992 年版，第 125 页。

故曰知彼知己百战不殆不知彼而知己一胜一负不知彼不知己每战必殆①

孙武提出的"先知原则"，闪烁着朴素的辩证思维与唯物主义原则。他强调客观分析敌我双方情况的重要性，因为这是确立韬略与用兵的唯物基础。"知彼知己"是一对相互依存的思辨命题，"知彼"既有赖于"知己"，"知己"也有赖于"知彼"，两者相互对立，又相互依存。

毛泽东创造的游击思想很大程度上来源于"先知原则"，他高度评价道："中国古代大军事家孙武子书上'知彼知己，百战不殆'这句话，是包括学习和使用两个阶段而说的，包括从认识客观实际中的发展规律，并按照这些规律去决定自己行动克服当前敌人而说的。"② 孙武阐述的规律"知彼知己，百战不殆"，依然是颠扑不破的科学真理。谁预先掌握情况，谁就预见战争胜负，这是战争的法宝。

如何翻译这个充满东方智慧的哲学命题？

上述"知彼知己"论断是一个并列句群。从结构层次看，由三个假设复句（①知彼知己，百战不殆；②不知彼而知己，一胜一负；③不知彼不知己，每战必殆）构成。从语义关系看，各个复句之间形式对等，围绕着一个语义中心（知彼知己的重要性），反映了同一系统内部诸要素的情况。从接应手段看，三个假设句语义关系显见度高，借助意合法，无须关联词语，句子间虽然没有接应词（显性连接），但依靠相同的句式（隐性连接）实现衔接关系。

《孙子兵法》阐述了许多战略战术的原则，为此，要先虚拟相关情形。假设复句适合这样的战争语境，先设定某个条件，再指出该条件下产生的结果或应对的方略（知彼知己，百战不殆；不知彼而知己，一胜一负；不知彼不知己，每战必殆）。这种句式一般形式简短，通常成串组合，利于

---

① 孙武：《十一家注孙子》，曹操等注，郭化若译，中华书局1962年版，第51—52页。
② 《毛泽东选集》第一卷，人民出版社1991年版，第182页。

深刻论述。

翟林奈基本按照源语英译了这段充满东方智慧的话语：

> Hence the saying：If you know the enemy and know yourself，you need not fear the result of a hundred battlesIf you know yourself but not the enemy，for every victory gained you will also suffer a defeatIf you know neither the enemy nor yourself，you will succumb in every battle.①

他用三个假设句与原文对应，并在翻译实践过程中充分考虑原文与译文读者因素，协调好与多方的关系，努力达到与原作、译文读者的视域融合。

首先，是译者视域与源语文本的视域融合，翟林奈考虑了原作者孙武的身份（古代兵学家），还研究了源语文本的内涵（兵学原则），这样，就实现了与源语文本的视域融合。

其次，如果单靠源语文本无法实现视域融合，就需寻求其他参考资料如副文本（para-text）进行视域融合。通过判断、甄别，翟林奈解读源语文本以外的文本，以获得更深或者更具有创造性的理解，并将理解的新成果体现在译文、序言、注释等。法国叙事学研究者 Genette 认为，位于正文的副文本称作"内文本"（peri-text）②，可以拓展、丰富正译文的内涵。翟林奈为让西方读者更好地了解孙武的思辨性论断，接着插入一段夹注，借用李筌的注疏，叙述了中国历史上著名的"淝水之战"，苻坚因自负轻敌而溃败，还

---

① Giles，L.，*Sun Tzu on the Art of War：The Oldest Military Treatise in the World*. London：Luzac Co.，1910，pp. 24-25.

② Genette，G. *Paratexts：Thresholds of Interpretation. Jane E. Lewin*（Trans.）Cambridge：Press Syndicate of the University of Cambridge，1997.

援引了"投鞭断流"的出典①，既重史实，又传递军事典故，用以佐证"不知彼而知己"的结果，融学术性、知识性、历史性、趣味性于一炉。

译者在处理文化成分时，大多会采用文化直入（go-ahead model）、文化阻断（block model）、文化诠释（annotation model）、文化融合（integration model）与文化归化（adaption model）五种模式②。不管采取哪一种翻译策略，译者都需要先厘清译出语意义，结合上下语境，再设法产出相应译入语。

再者，译者、译本与源语的视域融合还涉及其他因素，如参阅典籍的历代注疏本。通过与其他孙子注疏本的视域融合，译者可以看到先前的注疏怎样理解、表述源语，如何设定潜在读者（implied reader）。此外，译者可借此形成自己的译本特色。给读者定位时，要了解他们的认知水平，以更好满足读者的要求，也能对读者进行适当引导。据此，翟林奈考据了《北堂书钞》版"必败"原文字样，提出了还不如"殆"字更符合历史文化语境的观点，还肯定了另一名重要注疏家张预有关"知彼知己"的注疏。这里，他借用了"互训"的方法，求助通例"训"疑例，参照词语的搭配意义、语境意义，可以得出比较可靠的含义。

比较翟林奈前面译者有关"知彼知己，百战不殆"的英译文，如卡尔思罗普1905年与1908年译本都翻译为：It has been said aforetime that he who knows both sides has nothing to fear in a hundred fights，这个早期译文十分简洁明白，但缺少汉语里原有的铿锵有力的修辞特点。比较格里菲思1963年的

---

① When warned not to despise an enemy who could command the services of such men as 谢安 and 桓冲, 苻坚 boastfully replied："I have the population of eight provinces at my back，infantry and horse-men to the number of one million；why，they could dam up the Yangtze River itself by merely throwing their whips into the stream. What danger have I to fear？" *Nevertheless，his forces were soon after disas-trously routed at* 淝 *Fei-River，and he was obliged to beat a hasty retreat.* 转引自 Giles, L., *Sun Tzu on the Art of War：The Oldest Military Treatise in the World.* London：Luzac Co.，1910，p. 25. "吾兵多将广，人多势众，投鞭於江，足断其流。"不料，百万大军竟被仅有七八万人之东晋军队所败。

② 李运兴：《语篇翻译引论》，中国对外翻译出版公司2001年版，第123—124页。

英语译文：Therefore I say：know the enemy and know yourself；in a hundred battles you will never be in peril，译者好像注意到了汉语的修辞风格，意形音都能兼顾，读起来朗朗上口。其实，像"百""千"等数词是《孙子兵法》经常出现的词语，汉语里一般是虚指的居多，表示"很多""众多""所有"等，这几个英译文里都变成了实指了。从语言学考虑，数词翻译的虚指与实指转换并不很重要，关键在于译者对中国传统文化的把握，既可以保持源语文化的"丰姿"，保留东方文化情调，也可以作适当的处置，便于译入语文化系统内通畅的接受与传播。

当今世界愈演愈烈的全球化是一个文化扁平化、单一化的过程，此现象不限于东方国家，就像美国近邻加拿大（虽属西方七国集团），其自身文化、语言等早已统统被"美化"了。在势不可挡的全球资本主义向外扩张潮流的裹挟下，古老文明与传统文化渐渐被同化，进而被抹去，如同自然界濒临绝迹的珍稀物种一样，逐渐剩下的或许是一些文化符号。

文化全球化以强势的英语国家为首，把发达国家的语言、文化、信息单向地倾入（dump）发展中国家，其他弱势文化国家充当信息、文化等传话游戏的他者，进入前者的文化想象。那些有着悠久文化传统的国家或地区，怎样在当下语境的文化夹缝中生存？经历文化杂交，本土文化走向何处？是文化融合，还是保持原生特质？

探究翟林奈英译《孙子兵法》的"东方情调化"（Orientalization）倾向，无疑可给我们带来一些启示。文化交流是一把双刃剑（double-edge sword），它既可以促进世界文化的多样化（diversity），也能加速全球文化的同一化（uniformity），其间，译者发挥着举足轻重的作用。如果他"设身处在作者的地位，透入作者的心窍，和他同样感、同样想、同样地努力使所感所想凝定于语文"[①]，就能根据文本追溯至历史的语境，实现译者当前视域与作者历史视域

---

① 朱光潜：《谈翻译》，载中国翻译工作者协会《翻译通讯》编辑部编：《翻译研究论文集（1894—1948）》，外语教学与研究出版社 1984 年版，第 362 页。

的双重融合（double infusion of current horizon and historical horizon），从而彰显异国情调的他者特征，繁荣丰富多彩的世界文化。

第四节 《孙子兵法》误读、误译与创造性误译

《孙子兵法》是用上古汉语（根据王力，公元 3 世纪以前属上古汉语）写成的作品，"微言大义"，言简意赅。因此英译既考验译者的语言能力——其解读之旅布满误读的陷阱，又挑战译者如何把握交际时空距离——其英译之路险象环生。总之，目标语篇充满创造性误译。

一、误读、误译与创造性误译的演绎

"诗无达诂"一语出自董仲舒《春秋繁露》卷三《精华》。"达诂"指"确切的训诂或解释"。这是古代诗论的一种释诗观念，涉及诗歌及文艺的鉴赏观点，实质上指文学艺术的审美差异性，我们也可看作是中国古代学者对文学误读现象原始而朴素的诠释。

西方较早关注误读的解构主义批评家哈罗德·布鲁姆（Harold Bloom）认为，由于阅读行为总是"被延迟的"，伴随着文学语言被愈加"多元地决定"，文学意义就愈显"证据不足"，因而那种旨在追求某个或某些固定不变意义的阅读是"根本不可能的"①。他又指出，"阅读，……是一种异延的，几乎不可能的行为，如果强调一下的话，那么阅读总是一种误读"②。他还在《影响的焦虑》中说，"误读"（misprision）是一种主动的行为，旨在摆脱前人影响的巨大阴霾，通过误读达到某种创新的境地。德曼指出，"文学语言的特性在于可能的误读与误释"，如果文本排除或拒绝误读，就不可能是文学的文本，因为一个极富文学性的文本，必然允许且

---

① Bloom, H., *A Map of Misreading*. New York and London：Oxford University Press，1975，p. 3.
② Bloom, H., *A Map of Misreading*. New York and London：Oxford University Press，1975，p. 31.

鼓励读者去误读①。假如这样，"误读"就是这样一个概念，表示"以己方之心，度他方之腹"，怎么能完全读懂对方的心思呢？所以，不对等的理解就是"曲解"，经语际转换，变成了误译，成为跨文化交际十分常见的现象。如此看来，当译者接触一种异质文化、面对异质语言文本时，他积累已久的"成见"（prejudice）造就了认知过程中可能产生的"不见"（negligence）与"洞见"（insight），左右着他具体的翻译策略，决定着他如何认识、解释文本的结果，产生如何的目标语。钱锺书指出："立言之人句斟字酌，慎择精研，而受言之人往往不获尽解，而易曲解而滋误解。"② 这里的"立言之人"指作者，"受言之人"则是译者。但事实上，作者倾注笔端的文字也未必完全表达自己的意义，因为"思想一旦变成文字，便失去了与声音，与对话语境的活生生的联系，这时它便暴露给误解和歪曲"。③ 语内阅读尚且如此，语内翻译（如古文今译）更不容易，语际翻译面对的挑战无疑数倍于前两者，由此产生的误译是跨语言跨文化传播过程里不可避免的。

那么，什么是误读呢？比较文学研究学者乐黛云指出："所谓误读是按照自身的文化传统、思维方式、自己所熟悉的一切去解读另一种文化。一般说来，人们只能按照自己的思维模式去认识这个世界！他原有的'视域'决定了他的'不见'和'洞见'，决定了他将另一种文化如何选择、如何切割，然后又决定了他如何对其认知和解释。"④ 究其实质，误读是个性化的解读，将读者自己的理解、知识结构与阅读对象交融，获得新的认知。

误读的产生有来自读者的内部原因，还源于像意识形态等外部即社会原因。勒菲弗尔（Andre Lefevere）认为，翻译一般会涉及四个层面，首当

---

① 谢天振：《译介学导论》，北京大学出版社 2007 年版，第 110 页。
② 钱锺书：《管锥编》，中华书局 1986 年版，第 406 页。
③ 张隆溪：《道与逻各斯》，冯川译，四川人民出版社 1998 年版，第 58 页。
④ 乐黛云：《文化差异与文化误读》，载乐黛云、勒·比松编：《独角兽与龙——在寻找中西文化普遍性中的误读》，北京大学出版社 1995 年版，第 110 页。

其冲的是意识形态（ideology），它制约着其他三个层次（指诗学、话语与语言）的影响与作用范围。

文本创作本身可看作是一种翻译，是创作者对人类社会、自然界等客体的"翻译"。所以，自作品诞生之日起，读者就开始对它进行各式各样的"翻译"，即读者对文本的形形色色的理解、接受与阐释。从阐释学视角看，误读与误译有许多相似之处。翻译自始至终是解释的过程，是翻译者对先给予他的语词、句子、语篇等所进行的解释过程。

一般而言，翻译主要包括理解、表达两个过程，挖掘、探究、转述语际意义始终是翻译的主要任务与内涵。译者首先是读者，但他不是一般意义上的读者，因为他不仅要先阅读源语文本，而且还担负着用译入语解释其内涵的使命，而解释就是"阅读"源语文本，既然文本不存在精确无误的阅读，翻译的第一阶段就潜伏着误读的可能。表达可视为转述或再创作，即把理解的内容变成目的语文本，此过程同样存在"误释"的机会，这就是"误译"。由此可见，翻译的第一个过程产生"误读"，第二个过程导致"误译"，每一次误读会引起其他更多的系列误读，影响着译者理解的内容，还决定着翻译的最终产品。

可以这么认为，误译是源语文化信息在目标语文化语境里发生的变异，它包括信息在量方面的增加、减少、失落、扩展等情形。如果说误读一般是发生在语内的心理活动，那么误译通常是两种语言与两种文化在交流过程中所经历的理解与融会、吸纳与排斥、比较与选择，它反映了外来文化在主体文化里传播过程中出现的碰撞、扭曲与创新等情形。

至此，我们涉及的"创造性误译"可以理解为：翻译时因译者有意或无意偏离源语文本的语义信息、文本意境与意象、叙事方式或文化信息等，造成主体文化对外来文化具有鲜明审美价值的变异。它会使译入语文化与译出语文化之间产生一种相互牵制的张力（tension, a combination of extension, which means 外延 and intension 内涵）。我们把创造性误译看作一种既成的、客观的语言与文化现象加以描述，具有独特的学术研究价值。

时代的变迁造成审美情趣与审美价值的差异、审美主体的变迁引起审美情趣的不同、接受主体有限的整体性认知水平与无限的艺术空间的矛盾等都会造成创造性误译。

二、创造性误译在《孙子兵法》英译本的运作

我们综合考察了翟林奈的《孙子兵法》英译本,从译本体例、内容结构、标题翻译、标记调整、增删编辑、译注解说、添题点评及创译方式等方面可以看出,该英译本体现了以创造性为中心取向的翻译策略。

(一) 译本的体例造就了"学术范本"

创造性误译是一个中性概念,主要指译者为了实现特定的目标,有意或无意地改变、偏离了源语文本的结构、体系等,创造出一个崭新的译语文本。该新文本继承了源语文本的宏观要旨,体现了译者的个人智慧与个性化成果。所以,不同译本可呈现各异的特点,其重要原因就是译者打上了不同的烙印。

世传《孙子兵法》版本繁多,这些传本历经多次传抄、刊刻,脱文、衍字、错字、换字等现象严重,不同程度地失去了其祖本的原貌。从理论层面看,英译应选择最接近原著原始面貌、最少被人篡改的文本作为底本。

翟林奈对孙子原文结构重新标记、调整,插入大量的译注,译本体例显示了译者的创造性误译。从全书体例看,翟林奈采用了十分严谨的文本格式,将清代著名学者孙星衍《十一家注孙子》视作源语。他参照孙子原文十三篇编排顺序,结合自己常年潜心研究汉学经典的学术优势,将篇内的文字按照句群为单位,分别以阿拉伯数字编号。因为原文没有句读,他编排的句子也没有标点符号,大致以一个复合句、一个句群与一个总分句群为翻译单位,设置一个自然段落,基本按照这样的顺序排列内容:汉语

篇名；经编码的汉语段落；英译篇名；有关篇名的解释说明；经编码的英语译文；关键汉语字、词句的英译解释，英译文夹注汉语字词句，介绍中国著名或权威注疏家的注疏，并不时穿插既有学理价值，又不乏趣味的历史典故、趣闻逸事、典型事件等。

在中国，注释典籍已有几千年的历史。注译者必须具备目录版本、语言文字等知识，因为典籍注译涉及训诂学、注释学、典籍今译学、古籍整理学、解释学与翻译学等学科。从全书看，译者对中国古代文史哲了如指掌，这是翟林奈有别于其他译者的过人之处。

学者陈蒲清在谈到典籍今译时指出："翻译与注释、简评结合也是一种很好的形式。注释是不能代替翻译的，因为翻译可以把原文的意思整句、整段、整篇连贯起来，用现代汉语完整流畅地表达出来，再详细的注解也不能做到这一点。但是，翻译也不能代替注释，翻译还常常要注释的辅助，如特别的概念、术语、句式、修辞等都要借助于注解才能弄清楚。简评则可帮助读者掌握原文的基本精神和特色"①。这里虽然谈论的是典籍今译（语内翻译），但它与语际翻译的基本原理是相通的。纵观其全译本，翔实的注释、点评确实既是翟林奈英译《孙子兵法》的特色，又是他展现自己扎实汉学的平台。洋洋洒洒的注释占据了页面的大部分，几乎淹没了英译文，足以让普通读者望而生怯，望注释之"洋"而兴叹！可正是因为这些特点，使翟林奈的《孙子兵法》英译本成为一个重要的学术范本。

（二）译本的叙述视角转换与隐性主语显性化

著名翻译家杨宪益②认为，文艺的内涵与审美具有超时空性，可以引起人类的共鸣，这是翻译可行性的基础，也是翻译本质。英译中国典籍

---

① 陈蒲清：《文言今译学》，岳麓书社 1999 年版，第 29 页。
② 杨宪益是我国著名翻译家、外国文学研究专家、文化史学者，英译出版了《楚辞》《魏晋南北朝小说选》《唐代传奇选》《宋明平话小说选》《聊斋选》《儒林外史》《红楼梦》等重要典籍。

时，译者的努力可以消除历史距离，阅读国内典籍时，译者先把自己置身于特定的历史语境，设法体会文本所要表达的意思；译成英文时，再将自己放回到今天读者的地位，这样才能让读者理解当时的思想。杨先生结合自己卓有成就的典籍翻译实践所阐明的观点，恰好与伽达默尔的翻译理论不谋而合，殊途同归。伽达默尔主张，译者想要理解作者，必须先克服时间距离（temporal distance），再将自己置身于那个产生典籍的时代，想象历史的语境。

如何处理好历史视域与译者视域的融合？翟林奈英译《孙子兵法》涉及的叙述视角转换与隐性主语显性化无疑是解决问题的有效策略。叙述视角一般可分为人称视角（animate /personal perspective）与物称视角（inanimate/impersonal perspective）两种，人称视角的变化随着叙事的展开可以第一人称、第二人称、第三人称等不同的形式出现，物称视角随着除了人充当主语的角度呈现，一般以表示物的概念词语作主语。

孙武十三篇都以"孙子曰"为统一的开场白，属典型的第三人称叙述视角，这是一种最古老的叙事视角，叙述者以局外人的口吻陈述事情原委。第三人称是最自由灵活的叙述角度，可任意转换时间、空间，因而被称为多角度、多方位的"全能视角"（omnipresent point of view）叙述。

《孙子兵法》第六篇《虚实》探讨的是如何集中与分散兵力的作战原理。

（1）孙子曰：凡先处战地而待敌者佚，后处战地而趋战者劳。

Sun Tzu said：Whoever is first in the field and awaits the coming of the enemy，will be fresh for the fight；whoever is second in the field and has to hasten to battle，will arrive exhausted. （第三人称）

这段开场白的英译文也采用第三人称（whoever）叙事视角，与孙子源语文本对应。但随着叙述的展开，孙武进一步阐明自己的兵学思想，内容层层推进，英译文的主语与叙事视角都发生了变化。

（2）故善战者，致人而不致于人。

Therefore the clever combatant imposes his will on the enemy, but does not allow the enemy's will to be imposed on him. （第三人称）

（3）故敌佚能劳之、饱能饥之、安能动之。

If the enemy is taking his ease, he can harass him; if well supplied with food, he can starve him out; if quietly encamped, he can force him to move. （第三人称）

（4）出其所必趋，趋其所不意。

Appear at points which the enemy must hasten to defend; march swiftly to places where you are not expected. （第二人称）

（5）行千里而不劳者，行于无人之地也。

An army may march great distances without distress, if it marches through country where the enemy not.

（6）攻而必取者，攻其所不守也；守而必固者，守其所必攻也。

You can be sure of succeeding in your attacks if you only attack places which are undefended. （第二人称）

（7）故善攻者，敌不知其所守；善守者，敌不知其所攻。

Hence that general is skillful in attack whose opponent does not know what to defend; and he is skillful in defence whose opponent does not know what to attack. （第三人称）

（8）微乎微乎，至于无形：神乎神乎，至于无声，故能为敌之司命。

O divine art of subtlety and secrecy! Through you we learn to be invisible, through you inaudible and hence we can hold the enemy's fate in our hand. （第一人称）

（9）进而不可御者，冲其虚也；退而不可追者，速而不可及也。

You may advance and be absolutely irresistible, if you make for the enemy's weak points; you may retire and be safe from pursuit if your movements are more rapid than those of the enemy. ① （第二人称）

这是十分典型的语段案例。考察上述九段《孙子兵法》原文与相应的英译文，发现一个有趣的叙事视角不断变换的现象：首先（第 1、2、3 段）是单数第三人称 Sun Tzu said，whoever，the clever combatant，he，表示客观事实的陈述，体现的是观点的客观性；接着（第 4、6 段）采用第二人称 you，表明译者想搭建与读者的对话体式，呈现了面对面的现场交流感；然后（第 5、7 段）恢复为第三人称 an army，it，that general 与 he；更有意思的是，第 8 段竟然两次出现了复数第一人称 we，创造了如临其境的气氛；最后（第 9 段）变成第二人称 you 的叙事视角。在如此紧密相连的段落里，发生如此频繁的叙事视角转换，展示如此有价值的语料个案，激发我们如此浓厚而持续的研究热情！

孙子翻译成英语，为什么会增加那么多的人称代词呢？第一，汉语有一大特点，即重"意合"（parataxis），句子成分大多依靠语义的连贯粘合起来，借助上下的语境互相映衬，较少使用连接词；而英语句法结构重"形合"（hypotaxis），一般需使用连词连接句子，表示句子间的结构关系。② 由于汉语不具备形态发生条件，所以谓语动词与主语之间不存在人

---

① Giles，L.，*Sun Tzu on the Art of War*：*The Oldest Military Treatise in the World*. London：Luzac Co.，1910，pp. 42-45.

② 1944 年，王力在《中国语法理论》里提出了"意合"与"形合"的概念。他认为，汉语多用意合法，分句之间可不用连词，连接关系由分句意义确定；欧洲语言多用形合法，连词一般不能缺少。这是从句子之间的连接关系角度揭示了汉语、英语间的重要差别，给汉英翻译实践提供重要的理据。究其差别的原因是，中国传统的"天人合一"导致了哲学整体观，从宏观上把握对象特征，形成了综合性、宽泛性、系统性等的思维特点，反映在汉语里是"言象合一、象意合一"。西方人受哲学原子观影响，强调概念之间的形式逻辑推理，体现在语言里是句子成分根据规约形态而各处其所，具有明显的外在特征，显示各个成分间的次序关系。就这对概念的英语内涵而言，parataxis 里的 taxis 源于希腊语，表示 arrangement，意为"排列"，para 也源自希腊语，表示 at one side of 或 side by side，意为"并列"，相当于 coordination，所以合在一起 parataxis 表示"并列结构"，两个语言单位具有平等的语法地位，形成了所谓的并列句子。而 hypotaxis 里的 hypo 同样源自希腊语，表示 under，意为"从属于"，相当于 subordination，这样，hypotaxis 表示"偏正结构"，两个语言单位处于不平等的语法地位，形成了常见的主从复合句子。

称与单复数等保持一致的要求，因而主谓的约束机制比英语松散，意义大多取决于语境，这些特征在文言文里尤其明显，所以译者解读典籍（典籍今译）时，侧重于从句子内部感悟语义、语用与结构，语义主要依靠内部逻辑获得。英语句子一般需要主语，而且谓语必须与主语的单复数保持一致，还有时态、介词、副词、连词等衔接词语方面的要求。

第二，古汉语句子省略的成分比较多，尤其是省略主语，因此出现大量的"无主句子"，主要靠语感去领悟其意义关联，这就为英译叙事视角的转换提供了很大的操作空间；而英语可借助丰富的代词来实现语篇的衔接与连贯，因此英译古汉语时，应设法运用相关的代词补充省略的主语，使隐性的主语显性化，这样才符合英语的语法要求。

孙子语篇翻译成英语，为什么出现那么多的叙事视角变化呢？从宏观看，孙武采用第三人称叙述，其兵学思想的传授对象主要是"将领""君主"层面，所以，如果要把句子里隐性的主语显性化，就应以第三人称为主。但是，翟林奈在英译《孙子兵法》时，三种人称代词轮流使用，叙述视角不断变换。究其原因，首先是古汉语的大量"无主句"给译者的创造性翻译提供了很大的空白。这些不确定点（spots of indeterminacy）为译者阐释典籍释放了广阔的空间。其次，叙事视角的转变体现了译者的心理情景与心理表征的变化情况，即构建经验意义的认知路径与机制的变化。

因此，上述英译文选择不同的视角，就会带来译者与读者交际关系的变化。具体而言，借助翻译，译者既可以隐藏自己，也可以彰显自身。第8段的主语显化成第一人称叙述，就带有鲜明的主体特征与主观意味，这种单向视角，从"我"或"我们"的角度叙述所见所闻所思所感，其特点是真实亲切，组织篇章结构时自由洒脱。看英译文：O divine art of subtlety and secrecy! Through you we learn to be invisible, through you inaudible and hence we can hold the enemy's fate in our hand. 俨然是译者面对读者而直抒己见的动人诗句，由衷感叹"声东击西"的战术魅力，似乎将读者带入了孙子兵法的奇妙境界了！与此对应的汉语"微乎微乎，至于无形；神乎神乎，至于无声，故能为敌之司命"，原来就富于诗歌一样的韵律与铿锵有力的军语节奏。

第 9 段的主语显化为第二人称，以"你"或"你们"为叙述对象，这种双向交流的对话称作"对向视角"，具有直面交流的"透视性"特点。其英译文 You may advance and be absolutely irresistible, if you make for the enemy's weak points. 宛如孙武正在面授机宜，娓娓道来，直接生动，告诉你"进而不可御者，冲其虚也"。

（三）从话题突出性到主语突出性的汉英演绎

《孙子兵法》有许多话题突出语，翟林奈是如何英译这些话题突出语的呢？

1976 年，Li 与 Thompson 明确指出，汉语是话题突出语（topic-prominent），英语是主语突出语（subject-prominent）。① 汉语的句子结构一般以话题语（topic）为支点，以说明语（comment）为语义重点。② 在话题语的制约下，说明语块序列铺排，形散而意合。话题句强调的是话题的确立、话题与说明的关联性，没有语义与语法规则的强制要求，词性与句子间未必保持对应关系。但是英语的主语与动词之间则必须保持语义的选择关系、形式上的一致性与句子成分的对应关系。因此，英语是具有强制性、封闭性的语言结构，句子结构宛如树状，枝干相连，庞杂而不乱；汉语是开放性的，在话题限定的范畴内说明语块滚动而出，形成竹子式结构，控制话题的因素主要是话语链，而并非句法成分与一致性原则。

《孙子兵法》存在着大量的话题突出语，都有一个共同的特征，即围绕特定话题，带出一连串句子，看似游离散漫，自由自足，实则体现了似断非断、藕断丝连、一气呵成、一脉贯通的兵学语言效果，既有缜密的逻

---

① Li, Charles and Thompson, Sandra, *Subject and Topic: A New Typology of Language*, C, Li. (ed.), *Subject and Topic*. New York: Academic Press, 1976, p. 466.
② 申小龙:《当代中国语法学》，广东教育出版社 1996 年版，第 309 页。

辑思维，又有飘逸的文采特征。

第五篇《势篇》有一个表示因果关系的句群，其说明语块（comment）通过连续不断的明喻（simile）、隐喻（metaphor）、顶真（thimble）与排比（parallelism）等修辞方式，以排山倒海之势，阐明"凡战者，以正合，以奇胜"这个核心话题（topic），真可谓酣畅淋漓，意犹未尽。话题以词语、词组、句子的形式出现，紧接着连续的评论。譬如：

（6）故善出奇者，无穷如天地，不竭如江河。终而复始，日月是也；死而复生，四时是也。

（7）声不过五，五声之变不可胜听也；

（8）色不过五，五色之变不可胜观也；

（9）味不过五，五味之变不可胜尝也；

（10）战势不过奇正，奇正之变不可胜穷也。

（11）奇正相生，如环之无端，孰能穷之？①

翟林奈英译文为：

（6）Indirect tactics, efficiently applied, are inexhaustible as Heaven and Earth, unending as the flow of rivers and streams; like the sun and the moon, they end but to begin anew; like the four seasons, they pass away but to return once more.

（7）There are not more than five musical notes, 宫商角微羽 yet the combinations of these five give rise to more melodies than can ever be heard.

（8）There are not more than five primary colors, 青黄赤白黑 yet in combination they produce more hues than can ever be seen.

（9）There are not more than five cardinal tastes, 酸辛咸甘苦 yet

---

① 孙武：《十一家注孙子》，曹操等注，郭化若译，中华书局 1962 年版，第 68—69 页。

combinations of them yield more flavors than can ever be tasted.

（10）In battle, there are not more than two methods of attack—the direct and the indirect; yet these two in combination give rise to an endless series of manoeuvres. Direct and indirect lead on to each other in turn. It is like moving in a circle—you never come to an end. Who can exhaust the possibilities of their combination? ①

翟林奈在吃透了古汉语的基础上，将该句群切分成六个自然段落。第6个段落采用非人称代词 Indirect tactics 作主语英译"奇正"（小句的主题句），借用两个类比 inexhaustible as Heaven and Earth 与 unending as the flow of rivers and streams 翻译"无穷如天地，不竭如江河"（小句的说明语）；接着用两个排比句，每个排比句包含一个明喻。第 7、8、9、10 段落统一使用 there be 句型，引出小句的主题句，避免人称代词的出现，以同样的连词 yet 自然衔接。第 10 句出现一个明喻 like moving in a circle，对应翻译"如环"；第二句 you never come to an end，对应翻译"无端"，句中的第二人称代词 you 是将隐性的主语显性化的结果，这也未尝不可，只是有点突兀，需稍微停顿一下，因为前面一直是以自然物为陈述对象，you 的闪现似乎有影响语气连贯之嫌，阻隔了语言的连贯性与表达的流畅性。

不过，我们把所有段落整合起来看待，总体上而言，翟林奈还是很好地完成了从话题突出性汉语到主语突出性英语的双语、双文化转换与演绎。从译文看出，他积极地从源语里摄取信息，重塑目标语连贯的信息流，这样，其逻辑性变得更加显化（overt）了。

要做好《孙子兵法》英译，第一是识别话题句，第二是关注语块的排列顺序。英汉语言的不同结构表明，英语主谓句结构严谨，语法成分位置与词性保持对应；汉语话题句更注重话题语与说明语间的语义连贯性，语

---

① Giles, L., *Sun Tzu on the Art of War: The Oldest Military Treatise in the World*. London: Luzac Co., 1910, pp. 36-37.

法成分位置与序列处于从属地位。衔接涉及语言的语法与词汇方面的连接，是可见的语言现象；连贯要求概念与逻辑保持一致性，属于隐性的语气表述，靠读者用心体会。

考察英译文时，要顾及这两个因素，有利于实现话题突出语向主语突出语的转换。关注衔接与连贯这两个语篇特征时，应通盘考虑，因为两者相辅相成，衔接是外在表现形式，连贯是内部联系手段。衔接发生在语篇的表层，通过词汇的语法结构来实现语义结构；连贯发生在语篇的深层，需根据表层结构进行推断。

法国学者埃斯卡皮（Robert Escarpit）认为，"说翻译是叛逆，那是因为它把作品置于一个完全没有预料到的参照体系里，说翻译是创造性的，那是因为它赋予作品一个崭新的面貌，使之能与更广泛的读者进行一个崭新的文学交流，还因为它不仅延长了作品的生命，而且又赋予它第二次生命"①。这里所谓的"叛逆"，可以理解为"误读"基础上的"误译"，加上文本翻译的第二层创造性特征，无疑就构成了"创造性误译"。

译者面对一部具有异质语言与文化的作品，总是先着眼于自身的视角去理解、接受原作，因为他所处的文化范式、价值取向及自身审美观、认知能力等都给译作打上了"再创造"的烙印。在很大程度上，译者对原作的误读通常带有明显的指向性目的，并通过对"异质文化"的误读来肯定与确定自身。从接受语境考察，原作跨越不同时代、民族与语言世界进入一个完全相异的语境，自然会受到译入语语言文化规范不同程度的制约，在不同程度上异化为译入语文化形态特征，继而融进译入语文化体系。

勒弗维尔在《翻译、历史与文化论集》（Translation/History/Culture：A Sourcebook）里从文化视角探讨了意识形态、赞助人、诗学等问题对翻译的影响与作用。

---

① ［法］罗贝尔·埃斯卡皮：《文学社会学》，王美华、于沛译，安徽文艺出版社1987年版，第137页。

（1）从意识形态上看：他认为译作的形象受到两种因素的制约，即译者的思想意识跟当时在接受与文化中占主导地位的诗学。译者的意识形态决定了其基本的翻译策略，也决定了对源语里语言等问题的处理方法。他对自我与本土文化的理解，是影响翻译方法的诸多因素之一。

（2）就赞助人而言：赞助者可能是个人，也可能是宗教机构、政党、阶级、皇室、大众传媒机构等。译者若想发表自己的翻译作品，赞助人对翻译的影响力不可低估，赞助人更看重文学的思想意识，而不是文学的诗学，赞助人从某种程度上左右着译语。

（3）就诗学而论：诗学由两个因素组成，一个是文学手段、文学样式、主题、原型人物等等；另一个是观念，即在社会系统中文学起什么作用，或应起什么作用。这个观念对选择主题十分重要，即所选主题必须符合社会系统，这样的文学作品才会受到重视。重写（rewriting），主要是语际翻译，会大大促进不同文学系统之间的信息渗透。译者往往以自己的文化的诗学来重新改写原文，目的是为了取悦新的读者。译者往往以自己的译作影响他们所处时代诗学发展的进程。

勒弗维尔从社会、历史与文化的深层次阐述了翻译的重要作用，重新审视了翻译的社会功能，从而在一定程度上提高了翻译与翻译研究的地位。

（四）汉英演绎过程里的"译者呈现性"

"我注六经，六经注我"①，说明的是历代注疏者皓首穷经的艰难历程与"物我难辨"的学术境界，我们若以西方文论的术语来表述，应类似于"互文性"（inter-textuality）。如前所述，翟林奈称其译作是他多年来对

---

① 宋明理学家陆九渊曰："或问先生：何不著书？对曰：六经注我！我注六经！"有学者考证，陆九渊的原话应该是"六经注我，我安注六经"。此句大意是，"我注六经"指阅读者尽量理解六经的本义，相当于现代术语的"文本还原"；"六经注我"指阅读者利用六经的话解释自己的思想。

《孙子兵法》研究编注与苦思冥想的成果。他在传译孙子兵学思想的同时，大有"郭象注庄子"式的解读，不时融入自己的思想，或以括号表明自己的解读点评，或进行增减，或外加总结评说。因此，很多时候，如果不仔细研读对照原文，一般读者通常难辨译文里哪些是孙子之言，哪些是翟林奈之说。

译者呈现性（translator's presence）与译者主体性有一定的关联，呈现性是主体性的具体表现。譬如前面探讨了从文言文到英语的翻译，叙述人称的频繁变化就是译者呈现性在语言层面上的运用。影响译者呈现性的主要因素包括两点。第一是翻译策略——归化翻译可以凸显译者呈现性，如林纾翻译欧美小说，他在处理源语文字、文化方面可谓大刀阔斧，充分显示了"林译小说"的特质，足见他的操控力度，处处都有林纾的个人痕迹，字里行间都打上了个人烙印。异化翻译重在将读者靠近作者，译者功夫省下很多，但是呈现性也弱化了。第二是翻译方法——纽马克把常见的译法归纳为八种：逐字翻译→直译→忠实翻译→语义翻译→交际翻译→地道翻译→意译→改译。[①] 翻译方法决定译者在翻译实践中付出劳动的多少，根据这样的排序，从左到右译者的功夫呈递增的趋势，表明译者呈现性也是越来越明显的，改译包含译者改写、增删、批注、编排等许多工作，所以他付诸最大的努力，呈现性自然也最显著。如从译本体例、内容结构、标题翻译、标记调整、增删编辑、译注解说、添题点评及创译方式等方面来看，翟林奈英译《孙子兵法》过程时的确是偏向于以创造性为中心取向的翻译策略，具体方法涉及不止一种。面对孙子正文，他采取直译、忠实翻译为主；对于背景知识部分，他采用交际翻译为主，目的是更好地让目标语读者理解、接受。就阅读与传播效果来看，他的众多译注发挥了"协调文字、读者间关系的作用"，帮助读者减少来自《孙子兵法》的某种陌

---

① 纽马克的英语原文是 *word-for-word translation→literal translation→faithful translation→semantic translation→communicative translation→idiomatic translation→free translation→adaptation*，*from A Textbook of Translation*，London：Prentice Hall，1988。

生感，"事实上，控制读者的整体阅读"①。这样说，丰富而恰当的译注也是译者呈现性的具体证明与在场表现。

罗森布莱特（Rosenblatt）认为，阅读可以分为"信息摄入型"与"审美欣赏型"两类。② 第一类主要是为了获取信息，如科技、法律类读物，第二类是读者将自己的个人因素融入读物，如文学作品，包含品味鉴赏等个人体验。就心理过程而言，译者的阅读应该不仅包括上述两类，而且还具有自身的特点——批评性或称批判性的比照阅读，因为他不仅需要读懂源语，而且要转换成目标语，还需要不时比照两种语言，从理解到表达，从表达到选择，从选择到措辞，在这些过程里不断彰显"译者呈现性"。

---

① Genette, G. *Paratexts*：*Thresholds of Interpretation*. Cambridge：Cambridge University Press. 1997, p. 2.

② Rosenblatt L. M. *Writing and Reading*：*The Transactional Theory* ［EB/OL］. （2006-07-18）. http：// www. writingproject. org/downloads/csw/TRB. pkf. 1988.

第四章　《孙子兵法》 兵学术语英译研究

> 道可道，非常道；名可名，非常名。无名，天地之始；有名，万物之母。故常无欲，以观其妙；常有欲，以观其徼。此两者，同出而异名，同谓之玄，玄之又玄，众妙之门。
>
> ——李聃《道德经》

如果说英国汉学家翟林奈的《孙子兵法》英译本属文献性译本，遵循"不以文害辞，不以辞害意，以意逆志，是为得之"[①] 的翻译圭臬，因而成为"学术范本"，那么美国海军准将塞缪尔·格里菲思的英译本无疑是军事译本，它更关注《孙子兵法》的本体论即军事维度。这一章我们主要借助术语学研究孙子的兵学术语英译，考察该军事英译本的兵学术语翻译，从语义、语用、结构等层面探讨译者主体性与兵学术语翻译之间的内在关系，指出充分发挥译者主体性将有助于创造出成功的术语译名，加快中国典籍文化西传的进程。译者在翻译实践中面临很大的挑战，他不仅要把握与权衡兵学术语的字面含义与学术含义，而且要掌握足够的术语学、兵学等跨文化与跨学科知识。

[①]　引自《孟子·万章上》："故说《诗》者，不以文害辞，不以辞害意；以意逆志，是为得之。"

第一节　格里菲思英译本述评

　　1963 年，美国海军准将塞缪尔·格里菲思出版了新英译本《孙子——战争的艺术》（*Sun Tzu：The Art of War*），联合国教科文组织将它收入"中国代表作丛书"①，迅速掀起了美国乃至全世界范围内的"孙子热"。他注重军事术语翻译，译文富于军事特色，译文流畅易懂，切合欧美人理念，与社会实际紧密结合，所以成为当代热门的《孙子兵法》英译本。

　　格里菲思系美国海军陆战队军官、准将、中国问题专家。1929 年毕业于美国海军学院，曾在北平学习汉语，其间他对毛泽东思想与游击战争理论产生了兴趣。1945 年受美国第七舰队调遣来华，就职于天津的美国第七舰队司令部。1946 年就任于美国海军驻青岛司令部，1951 年任太平洋舰队参谋长。他翻译出版了毛泽东的《论游击战》。

　　他从军界退役，潜心研究《孙子兵法》，入牛津大学主修中国军事，1961 年获得博士学位。《孙子兵法》英译本（*Sun Tzu：The Art of War*）系其博士论文的重要组成部分。② 经过两年的润色，1963 年由英国牛津大学出版社出版。

　　格里菲思《孙子兵法》英译本由《〈孙子兵法〉十三篇英译文》《利德尔·哈特序》《前言》《导论》《附录》等组成，囊括了孙武生平、《孙子》文本流传、战国时代背景、孙武论战争、《孙子》与毛泽东、《孙子》对日本军事思想的影响、《孙子》西语译本、注家简介等相当丰富的内容。

---

　　① The translation in this volume has been accepted in the Chinese Translations Series of the United Nations Educational, Scientific and Cultural Organization （UNESCO）, see the imprint of Griffith, Samuel B.: *Sun Tzu：The Art of War*. Oxford：Clarendon Press, 1963.
　　② Griffith, S. , *Sun Tzu：The Art of War* Oxford：Clarendon Press, 1963, acknowledgments(This book is a considerably revised version of a thesis submitted to Oxford University in October 1960 in part satisfaction of requirements for the Degree of Doctor of Philosophy）.

他的《附录》占据了全书一半以上的篇幅，可见其用力程度。

英国军事理论家利德尔·哈特的序言为推广该英译本起到了很大的作用。哈特高度评价道："《孙子兵法》是世界上有关战争课题最早的著述，就战争术的综合性及理解深度而言，迄今为止都难以超越。"这些论著集中体现了战事的核心智慧。在以往所有的军事思想家里，只有克劳塞维茨（Claseweitz）① 可以媲美……孙子的军事思想具有更明确的远见、更深刻的洞察力与更持久的时代性。② 哈特的评论，表现出西方军事学家对孙武的尊崇与仰慕，高度首肯了该英译本在西方军事学研究的贡献。

从历史上看，虽然《孙子兵法》法译本自 18 世纪首先传入欧洲，但是比孙武晚两千多年的克劳塞维茨《战争论》思想一直左右着西方军界，中国兵圣的声音只是产生微弱的回响。所以，哈特进而指出，早就期待全面解读《孙子兵法》的新译本问世，以便更充分地了解他的思想，因为核武器与种族屠杀的出现，使得这种需求愈加迫切。显而易见，哈特是借助孙子英译本认识了中国兵法价值的。③ 1945 年第二次世界大战结束，西方转而密切关注中国古代军事理论，渴望从《孙子兵法》汲取不同于克劳塞维茨的东方哲学与战略思想。

格里菲思在《前言》里从军事战略角度积极肯定孙武：《孙子兵法》不仅对中国历史的发展具有非凡的哲学意义，而且对日本军事思想的演绎产生了无可比拟的作用。孙武思想既是毛泽东战略理论的资源，也是中国军队战术的源泉。《孙子兵法》的精髓经蒙古鞑靼传入俄国，构成东方精神必不可少的组成要素。所以，如果想深入了解、知晓这两个国家当前的

---

① 克劳塞维茨（1780—1831）系德国著名军事理论家，有"西方兵圣"之誉，著有《战争论》。

② Griffith, S., *Sun Tzu: The Art of War*. Oxford: Clarendon Press, 1963, Foreword.

③ His own interest in Sun Tzu was aroused by a letter in the spring of 1927…His friend was reading a fascinating book "The Art of War" written in China 500 B. C. …It is "the supreme art of war is to subdue the enemy without fighting"（不战而屈人之兵，善之善者也）. 参阅 Griffith, Samuel B., *Sun Tzu: The Art of War*. Oxford: Clarendon Press, 1963, Foreword.

战略，就必须通读《孙子兵法》。① 格里菲思论古道今，凭借敏锐的目光洞察人类战争史，通过潜心翻译、研究《孙子兵法》，与同样是将帅出身的孙武对话，进而阐明独特的战争观，从军事战略高度充分肯定了中国古代兵法的历史意义与现代价值。因其美国准将的身份，格里菲思主要从军事视角翻译、阐释、研究孙子，因此，其译本彰显出强烈的军事特色。

中国古代兵学与现代军事科学既有区别，也有联系。根据《汉书·艺文志》，中国古代兵书自成一体，可分为"兵权谋""兵形势""兵阴阳""兵技巧"② 等四种。按现代军事术语表述，"兵权谋"收录战略类兵书，"兵形势"包括战术类兵书，"兵阴阳"集中天候类兵书，"兵技巧"荟萃技术类兵书。

根据《前言》，格里菲思的英译本以孙星衍《十一家注孙子》为参照底本（In the last quarter of the eighteenth century this was revised and annotated by Sun Hsing-yen, a versatile scholar and cerebrated textual critic. His edition has since been considered standard in China and my translation is based on it），也许出于自己军人身份的考虑，他并没有全部英译十一位注疏家的所有注释，而是针对每一段孙子原文，择其一二家，特别青睐附有战例分析的注疏家。

在整个英译本里，他引用诸家注疏者批注的战例，借以论证、阐发孙子思想：

Tu Mu: The Cao general Li Mu released herds of cattle with their shepherds; when the Hsiung Nu had advanced a short distance he feigned a retirement, leaving behind several thousand men as if abandoning

---

① Griffith, S., *Sun Tzu: The Art of War.* Oxford: Clarendon Press, 1963, Preface.
② 班固《汉书·艺文志·兵书略·小序》云："权谋者，以正守国，以奇用兵。先计而后战。兼形势，包阴阳，用技巧者也。""形势者，雷动风举，后发而先至。离合背乡，变化无常，以轻疾制敌者也。""阴阳者，顺时而发，推刑德，随斗击，因五胜，假鬼神而为助者也。""技巧者，习手足，便器械，积机关，以立攻守之胜者也。"

them. When the Khan heard this news he was delighted，and at the head of a strong force marched to the place. Li Mu put most of his troops into formations on the right and left wings，made a horning attack，crushed the Huns and slaughtered over one hundred thousand of their horsemen.① （杜牧曰：赵将李牧，大纵畜牧人众满野，匈奴小入，佯北不胜，以数千人委之。单于闻之，大喜，率众大至。牧多为奇陈，左右夹击，大破杀匈奴十余万骑也。②）

这是杜牧解释《计篇》里"利而诱之"时引用的战例，格里菲思全文英译，直接置于"利而诱之，乱而取之"（Offer the enemy a bait to lure him；feign disorder and strike him）译文下，援引典型战例充当佐证，很有说服力。

格里菲思译本的一大特色是，紧随译文英译不少经典战例，以此丰富译本信息，开拓译本视野。很显然，格里菲思译本把潜在读者（implied readers）定位于西方军界或者关注中国军事的欧美知识阶层。这些读者主要是想从《孙子兵法》了解、学习战事实用性（pragmatism in warfare）与战时指导原则（instructions in wartime），借助阅读中国历史上的著名战例，获知远东经典战略战术的奥秘。他将孙武的观点与恰当的战例相结合，让读者沉浸到战例批注的译文语境里，再回过来领悟、理解、接受《孙子兵法》的军事主张。这样，译者先提供理性思考，再辅以感性战例，有助于构建中国古代兵学理论与西方现代战争战例的借鉴与参照体系。

据笔者统计，《孙子兵法》格里菲思英译本总共引用了 30 个中国历史上著名的战例。格里菲思精心挑选，从底本的 11 家注疏者里选定了 6 家，几乎全文援引、翻译了这些注疏家批注的战例，其中杜牧批注的 13 个，张预的 6 个，何氏的 5 个，李筌的 4 个，杜佑、王皙各 1 个。很显然，译

① Griffith, S., *Sun Tzu*: *The Art of War.* Oxford: Clarendon Press, 1963, pp. 66-67.
② 孙武:《十一家注孙子》，曹操等注，郭化若译，中华书局 1962 年版，第 13 页。

者最青睐杜牧的经典战例。

就孙星衍《十一家注孙子》的十一位注疏者身份而言，可分为"文人"与"武将"两类，他们从不同角度研究、注解、阐发《孙子兵法》，各显特色，各有千秋。十一位注疏者里"武将"包括曹操、贾林等，"文人"包括杜牧、梅尧臣、李筌等。武将有丰富的战争经验，其论多有创见、可操作性强，但理性高度不够；文人论兵，视野开阔，学贯古今，理论水平高，但缺乏军事实践经验①，多属"纸上谈兵"。在所有注疏者里，杜牧因大量援引战争史例而著名，杜牧注"疏阔宏博，且多引战史以为参证，对《孙子》本旨多有发明"②。因此，格里菲思较多地引用他的注释译成英语，作为副本（para-text），这些注释在篇幅上超过了正文译文，在语义上拓宽了能指范围，有助于更深刻地理解孙子原文。

如果想要透彻地解读典籍，就必须要研究与之相关的引文、指涉意义，还需探究与其在相似语境里产生的相近文献，因为互文性指涉是富含蕴意典籍的鲜明特色。一般而言，典籍英译的译注是一种宝贵的副文本，无论是对读者，还是对研究者，都具有多重效应，如再造效应（re-building effects），协助译文重新构建崭新的英语文化语境，让英语读者了解中国传统的文化形象，拓展精神世界的疆域。学术效应（academic effects），许多海外译者学识渊博、学养深厚，往往身兼汉学家身份，因此他们的译注蕴含了对比语言学、比较文学、文献学、哲学、社会学等多种学科知识，长篇译注包含了扎实而严谨的汉学研究成果，可以自成一体，自创一说。还有阐释效应（interpreting effects），有理有据的译注可以从侧面补充译文的丰富内涵，这既是注释的首要职能，也是学者型译家展现学术功底的场域，更是彰显译者主体性的平台。系统的译注还具有开拓效应（expanding effects），即帮助读者拓宽精神视野，满足对异质文化的探究心

---

① 于如波主编：《〈孙子兵法〉研究史》，军事科学出版社2001年版，第12页。
② 杨丙安：《十一家注孙子校理·宋本十一家注孙子及其流变（代序）》，中华书局1999年版，第13页。

理，满足读者接触不同文化的接受习惯，逐渐获得对东方文化的认同感，丰富自身文化底蕴。

从体例上看，该译本更接近意译《孙子兵法》的普及型译本，面向不懂中国文化的军界英语读者，明显注重翻译的可读性，但其学术研究价值则略有逊色。

第二节　《孙子兵法》兵学术语分类与英译原则

《孙子兵法》涉及一系列兵学理论的术语，如何英译是一个很值得探讨的术语翻译课题。中西方军事史有着不同的文化历史背景与话语体系，所以要将孙子的关键术语经过翻译引入英语体系，一般都要经历接触、对话、冲突、融合的过程，接着中西会通互释，逐渐实现"西化"的演变历程。

术语是在特定学科领域通过语音或文字来表达科学概念的约定性语言符号，它大多是单词，也有的是词组。从现代语言学角度考察，术语与普通词语的主要差异在于：术语的语义外延（semantic denotation）取决于所指（signifier）的关系，换而言之，它跟能指（signified）没有直接联系。而且，一般来说，术语以名词为主，同时也包含一定的名词性词组。此外，人文社会术语还与语言、文化、历史等要素密切相关，因而具有模糊性、歧义性等自身特点。

与"术语"一词相对应的英语词语有两个：term 与 terminology，前者指单个术语（term is a word or phrase used to describe a thing or to express a concept，especially in a particular kind of language or branch of study，出自《新牛津英汉双解大词典》）；后者一般指某一学科或某一专门领域的术语总和，即术语集，有时还翻译为"术语学"。根据研究，现代术语学的兴

起与发展，主要得益于科学技术的高歌猛进、众多学科的精细分化①、人类思维日趋缜密的结果。根据国际标准化组织（ISO）2000 年颁布的《术语工作词汇第一部分：理论与应用》（Terminology Work—Vocabulary—Part 1：Theory and Application ISO 1087—1：2000）：term is a verbal designation of a general concept in a specific subject field，术语是特定专业领域里一般概念的词语指称。国际标准化组织文件不同于工具书，它具有一定的法律效力，可当作术语及其翻译研究的出发点。我国也颁布了相应的术语标准法规，根据《中华人民共和国国家标准——术语工作原则与方法》（GB/T10112—959）第五项第二款"术语—概念关系"："术语和概念之间应一一对应，即一个术语只表示一个概念（单义性）；一个概念只有一个指称，即只由一个术语来表示（单名性）"。上述规约性文字既是学界厘定术语的重要法律法规，也是术语翻译赖以遵照的学理依据。

英译《孙子兵法》术语，译者可能要着力解决这样三个问题。第一，他需要承认中西军事术语的不可通约性（incommensurability），同时要尽力克服语言、文化、学术传统、时空隔阂等多重困难。第二，他既要传达术语的语境意义，又要努力挖掘术语在西方军事系统里的多重含义，还要兼顾这两层意义间的关系。从语言学考察，语境意义通常比较单一明晰，可通过翻译的措辞来实现，但如果要把术语的自身意义及其历史沿革、渊源关系等表述清楚，可能要借助其他如副文本（para-text）这样的手段了。第三，译者既要尊重中西方文化研究方法，又要顾及西方学术传统逻辑严密与分析性思维的特点。总而言之，译者常常徘徊于国内外研究视角之间，客观上不能脱离文本原意随意发挥，有意、无意的误读也在所难免；但若换个角度看，这使得译作充满了不同程度的张力（tension）与弹力（flexibility），更具内涵。

---

① 古希腊的科学是"弥漫性"的科学，当时的哲学家同时是自然科学家。文艺复兴时期，逐渐分离成人文科学与自然科学，用来描述各门科学的专门词汇，就是现在所谓的"术语"，用于不同的学科。到了近现代，学科分工更加细密，形成了每个学科的术语体系。

界定《孙子兵法》兵学术语的概念、数量与内涵，第一件事是必须明确我们的研究所依照的版本。经过潜心比照，着重考量学术维度，我们决定参照中华书局 1962 年影印出版的宋刻本《十一家注孙子》，因为它囊括了曹操、梁孟氏、李筌、贾林、杜佑、杜牧、陈皞、梅尧臣、王晳、何氏与张预等十一位著名注家的注释，是《孙子兵法》最重要的传世版本之一。

王宏印认为，"一般说来，就一部典籍的翻译准备而言，可以选择一个底本，参校其他版本进行校勘，以便产生一个比较可靠的通行本，个别异文的处理可在注解中加以说明"①。虽然《孙子兵法》的注疏历史悠久，版本众多，既有文人注疏，也有武将评点，但是《十一家注孙子》向来是孙子研究公认的权威版本。该注疏本刊于南宋，内容丰富，不仅解释文字，疏通文义，而且插入许多饶有趣味的战事、战例与历史事件，有助于读者更好地理解抽象、单纯的作战谋略，所以许多中外研究型译者靠它来英译实践。我们也以此为研究的参照蓝本，便于甄别兵学术语，统一兵学术语的表述与理解，利于开展《孙子兵法》术语英译研究。

一、《孙子兵法》 兵学术语分类

根据《汉语大词典》，军事指"有关军旅或战争之事"②；《炮兵战术基础》则以为"指一切与战争或军队直接相关的事项的统称。主要包括国防建设与军队建设、战争准备与战争实施等"③。军事用语就是军事领域使用的术语，即与军事制度、战争等相关的专门用语。出于古今汉语历时演绎与尊重《孙子兵法》历史语境的考虑，我们稍稍区分了"兵学"与"军事学"的语用特征："兵学"专指《孙子兵法》的思想体系，用以表

---

① 王宏印：《中国文化典籍翻译的理论与技巧》，《第五届全国典籍英译学术研讨会主题论文》，2008 年。

② 《汉语大词典》，汉语大词典出版社 1992 年版，第 1206 页。

③ 涂禄友：《炮兵战术基础》，国防科技大学出版社 2001 年版，第 2 页。

示中国传统文化的"原汁原味"与"古色古香";"军事学"则指代现代语境下与战争有关的理论。

从兵学角度看,《孙子兵法》的兵学术语有不同的分类。北洋陆军编译局 1906 年出版的《军语》分为十类:战事、队形、地形、行军、驻军、宿营、供给、工程、演习、军器。① 有学者将之分为五类:兵器、兵制、兵略、兵技、兵阵。② 也有研究者将其大体分为兵略、战道、兵技、行军、供给、地形、兵制、治军、用间、兵器等十类。③ 应该说,这三种分类各有侧重,从概念内涵看,既存有重叠交叉,又显得互为补充。

关于《孙子兵法》里兵学术语的数量,因界定标准、统计方法等原因,学界存在不同说法。较有代表性的统计数字,如"其中反映兵略的军语 119 条,约占整个军语的 24%,短语 89 条,约占整个军语的 29%;反映战道的军语约为 62 条,约占整个军语的 12%,短语 102 条,约占整个军语的 33%"④,从中计算出约有 496 条兵学术语与军用短语。也有人统计兵学术语共有 129 个,其中单音词 43 个,多音节词共 86 个。⑤ 另据《〈孙子兵法〉辞典》,共有 99 个兵学术语⑥。以上几种统计方法为什么会有如此大的差异?据笔者考察,至少有这两大原因。首先,源于"兵学术语"的界定:第一种说法里出现了"军语"与"短语"这两个概念,从术语学看,其内涵大大超过了"兵学术语",两者包含了与军事有关的名词、动

① 傅朝:《〈孙子兵法〉军语研究》,《锦州师范学院学报(哲学社会科学版)》2001 年第 2 期,第 52 页。

② 褚良才:《中国古代军语研究导论》,浙江教育出版社 1998 年版,第 111 页。

③ 傅朝:《〈孙子兵法〉军语研究》,《锦州师范学院学报(哲学社会科学版)》2001 年第 2 期,第 52 页。

④ 傅朝:《〈孙子兵法〉军语研究》,《锦州师范学院学报(哲学社会科学版)》2001 年第 2 期,第 52 页。

⑤ 孟姣:《〈孙子兵法〉军事用语研究》,硕士论文,长春理工大学,2008 年,第 25 页。

⑥ 中国孙子兵法研究会组织编撰:《〈孙子兵法〉辞典》,白山出版社 1993 年版,第 14—26 页。该辞典称"是海内外第一部学习、研究《孙子兵法》的工具书",因此,具有较强的权威性,我们采纳其军事术语的界定标准。

词、词组等语言单位，所以统计结果放大；第二种说法出现"兵学用语"一词，也明显放宽了概念内涵；第三种分类直接标明"兵学术语"，比较接近我们定义。其次，与统计方法有关，有的系列术语像"度、量、数、称、胜"等，有学者算"1条术语"，有的则认定为"4条术语"，凡此种种，自然得出不同的数字。

综合上述分析，我们将"兵学术语"界定为：参照中华书局1962年影印出版的宋刻本《十一家注孙子》里出现的与战争或军队直接相关的专门名词性语汇，所以采用第三种统计数字，即《孙子兵法》共有100个兵学术语，规定以此为我们研究对象。从音节看，单音节术语像"兵""智""信""仁""勇""严"等有31个，双音节术语像"曲制""官道""主用""庙算"等有65个，多音节术语像"丘牛大车""交和而舍"等有4个。

春秋战国是双音节词语增加的高峰时期。"双音节的产生和发展的根本原因，在于社会的发展和人的认识能力的提高。"[1] 战争关系到国民生存与发展的重大问题，因此，兵法语言的精确性要求非常高。《孙子兵法》是一部军事著作，体现在其兵学术语里，双音节术语占绝对优势，便于意义表达更准确到位。

就语内翻译来说，古籍今译工作不仅是一种跨越古今语言文字的活动，也是一种跨越古今文化的活动。古代的一些文化词汇所反映出的社会生活内容，很多已经消失在了漫漫的历史长河之中，这对今译工作带来了不小的困难。

《孙子兵法》兵学术语涉及制度、物资、策略、自然等诸多方面，据此可以看出当时兵学思想已经相当成熟，兵学术语十分丰富。从意义上看，孙子继承前人的术语很多沿用至今，而他自创的术语流传下来较少。从形式上看，《孙子兵法》兵学术语中双音词则占大部分。这表明，军事

---

① 葛本仪：《汉语词汇学》，山东大学出版社2003年版，第94页。

代表一个国家最先进的发展水平，战国时期涌现的新发明与新事物会一定程度地体现在军事领域，反过来，战争对语言要求甚高，这样，双音词开始增加的趋势体现在《孙子兵法》的军事用语中也相当明显。凭借着兵学术语体系，孙子把古典军事学从感性上升到理性思维的高度，把零碎的战争智慧构建成了辉煌的科学体系。

兵学元典《孙子兵法》的兵学术语对中国军事及其他领域产生过重要的影响。有些术语被一直沿用至今。有些如"天牢""天井"等则已成为其他领域的借用术语。还有一些术语，虽然随着历史的发展，意义已经发生了很大变化，可依然活跃在现代汉语里。《孙子兵法》兵学术语从一定程度上反映了当时的语言发展趋势，体现了两千五百多年前中国社会的物质文化水平，为研究当时的语言状况提供了宝贵的第一手语料。

综合上述分析，我们按内涵将孙子的兵学术语分为兵制、兵器、兵略、地形、兵技、治军等六类，并分述其主要意义及与《孙子兵法》相关的篇章出典①。

第一类系"兵制"，表示军事管理制度，包括"曲制、官道、主用、军、旅、卒、伍、分数、《军政》、大吏"等10个术语。

第二类系"兵器"（含军需），表示交战双方所使用的主要兵器装备与军需物资，包括"兵、驰车、驷、革车、甲、胄、矢、弩、戟、楯、蔽橹、丘牛大车、旌旗、辌辒、距闉、委积、金鼓、胶漆"等18个术语。

第三类系"兵略"，表示国君、将领等采用的战略计谋，包括"五事七计、庙算、度、量、数、称、胜、众寡、形名、奇正、夺气、夺心、相敌、主客、政举、乡间、内间、反间、死间、生间"等20个术语。

第四类系"地形"，表示战争时期所需考虑的重要自然环境，包括"死生之地、高陵、背丘、圮地、衢地、绝地、围地、死地、天涧、天井、

---

① 兵学术语释义主要参照《康熙字典》《辞海》《〈孙子兵法〉辞典》《古代汉语词典》等重要辞书。

天牢、天罗、天陷、天隙、通形、挂形、支形、隘形、险形、远形、散地、轻地、争地、交地、重地"等 25 个术语。

第五类系"兵技",表示交战双方常用的具体的战术战技,包括"攻守、縻军、虚实、势、劳佚、趋战、交和而舍、掠乡、武进、走、弛、陷、崩、乱、北、火人、火积、火辎、火库、火队、费留"等 21 个术语。

第六类系"治军",表示担任将领的素质要求与治理军队的原则,包括"智、信、仁、勇、严、五危"等 6 个术语。

二、《孙子兵法》 兵学术语英译原则

从上述《孙子兵法》的六类兵学术语来看,首先,术语指借助语音或文字来表达或界定专业概念的约定性符号,它既可以是单个汉字,也可以是词组。[①] 其次,兵学术语跟该典籍里其他普通词语的区别在于,术语的语义外延(denotation)是根据所指(signified)的关系确定的,换而言之,它跟能指(signifier)没有直接的附属关系。《孙子兵法》的兵学术语基本上是名词,也包含大量的名词性词组。再次,兵学术语具有单义性(univocal)与单一指称性(mono-referential)的要求。术语是概念性经验的升华与固化,术语翻译体现了概念性经验的跨文化传译之艰难[②],不仅需要调动译者的百科知识,而且要努力保持英译术语对应的中国兵学文化关系链(chain of cultural relationship),步步为营,构建英语关系链。

从术语学视角考察《孙子兵法》,这 100 个兵学术语大体包含以下特征:(1)组成兵学术语的所指部分根据属于孙武兵学思想的全部所指的关系来定义。(2)每一个特定的兵学术语只有一个名称,即名称(能指)与概念(所指)之间的关系具有单义性,是一对一的对应关系。(3)兵学术语是一种特殊的语言形式,代表了春秋战国时期兵学领域的特定概

---

① 冯志伟:《现代术语学引论》,语文出版社 1997 年版,第 1 页。
② 李运兴:《翻译语境描写论纲》,清华大学出版社 2017 年版,第 166 页。

念，其来源可以是普通词的专门化、创造新词、使用释义形式或词组形式。

《孙子兵法》术语英译是一个动态的过程，先必须把握源语文本的术语内涵，再设法用译语表述出来，即在一个认知单位中进行语言表征（representation）。译者具备术语学的知识是为了在不同语言里找到相同或相似概念的术语。

由此看来，《孙子兵法》术语翻译研究应关注这三个方面：（1）从语义看，译名需保证术语语义的单义性，标准化术语多数由复合词或词组构成，具有一定的限定成分，这些限定成分提高了术语的语义区分度。标准化术语大致符合术语学要求。（2）从语用角度看，术语大多存在于特定的语境里，语境限定术语的语义，有利于提高翻译区分度。（3）从结构看，术语具有经济性特征，译名须使用最少的词语表达最多的信息，语境的限定作用为术语翻译提供了很多相应的有效信息与意义选择。

翻译的表述过程时常是在适当得体的文本篇章与情景里将源语的意义单位与译语意义单位相比较，寻求对等性（equivalence）。因此，译者是与语境里的概念与术语打交道。为使选用的术语译名符合所处语境，术语翻译就不能只考虑概念的外延，还必须从社会语言学、社会文化学等角度出发，关注术语译名的语用效度。这样，就必须根据所涉专业文化的范围去遣词造句，创造出合适的术语译语。

从汉字的构成来讲，汉语术语可用字、词、词组或短语等多种方式表示。短语可分主谓、动宾等多种形式。《孙子兵法》兵学术语翻译一般应遵循以下原则：

（1）语义准确：术语译名的所指关系明确，内涵界定清晰，符合源语语义。译名没有歧义，术语与概念之间保持一种准确无误的对应关系。

（2）经济凝练：面对几个可选的术语译名，应选择简短明了的术语译名。语汇经济，言简意赅，将用词控制在最少的限度，避免同音同形的异义词或模棱两可的情形。

（3）表述通俗：术语译名需考虑较大的应用范围，利于在译入国传播、融合、接受。

（4）兵学特征：术语英译需要体现军事学科的特点，符合军事术语（简称"军语"）内涵的要求，体现学科特征。

另外，《孙子兵法》兵学术语翻译还涉及词汇等值问题，它指两种语言词汇单位之间的对等情况。① 词汇等值可分为：一对一等值（one to one equivalence），指源语的特定表达法正好完全对等于译语的相应表述，例如 dispersive ground 对译"散地"；一对多等值（one to many equivalence），指译入语存在多种表述法，可对等源语的一个特定表述，如 soldier，war，weapon，art of war 等多个术语对译"兵"；一对部分等值（one to part of one equivalence），指译语的表达法近似于源语一个特定表达的部分内涵，如用 energy 对译"势"，用 weaknesses and strengths 对译"虚实"，两者都只是表述了汉语的部分意义；一对零等值（one to none），指译语没有采用特定的方法来翻译源语的特定表述法，一般借助动词词组作解释性说明，如用 deprive of his courage 对译"夺心"，用 rob of its spirit 对译"夺气"，汉语虽是动宾结构，但当名词使用，而英译名不符合术语要求，只是动词词组（phrasal verb）而已，必须要将它转换成名词，语义确定，才能充当术语。

第三节　译者主体性与《孙子兵法》兵学术语英译

《孙子兵法》丰富的兵学理论源于独特的概念，而其概念源于由独特的汉语所构成的兵学术语。饱含浓郁民族特色的兵学术语肇始于春秋战国

---

① 梁爱林：《论术语学理论与翻译的一些相关问题》，《科技术语研究》2003年第3期，第29页。

时期，经数千年的历时演绎，已发展成为富含"国情"的术语体系，与中国的传统哲学、文化密切相关。兵学术语是《孙子兵法》英译不可或缺的基础，也是打开孙武思想宝库的钥匙。

术语学①是现代语言学的分支，是应用语言学的重要组成部分。根据现代语义学，概念是逻辑思维的主要形式，是反映事物本质特征的思维产物；语义是客观事物在语言中的反映。俄罗斯学者谢尔巴指出："任何一种语言的绝大多数概念词与另一种语言的概念词毫无共同之处，只有术语是例外。"② 不同语言之间的语义内涵（semantic connotation）有宽窄之分，语义范围有大小之别。一般而言，术语包含两层意义：字面意义（literal meaning）与学术意义（scientific meaning）。论及《孙子兵法》的术语英译，我们应该明白，语义学往往着重研究其字面意义，而术语学则注重其学术意义，翻译研究则必须兼顾其字面意义与学术意义，即重点关注语义与语用的结合，实现跨文化交际与沟通。

孔子在《论语·子路》曰："名不正，则言不顺；言不顺，则事不成。"这说明"名"的重要性，用现代语言阐释，"名"是指示世界万物、表达人们思想的概念、观点，也就是我们要探讨的特殊词汇——"术语"。如此看来，传统国学确实是一个博大精深的思想宝库，我们依然可以从两千多年前的古代圣贤哲学资源里找到闪烁现代术语学光芒的思想萌芽。在各个方面都进入全球化的当今世界，术语要随着国际交流参与不同方向的"输入"与"输出"，这自然涉及其本土化与国际化问题，进而必然离不开其语际翻译。

《孙子兵法》兵学术语富于中国特有的文化内涵，很大一部分术语很

---

① 术语学隶属于语言学，在西方创立于 20 世纪 30 年代，至 70 年代发展成为一门独立的综合学科，包括术语理论研究与术语实践研究。作为一门新兴交叉学科，术语学吸引了国内语言学、翻译学、科技等学科领域的专家学者，已经取得了较为丰硕的成果。该领域国内最为权威的学术期刊是《中国科技术语》。

② 石肆壬：《双语词典学导论》，载石肆壬编《词典学论文选译》，商务印书馆 1981 年版，第45页。

难在英语中找到对应的译词。中国兵学向世界传播，术语翻译无疑是巨大的障碍。多年来，典籍翻译研究一直偏向于译出语即古文文本与译入语英语文本之间关系，循着从文本到文本之路，而较少探讨在翻译实践中起主导地位的译者作用。实际上，如何有效地发挥译者的主体性是一个关键的问题。我们试图从语义学角度解读《孙子兵法》兵学术语的内涵，结合中国古代兵学的特点，提出要积极发挥译者主观能动性的观点，进一步探讨译者主体性与术语翻译的深层关系。

一、译者主体性的界定

《孙子兵法》英译涉及许多客观因素与主观因素，其中译者是关键因素，因为他不仅连接着原作者孙武与英语读者，而且左右着英译本的质量，决定着该典籍在英语世界里的价值取向、传播路径与接受情况。

基于翻译现象的复杂性，国内译学界对什么是翻译主体的命题还众说纷纭。许钧认为，译者是狭义的翻译主体，而作者、译者与读者均指广义的翻译主体。[1] 杨武能则指出，作家、译家与读者都是翻译主体。[2] 他们从不同的角度考察翻译主体的广义性与狭义性概念。

笔者对上述观点表示异议，理由如下：第一，德里达（Jacques Derrida）曾对由"在场的形而上学（metaphysics of presence）"与"语音中心主义"构成的"逻各斯中心主义"[3]（logo-centrism）进行了猛烈的抨击。他指出，文字使作者与作品相分离，封闭的在场就被解构（deconstructed）了，需要拆解这个空虚的、自我包裹的结构体。形而上学来自希腊古典时代，是西方思想的精神基础。其旨在追溯万物的源头，实质是假

---

① 许钧：《"创造性叛逆"和翻译主体性的确立》，《中国翻译》2003年第1期，第9—11页。
② 杨武能：《再谈文学翻译主体》，《中国翻译》2003年第3期，第10页。
③ "逻各斯中心主义"指仰仗词语中心原则，主张自古希腊以来的"逻各斯"是最高天神宙斯的语言，具有至高无上的权威，创制了意义与形式、超验与经验等系列二元对立的概念，声称前者处于凌驾的地位。

定有一个超越现象世界的存在逻辑，主张主客观分离、物我分离。其实，事物的差异现身于各种话语体系，散播在成千上万的西方哲学经典里，织成多层次的立体符号系统。德里达指出："文字使作者与作品相分离，封闭的在场就被解构（deconstructed）了，任何语言符号的要素并非自足，一定与其他符号产生联系，带有其他符号的印迹（trace），彼此有别，无休止地在时空里产生延异（differance），因时空差异不断衍生不同的语义，让意义处于游离的状态。"据此思路推论，文本的语言符号都与自身以外的符号保持着联系，文本之间互相交织，形成没有中心的符号系统。认识的对象是个有待解释的客体，认识是不断阐释意义的过程。这就表明，文本一旦以文字形式固定下来，作者就失去了言说的当下性。由此看来，作者不能充当翻译主体。

第二，尽管接受美学与读者反应论关注读者对文本的建构作用，但是这种作用是依赖于对译者所提供的译本进行二度解读而产生的，其反拨作用十分有限。所以，我们认为，在翻译过程中译者是翻译的唯一主体，而作者是创作主体，读者是接受主体，它们三者之间呈现的是"一种平等的主体间性关系"[1]。译者、作者、读者构成信息传播的主要环节，其中译者是关键，担负着连接作者、读者的重任，左右着译著的质量与传播范围。

方梦之指出："翻译的创造性（creativity）即译者的主观能动性。译者是不自由的……但他又是自由的，因为他可以挑选确当的译文语言形式去再现原作的内容。译者的创造性体现在原作基础上的二度创造……翻译上的再创造是指源语与目的语无法对应的情况下为传达近似的效果而采取非对应手段，它既不是自由创作，也不是随意改写。再创造主要有以下几方面：（1）文化的移植；（2）形象的再现；（3）语言形式的传达；（4）设立新名。"[2] 翻译的创造性是译者主体性的重要组成部分，也是译者在具体

---

① 陈大亮：《谁是翻译主体》，《中国翻译》2004 年第 2 期，第 6 页。
② 方梦之：《译学辞典》，上海外语教育出版社 2004 年版，第 10—12 页。

翻译实践的能动性操作。就微观而言，体现在语言、文化、规范等方面；就中观而言，涉及翻译方法与翻译技巧；就宏观而言，可提升到翻译策略的认识高度。

综上所述，"译者主体性"主要指"作为翻译主体的译者在尊重翻译对象的前提下，为实现翻译目的而在翻译活动中表现出的主观能动性，其基本特征是翻译主体自觉的文化意识、人文品格和文化、审美创造性"①。这样看来，译者主体性虽然具有自主性、目的性与能动性，体现的是一种十分活跃的、个性化的创造意识，但它同样需受到相应客体不同程度的制约。总的来说，在发挥"译者主体性"时，译者往往担负着社会方面、学术方面、道德方面等几项责任。首先，他们是不同文化的沟通者；其次，他们是异质文化的传播者；再次，他们也是新思想的创造者②。译者主体性需要凭借译者的专业知识、学科体系与跨文化交际能力在目标语体系内展示出来。

美国翻译家、哲学家安乐哲（Roger T. Ames）英译了系列中国传统哲学著作，他认为，"要求译文完全忠实原文不仅是无知的，而且其自身首先是一种文化偏见。从一开始，我们就认定作为翻译的目标语言的英语自身附带着诠释性的重担，由于缺乏充分的背景介绍和术语表，中国典籍的哲学内涵在翻译过程中被大打了折扣"③。其实，翻译实践关注语际意义相似于语言哲学，既探究源语的意义"撷取"，遵循"编码""解码"规律，又必须掌握语义、语用、语言形式、语言结构等方面相互作用的关系网。

---

① 查明建等：《论译者主体性——从译者文化地位的边缘化谈起》，《中国翻译》2003年第1期，第22页。

② 考察西方文明的传承发展进程，我们发现都绕不开翻译实践主体（翻译家）与翻译理论主体（译论家）的宝贵贡献。希腊文明发端于荷马时代（the Homeric Age），包括翻译《荷马史诗》；接着的三个世纪是古典时期（the Classical Period），称为"希腊化文明"（the Hellenistic Civilization），罗马人惊羡于光辉灿烂的希腊文艺，开启了轰轰烈烈的翻译事业，涌现出一大批如西塞罗、杰罗姆、奥古斯汀、昆体良等杰出的翻译家与翻译理论家。

③ 安乐哲：《和而不同：比较哲学与中西会通》，温海明译，北京大学出版社2002年版，第7页。

所以，《孙子兵法》英译也碰到类似情况，需要译者有效地发挥主体性作用。

二、从语义学看兵学术语

《孙子兵法》兵学术语指该典籍确定某个观点、概念时所使用的专门语汇，它是整个孙子兵学理论体系的基础，也是兵学概念与原理的基本表述单位。

现代语义学认为，概念是逻辑思维的主要形式，是反映事物本质特征的思维产物，语义是客观事物在语言中的反映。俄罗斯学者谢尔巴指出："任何一种语言的绝大多数概念词与另一种语言的概念词毫无共同之处，只有术语是例外。"① 由此可见，不同语言之间的语义内涵（semantic connotation）有宽窄之分，语义范围有大小之别。

一般认为，《孙子兵法》兵学术语包含"字面含义"与"学术含义"两层含义。"字面含义"又称作表层意义或言内意义（locutionary），"学术含义"是字面含义与语境（孙子兵学）相结合而产生的言外意义（illocutionary）。语义学家往往着重研究其字面含义，兵学家则注重其学术含义，翻译研究学者则必须兼顾其字面含义与学术含义。兵学术语的字面含义是由构成该术语的每个汉字以及由这些汉字结合而成的句法规则（syntactical rules）共同决定的含义，而其学术含义则取决于专业定义。

根据现代语义学，术语的字面含义是其学术含义的语言基础，术语的学术含义不能游离于字面含义而独立存在。② 首先，就内容而言，兵学术语的学术含义应该比字面含义更为丰富；其次，兵学术语的学术含义应该与学术的字面含义保持一致，并只能在其字面含义基础上加以科学的界定而形成；再次，兵学术语的学术含义不是一成不变的，它的内涵（conno-

---

① 黄建华等：《双语词典学导论》，商务印书馆 2001 年版，第 82 页。
② 冯志伟：《现代术语学引论》，语文出版社 1997 年版，第 133 页。

tation）通常会随着学术的发展而不断丰富充实。

三、译者主体性在兵学术语翻译中的能动作用

中国典籍里出现的传统术语一般具有以下的特点：（1）历史性；（2）人文性；（3）定性描述；（4）民族性；（5）传统性；（6）抽象的概念由具体的名词来表述。① 这些特点同样体现在《孙子兵法》的术语体系里，译者可以借助语义学、术语学、翻译学等跨文化、跨学科知识，译出成功的术语。

英译《孙子兵法》因中西文化的巨大差异、古代兵学的深奥玄妙而变得"趣不乖本"与难以"曲从方言"（汉朝佛经翻译的经验）。从译者的角度看，虽然英语里缺乏兵学术语的对应语是其面临的最直接与最现实的难题，但同时也是译者最能发挥主体性的地方，因为成功的译文主要取决于译者如何设法在译入语英语里物色、比较、定夺合适的译语。

据上所述，基于《孙子兵法》主要术语的特点，我们把已确定的100个术语分成六大类，每一大类再细分成若干组，分别论述其英译。

（一）译者尽力把握好术语的兵学含义

第一类系"兵制"术语，表示军事管理制度，包括"曲制、官道、主用、军、旅、卒、伍、分数、《军政》、大吏"等10个术语。我们将它们分成"曲制、官道、主用"与"军、旅、卒、伍"等两小组，着重分析这两组术语的英译。

兵学术语"曲制"，在《孙子兵法》之前及同时期的兵学著述里均未出现过，属孙武首创术语，并且，也未见于春秋战国之后的兵学典籍。从词源学（etymology）看，"曲制"由"曲"与"制"两个普通的汉字组

---

① 朱建平等：《加强中国术语学学科建设之我见》，《科技术语研究》2005年第1期，第18页。

成。李筌注曰："曲，部曲也。制，节度也。"杜牧注曰："曲者，部曲队伍有分画也。制者，金鼓旌旗有节制也。"① 看来，同样是注疏者，杜牧的批注更具体明确，所以，我们采纳杜注。考察卡尔斯罗普 1908 年的首译本，我们发现，他把"曲制"翻译成 partition and ordering of troops②，回译成汉语是"军队的分编与发令"；汉学家翟林奈在 1910 年译本里将它译成 marshaling of the army in its proper divisions③，回译成汉语是"军队指挥的恰当细化"，属于解释性的动名词词组，不符合术语要求；格里菲思英译"曲制"为 organization④，意为"组织"，且与"官道"连译。

如果从兵学术语的学术含义看，"曲制"是本源概念（indigenous concept），其现代阐释语汇相当于"军队编制"，那么，卡尔斯罗普的 partition and ordering of troops 与格里菲思的 organization 都较好地体现了这层意义；倘若从术语要求看，译名 organization 比较符合"经济凝练"的原则，也体现出军事学科的特点。

其余两个术语，格里菲思把"官道"英译成 control, assignment of appropriate ranks to officers，把"主用"英译成 regulation of supply routes, and the provision of principal items used by the army，语义准确到位，但译名过长，解释过多，不符合术语译名对应、经济的基本要求。还有，这涉及术语的平均长度（average length of terms），指在某一个术语系统里，术语中包含单词的平均数。⑤ 如果术语太长，就不便使用与记忆，有时也不易识别，因此，需要调节术语译名。调节的结果是，淘汰了单词过多的译名，适当加长了词语太少的译名，这样就保持了相对稳定的术语平均长度。

---

① 孙武：《十一家注孙子》，曹操等注，郭化若译，中华书局 1962 年版，第 7 页。
② Calthrop, E. F., *The Book of War：The Military Classic of the Far East*. London：John Murray，1908，p. 18.
③ Giles, L., *Sun Tzu on the Art of War：The Oldest Military Treatise in the World*. London：Luzac Co.，1910，p. 3.
④ Griffith, S., *Sun Tzu：The Art of War*. Oxford：Clarendon Press，1963，p. 65.
⑤ 冯志伟：《现代术语学引论》，语文出版社 1997 年版，第 126 页。

关于"军、旅、卒、伍"等一组表示具体军队编制的术语，其英译名分别为 army，battalion，company 与 five-man squad，译者采取了意译策略，虽然语义上有一定的差距，但是简洁明白，可归纳为"一对部分等值（one to part of one equivalence）"情形，译语揭示了近似于源语古汉语表达的部分内涵。

假如把"军、旅、卒、伍"等术语内涵细化，根据《周礼》记载，"军"由 12500 人组成，"旅"有 2000 人，"卒"有 100 人，"伍"是最小的军队编制，由 5 人组成。据此，只有 five-man squad 完全对应"伍"，其他的军制术语译名只是大致对应了源语术语，除非音译"军、旅、卒"，否则，译者处于语义译语与术语译名之间的尴尬境地：要保持语义准确，就得放弃术语原则；如遵循术语翻译准则，只得牺牲语义方面的要素。译名几经比较，综合各方面因素，还是侧重兵学含义为好。

（二）译者着力观照兵学术语字面含义与兵学含义的取舍

第二类系"兵器"（含军需）术语，表示交战方所使用的主要兵器装备与军需物资，包括"兵、驰车、驷、革车、甲、胄、矢、弩、戟、楯、蔽橹、丘牛大车、旌旗、辀辕、距闉、委积、金鼓"等 18 个术语。主要考察"驰车、革车、甲、胄、矢、弩、戟、楯、蔽橹、丘牛大车、辀辕、距闉"等术语英译。

"驰车、革车、甲、胄、矢、弩、戟、楯、蔽橹、丘牛大车、辀辕、距闉"等术语的译名为 fast four-horse chariot，four-horse wagon，armour and helmet，arrow and crossbow，lance，hand and body shield，draft animal and supply wagon，necessary arms and equipment，earthen ramp，这些重点术语英译名大致可与源语匹配，可称作"等价术语"（equivalent term），汉语与英语的内涵（intension）与外延（extension）基本重合，换句话说，两个对应术语所界定的特有属性与数量范围大致重叠。

古汉语含义丰富，行文简洁，语义大多呈提示性，翻成英语时提示性术语往往变成了明确的陈述，这给译者带来很大的挑战。如术语"革车"，如果光从字面含义去理解，就恐怕很难联想到它与"古代运载军用物资的车"有关，其兵学含义如杜牧所指"古者车载，革车辎车，重车也，载器械、财货、衣装也"①。卡尔斯罗普1908年的首译本把它英译成 leather-covered chariot，显然是望文生义，没有去认真考据中国注疏本，也许受相关文献限制，或是听从了日本助手的理解。从语义的内涵与外延来看，翻译的意义不够明确，没有触及"运载军用物资"这一核心内容。

格里菲思将它译为 four-horse wagon。从语义看，他采纳了曹操的注疏"革车，重车也，言万骑之重。车驾四马，率三万军……"，增添了修饰语 four-horse，增加了术语译名的信息。

另外，汉语单词由语素组成：由一个自由语素组成的词称单纯词，由两个或两个以上语素组成的词称合成词。据此考察，"甲、胄、矢、弩、戟、楯"等属于单纯词术语，其相对应的译名为 armour and helmet，arrow and crossbow，lance，hand and body shield。身为准将的格里菲思毕竟是高级军官，选词时注意了语义范围的甄别，基本上用了一个单词的译名，他还在脚注里特别说明"孙武选用了一个特定的汉字表示'弩'"（Here Sun Tzu uses the specific character for crossbow）；"驰车、革车、蔽橹、丘牛大车、轒辒、距闉"等属于合成词术语，其英译术语为 fast four-horse chariot，four-horse wagon，draft animal and supply wagon，necessary arms and equipment，earthen ramp，他都用两个或两个以上单词分别英译，但用 necessary arms and equipment 翻译"轒辒"（用于攻城的四轮车，掩护抵近城池的人员）很不妥当。该译名语义笼统，指代不明，也不符合术语标准，至多只是一个解释性的词组。

典籍英译整体标准的另外一个中心取向是翻译的可读性，力求翻译的

---

① 孙武：《十一家注孙子》，曹操等注，郭化若译，中华书局1962年版，第21页。

通顺流畅。歌德说过，"对需要得到效果的大众读者来说，朴素无华的翻译总是最好的翻译。那些与原作竞争的研究式翻译（expert translations），实际上只不过是学术圈的娱事而已"①。他的观点只说对了一部分，像《孙子兵法》的术语英译属于"研究式翻译"，并非娱乐而已，侧重朴实的措辞为好，同时需要传达源语的核心意义。

上述术语译名（除个别外），字面含义与兵学含义都比较明确，而且也比较接近，在这种情形下，主要取决于译者对译入语英语近义词的取舍。一般而言，英译文里增加的几个修饰语丰富了术语的含义。

（三）译者努力保留兵学术语特有的原质标记

第三类术语系"兵略"，表示国君、将领等采用的战略计谋，包括"五事七计、庙算、度、量、数、称、胜、众寡、形名、奇正、夺气、夺心、相敌、主客、政举、乡间、内间、反间、死间、生间"等20个术语。我们侧重探究"度、量、数、称、胜"与"乡间、内间、反间、死间、生间"等两组术语英译。

在现代化进程日益加快、西方强势文化全方位推进的当今世界，古老的《孙子兵法》为什么还能在西方掀起"孙子热"？为什么孙子的思想已经迅速渗透到如外交、管理、经济等其他领域呢？这恐怕要归因于《孙子兵法》本身具有独特的兵学思想，此外，它还饱含了哲学层面的普世价值。这从另一个角度说明，中国兵学自成体系的特点给术语翻译很大的启示，即要求译者在翻译实践中努力保持那些兵学固有的原质标记或异质特征，否则，译者所传述的就很难被认定是真正意义上的《孙子兵法》了。

"度、量、数、称、胜"是一组单纯词术语，用来衡量交战双方在五方面的实力对比，可预知胜利者属哪一方。五方面包括地理（注疏者贾林

---

① Robinson, D., *Western Translation Theory*：*from Herodotus to Nietzsche*. Beijing：Foreign Language Teaching and Research Press, 2006, p. 222.

曰："度，土地也。"）、人口（贾林曰："量，人力多少，仓廪虚实。"）、数量（贾林曰："算数也。"）、对比（王晳曰："权衡也。"）与胜利（曹操曰："胜败之政，用兵之法，当以此五事称量，知敌之情。"）。这组术语具体反映了两千五百多年前春秋战国时期的生产力水平，农业社会的自然条件是战争胜利的基本保证，因为"度、量"强调的是双方国土面积与粮食产量，"数"表示了人口多少，"称、胜"是经比较而推断的结果。格里菲思的英译名为 measurement of space，estimation of quantities，calculations，comparisons，chances of victory，看来只是普通的英语名词，属词语解释，是一种补偿手段。可见，借助现代英语翻译古汉语术语并不容易，它需跨越的何止是语言、文化、社会、学科、思维等多重疆界！

这方面的英译情形主要指有些兵学术语似乎能在西方军事学里找到对应的术语，或贪图方便，或出于其他因素考虑，译者可能首先窃喜，接着信手拈来那个"对应语"，以为大功告成了。其实不然，译者的省心很可能省掉了兵学术语的"原汁原味"（original flavor），这有悖于"国情学"的术语翻译要求。

间谍战是当时诸侯国级别最高的"斗智斗勇"策略，孙子曰："五间俱起，莫知其道，是谓神纪，人君之宝也。"又曰："故三军之事，莫亲于间，赏莫厚于间，事莫密于间，非圣智不能用间，非仁义不能使间，非微妙不能得间之实。微哉微哉！无所不用间也。"① 可见，间谍对于战争胜利是何等重要！

《孙子兵法》的《用间篇》提到了五种间谍术，分别是"乡间、内间、反间、死间、生间"等，对应的现代汉语解释语是"利用敌方乡野之民作间谍、利用敌方官吏作间谍、利用敌方间谍作间谍、我方间谍将假情报传给敌方间谍、送回情报的间谍"。格里菲思将这组术语英译为 native a-

_____

① 孙武：《十一家注孙子》，曹操等注，郭化若译，中华书局 1962 年版，第 226—232 页。

gents, inside agents, doubled agents, expendable agents, living agents, 除了 native agents 语义不明（难分敌我的间谍，也可理解为"利用我方乡野村夫充当的间谍"），其他几个译名既简洁，又明晰，在一定程度上保留了历史的语境性。

第四类术语系"地形"，表示战争时期所需考虑的重要自然环境，包括"死生之地、高陵、背丘、圮地、衢地、绝地、围地、死地、天涧、天井、天牢、天罗、天陷、天隙、通形、挂形、支形、隘形、险形、远形、散地、轻地、争地、交地、重地"等 25 个术语。我们重点剖析"圮地、衢地、绝地、围地""天涧、天井、天牢、天罗、天陷、天隙""通形、挂形、支形、隘形、险形、远形""散地、轻地、争地、交地、重地"等四组术语英译。

"圮地、衢地、绝地、围地"等术语来自《九地篇》，从交战的角度介绍地形情况。格里菲思的英译名为 low-lying ground, communicating ground, desolate ground, enclosed ground，他主要采取意译策略，指明每一种地形的特点与应采取的措施，还是较好地考虑到了兵学术语的特殊性，每个术语采用两个英语单词，既规整，又成系列。

"天涧、天井、天牢、天罗、天陷、天隙"等术语出自《行军篇》，格里菲思将其英译为 precipitous torrents, Heavenly Wells, Heavenly Prisons, Heavenly Nets, Heavenly Traps, Heavenly Cracks①，这组英译术语有三个特点：首先，除了 precipitous torrents（"天涧"），其他单词首字母都大写；其次，完全按拆开的单个汉字的字面意思翻译，这是少见的情形；再次，"天"字一律译为 Heavenly，显得整齐划一。如果从保留兵学术语特有的原质标记看，格里菲思的这组术语译名无疑堪称典范！

"通形、挂形、支形、隘形、险形、远形"等术语来自《地形篇》，格里菲思英译为 accessible ground, entrapping ground, indecisive ground, con-

---

① Griffith, S., *Sun Tzu*: *The Art of War*. Oxford：Clarendon Press, 1963, p. 118.

stricted ground，precipitous ground，distant ground 等。"散地、轻地、争地、交地、重地"等术语出自《九地篇》，英译名为 dispersive ground，frontier ground，focal ground，communicating ground，serious ground。这两组术语出处有一个共同的特点，即正文里对每一个术语都有一个解释，类似于下定义的叙述方式，英语读者应不成问题，加上规范的术语译名，较好地体现了中国兵学的基本含义。

（四）译者如何处理古代兵学术语与现代军事术语的关系

历时性的差异（古代到现代）、历时性语言的差异（古汉语到现代汉语）、语种的差异（汉语到英语）等时空变迁与语言转换会令人产生"抚今思昔"之感，"往昔"成为"他者"（the other）。换而言之，从今天或当下的视角看往昔岁月，追忆似水年华（A la recherche du temps perdu），"往昔即外国"（the past is a foreign country）①，同族或异族语言、文化在不同历史时期都存在很多断裂层（rift），穿越漫长的时间隧道会产生"隔"的心理感觉，所以有"恍若隔世"的表述，好像置身于陌生的世界，而翻译（语际的或语内的）是一种跨越或弥合这些断裂层的宝贵尝试。尽管"一时代之名词，有一时代之界说。其含义之广狭，随政治社会变迁而不同。往往巨大之纠纷讹谬，即因兹细故而起"②，《孙子兵法》兵学术语英译就面临着横亘在古今时空、中外地域等多重维度的挑战。

有的兵学术语，如"兵"从表面上看好像与现代军事术语"士兵"接近。其实，在古代兵学语义的语境下，"兵"的兵学含义远比"士兵"丰富多了。根据《孙子兵法》，"兵"至少具有以下四种含义：（1）战争。见于《计篇》："兵者，国之大事，死生之地，存亡之道，不可不察也。"（2）士兵、军队。见于《计篇》："主孰有道，将孰有能，天地孰得，法

---

① Lowenthal，D.，*The Past is a Foreign Country*. Cambridge：Cambridge University Press，1985.

② 陈寅恪：《元代汉人译名考》，《金明馆丛稿二编》，三联书店 2009 年版，第 105 页。

令执行，兵众孰强，士卒孰练，赏罚孰明，吾以此知胜负矣。"（3）用兵之道。见于《计篇》："兵者，诡道也。"（4）兵器。见于《作战篇》："其用战也贵胜，久则钝兵挫锐，攻城则力屈，久暴师则国用足。"自然语言都有一词多义（polysemy）的现象，因为语言的符号是有限的，而事物是无限的，以有限的符号意指无限的万物，也是古文出现通假字的重要原因。译者只有依据特定的语境与情景，判明具体的义项（entry），才能准确把握其核心意义，才有可能在译入语里重新构建较为妥帖的译名。

格里菲思是如何英译不同语境的术语"兵"的呢？（1）War is a matter of vital importance to the State（兵者，国之大事），（2）which troops are the stronger（兵众孰强），（3）All warfare is based on deception（兵者，诡道也），（4）If this is long delayed，weapons are blunted and morale depressed（久则钝兵挫锐）。应该说，格里菲思还是很好地处理了古代兵学术语与现代军事术语的关系。从语义学考察，术语"兵"带有古代兵学的原质标记。首译者卡尔斯罗普上尉用 War is a thing of pretense 英译"兵者，诡道也"，也未尝不可，但不是理想的译语。这是因为：第一，它在兵学含义方面与现代军事术语 war 只是存在部分重叠，并且其含义过于宽泛；第二，作为术语，它掩盖了兵学术语的异质性。

第五类术语系"兵技"，表示交战双方常用的具体的战术战技，包括"攻守、縻军、虚实、势、劳佚、趋战、交和而舍、掠乡、武进、走、弛、陷、崩、乱、北、火人、火积、火辎、火库、火队、费留"等21个术语。我们着力辨析"走、弛、陷、崩、乱、北"与"火人、火积、火辎、火库、火队"等两组术语英译。

"走、弛、陷、崩、乱、北"等术语选自《地形篇》，属单纯词术语，表示因将领过失而造成的六种负面情形，古文今译为："双方形式均等，以少攻多，称走；士卒强而军吏弱，称弛；军吏强而士卒弱，称陷；高级军吏愤怒而不听从指挥，擅自出战而不了解其能力，称崩；将领弱而导致士卒涣散，称乱；将领不明敌情而贸然以弱小进攻强大者，称北。"① 其英译名为 flee, insubordination, distress, collapse, disorder, rout，译者均以单个词语译出，形式上完全对等。但就语义而言，在现代英语里，这些词汇只是"一对部分等值"（one to part of one equivalence），即译语的表达法近似于源语的部分内涵。

"火人、火积、火辎、火库、火队"等术语选自《火攻篇》，这是一组动宾结构的名词性术语，表示借助火来帮助战斗的具体战术，古文今译为："火烧敌方军队，火烧对方物资储备，火烧敌军辎重，火烧对方攻城地道。"② 但问题是，十一家注疏者对"火队"一词的解释众说纷纭，比如李筌曰："焚其队仗兵器。"杜牧曰："焚其行伍，因乱而击之。"贾林曰："队，道也。烧绝粮道及转运也。"③ 格里菲思综合各家注疏的分析，加上自己的判断，采纳了杜佑的注释（Tu Yu emends and explains that flame-tipped arrows are fired into the enemy's barracks or camp by strong cross-bowmen⋯Tu Yu's emendation is logical）④，认为"火队"系"火隧"之误，意为"弓箭手把燃烧的箭射向敌营"，所以，他的英译名为 to burn personnel, to burn stores, to burn equipment, to burn arsenals, to use incendiary missiles，借用了五个动词不定式，但如果按照术语标准，还不如译成动名词形式 burning personnel, burning store, burning equipment, burning arsenal, using incendiary missiles 为好。其中 to use incendiary missiles 英译"火队"，回译成汉语为"使用燃烧的投掷物"。

颇有意思的是，汉学家翟林奈在翻译"火队"时，也凑巧接受了杜佑的注释，英译为 to hurl dropping fire amongst the enemy⑤，回译成汉语为

---

① 李零译注：《孙子译注》，中华书局 2007 年版，第 80 页。
② 李零译注：《孙子译注》，中华书局 2007 年版，第 87 页。
③ 孙武：《十一家注孙子》，曹操等注，郭化若译，中华书局 1962 年版，第 216 页。
④ Griffith, S. B., *Sun Tzu: The Art of War*. Oxford: Clarendon Press, 1963, p. 141.
⑤ Giles, L., *Sun Tzu on the Art of War: The Oldest Military Treatise in the World*. London: Luzac Co., 1910, p. 151.

"朝敌人投掷火器"，该译语倾向于文献性特征，不过，按术语译名的标准衡量，既不符合经济原则，也缺乏军事特色。

　　巴斯内特与勒弗维尔在回顾了两千多年西方翻译史的基础上，指出了三种翻译模式——贺拉斯模式（Horace Model）、杰罗姆模式（Jerome Model）、斯莱尔马赫模式（Schleiermacher Model）①，提到了译者在每种模式中所体现出来的不同程度的创造性行为。孔子提出了"述而不作"的治学主张，根据朱熹注疏，"述，传旧而已，作则创始"，亦即孔子谓自己致力于传述、整理前代的典籍，没有新的创作，没有建立自己的思想体系。就翻译而言，译者主体性可体现在"译而不作""译而作"与"译即作"的三种翻译观。② 具体地说，"译而不作"的译者大多采取直译方式，字面转译源语，主体性很少；"译而作"的译者具有较强的自主意识，能恰到好处地转述深层蕴意；"译即作"相当于清朝末期梁启超大力提倡的"豪杰译"，改变原作的结构、主题，译里有写，译里有释，译里有评，删除不符合当时中国国情的内容；也类似于古罗马人以胜利者自居，"主宰式"地翻译早已沦为"俘虏"的古希腊文艺作品，像贺拉斯（Horace）这样的一批翻译家，他们抹掉原作历史的灰尘，汲取原作崇高的精粹，使译作散发新的光辉，译者主体性得到最大限度的张扬。

　　尼采在《快乐的知识》（The Gay Science）里阐明了"翻译即征服"的思想，即任何时代的历史感都可从翻译作品及其吸收往昔精粹的方式里推断出来；他赞赏罗马人对待希腊文艺的态度，忽略原作过时的东西，加上自己的理解，毫不犹豫地用罗马的精神取代原作；他们不知道历史感的趣味，认为翻译是征服的具体形式，主张不拘泥于原文，反对屈从、趋附的态度，翻译要充分体现自我意志的力量与冲动。"一个时代对自身作何诠释，又如何把自身与过去连成一体，通过考察这两点，我们就能评价这

---

① Bassnett S., & Lefevere A., *Constructing Cultures: Essays on Literary Translation*, Shanghai: *Shanghai Foreign Language Education Press*, pp. 2-7.

② 郑海凌：《译语的异化与优化》，《中国翻译》2001 年第 3 期，第 5 页。

个时代究竟有多少历史感……他们多么希望将古希腊的文章译成当时的罗马文字！他们是多么想拭去当时沾在蝴蝶翅翼上的灰尘！"① 他们索性用译者的名字替换了作者，声称是"罗马人的绝对统治权"。当时著名翻译家杰罗姆（Jerome）是"翻译即征服"观点的维护者与实践者，他翻译了大量的希腊文艺作品，在希腊文明的拉丁化（Latinization）历史进程里劳苦而功高。他明确提出，译者将（原作的）思想内容视作俘虏，凭借征服者的特权移译到他自己的语言里（The translator considers thought content a prisoner which he transplants into his own language with the prerogative of a conqueror）。所以，不同的翻译观或翻译模式会影响译者主体性的发挥，既与译者所处的时代有关（古罗马以战胜者姿态高居，凭借强权地位任意处置古希腊文艺），也与目标语文化所处的社会发展阶段有关。

（五）译者如何处理古代兵学术语与现代英语的普通名词关系

另外，有些兵学术语，特别是描述将领素质的术语，用今天的语言表述与术语标准来考察，不能归类为严格意义上的"术语"。翻译此类术语，应把握语言的准确简洁与稳定性。

"词原无义，义随人生"（Eric Patridge：Words do not have meanings; people have meanings for words）。维根斯坦也认为，操持者决定词语意义（The meaning of a phrase for us is characterized by the use we make of it）。这表明，语言使用者是语言的主人，译者是语际翻译的主宰者。美国实用主义哲学家莫里斯（C. Morris）的符号学认为，意义由符号、所指、解释者等三维关系构成，符号与其指代的实体与事件之间的关系称为语义关系——对应语言学的指称意义（referential meaning），或概念意义；符号之间的关系称为句法关系——对应语言学的言内意义（linguistic meaning）；符号与符号使用者之间的关系称为语用关系——对应语言学的语用意义

---

① ［德］尼采：《快乐的知识》，余鸿荣译，哈尔滨出版社 2016 年版，第 77 页。

（pragmatic meaning）。此命题的第一个"义"指词语的语义，属指称意义，或称字面意义；第二个"义"指使用者赋予的意义，属语用意义。孙子兵学术语是兵学体系里的专门用语，不少原来是普通词汇，但经春秋战国时期诸侯争霸战火洗礼的历史沉淀，走进《孙子兵法》，符号解释者孙武赋予其特定的语用意义，进而成为兵学术语了。

第六类术语涉及"治军"事宜，表示担任将领的素质要求与治理军队的原则，包括"智、信、仁、勇、严、五危"等6个术语。我们主要关注"智、信、仁、勇、严"等术语英译。格里菲思将其英译为 wisdom，sincerity，humanity，courage，strictness 等。在现代英语里，这些单词系普通名词，难以体现中国古代兵学术语的"原味"。此类翻译类似于词语解释，用多于或少于被解释词的语言符号转述原来的意义，不求形式对等，只需能大致体现其内涵。

唐朝学者孔颖达注疏《诗经》曰："诂者，古也。古今异言，通之使人知也。"戴震声称："士生三古后，时之相去千百年之久，视夫地之相隔千百里之远无以异。"[1] 纵然《孙子兵法》历代语内注疏也"异彩纷呈"，更何况翻译成英语？"古今异言"需要训诂，"中外异语"需要翻译，因为"古今非水陆与？周鲁非舟车与？今蕲行周于鲁，是犹推舟于陆也"[2]。这是《庄子》里师金感叹世道巨变之语，理解古今差异之难，就好比企图将周之道行于当时之鲁国、将船只推到陆地上航行那样行不通。以此看来，格里菲思翱翔于《孙子兵法》汉英两个文本的世界里，身兼读者与译者双重身份，时而"不免手痒痒"地融入自己的观点、见解、思想，其结果是译述夹杂，融为一体，术语译名无不打上"译者创造性"的烙印，体现出不同时代的社会需求与社会思潮。

梁启超研究过佛经翻译，提出"盖语言易世而必变，既变，则古书非

---

① 戴震：《尔雅文字考序》，载戴震《戴震全书》第6册，黄山书社1995年版，第275页。

② 郭庆藩：《庄子集释》，中华书局1961年版，第513页。

翻不能读也"①的主张，同时，他也关注外来思想对中国学术思想的正反两方面作用，指出"吾侪每喜欢以欧美现代名词训释古书，甚或以欧美现代思想衡量古人"②。这是一把双刃剑（double-edge sword），其结果是，虽能发掘古人熟视无睹之处，但也存在"以名实不相副之解释，致读者起幻蔽"之忧。涉及《孙子兵法》兵学术语英译，同样有类似的问题。西方译者从欧美思想体系解读孙子，既会给《孙子兵法》翻译研究注入新鲜血液，带来鲜活气息，也可能让英语读者感到"幻蔽"（obscured），误解孙子兵学精髓。

随着中西方文化交流的不断深入，译者的主体性将发挥越来越重要的作用，不管兵学术语的翻译已由早期的词典解释性翻译逐步转化为用词自然，解释简洁和表达明快的交流应用型翻译，译者都需要在实践中不断摸索，竭力探索，通过有效的翻译策略，使一些早期较为复杂冗长的译语趋向于简洁明了的术语。一方面，译者在翻译实践中要把握好字面含义与学术含义的分寸，他需精通英语与文言文，熟悉兵学基本理论，通晓传统与现代翻译理论，掌握术语学要旨；另一方面，译者主体性的发挥要受源语古文、目标语英语、语境、历时性与共时性等诸多因素的制约。译者需要努力协调好上述各种关系，在实践中创造出比较理想的军事术语译名，为中西文化构建顺畅、高效的跨文化交流平台。

刘若愚主张，以英文探讨中国文学理论时，必须面对翻译的问题，中英文之间要找出一个同义词，所指的对象、含义与联想都需相同的情形，一般是不可能的，深奥微妙的文学研究则更难了。③ 涂经诒也道出了翻译需面对的困难："目前学者们对中国文学批评的一些普通术语的翻译都远

---

① 梁启超：《中国佛教研究史》，上海三联书店 1988 年版，第 81 页。
② 梁启超：《先秦政治思想史》，载梁启超《饮冰室合集·专集之五十》，岳麓书社 2010 年版，第 13 页。
③ 刘若愚：《中国文学理论》，杜国清译，江苏教育出版社 2006 年版，第 7—8 页。

没有达成共识。实际上，他们常常在一个特定术语的翻译上持完全相左的观点。"① 由此可见，无论东方西方，不同文化传统都有一套适合自己的独特的术语体系，它们各自在漫长的学术传统里不断演进，要在当今全球化的浪潮里激荡、交流、传播与接纳，就必须借助翻译。然而，中西文化术语均有不同的特征，西方传统注重精确定义，长于逻辑推理，中国传统侧重感悟术语在不同语境里的具体意义，再逐渐掌握术语内涵。国内读者通过翻译，逐步理解相关西方术语在特定语境的含义。中西文化术语的指涉大多不相同，翻译实践难以找到完全对等的表述，所以，无论译文的过度阐释（over-interpretation），还是欠额阐释（under-interpretation），都是难以避免的。

翻译是一项富于个性化的复杂的脑力劳动，《孙子兵法》术语翻译不同于一般的科技翻译，从某种意义上而言，它更偏向于文化翻译，因为兵学与中国传统哲学（如老庄、孔孟学说）天生就具有悠久的渊源关系，其中浸润着不可分割的深邃哲理。再者，从哲学层面而论，文字总是充满矛盾性（contradictory）与不确定性（indeterminacy/indeterminism），主要因为人类思维呈"非线性"（non-lineal），但是人类语言呈"线性"（lineal）。② 如何以"线性"的媒介装载"非线性"的内容呢？况且，孙子典籍英译不仅涉及文言文到现代汉语的"线性"转换，汉语到英语的"线性"跨越，还牵涉译者从汉语思维到英语思维的"非线性"挑战，异质语言、异质文化之间更是峰回路转、荆棘丛生、险象环生。语际翻译不仅跨语言、跨文化，而且跨心理、跨思维。因此，翻译是不断地解决矛盾、不断地做出抉择、不断地发挥主体性的连续过程，译者务必在具体翻译实践里根据实际情形采取灵活多变的翻译策略，譬如综合翻译法大多是一些特殊术语的最常用的翻译方法。由于中西文化间存在着巨大的差异，许多概念很难在英

---

① 王晓路：《北美汉学界的中国文学思想研究》，巴蜀书社 2008 年版，第 29 页。
② 刘宓庆：《翻译与语言哲学》，中国对外翻译出版公司 2007 年版，第 78 页。

语里找到相同或基本相同的对应语，运用几种翻译方法来翻译一个兵学术语已经成为比较普遍的现象。

总而言之，翻译《孙子兵法》兵学术语时，译者既要坚持"自然性、简洁性、民族性、回译性与规定性"等原则，也可以从循序渐进、约定俗成等方面考虑，努力使术语译名为读者所理解，为读者所接受。兵学西传虽已有两百多年的历史，然而，将兵学翻译从理论层面进行深入而全面研究的工作刚刚起步，可谓"路漫漫其修远兮"。只要学界联手努力，发扬"吾将上下而求索"的精神，中国兵学典籍文化西传的进程一定会大大加快。

第五章 《孙子兵法》术语英译模因复制与传播

综观数千年东西方文化交流史，无论是"西学东渐"（希腊文艺、希伯莱宗教与近现代科学技术一直是中国努力引进与借鉴的西方文化资源），还是"东学西传"（自成一体、博大精深的儒道学说与光辉灿烂的古代文学历史是西方视作的文明瑰宝，向来是欧美诸国了解学习中国的思想财富），都需要借助一定的传播媒体才能实现。可以这样认为，东西方文化如果要实现有效沟通的目标，那么语际翻译无疑是文化输入输出最直接、最有影响力的渠道之一，所以想要高效快捷地传播中国传统文化，我们必须依靠典籍英译这条输出途径。

第一节 模因论、翻译模因论及其分类

正如前面一章所述，《孙子兵法》由许多术语构成，这些术语承载了经典的、浓缩的汉语兵学文化信息，构建了《孙子兵法》的理论框架，想要进入英语文化体系，就需改头换面。更改语言形式毋庸置疑，有时内容也需要适度调整。如果借用模因论的话语表述，术语就是"模因"；如果通过异质语言进行跨文化传播，那就需要语际翻译了。所以，翻译自然是

模因跨越语言、跨越文化、跨越疆域、穿越时间的生存载体。

一、模因论

究其来源，模因论（memetics）是一种基于运用达尔文生物自然选择过程的思想来解释人类文化演绎现象而建立起来的学说，从社会生物学（sociobiology）角度、借助类比法（analogical approach）揭示人们模仿散播思想、纵向横向传播观点的规律。鉴于模因①（meme）采用了与基因（gene）相近的语音，表示"出自类似基因而导致相似"的意思。在别的场合，卢姆斯登与威尔逊提出了"基因—文化共同进化"（gene-culture co-evolution）的主张，引出另一个术语"文化基因"（culturgen），表示"文化进化过程里的遗传单位"②。其实，早在理查德·道金斯（Richard Dawkins）借助《自私的基因》（The Selfish Gene）一书提出 meme 之前，还有其他学者注意到了这种文化单位，给出如 lingueme 概念，但由于不如meme 表述更简洁、更有文化适应性与感染性，不如 meme 表现更强势而淡出学术界。虽然"文化基因"是一个颇有竞争力的术语，但是，由于"模因"（meme）隐含着来自"基因"的词源学类比优势，同时也是一个朗朗上口的单音节词语，因此，就便于传播了。

Meme 术语首创者英国科学家道金斯指出，自然界的基因是生物上下

---

① 模因指文化信息传承的单位，1976 年英国科学家道金斯在《自私的基因》里首创该术语。自译介进入汉语学术界，此术语已有十几种汉译。1981 年，卢允中、张岱云将 meme 汉译为"觅母"（《自私的基因》，科学出版社）；1998 年，再版时他们意译为"拟子"（《自私的基因》，吉林人民出版社）。接着，不同译者有音译成"媒密""媒母""幂母""密母""摹母""弥母""縻母""米姆""秘姆""谜米"等，还有的意译为"理念因子""模仿因子""文化基因"等。其他的处于意译与音译之间，侧重于译意，如"弥因""敏因"等，不一而足。值得一提的是，1998 年，从事哲学研究的学者朱志方综合各方因素，将 meme 汉译为"模因"（《社会决策论》，武汉大学出版社），此汉译名兼顾英语源语与汉语目标语的音、形、义，符合术语语言使用习惯与翻译原则，因此逐渐被国内学者接纳，广为采用。

② Lumsden C. J. & Wilson, E. O., *Genes, Mind and Culture*, Cambridge：*Harvard University Press*, 1981, p. X.

代之间的垂直传播（vertical transmission），通常需经历一代的时间，而模因是人类传承文化的复制因子（duplicator），它呈现的是任意两个事物之间平行传播（horizontal transmission）的显性特征，一般不需要经历很长时间，也不受物种的繁殖速率限制。由此可见，无论传播力度、传播广度、传播深度与传播影响，人类社会的文化模因都要远远胜过自然界的生物基因。他认为，自己当初是带着一点"漫不经心"的态度提出 meme 的，其意是指行为表现、大脑内部的生理结构，还有其他通过途径储存的文化信息，想"来削弱自私基因在进化过程中所拥有的至高无上的地位和重要性"，经过若干年，发现"有很多读者以更加积极的态度抓住谜米（即'模因'，当时汉译成'谜米'——笔者注）这个概念并大肆发挥，从而将谜米观念发展为一种独立的关于人类文化的理论时，我着实吃惊不浅……有的将它发挥得远远地超出了我最初提出它时的用意的范围"①。就目前模因学的现状而言，模因是个拥有巨大理论潜能的概念，其发展大大超过了"模因之父"道金斯的预期设想。

二、翻译模因论

1997 年，芬兰学者安德鲁·切斯特曼（Andrew Chesterman）将模因论引入翻译研究，他在专著《翻译模因论：翻译思想的传播》②里较早提出了"翻译模因论"的理念，将翻译实践与翻译理论的观点、概念充当研究对象，认为"翻译是模因的生存载体"。通过系统地纵向梳理西方翻译理论史，他鸟瞰式地（take a bird's eye look）描述了"词语阶段""神谕阶段""修辞学阶段""逻各斯阶段""语言学阶段""交际阶段""目标语

---

① 苏珊·布莱克摩尔：《序》，载《谜米机器》，高申春、吴友军、许波译，吉林人民出版社 2001 年版，第 18—19 页。

② Chesterman, A., Memes of Translation—The Spread of Ideas in Translation Theory，上海外语教育出版社 2012 年版。

阶段""认知阶段"等不同历史时期的翻译研究特点①，进而阐明了翻译理论的演进史就是核心主流翻译模因（translation memes）不断复制与传播结果的观点。他认为，当今西方翻译理论各自为政，分割成片。他回顾上述不同阶段的发展过程，是为了找到一个整合联系的视角，为此，他讨论每个阶段时都采用一个主导性的隐喻，因为现代翻译理论需要从很多隐喻那里汲取营养。

语言学家 Powell 撰写的 meme 词条进入了 2006 年出版的第二版 Encyclopedia of Language and Linguistics（《语言与语言学百科全书》），由此"模因"一词正式作为语言与语言学术语收录进语言类百科大典。接着，美国 Merriam-Webster 词典公司将 meme 一词列入 2012 年度十大高频词语。目前，学界已涌现了许多像 memetype（模因表现型）、memeticist（模因学家）、memeoid（模因似的）、memeplex（模因复合体）、meme pool（模因库）、meme complex（模因复合体）、memetic engineering（模因工程）等一系列词语，模因词汇家族蔚为壮观，日渐强大。

切斯特曼进一步指出，在翻译模因库（meme pool）里存有众多的翻译模因，这些模因既是对以前模因的复制与传承，又会在此过程中产生不定量的变化，以求得新的发展。也就是说，翻译模因的延续可以包含增殖或删减，因而信息从源语到目标语有时表现为等值或等效的纵向传播，有时表现为不对等的横向撒播。

切斯特曼引用道金斯的话说，最近在我们这个星球上出现了一种全新的复制因子。这种基因还处在幼年时代，正在不断推动进化，运动速度之快令现有的基因都望尘莫及。我们需要给这个新的复制因子取个名字，表达一种文化传播单位、或模仿单位的概念。譬如说，我们发现 mimeme 有一个希腊语词根，希望有这样一个单音节词，听上去类似于 gene 英语单

---

① Chesterman A., *Memes of Translation—The Spread of Ideas in Translation Theory*，上海外语教育出版社 2012 年版，第 20—42 页。

词。如果把 mimeme 这个词缩略为 meme，这样它与 memory（记忆）有关，也与法语 meme（同样的）有关，并且发音恰好与 cream 合韵（It could alternatively be thought of as being related to "memory" or to the French word meme. It should be pronounced to rhyme with "cream"）。[1] 这就是新术语 meme 一词产生的背景、构词的词源由来及其最初内涵。

《牛津英语词典》已正式收录 meme[2] 一词，根据该词条（entry）的权威解释，模因既是生物学术语，也是文化传播的基础单位。收录《牛津英语词典》的新词需要达到两个标准：第一，新词语具备一定的普遍使用度与传播范围；第二，新词语不需要追溯词源。20 世纪 90 年代，meme 在互联网上的使用频率已高达几十万次，早已达到收录要求。

着眼于源语模因的维度，语际翻译就是凭借语言引进异质模因的重要社会实践，丰富本国文化模因库，促进与繁荣民族文化。当代译论家乔治·斯坦纳较早提出了"文化拓扑学"（Cultural Topology）主张，认为各民族文化的传承与弘扬具有拓扑特性，即不断地复制、模仿、发展前人文化成果，虽然表层结构不同，但是深层结构保持一致。所谓文化，就是不断翻译、转换常量的结果。拓扑学是研究几何图形变化关系的学科，表示当图形扭曲变化时，构成图形的基础特征维持不变，变形里恒定性的各种关系，在某种程度上就是翻译的各种关系。如果这样看待文化与翻译的关系，就能更好地理解语言与语义的文化原动力，进而理解不同语言及其拓扑场了。[3] 拓扑学包含离散性与连续性，翻译模因则体现了文化常量的连续性特征，将信息从一个宿主传播到另一个宿主。模因的传播既可以发生

---

① Chesterman A., *Memes of Translation—The Spread of Ideas in Translation Theory*，上海外语教育出版社 2012 年版，第 5 页。

② 《牛津英语词典》的词条解释是 *An element of culture that may be considered to be passed on by non-genetic means*，*esp. imitation*，即"模因是文化的基本单位，通过非遗传的方式，特别是模仿而得到传递"。

③ Steiner, G., *After Babel*：*Aspects of Language and Translation. Shanghai*：*Shanghai Foreign Language Education Press*，2001，pp. 448-449.

在纵向的代际，也可以是横向的平行传递。信息连续性包括意义连续、意象连续、形式连续、文体连续①，从源语到目标语的模因复制至少具有上述四方面的连续性，翻译就是不同拓扑场间借助语言拓变与迁徙的结果。

倘若说模因是生物学 gene 到文化学 meme 的跨界隐喻，生物体（譬如人）是基因的生存载体，称为"宿主"（host），那么从事语际翻译的主体（译者）就是模因论语境下的人文"宿主"，他是跨语言、跨文化、跨疆域交际行为的发起者、实施者与决策者，更是模因从一种语言文化进入另一种语言文化的主宰者、创造者与操纵者。如果我们着眼于源语模因传播的维度，语际翻译就是凭借源语到目标语的迁徙而引进异质模因的重要社会实践，可以丰富民族语言、文化模因库，继而丰富与繁荣民族文化。

三、翻译模因的分类

如果说，英国生物学家道金斯受达尔文进化论启发，借助遗传学术语"基因"创造出新术语"模因"，将其引入人类文化学研究，由此拓宽了人文研究的视野，实现了跨界的成果传播；那么芬兰社会学者切斯特曼提出的"翻译模因论"，揭示了翻译在人类文化最大范围内进行有效传播的新维度，事实上就已经完成了"翻译模因论"从生物学到翻译研究的隐喻化过程（metaphorization），将自然科学的术语引入人文学科研究，可以获取崭新的研究路径。翻译模因是人类隐喻思维的产物，借助替换两者相似性的类比（analogy），让概念从一个认知领域映射到另一个认知领域，换而言之，是用已知比喻未知，用熟悉比喻陌生，用具体比喻抽象，目的是产生新知，帮助人们认识世界。

根据翻译模因论，术语的跨语际翻译支持"变异性"（deviation or variation）——术语作为学术模因在模仿与传递时，会出现形形色色的差异性。造成这些差异的原因是多方面的，客观上讲，主要涉及语言、文化、

---

① 陈浩东等：《拓扑翻译学》，人民出版社 2016 年版，第 227—236 页。

学科、时间等；主观上讲，大致与译者因素、翻译策略、意识形态、赞助人等密切相关。

我们认为，从符号学维度看，翻译模因的传播涉及三个层面：第一层面是语际翻译模因，这是范围最大、影响最深、难度最高的传播；第二是语内翻译模因，这是历时性的信息传播，主要指同一种语言体系内"古文今译"的传承，为继承、发扬民族传统文化服务；第三是语符翻译模因，指语言与其他媒介之间或者其他媒介之间的互相转换，如将小说改编成电视剧，根据绘画创作诗歌，或者反过来，诗人欣赏了怦然心动的艺术作品如戏曲、绘画、电影等进行文学创作品。《孙子兵法》的兵学术语翻译属于第一、第二层面的翻译模因，译者需经历语内翻译模因阶段，将文言文翻译成现代汉语，再通过语际翻译转述成英语。

术语是翻译模因库的一部分，可以称为"学术模因"。译者面临很多选择，主要是针对很多项译语的选择，"这种选择的情况主要分三种，一是由于不同复制主体对术语概念的理解差异，二是译语文化对术语概念阐释过程的影响，三是术语翻译过程的历时性选择。而这三种情况，实际上都涉及原语与译语之间的语言和文化的差异"①。"学术模因"会呈现不同形态的复制，同一个源语术语会有不尽相同的译名。我们将结合《孙子兵法》英译术语跨语际翻译实践，从孙子全文十三篇的篇名（也是术语）、核心术语英译来探讨语言、文化对翻译的制约与影响。考察同一个源语术语在不同译者笔下出现"众说纷纭"的情况，无论是术语的"一语多译"，还是"多语同译"，都是翻译模因这种情况的具体表现。

---

① 魏向清、张柏然：《学术摹因的跨语际复制》，《中国外语》2008 年第 6 期，第 86 页。

第二节　《孙子兵法》篇名翻译
模因的历时性考察

我们通过比较 1905 年英国军人卡尔斯罗普上尉翻译《孙子兵法》的首个英译本，1910 年英国汉学家翟林奈翻译出版的"学术型范本"，1963 年美国海军准将格里菲思英译的当代最畅销的"军事型译本"，1999 年国内资深学者林戊荪出版的"文化型译本"，探讨《孙子兵法》术语英译的翻译模因演绎的大致历程，从历史的视角关注《孙子兵法》关键模因经过语际翻译是如何复制、变异、传播、接纳的轨迹与路径。

《孙子兵法》全文共十三篇，每一个篇名也是重要的兵学术语，有的属于本源性兵学术语，有的是总括型术语，有的是普通术语。这些篇名既统领着每一个章节的主要内容，又体现了孙武的兵学旨归。

目标语接受新术语的初期，往往出现这样的情形，源语的语义与语用一般处于漂移不定的状态，等待译者解读、阐释与翻译。于是，不同的译者会产生不同的译名，同一源语术语会有各不相同的译名，各执己见。

一、第一篇《始计》：术语"始计"的翻译模因

1905 年，英国军人卡尔斯罗普炮兵上尉在日本东京翻译出版的首个英译本，无疑开创了《孙子兵法》进入英语世界的先河，具有深远的历史意义。孙子第一篇题为《始计》，曹操注疏云："计者，选将、量敌、度地、料卒、远近、险易，计于庙堂也。"杜牧注疏云："计，算也。曰：计算何事？曰：下之五事，所谓道、天、地、将、法也。"李筌注疏云："计者，兵之上也。"王晳注疏云："计者，谓计主将、天地、法令、兵众、士卒、

赏罚也。"① 卡尔斯罗普起初翻译为 First Principles（第一原则，1905），在 1908 年译本（The Book of War：The Military Classic of the Far East，由伦敦 John Murray 出版）他改译为 Preliminary Reckoning（最初的打算）。"始计"意谓"开始的、最早的计谋或谋划或盘算"，强调战前做好周密谋划的重要性，是孙子的开篇之作，列入《孙子兵法》西行英语世界第一批翻译模因库（meme pool）里的起始模因（original meme），为其他英译发挥了引领、参照、借鉴的作用。2010 年巴特勒-鲍登英译的《孙子兵法》采用了 Preliminary Reckoning 来对应"始计"篇名②，他的英译凑巧与卡尔斯罗普的译名完全一样，全部沿袭了《孙子兵法》首篇篇名的起始翻译模因形式与内容。

1910 年英国汉学家翟林奈翻译的 Sun Tzu on the Art of War：The Oldest Military Treatise in the World，由伦敦 Luzac Co. 出版，他将"始计"翻译为 Laying Plans（部署计划）；1963 年美国海军准将格里菲思翻译的 Sun Tzu：The Art of War，由牛津 Clarendon Press 出版，他翻译成 Estimates（估算）；1999 年国内资深学者林戊荪翻译的 Sun Zi：The Art of War Sun Bin：The Art of War，由外文出版社出版，他翻译成 Making Assessments（估判、估算），表示大战之前通过庙算来预判胜负，决定开战计划、开战时间、兵力投入等。纵观四位译者"始计"的英译情况，从词汇层面看各不相同，既有名词与名词性词组，又有动名词结构，似乎关联性不大，模因的形式传承好像逐渐弱化。但考察每个英译的关键意义，它们之间依然紧密相连。所以，这个篇名模因的复制与传播没有表现在词语形式上，而主要包含在部分内涵层面上。

---

① 孙武：《十一家注孙子》，曹操等注，郭化若译，上海古籍出版社 1978 年版，第 1 页。

② Butler-Bowdon, T. trans. *The Art of War*：*The Ancient Classic*，*including the translated The Sayings o f Wu Tzu.* West Wesses, UK：Capstone Publishing, 2010.

二、第二篇《作战》：术语"作战" 的翻译模因

关于第二篇"作战"一词，李筌注疏云："修战具，是以战次计之篇也。"张预注疏云："计算已定，然后完车马，利器械，运粮草，约费用，以作战备，故次计。"曹操注疏云："欲战必先算其费，务因粮于敌也。"王晳注疏云："计以知胜，然后兴战而具军费，犹不可以久也。"① 这些不同时代的译者对"作战"主旨的理解与表述都十分相似，将"作"看作动词，表示"展开"的意思，但是卡尔斯罗普译为 Operations of War（战争的运作），他当名词理解，译成带有介词的名词性词组；翟林奈、格里菲思都译成 Waging War（发动战争），其中翟林奈以曹操的"欲战必先算其费务"为佐证，提出了这一章讨论的内容与标题不符，而是介绍作战所需的方式与工具的意见（Which prepares us for the discovery that the subject of the chapter is not what we expect from the title，but is primarily a consideration of ways and means）②；林戊荪也翻译成 Waging War（发动战争），说明"作战"的英语翻译模因在三位译者的目标语里不约而同地拷贝、流传了。

由于模因具备自我复制的功能，在适合的社会环境里会产生多个复制品，如"作战"这个汉语模因经翻译变成英语模因 Operations of War，自进入英语世界以来，其他几位译者都英译为 Waging War，既有复制的成分，又有变异的部分，这就是模因的第二个特征——有可能产生差异，因差异产生的"新式"模因有时更具有创造性。

---

① 孙武：《十一家注孙子》，曹操等注，郭化若译，上海古籍出版社 1978 年版，第 31 页。

② Lionel G. trans. *Sun Tzu on the Art of War：The Oldest Military Treatise in the World*，London：Luzac Co. 2002，p. 9.

三、第三篇《谋攻》：术语"谋攻"的翻译模因

关于第三篇《谋攻》，从词语结构来看，篇名可以有两种解释：第一是动宾结构，表示"谋划进攻的策略"；第二是偏正结构，表示"有计谋的进攻"。曹操注疏云："欲攻敌，必先谋。"张预注疏云："计议已定，战具已集，可以智谋攻，故次作战。"李筌注疏云："合陈为战，围城曰攻，以此篇次战之下。"杜牧注疏云："庙堂之上，计算已定，战争之具，粮食之费，悉已用备，可以谋攻。"① 卡尔斯罗普译为 The Attack by Stratagem（智取），翟林奈译成 Attack by Stratagem（智取），格里菲思翻译为 Offensive Strategy（进攻的策略），林戊荪翻译成 Attacking by Stratagem（智取）。起始模因 The Attack by Stratagem 里，译者将"攻"看作名词，中国译者视作动名词，主要译词大致相同。这里，"谋攻"的英语模因 The Attack by Stratagem 在随后的译文得到了很好的复制与传播，无论英国译者、美国译者、中国译者都参照了卡尔斯罗普的原始模因。林译使用了动名词，其他译者译成名词。这个《孙子兵法》的起始模因都获得了很好的认可，说明作为文化载体的翻译模因在不同历史时期、不同身份的译者手里可以比较顺利地进行历时性传播。

模因的复制方式多种多样，换个角度看，与文学批评的互文性（inter-textuality）十分相近。文学创作里作家、诗人、剧作家常见的互文手法有重述（rewording）、释意（paraphrasing）、模仿（mimesis）、模拟（pastiche）、替换（substitution）、置换（permutation）、影射（mapping）、引证（citation）等②，互文性可包括微观的语音、词语、句法层面，也可涉及宏观的如题材（subject matter）、语域（register）、语篇（text）、修辞（rhetorical device）等。翻译模因也一样。譬如有关"谋攻"的英译，翟林奈

① 孙武：《十一家注孙子》，曹操等注，郭化若译，上海古籍出版社1978年版，第50页。
② 廖七一等编：《当代英国翻译理论》，湖北教育出版社2004年版，第72—73页。

译成 Attack by Stratagem，减少定冠词，是对卡尔斯罗普 The Attack by Strat-agem 的模拟；林戊荪翻译成 Attacking by Stratagem，采用动名词结构，是一种模仿。无论怎么变化，都难以绕过核心模因 attack 与 stratagem，其他的译法大都围绕这两个核心模因做一些变化而已。

当前，世界各民族文化交流日益频繁，促使跨语言、跨文化交际的翻译活动不断地向深度、广度推进，因此，模因复制在各种文化之间来回穿梭，犹如织成密集而纷繁的网络，源语里许多新鲜的思想、理念、术语借助翻译模因纷纷涌入目标语系统，通过物质渠道、精神渠道加快了翻译模因复制与传播的速度。如"谋攻"凭借不同译者构建的经验加以整合、过滤，交融互动辅以演变派生，产生既类似、又不同的翻译模因，有的表现为措词差异，有的表现为结构差异，有的两者兼有。无论是模仿，还是借鉴，还是独创，都形成一种历时性的翻译模因意义系统，共同描摹《孙子兵法》在英语领域的形象塑造。

四、第四篇《军形》：术语"军形"的翻译模因

关于第四篇《军形》，曹操注疏云："军之形也。我动彼应，两敌相察，情也。"李筌注疏云："形谓主客、攻守、八陈、五营、阴阳、向背之形。"杜牧注疏云："因形见情。无形者情密，有形者情疏；密则胜，疏则败也。"张预注疏云："两军攻守之形也。"① 卡尔斯罗普译为 The Order of Battle（战斗的序列），翟林奈译成 Military Dispositions（军队的部署），格里菲思译为 Dispositions（部署），林戊荪翻译 Disposition（xing 形）（部署）。有三位译者选择了 Disposition，说明大家认同该词语的内涵。"军形"的主要意义是"军队的部署"，所以这个翻译模因复制传播很相似，保真度高。这样的模因称作

---

① 孙武：《十一家注孙子》，曹操等注，郭化若译，上海古籍出版社 1978 年版，第80页。

"互利模因"（mutualist meme）①，既然有利于自己，又有利于模因载体，多种力量合在一起，推动模因跨语言、跨文化、跨疆域的撒播进程。

模因还具有另一个特征，就是新模因能否适应新环境，取决于复制的数量。"军形"的翻译模因有卡尔斯罗普的 The Order of Battle（战斗的序列）、翟林奈的 Military Dispositions（军队的部署）、格里菲思翻译为 Dispositions（部署）与林戊荪的 Disposition（xing 形）（部署），很显然，Disposition 在数量上占优势，所以生存的概率最大，更容易在较大范围内迅速传播，存续的时间可能会长一些，影响也会大一点。

五、第五篇《兵势》：术语"兵势"的翻译模因

关于第五篇《兵势》，曹操注疏云："用兵任势也。"张预注疏云："兵势已成，然后任势以取胜。"李筌注疏云："陈以形成，如决建瓴之势。"王皙注疏云："势者，积势之变也。善战者能任势以取胜，不劳力也。"② 卡尔斯罗普译为 The Shock of War（战争的打击），翟林奈译成 Energy（能量），格里菲思也翻译为 Energy（能量），林戊荪翻译为 Momentum（shi 势）（势能）。2010 年巴特勒-鲍登英译的《孙子兵法》采用了 The Spirit of the War 来对应"兵势"篇名。

在文言文里"势力"含有"势头、力量"的意义，如曹操在《让县自明本志令》里提到"兵势强盛"，结合原文语境，可以理解为"军队的力量"。林戊荪翻译 Momentum（shi 势），用汉语拼音加汉字的形式呈现；安乐哲英译本也采用了汉语拼音（Shih）③，这样的文内夹注更明确。由此

---

① Chesterman A., *Memes of Translation—The Spread of Ideas in Translation Theory*，上海外语教育出版社 2012 年版，第 6 页。

② 孙武：《十一家注孙子》，曹操等注，郭化若译，上海古籍出版社 1978 年版，第 97 页。

③ Roger, T. A. trans. *Sun-tzu*：*The Art of Warfare，the first English translation incorporating the recently discovered Yin-chue-shan texts，with an introduction and commentary*. New York：Ballantine Books，1993.

可见，汉学家安乐哲与国内译者林戊荪注重外来术语的保真性，他们的翻译模因复制涉及语音层面，借助汉语拼音注解，提醒读者此概念英语里可能没有对应的词汇，以此强化来自汉语世界的异国情调韵味。这种现象也许与译者身份、知识储备、翻译策略、术语内涵等因素有关。

六、第六篇《虚实》：术语"虚实"的翻译模因

关于第六篇《虚实》，曹操注疏云："能虚实彼己也。"李筌注疏云："善用兵者，以虚为实；善破敌者，以实为虚。"杜牧注疏云："夫兵者，避实击虚，先须识彼我之虚实也。"王晳注疏云："凡自守以实，攻敌以虚也。"① 卡尔斯罗普译为 Emptiness and Strength ，翟林奈译成 Weak Points and Strong（弱点与强势），格里菲思翻译为 Weaknesses and Strengths（薄弱与强势），林戊荪翻译为 Weakness and Strengths（xu shi 虚实）（薄弱与强势）。

从道金斯提出"自私的基因"，到迪斯汀仿制"自私的模因"②，到底什么是"自私"呢？这是生物学的意义，用拟人的手法表述一个便捷的科学说法，表示所有的基因都以各自的利益作为生存原则，唯一目的是复制自身，将自己的化学信息传递给下一代。③ 模因在复制、传播过程里也同样表现"自私"的一面，即不顾一切地将模因尽可能多地进行文化信息拷贝。从卡尔斯罗普首个《孙子兵法》英译本的问世（1905），到林戊荪的孙子英译出版（1999），几乎跨越了一个世纪的时间。从英国到中国，相距半个地球的物理空间，但是四位译者英译"虚实"的措辞多么相似。从时间维度看，这是模因纵向的代际间复制，一个世纪相当于四代；从空间看，这是"虚实"汉语模因经翻译变成英语模因的横向拷贝、传播。

---

① 孙武：《十一家注孙子》，曹操等注，郭化若译，上海古籍出版社 1978 年版，第 121 页。
② 凯特·迪斯汀：《自私的模因》，李冬梅、谢朝群译，世界图书出版公司 2014 年版。
③ 苏珊·布莱克摩尔：《谜米机器》，高申春、吴友军、许波译，吉林人民出版社 2001 年版，第 8—9 页。

七、第七篇《军争》：术语"军争"的翻译模因

关于第七篇"军争"术语，在文言文里表示"军事上的竞争"。曹操注疏云："两军争胜。"李筌注疏云："争者，趋利也。虚实定，乃可与人争利。"王晳注疏云："争者，争利；得利则胜。宜先审轻重，计迂直，不可使敌乘我劳也。"张预注疏云："以军争为名者，谓两军相对而争利也。"①卡尔斯罗普译为 Battle Tactics（战斗的策略），翟林奈译成 Manoeuvring（调度），格里菲思翻译为 Manoeuvre（调度），林戊荪翻译成 Contest to Gain the Initiative（努力争取主动权）。关于"军争"，四位译者的英译都不同，这里涉及一个概念叫"寄生模因"（parasitic meme）②，表示会消灭宿主的模因。一方面，这样的模因需要一定时间的检验，以证明具有潜在的威胁性。另一方面，模因要生存，就必须打败其他模因，赢得新的接受者，才可能获得广泛而深入的认同与许可。同时，模因既可能到达顶峰，也可能慢慢隐退出学界。起始模因"军争"需依靠复制因子进入英语世界，复制要借助时空组合，传递的每个环节都隐藏着变异的概率，也可能存在某种程度的相似性。

切斯特曼认为，模因是传递文化的单位，担当着既传播又复制的责任，所以作为模因的宿主——译者的首要任务并不是设法保持源语的同一性（preserving identity or sameness），而是不断撒播、推进，译者是变异的执行者（translators are agents of change）。③术语"军争"在不同译者笔下具有不同的表述，虽然核心意义一脉相承，但也体现了差异性。

---

① 孙武：《十一家注孙子》，曹操等注，郭化若译，上海古籍出版社1978年版，第155页。

② Chesterman A., *Memes of Translation—The Spread of Ideas in Translation Theory*，上海外语教育出版社2012年版，第6页。

③ Chesterman A., *Memes of Translation—The Spread of Ideas in Translation Theory*，上海外语教育出版社2012年版，第2页。

八、第八篇《九变》：术语"九变"的翻译模因

关于第八篇《九变》，表示"各种变化、改变"。曹操注疏云："变其正，得其所用九也。"王晳注疏云："九者数之极；用兵之法，当极其变耳。"张预注疏云："变者，不拘常法，临事适变，从宜而行之之谓也。凡与人争利，必知九地之变，故次军争。"① 卡尔斯罗普译为 The Nine Situations（九种情况，1905）与 The Nine Changes（九种变化，1908），翟林奈译成 Variations of Tactics（策略的各种变化），格里菲思翻译为 The Nine Variables（九种变量），林戊荪翻译为 Varying the Tactics（jiu bian 九变）（改变策略）。1993 年的索耶尔英译本②、2002 年的明福德英译本③都采纳了 The Nine Changes 的译名。

模因的复制要保持一定的保真度，但是语际翻译复制不一定可完全实现。"九变"之"九"，既可理解字面含义，也能做"许多""数不清"等虚化处理，所以变更成英语模因时，有的是 The Nine Changes，有的是 Varying the Tactics，取决于模因宿主——译者如何与翻译语境磨合、协调了，不同的策略会导致不同的英语模因。翟林奈认为，孙武没有列出具体的变数，只表示很多的意思，所以，他译成 Variations of Tactics 这一词组，意为"各种战术的变化"，内涵大为抽象化了。

九、第九篇《行军》：术语"行军"的翻译模因

关于第九篇《行军》，不仅表示"军队的移动、行走、运行"，而且还

---

① 孙武：《十一家注孙子》，曹操等注，郭化若译，上海古籍出版社 1978 年版，第 196 页。

② Sawyer, RD trans *The Seven Military Classics of Ancient China*, *with a commentary*. Boulder：Westview Press, 1993.

③ Minford, J. trans. *The Art of War*, *with an introduction and commentary*. New York：Viking, 2002.

有行军过程中采取的部署行为。曹操注疏云："择便利而行也。"王皙注疏云："行军当据地，便察敌情也。"张预注疏云："知九地之变，然后可以择利而行军，故次九变。"① 卡尔斯罗普译为 Movement of Troops（军队的运动），翟林奈译成 The Army on the March（行进中的军队），格里菲思翻译为 Marches（行动），林戊荪翻译为 Deploying the Troops（部署军队）。

实际上，"行军"除表示"部署"外，还有军队从甲地到乙地的调度、迁徙的意思。由于模因复制具有变异性的特征，或添加一些内容，或删除一些信息，或作某些润色，像上面四位译者面对"行军"，译成英语都保持了各自的差异性，但核心意义都比较接近，可以看作相似传播。

十、第十篇《地形》：术语"地形"的翻译模因

关于第十篇《地形》，表示"根据地貌、地物部署军队"。曹操注疏云："欲战，审地形以立胜也。"李筌注疏云："军出之后，必有地形变动。"王皙注疏云："地利当周知险、隘、支挂之形也。"张预注疏云："凡军有所行，先五十里内山川形势，使军士伺其伏兵，将乃自行视地之势，因而图之，知其险易。故行师越境，审地形而立胜。"② 卡尔斯罗普译为 Topography（地形，1905）与 Ground（地面，1908），翟林奈译成 Terrain（地形），格里菲思翻译为 Terrain（地形），林戊荪翻译为 The Terrain（地形）。2010 年巴特勒-鲍登英译的《孙子兵法》使用了 Ground 来对应"地形"篇名，比 Topography 显得更通俗，其他译本大多用 Terrain 这一术语。翟林奈认为，这个"地形"篇实际上大概化了三分之一的篇幅探讨地形问题。从兵学角度看，Topography 是个专业化的模因，彰显军事特色；Terrain 次之，包含"地物、地貌"意义，这是将军作战前必须考虑的要素，因此，该英语翻译模因复制较多。

---

① 孙武：《十一家注孙子》，曹操等注，郭化若译，上海古籍出版社 1978 年版，第 214 页。
② 孙武：《十一家注孙子》，曹操等注，郭化若译，上海古籍出版社 1978 年版，第 247 页。

模因不是物品，而是包含着人们某种思想观念、行为方式、人情传统等形而上的东西，需要通过人际交往、言传身教的方式来传播与延续。上述的"地形"翻译模因有卡尔斯罗普的 Topography（地形，1905）与Ground（地面，1908）、翟林奈的 Terrain（地形）、格里菲思的 Terrain（地形）以及林戊荪的 The Terrain（地形），这些出自不同时代、不同译者的英语模因是如何在英语环境里撒播的呢？那是因为译者通过阅读汉语、英语的《孙子兵法》，反复研究孙子研究文献、苦心经营的成果。他们之间虽然没有面对面的交往，但是图书、资料等是他们交流的媒介，也就是间接交际，其思想、理念、主张、原则等可以跨越时空进行传播与借鉴。

十一、第十一篇《九地》：术语"九地"的翻译模因

关于第十一篇《九地》，我们通读了《孙子兵法》全文，发现孙武一共提到了十三种地形（散地、轻地、争地、交地、衢地、重地、圯地、围地、死地、绝地、挂地、支地与远地），所以，这里的"九地"并非实指，而是表示"众多"。曹操注疏云："欲战之地有九。"张预注疏云："用兵之地，其势有九。此论地势。"李筌注疏云："胜敌之地有九，故次地形之下。"王皙注疏云："用兵之地，利害有九也。"① 卡尔斯罗普译为 The Nine Terrains（九地，1905）、Nine Grounds（九种地面，1908），翟林奈译成 The Nine Situations，格里菲思翻译为 The Nine Varieties of Ground，林戊荪翻译为 Nine Regions（九个地区）。1993 年的索耶尔英译本采用了 The Nine Terrains，2002 年的明福德英译本与 2010 年巴特勒-鲍登英译本采用了 Nine Grounds 术语。

很显然，汉语模因"九地"的"九"字都完全得到复制并传播，发生变异的是对"地"的翻译，这里的"地"表示"地形"，因此 Terrains 是较好的翻译模因，其他的模因偏离得较多，尤其是 Regions 一词，变异已

---

① 孙武：《十一家注孙子》，曹操等注，郭化若译，上海古籍出版社 1978 年版，第 267 页。

超出了模因复制的理据范围。

十二、第十二篇《火攻》：术语"火攻"的翻译模因

关于第十二篇《火攻》，在古战场上"火攻"经常用来攻击对方的营地，可以产生很大的军事打击力。曹操注疏云："以火攻人，当择时日也。"王皙注疏云："助兵取胜，戒虚发也。"张预注疏云："以火攻敌，当使奸细潜行，地里之远近，途径之险易，先熟知之，乃可往。"① 卡尔斯罗普译为 The Assault by Fire（火攻，1905）、Assault by Fire（火攻，1908），翟林奈译成 The Attack by Fire（火攻），格里菲思翻译为 Attack by Fire（火攻），林戊荪翻译为 Attacking by Fire（火攻）。2010 年巴特勒-鲍登英译本采用了 Assault by Fire 术语，其他英译本大多使用 Attack 来翻译"攻"。可以看出，四位译者都将"火攻"理解为"借助火发起攻击"，所以不约而同地使用 by 这个英语介词。

自卡尔斯罗普译为 The Assault by Fire，其他几位来自不同国家、不同时代的译者都高保真地复制起始模因。说明理解是翻译模因有效复制的第一要素，表达是模因传播的第二要素，两者的有机结合可确保模因的"自私性"——不顾一切地将最多的文化信息传递给其他宿主。

十三、第十三篇《用间》：术语"用间"的翻译模因

关于第十三篇《用间》，孙武分析了战争期间可供主将使用的五种间谍——乡间、内间、反间、死间与生间。曹操、李筌注疏云："战者必用间谍，以知敌之情实也。"张预注疏云："欲素知敌情者，非间不可也。然用间之道，尤须微密。"② 卡尔斯罗普译为 The Employment of Spies（间谍的使用），翟林奈译成 The Use of Spies（间谍的使用），格里菲思翻译为

① 孙武：《十一家注孙子》，曹操等注，郭化若译，上海古籍出版社 1978 年版，第 316 页。
② 孙武：《十一家注孙子》，曹操等注，郭化若译，上海古籍出版社 1978 年版，第 329 页。

Employment of Secret Agents（特工的使用），林戊荪翻译为 Using Spies（使用间谍）。根据模因学理论，最原始的模因是原生质里那些有能力自我复制的简单元素，存在于大脑、图书等媒介里，通过模仿而传递。互惠互利的模因连接起来，形成模因群，犹如基因互相结合而成为团体，从一个人传播到另一个人，成为文化信息。① 只要有闲置的思维空间，模因就会设法占据，从而影响他人。四位译者处理起始模因"用间"时，都采用了 Employment，Spies 与 Use 等核心词语，体现了互惠的模因抱团连结的特点，形成一条历史的、纵向的翻译模因链，从一个国家走向另一个国家，从汉语走向英语，从东方文化走向西方文化。

以上我们仔细分析了《孙子兵法》十三篇篇名的翻译情况，比较了不同时代、不同身份、不同国籍的四位译者面对同一个汉语模因的篇名英译情况，从模因复制的保真性、变异性探讨了英语模因的复制、传播轨迹，初步揭示了模因借助语际翻译产生种种变化的理据，考察了英译模因在不同历史时期的演绎过程。

从认知语言学视角看，翻译过程主要由理解与表达两个阶段组成，整个过程里语言活动、思维活动交替进行，有时思维活动为主，有时语言活动为辅。翻译是两种语言的转换，但绝不仅是简单的转换，而是更多地体现为语言背后文化、艺术、历史等诸多因素的切换，起关键作用的大多是思维因素。思维模式是语言生成、发展的深层机制，"翻译的过程，不仅是语言形式的转换，而且是思维方式的变换"②。汉语英语不同的书写方式及其蕴藏的不同文化可以带来翻译模因的变异，因而引起以文字符号为基础的模因的不稳定性，产生模因结果的选择性与随意性。一方面，思维与模因既相辅相成，又各自为政。模因依靠思维解码、编码源语，挖掘符号

---

① 苏珊·布莱克摩尔：《谜米机器》，高申春、吴友军、许波译，吉林人民出版社 2001 年版，第 11 页。

② 连淑能：《论中西思维方式》，《外语与外语教学》2002 年第 2 期，第 40 页。

与其所指称事物之间的语义关系，明确符号与符号之间的句法关系，揭示符号与符号使用者之间的语用关系。另一方面，译者复杂思维活动的产品要借助模因复制、传播，实现在异质语言、异质文化系统里变成新模因的目标。

通过讨论《孙子兵法》十三篇篇名的英译，我们认为，来自源语的同一模因，经过语际翻译会呈现各不相同的翻译模因。究其原因，第一，模因链上处于主导地位的宿主——译者发挥着主宰的作用，其身份与知识储备、理解与表达、翻译策略与翻译技巧、所处的时代特征与社会思潮，都左右着翻译模因的内涵外延，影响其再生、运行与撒播。第二，每个篇名的理解需要依靠历代注疏，而同个篇名有多条注疏，译者借鉴了主要注疏家相似、相近甚至相远的注释，再加上自己的理解定夺，这是翻译模因的起始资源。

第三节　《孙子兵法》重要术语翻译模因的历时性述评

术语是构建学科理论的重要概念，是构筑孙子兵学理论大厦的砖头，也是理论系统的骨架，所以汉译英术语的准确与否，会影响英语读者的理解，这是必然的事情，因此译名选择就显得很重要了。但是翻译一个"确当的"（relevant）译名并不容易，这既依赖于译者的语言能力、文化素养，又取决于汉语与英语之间的语言差异，当然还与术语内涵、外延的语境有着密切的联系。目前，有关《孙子兵法》的英译还很不系统，不同的译者因理解各异等原因会采取不同译名，造成的结果是术语含义的分歧与纷乱。有时，可能因为译者对中国兵学史或传统文化了解不够，会出现不同的译法。

如何解决上述问题？考虑文本产生时的历史语境、学术与文学情况、作者的喜好及知识结构等因素，对术语的真实指涉作出不同的理解。结合对该文本的注疏、翻译与研究的传统，综合考虑、比选并评判各家之说，最后得出自己的判断。选取合适的词语对（word pair）翻译术语，细读文本后综合中西方文论传统对术语进行多元化、多角度的阐释，试图弥补译文的不足之处，或者诉诸深入的理论阐发。译者在具体翻译实践过程中会遇见各种各样的问题，大量的实际问题是"术语问题"，尤其是面对学术型著述，术语会更多。

有学者援引外国文献时声称，就翻译时间而言，译者大约要花费四分之三的时间在术语翻译上。① 究其实质，《孙子兵法》是一部兵学著作，阐述春秋战国时期丰富多彩的战略战术，提出了"不战而屈人之兵"的至上智谋，体现了孙武文韬武略的军事才能。同时，孙子探讨的战争原则蕴含高度概括抽象的哲理，如"知己知彼，百战不殆""三军可夺气，将军不可夺心"等，每篇都充满思辨的内容，富含辩证思想。因此，许多术语既是兵学术语，又是哲学术语，内涵丰盈，蕴意深厚，文化辐射力强。

我们从上述四个典型的英译本里选取一些颇具代表性的兵学术语加以比较，探讨不同时代、不同译者如何理解翻译同一个汉语术语的情况。

一、"天""阴阳"术语的翻译模因

1. "天者，阴阳、寒暑、时制也。"（第一篇《始计》）

（1）Heaven. Yin and Yang; heat and cold; time and season.② （E. F. Calthrop）

（2）Heaven signifies night and day, heat and cold, times and

---

① 郑述谱：《翻译词典术语》，载戎林海等主编《术语与术语翻译研究》，东南大学出版社 2012 年版，第 34 页。

② Calthrop, E. F. *The Book of War*, *The Military Classic of the Far East*, London: John Murray, 1908, p. 18.

seasons. ① （Lionel Giles）

（3）By weather I mean the interaction of natural forces, the effect of winter's cold and summer's heat and the conduct of military operation in accordance with the seasons. ② （Samuel Griffith）

（4）By "heaven", I mean the effects of night and day, of good and bad weather, of winter's cold and summer's heat; in short, the conduct of military operations in accordance with the changes of natural forces. ③ （Lin Wusun）

"天"与"阴阳"是两个重要术语。"天"表示"天空""自然界""万物的主宰"等；"阴阳"是哲学术语，也是中医术语，表示世界万物对立的范畴。曹操注疏云："顺天行诛，因阴阳四时之制。司马法曰：冬夏不兴师，所以兼爱民也。"杜牧注疏云："阴阳者，五行、刑德、向背之类是也。"李筌注疏云："应天顺人，因时制敌。"④ 卡尔斯罗普译为 Heaven 与 Yin and Yang，翟林奈译成 Heaven 与 night and day，格里菲思翻译为 weather 与 the interaction of natural forces，林戊荪翻译为 heaven 与 the effects of night and day, of good and bad weather 的表述。其中三位译者将"天"翻译成 Heaven，意义几乎对应；另外的译成 weather，明显缩小了"天"的内涵，天气只是一小部分内容。而"阴阳"的翻译各不相同，根据目前英语世界接受这个术语的情况，音译 Yin and Yang 是普遍接受的英译名，说明卡尔斯罗普的起始翻译模因有引领作用，其他的模因没有复制，而是自创模因，有的是解释性翻译（如林戊荪、格里菲思），有的则

① Giles, L. trans. *Sun Tzu on the Art of War: The Oldest Military Treatise in the World, with introduction and critical notes.* London: Kegan Paul, 2002, p. 2.
② Griffith, S. B. translated and with an introduction, *The Art of War, with a foreword by B. H. Liddell Hart.* Oxford: Oxford University Press, 1963, p. 170.
③ 孙武：《孙子兵法》，林戊荪译，外文出版社 1999 年版，第 3 页。
④ 孙武：《十一家注孙子》，曹操等注，郭化若译，上海古籍出版社 1978 年版，第 6 页。

缩小了模因内涵（如翟林奈）。

模因传播过程是一个不断复制的过程，但是复制品（duplicate）如"阴阳"的英译不会原封不动地再现，传播的内容可能产生变体，换而言之，会因复制误差产生不同程度的变异（variation），或者产生突变（mutation）与重组（recombination），变成了 night and day，the interaction of natural forces 与 the effects of night and day，of good and bad weather 等不同的翻译模因。而且，因误差引起的变体使用一段时间之后有可能被淘汰，也可能因某方面的优势而得以保存，不断扩大影响。就误差来源而言，有的是无意识所致，也有的是有意识所为。文化进化通常是人类有意识演绎的结果。模因重组可能是新模因与旧模因搭配而成，也可能是几个熟知模因重新有机组合，导致新变体。

二、"上兵""伐交"的翻译模因

2."故上兵伐谋，其次伐交，其次伐兵，其下攻城。"（第三篇《谋攻》）

（1）Wherefore the most skillful warrior outwits the enemy by superior stratagem；the next in merit prevents the enemy from uniting his forces；next to him is he who engages the enenmy's army.① （E. F. Calthrop）

（2）The highest form of generalship is to balk the enemy's plans. The next best is to prevent the junction of the enemy's forces. ② （Lionel Giles）

（3）What is of supreme importance in war is to attack the enemy's

① Calthrop，E. F. *The Book of War*，*The Military Classic of the Far East*，London：John Murray，1908，p. 24.

② Giles，L. trans. *Sun Tzu on the Art of War*：*The Oldest Military Treatise in the World*，*with introduction and critical notes*. London：Kegan Paul，2002，p. 18.

strategy. The next best is to disrupt his alliances. ①（Samuel Griffith）

（4）Thus，the best policy in war is to thwart the enemy's strate-gy. The second best is to disrupt his alliances through diplomatic means. The third best is to attack his army in the field. The worst policy of all is to attack walled cities. ②（Lin Wusun）

上述语篇里出现了两个术语——"上兵"与"伐交"。"上兵"指"最佳的战事原则"，"伐交"表示"采取外交手段挫败对手"。对于"上兵"，曹操注疏云："敌始有谋，伐之易也"。李筌注疏云："伐其始谋也。"对于"伐交"，曹操注疏云："交，将合也。"李筌注疏云："伐其始交也。"杜牧注疏云："非止将合而已，合之者皆可伐也。"③ 如果以此评价四种译法，林戊荪的 the best policy in war 与 to disrupt his alliances through diplomatic means 跟孙子的原义最接近，但是"伐交"是高度浓缩的术语，其英语模因只是解释性文字，如要译成术语，需符合术语经济、简洁的标准，是很有难度的。也许译者还没有术语翻译的自主意识，只是关注将源语的意义传递罢了。其他几个外国译者都误读了"上兵"的含义，这也说明中国译者在理解源语方面的优势是显而易见的，尤其是英译传统文化典籍。

英国学者凯特·迪斯汀（Kate Distin）在其专著《自私的模因》的第5章《变异》与第6章《选择》讨论了模因在文化传播过程中所呈现的变异性与筛选性，认为模因进化不同于自然界的生物筛选，它受制于有目的（intentional）、有意识（conscious）、负责任（responsible）的人类主观行

①　Griffith, S. B. *translated and with an introduction*，*The Art of War*，*with a foreword by B. HvLiddell Hart*. Oxford：Oxford University Press，1963，pp. 77–78.
②　孙武、孙膑：《孙子兵法》，林戊荪译，外文出版社1999年版，第19页。
③　孙武：《十一家注孙子》，曹操等注，郭化若译，上海古籍出版社1978年版，第53—55页。

为①，所以特别强调了人类发展文化的主观能动作用，即人类不但能够复制各种文化，而且能够创造多姿多彩的不同文化。就上述"伐交"而言，译者"有意识""有目的"的遣词造句催生了不同的英语模因：prevents the enemy from uniting his forces，to prevent the junction of the enemy's forces，to disrupt his alliances 与 to disrupt his alliances through diplomatic means，虽然大意比较接近，核心词语都有所体现，但只是解释性的翻译，离术语还有距离。原因可能是文言文"伐交"言简意赅、微言大义，翻译成现代英语有些力不从心，变成术语，要求就更高了。

三、"虚实" 的翻译模因

3. "兵之所加，如以碫投卵者，虚实是也。"（第五篇《兵势》）

（1）The enemy is crushed，like the fall of a grindstone upon an egg，by knowledge of his strength and weakness. ②（E. F. Calthrop）

（2）That the impact of your army may be like a grindstone dashed against an egg—this is effected by the science of weak points and strong. ③（Lionel Giles）

（3）Troops throw against the enemy as a grindstone against eggs is an example of a solid acting upon a void. ④（Samuel Griffith）

（4）By staying clear of the enemy's strong points and striking at his weak points，it is able to fall upon the enemy like using a whetstone to

① 凯特·迪斯汀：《自私的模因》，李冬梅、谢朝群译，世界图书出版公司 2014 年版，第 63—73 页。

② Calthrop，E. F. *The Book of War*，*The Military Classic of the Far East*，London：John Murray，1908，p. 31.

③ Giles，L. trans. *Sun Tzu on the Art of War*：*The Oldest Military Treatise in the World*，*with introduction and critical notes*. London：Kegan Paul，2002，p. 35.

④ Griffith，S. B. *translated and with an introduction*，*The Art of War*，*with a foreword by B. H. Liddell Hart*. Oxford：Oxford University Press，1963，p. 195.

crush an egg. ①（Lin Wusun）

美国当代汉学家宇文所安（Stephen Owen）在英译中国文学典籍时指出："现代学者，无论中西方，经常为中文概念语汇的'模糊性'表示无奈。"② 这主要缘于汉语、英语这两种语言文化差异、学术传统不同、时空隔膜等。英译《孙子兵法》这样的军事论著也会遇到相似的困惑。一方面，译者需要熟稔中西方兵学或军事体系，凭借跨文化研究物色一个恰当的切入点，潜心研究错综复杂、充满思辨的孙武兵学理论；另一方面，他要设法找到实现两者互动的通道，再立足于他者的文化视点，以便解码、编码东方兵学话语。翻译模因是从通道一端流向另一端的能动因子，也是中西方文化交流的具体内容与载体。

"虚实"在中国古代文史哲里包含丰富的含义，而在《孙子兵法》中主要指"对方的情况或势力"，即敌方人员、装备、粮草等部署情况。曹操注疏云："以至实击至虚。"李筌注疏云："碬实卵虚，以实击虚，其势虚也。"王晳注疏云："锻，冶铁也。"何氏注疏云："用兵识虚实之势，则无不胜。"③ 据此评价，卡尔斯罗普翻译的 his strength and weakness 比较到位，下面几个模因如 weak points and strong 似乎漏了 points 一词，an example of a solid acting upon a void 表示用"结实"打击"虚无"，偏离了原意，staying clear of the enemy's strong points and striking at his weak points 则清楚地传递了"避实就虚"的战术。模因的拷贝与传播，体现了文化发展的轨迹，对社会进化产生一定的影响力。"虚实"的英语模因在不同时期内聚集到英语世界，传递孙武兵学思想，或多或少面临读者的选择、时代的选择、主流意识的选择而生存下来，结果是丰富了英语模因库的外来

① 孙武、孙膑：《孙子兵法》，林戊荪译，外文出版社1999年版，第31页。
② 宇文所安：《中国文论：英译与评论》，王柏华等译，上海社会科学院出版社2003年版，第3页。
③ 孙武：《十一家注孙子》，曹操等注，郭化若译，上海古籍出版社1978年版，第100—101页。

模因。

四、"画地而守"的翻译模因

4. "我不欲战，画地而守之，敌不得与我战者，乖其所之也。"（第六篇《虚实》）

（1）When we do not want to fight, we occupy an unfortified line; and prevent the enemy from attacking by keeping him in suspense. ① （E. F. Calthrop）

（2）…, we can prevent the enemy from engaging us even though the lines of our encampment be merely traced out on the ground. All we need to do is to throw something odd and unaccountable in his way. ② （Lionel Giles）

（3）… I may defend myself simply by drawing a line on the ground; the enemy will be unable to attack me because I divert him from going where he wishes. ③ （Samuel Griffith）

（4）When we wish to avoid battle, we may simply draw a line on the ground by way of defense and the enemy cannot engage us because we have diverted him to a different target. ④ （Lin Wusun）

"画地而守"表示一种虚实相间的防御措施，目的是迷惑对方，创造战机。曹操注疏云："军不欲烦也。"李筌注疏云："拒境自守也。若入敌

① Calthrop, E. F. *The Book of War*, *The Military Classic of the Far East*, London: John Murray, 1908, p.36.

② Giles, L. trans. *Sun Tzu on the Art of War*: *The Oldest Military Treatise in the World*, *with introduction and critical notes*. London: Kegan Paul, 2002, p.46.

③ Griffith, S. B. *translated and with an introduction*, *The Art of War*, *with a foreword by B. H. Liddell Hart*. Oxford: Oxford University Press, 1963, p.201.

④ 孙武、孙膑：《孙子兵法》，林戊荪译，外文出版社 1999 年版，第 39 页。

境，以刀画地为营也。"孟氏注疏云："以物画地而守，喻其易也。盖我能庚敌人之心，不敢至也。"① 卡尔斯罗普翻译的起始模因 occupy an unfortified line 里有 line 一词，其他三位译者的英语模因都沿用了这个词语：the lines of our encampment be merely traced out on the ground，by drawing a line on the ground，draw a line on the ground by way of defense，再跟其他的语义组合，产生新模因。有意思的是，第二、三、四译文都出现了 ground，表明再生模因的继续复制与传播。就语际翻译模因而言，不同模因结合的方式影响了模因进化的过程。

关于新模因的来源，布莱克摩尔认为，可以通过变异的手段衍生出来，也能凭借旧模因的彼此结合而生成。② 其实，新旧模因的聚合也能产生新的翻译模因。其中的 line 是由首译者创造的旧模因，其他的模因里增加了 ground，就形成了复合型的新模因，而且有加长的趋势。

五、"气""心"的翻译模因

5. "故三军可夺气，将军可夺心。"（第七篇《军争》）

（1）We thus awe his army, and defeat his general's ambition. ③ (E. F. Calthrop)

（2）A whole army may be robbed of its spirits; a commander-in-chief may be robbed of his presence of mind. ④ (Lionel Giles)

（3）Now an army may be robbed of its spirit and its commander

---

① 孙武：《十一家注孙子》，曹操等注，郭化若译，上海古籍出版社 1978 年版，第 137 页。

② 苏珊·布莱克摩尔：《谜米机器》，高申春、吴友军、许波译，吉林人民出版社 2001 年版，第 26 页。

③ Calthrop, E. F. *The Book of War*, *The Military Classic of the Far East*, London：John Murray, 1908, p. 43.

④ Giles, L. trans. *Sun Tzu on the Art of War*：*The Oldest Military Treatise in the World*, *with introduction and critical notes*. London：Kegan Paul, 2002, pp. 65-66.

deprived of his courage. ① （Samuel Griffith）

（4）An entire army can be demoralized and its general deprived of his presence of mind. ② （Lin Wusun）

"气"指"士气"，"心"表示"决心"。整句话的大意是"挫败对方军队的锐气，动摇敌方将军的斗志"。对于"气"，曹操注疏云："左氏言一鼓作气，再而衰，三而竭。"李筌注疏云："夺气，夺其锐勇。"杜牧注疏云："司马法战以力久，以气胜。"③ 对于"心"，杜牧注疏云："心者，将军心中所依赖以为军者也。"何氏注疏云："先须己心能固，然后可以夺敌将之心。"④ 卡尔斯罗普翻译的起始模因 army 翻译"气"，显然有问题；用 ambition 翻译"心"，部分对应。这两个模因没有得到复制、传播，因为其他译者完全改写成 its spirits, his presence of mind; its spirit, his courage; demoralized, his presence of mind 等，其中 his presence of mind 表示"镇定自若、专心致志"。这三组术语翻译模因互为借鉴，有部分语汇复制并传播，译者们抛开了起始模因，根据自己的理解创造出新模因。

据此，翻译模因也是一种信息单位，通过模仿而得到复制、传播。Blackmore 指出，模因里只有很小部分可以从一个人拷贝到另一个人。⑤ Dawkins 认为，成功的模因具有三个特征：（1）复制信度（copying-fidelity），谓复制越忠实，原版保留的可能性就越大；（2）多产性（fecundity），指模因的复制速度，其快慢影响模因的散布范围；（3）时效性（longevity），表示复制模式存续时间越长，模因数量就变得越大。⑥ 如果

---

① Griffith, S. B. *translated and with an introduction*, *The Art of War*, *with a foreword by B. H. Liddell Hart*. Oxford：Oxford University Press, 1963, p. 210.

② 孙武、孙膑：《孙子兵法》，林戊荪译，外文出版社 1999 年版，第 51 页。

③ 孙武：《十一家注孙子》，曹操等注，郭化若译，上海古籍出版社 1978 年版，第 177 页。

④ 孙武：《十一家注孙子》，曹操等注，郭化若译，上海古籍出版社 1978 年版，第 178—179 页。

⑤ Blackmore, S. *The Mene Machine*, Oxford：Oxford University Press, 1999, p. 38.

⑥ Dawkins, R. *The Selfish Gene*, New York：Oxford University Press, 1976, p. 22.

是语际间的模因，就必须要通过翻译来复制、传播。语际翻译的意义体现在文化模因实现跨语言、跨文化、跨区域、跨时间的播撒中，借此为源语模因找到了新的家园。像 its spirits，his presence of mind 这样的模因得到不同译者的认可，就能获得保留主要文化信息的机遇，因此得以广泛地传播。

从"气"与"心"这两个术语模因的英译来看，它们一般蕴含着丰富而独特的民族文化信息，变成翻译模因体 its spirits 与 his presence of mind 时大抵会发生一些变异，如果采用异化翻译策略，目标语读者可能不容易理解其特有的兵学信息，因而难以接受模因的有效感染，自然就难以成为新的宿主（new host），怎么能传播模因呢？不过，如果译者有幸能在目标语语文化里找到十分接近于源语的模因，那么目标语读者就可借助自己熟知的语言文化表达形式努力影响新宿主，这样，翻译模因就能顺利地传播，进入英语世界了。

六、"绝山依谷""生处""战隆无登" 的翻译模因

6. "凡处军相敌，绝山依谷，视生处高，战隆无登，此处山之军也。"（第九篇《行军》）

（1）If there be rising ground，encamp on its sunny side and in front of it；for thereby the soldiers are benefited，and the ground used to our advantage. ① （E. F. Calthrop）

（2）…. Pass quickly over mountains，and keep in the neighbourhood of valleys. Camp in high places，facing the sun. Do not climb heights in order to fight. …② （Lionel Giles）

（3）…，having crossed the mountains，stay close to val-

---

① Calthrop，E. F. *The Book of War*，*The Military Classic of the Far East*，London：John Murray，1908，p. 48.

② Giles，L. trans. *Sun Tzu on the Art of War*：*The Oldest Military Treatise in the World*，*with introduction and critical notes*. London：Kegan Paul，2002，pp. 80−81.

leys. Encamp on high ground facing the sunny side. Fight downhill; do not ascend to attack. ….① (Samuel Griffith)

（4）Generally, in positioning your troops and assessing the enemy, you should pay attention to the following：

While passing through mountains, stay close to the valleys and pitch camp on high ground facing the sun; if the enemy is on high ground, avoid fighting an uphill battle. So much for positioning an army when in the mountains. ② (Lin Wusun)

这个语篇里出现了三个兵学术语："绝山依谷""生处""战隆无登"，"绝山依谷"表示"军队通过山地时要依靠山谷，便于隐蔽"。杜牧注疏云："绝，过也；依，近也。言行军经过山险，须近谷而有水草之利也。"梅尧臣注疏云："前为山所隔，则依谷可以固。"对于"生处"，李筌注疏云："向阳曰生，在山曰高。生高之地可居也。"杜牧注疏云："言须处高而面南也。"对于"战隆无登"，曹操注疏云："无迎高也。"李筌注疏云："敌自高而下，我无登而取之。"③ 卡尔斯罗普译为 rising ground, encamp on its sunny side（误译了原文的意义，少译了"战隆无登"）；翟林奈译成：Pass quickly over mountains, and keep in the neighbourhood of valleys, facing the sun. Do not climb heights in order to fight（这里如何理解"绝山"与"依谷"的关系？是并列关系，还是偏正关系？）；格里菲思翻译为 having crossed the mountains, stay close to valleys, facing the sunny side. Fight downhill; do not ascend to attack（依然是术语内部的修饰关系问题）；林戊苏翻译为 passing through mountains, stay close to the valleys, facing the sun, avoid fighting an uphill battle（涉及兵学术语内部的修饰与被修饰问题）。综观上

---

① Griffith, S. B. *translated and with an introduction*, *The Art of War*, *with a foreword by B. H. Liddell Hart*. Oxford：Oxford University Press, 1963, p. 219.

② 孙武、孙膑:《孙子兵法》，林戊苏译，外文出版社 1999 年版，第 61 页。

③ 孙武:《十一家注孙子》，曹操等注，郭化若译，上海古籍出版社 1978 年版，第 215—216 页。

述不同的模因表述，有一些模因的复制，如 sunny side，facing the sun，facing the sunny side，facing the sun 等，但都不是术语翻译，而是普通的语义翻译，所以就呈现出分词结构、句子结构的形式。

我们不禁想问：语际翻译模因经复制与传播在目标语系统里会产生什么样的效应呢？Heylighen 提出，模因要成功地复制，必须经历四个阶段①。第一是同化（assimilation）阶段，指模因引起了译者（在模因学里称"宿主"，译自 host）恰当的关注，继而得到宿主的理解，再由宿主予以接纳。这里的"关注"表示模因承载的内涵足以引起宿主的浓厚兴趣，"理解"表示宿主设法让该模因进入自身的认知领域。在此过程中宿主可能会有意识地剔除不同于或者不适于目标语文化的模因，采取筛选性融合、理解的策略处理源语模因信息。第二是记忆（retention）阶段，指模因保持在宿主的记忆里。一般而言，如果宿主保存模因的时间越长久，那么模因实现语际复制与传播的概率就越大。而且，事实上是模因在记忆阶段的选择性十分显著，结果是那些经受了"考验"的模因能够得以记忆、保存下来。第三是表达（expression）阶段，表示模因必须设法从记忆储存状态转变成可以感知的有形物质。第四是传播（transmission）阶段，具体指模因需借助必要的载体传播给其他更多的受众。

就"绝山"英译看来，Pass quickly over mountains，having crossed the mountains，passing through mountains，这三位译者都对《孙子兵法》感兴趣，并全身心地投入到这项翻译工程，经过"记忆""表达"过程，进入第四个"传播"过程——借助英译变成翻译模因。

七、"不迷""知天知地"的翻译模因

7. "故知兵者，动而不迷，举而不穷。故曰：知彼知己，胜乃不殆；

---

① Heylighen F. *What Makes a Meme Successful：Selection Criteria for Cultural Evolution*. http：// pespmcl. vub. ac. Be/papers/memeticsNamur. html20k，1998.

知天知地，胜乃可全。"（第十篇《地形》）

（1）The wise soldier, once in motion, does not waver, and is never at a loss. As has been said："Know thyself; know the enemy; fear not for the victory." Also, if the season and the opportunity be realized, and the ground known, complete victory is certain. ① (E. F. Calthrop)

（2）…, once in motion, is never bewildered; once he has broken the camp, he is never at a loss. …; if you know Heaven and know Earth, …② (Lionel Giles)

（3）Therefore when those experienced in war move they make no mistakes; when thy act, their resources are limitless. … Know the ground, know the weather, …. ③ (Samuel Griffith)

（4）So it is that those who are well versed in warfare are never bewildered when they take action and their resourcefulness in overcoming the enemy is limitless.

Therefore, it is said：Know your enemy and know yourself, victory will not be at risk; know both heaven and earth, victory will be complete. ④ (Lin Wusun)

这个语篇里出现了两个兵学术语"不迷"与"知天知地"。对于"不迷"，梅尧臣注疏云："无所不知，则动不迷暗，举不穷困也。"王皙注疏云："善计者不迷，善军者不穷。"对于"知天知地"，李筌注疏云："人

① Calthrop, E. F. *The Book of War*, *The Military Classic of the Far East*, London：John Murray, 1908, p. 58.

② Giles, L. trans. *Sun Tzu on the Art of War*：*The Oldest Military Treatise in the World*, *with introduction and critical notes*. London：Kegan Paul, 2002, pp. 112–113.

③ Griffith, S. B. *translated and with an introduction*, *The Art of War*, *with a foreword by B. H. Liddell Hart*. Oxford：Oxford University Press, 1963, p. 231.

④ 孙武、孙膑：《孙子兵法》，林戊荪译，外文出版社 1999 年版，第 81 页。

事、天时、地利三者同知，则百战百胜。"张预注疏云："顺天时，得地利，取胜无极。"① 就"不迷"而言，四位译者分别英译成 does not waver，never bewildered，make no mistakes，never bewildered 等；就"知天知地"而言，他们英译成 the season and the opportunity be realized，and the ground known，know Heaven and know Earth，Know the ground，know the weather，know both heaven and earth 等相似的表达。这两个汉语模因经翻译变成英语模因，从代际角度看，起始模因 does not waver（不犹豫、不摇摆），根据中国注疏家的解释，语义上偏离较大，这是没有得到复制的主要原因。所以，其他译者根据自己的解读译为"不迷惑""不犯错误"，比较接近注疏家的意思。关于"知天知地"，关键在于"天"与"地"的表述，译者们有的理解为"天气与机遇"（the season and the opportunity），有的译作"天空"（Heaven），有的认为是"地面"（the ground），有的理解为"地利"（Earth）等。

模因之间到底存在什么样的关系？模因学认为，一般有共生关系（symbiont relationship）、互惠关系（mutual relationship）、共栖关系（commensual relationship）、寄生关系（parasitical relationship）等。② 具体落实到翻译模因，可能会呈现更复杂的模因关系。据此判断，"不迷"与"知天知地"的四个英语模因之间表现较明显的是共生关系、共栖关系——你中有我，我中有你，携手共进，部分复制，部分传播。

翻译模因是通过不断的跨语言跨文化复制、传播来体现自身价值的，所以，翻译模因凭借传递文化信息的形式活跃在不同的大脑之间。然而，模因既然是文化传播的信息单位，并非每个模因就能轻而易举地复制、传播，理由很简单——模因之间存在着激烈的竞争关系，类似的模因争夺复制的机遇，争取传播的领域。这里的竞争主要指大脑的观察力、记忆力等

---

① 孙武：《十一家注孙子》，曹操等注，郭化若译，上海古籍出版社 1978 年版，第 266 页。

② 苏珊·布莱克摩尔：《谜米机器》，高申春、吴友军、许波译，吉林人民出版社 2001 年版，第 194 页。

心理能力。翻译模因竞争的结果是，那些强势翻译模因进入异质语言系统，其他的可能出现一段时间之后，逐渐消退了。譬如说，术语"知天知地"里核心模因"天"与"地"，有"天气与机遇"（the season and the opportunity），有"天空"（Heaven），有"地面"（the ground），还有"地利"（Earth），自然是 Heaven 与 Earth 获得了强势模因的地位。

此外，翻译模因的复制、传播还与环境适应有着密切的关系。模因通过类比法仿效基因而炮制，自然要受达尔文生物进化论的启发，换而言之，模因要受制于生存环境的某些因素。《孙子兵法》的术语翻译是一种模因综合体，适应了目标语文化环境才能生存下来，有机会复制、传播。倘若被目标语文化的读者、社会排斥，就会中止翻译模因的进一步运作。

八、"践墨随敌"的翻译模因

8. "践墨随敌，以决战事。"（第十一篇《九地》）

（1）Shape your plans according to rule，and the circumstances of the enemy. ① （E. F. Calthrop）

（2）Walk in the path defined by rule and accommodate yourself to the enemy until you can fight a decisive battle. ② （Lionel Giles）

（3）The doctrine of war is to follow the enemy situation in order to decide on battle. ③ （Samuel Griffith）

（4）Be flexible when you decide your movements，ever ready to revise them according to the changing posture of the enemy. ④ （Lin

---

① Calthrop，E. F. *The Book of War*，*The Military Classic of the Far East*，London：John Murray，1908，p. 67.

② Giles，L. trans. *Sun Tzu on the Art of War*：*The Oldest Military Treatise in the World*，*with introduction and critical notes.* London：Kegan Paul，2002，p. 148.

③ Griffith，S. B. *translated and with an introduction*，*The Art of War*，*with a foreword by B. H. Liddell Hart.* Oxford：Oxford University Press，1963，p. 241.

④ 孙武、孙膑：《孙子兵法》，林戊荪译，外文出版社 1999 年版，第 99 页。

Wusun）

上面的语句需要关注一个重要的兵学术语"践墨随敌"，其确切的含义是什么呢？曹操注疏云："行践规矩，无常也。"王晳注疏云："践兵法如绳墨，然后可以顺敌取胜。"梅尧臣注疏云："举动必践法度，而随敌屈伸，因利以决战也。"① 翟林奈英译为 Walk in the path defined by rule，在注释里他解释"墨"为"绳墨"，引申为"行军的法则"；他还参照杜牧的"随敌人之形，若有可乘之势，则出而决战也"来理解"随敌"的意义——根据对方的情形，等待时机的出现（Conform to the enemy's tactics until a favourable opportunity offers，then come forth and engage in a battle that shall prove decisive）。② 由于翟林奈的汉学家身份，他比较熟悉中国的文化典籍，同时长于文献考证、比较、索隐，因此他的解读有一定的可信度。文言文里"践"表示"履行、实践、实行"等含义，格里菲思将"践墨"英译为 The doctrine of war（战争的准则），语义上不妥。"践墨"是个动宾结构的词汇，表示"遵循规则"，可当作名词使用，英译为 the obeying of rules，或者 rule-abiding 这样的动名词结构，符合术语翻译原则。

英译是把民族文化的模因复制、传播到海外，理想的翻译是将源语尽可能地复制到目标语模因复合体里，但同时保持一定的差异性。《孙子兵法》的术语模因经翻译与不同的语境融合，大多会导致一些变异，同一个源语模因在不同时期、不同译者的笔下更会产生鲜明的异质性。如"践墨随敌"这个源语模因，卡尔斯罗普翻译的起始模因是 Shape your plans according to rule，and the circumstances of the enemy，翟林奈英译为 Walk in the path defined by rule and accommodate yourself to the enemy，格里菲思转译成 The doctrine of war is to follow the enemy situation，林戊荪则翻译成 Be

---

① 孙武：《十一家注孙子》，曹操等注，郭化若译，上海古籍出版社 1978 年版，第 314—315 页。

② Giles，L. trans. *Sun Tzu on the Art of War*：*The Oldest Military Treatise in the World*，*with introduction and critical notes*. London：Kegan Paul，2002，p. 148 .

flexible，ready to revise them according to the changing posture of the enemy，这些翻译模因虽然都包含若干核心词汇，如 rule，enemy，但是具体的表述有很大的差别，因为源自典籍的术语属于模因综合体，承载了丰富的语言、文化蕴意。

由于历史久远，典籍往往微言大义，不同的译者必须解码原文主旨，潜心研究有关文献，达到交融的程度，精神世界受到源语模因的有效感染，水到渠成，进而成为新的宿主。译者根据自己的理解，借助英语重新编码，让源语模因复制，闯入新的英语文化环境，开启传播、生存、发展之旅，实现跨文化交际的意图。从模因的产生、传播角度看，《孙子兵法》英译实践是一个不断向前推进的文化外传过程，也是模因链持续拓展的历程。

九、"明""强" 的翻译模因

9."故以火佐攻者明，以水佐攻者强。水可以绝，不可以夺。"（第十二篇《火攻》）

（1）If water is to assist the attack，the flood must be overwhelming. Water may isolate or divide the enemy；fire may consume his camp；but unless victory or possession be obtained. ① （E-. F. Calthrop）

（2）Hence those who use fire as an aid to the attack show intelligence；those who use water as an aid to the attack gain accession of strength. By means of water，an enemy may be intercepted，but not robbed of all his belongings. ② （Lionel Giles）

---

① Calthrop，E. F. *The Book of War*，*The Military Classic of the Far East*，London：John Murray，1908，pp. 68-69.

② Giles，L. trans. *Sun Tzu on the Art of War*：*The Oldest Military Treatise in the World*，*with introduction and critical notes.* London：Kegan Paul，2002，p. 156 .

（3）Those who use fire to assist their attacks are intelligent; those who use inundations are powerful. Water can isolate an enemy but cannot destroy his supplies and equipment. ①（Samuel Griffith）

（4）Using fire to assist in attacks can produce notable results; using the method of inundation can make the attacks more powerful. However, while inundation can cut an enemy off, it cannot deprive him of his supplies and equipment. ②（Lin Wusun）

这个意群表示火攻、水攻的不同作用，出现了两个兵学术语"明"与"强"。《十一家注孙子》对这两个术语注疏不多，而且注解文字也简洁。对于"明"，梅尧臣注疏云："明白易胜。"张预注疏云："用火助攻，灼然可以取胜。"对于"强"，杜佑注疏云："水以为冲，故强。"梅尧臣注疏云："势之强也。"张预注疏云："水能分敌之军，彼势分则我势强。"③ 我们来考察一下这四位译者的英译情况：卡尔斯罗普没有翻译火攻的"明"，只翻译了水攻的"强"overwhelming（采用了形容词）；翟林奈英译为 intelligence，accession of strength（使用了名词、名词性词组），格里菲思转译成 intelligent，powerful（采用了两个形容词）。根据前面的注疏，他们的理解有问题，"明"表示"明白、明显"，而不是"明智"的意思。林戊荪则翻译成 notable results，powerful（使用了偏正性词组、形容词），理解也有偏差。"……者……"是文言文常用的句型，前面可以有动词词组（"以火佐攻""以水佐攻"），形成"者"字结构，指代人、事、物。根据语境判断，句子表示评价"以火佐攻""以水佐攻"这两种战术的特点——"明"与"强"。文言文句子的主语很多是隐性的，但根据上下文依然可以理解施事者与受事者之间的关系。卡尔斯罗普用 Water 与 fire 做主语，林戊荪采用

---

① Griffith, S. B. *translated and with an introduction*, *The Art of War*, *with a foreword by B. H. Liddell Hart*. Oxford：Oxford University Press, 1963, p. 243.

② 孙武、孙膑：《孙子兵法》，林戊荪译，外文出版社 1999 年版，第 103 页。

③ 孙武：《十一家注孙子》，曹操等注，郭化若译，上海古籍出版社 1978 年版，第 324 页。

动名词词组 Using fire 与 using the method of inundation 充当句子主语，而翟林奈、格里菲思则借助 those who 引导的定语从句，让隐性的主语显性化。

鲁迅认为，中国的文言文向来就不一致，主要原因是字难写，只好节省一些字词。当时人们的口语摘要，就是他们的文，成为今天人们的文言文了。① 春秋时期的《孙子兵法》自然有许多省略的内容，给现代读者的理解带来了很多困难；文字简约，一词多义，意蕴丰盈，年代久远，行文里存有众多空白点（lacunae）与不确定点（spots of indeterminancy），译者可发挥主体性填补省略的内容，利用大量的文内阐释空间，产生各不相同的翻译模因。译者是中介者，既有源语世界的语境，又有目标语世界的语境，还要预设读者的语境。考察这四位译者，有一个共同的特点，就是都误解了"明"的含义，其实它表示事物的判断——"用火助攻容易取胜，是显而易见的事"。尽管如此，译者大都采用不同的词法、句法结构，导致模因呈现、复制、传播线路的多样化。

民族文化的进步，除了内部系统的努力发展以外，还要不断吸收异域模因的精华来丰富自己、壮大自己。《孙子兵法》进入英语世界，从英语模因维度考察，汉英翻译活动就是通过语言媒介引进汉语的兵学思想模因，让民族文化保持进取、昂扬的态势，因为翻译是模因选择、传播、复制的过程，模因复制的继承与变异、深度与广度、力度与范围等因素可以左右翻译模因在目标语文化系统里的运行状况。

语际模因会经翻译进入异质的文化体系，那么文化体系是由什么构成的呢？一般而言，读者、社团、机构等社会群体构成了翻译模因得以生存的文化环境，众多的文化环境成就了庞大而复杂的文化体系。《孙子兵法》这样的典籍英译，翻译模因需要根据英语文化环境选择翻译策略，客观上要求译者深入了解西方文化背景，尽力规避因语言、文化差异而导致的认知偏差（cognitive deviation），熟悉西方读者的接受心理与阅读趣味，目的

----

① 孙武：《十一家注孙子》，曹操等注，郭化若译，上海古籍出版社 1978 年版，第 354 页。

是让翻译模因能更顺利地在英语世界复制、传递，实现传播不同文化知识、推动社会文明的目标。

20世纪70年代，美籍荷兰学者詹姆斯·霍姆斯（James S. Holmes）在"翻译学科创建宣言"《翻译研究的名与实》（The Name and Nature of Translation Studies）里规划了这门学科的最初设想。他将翻译研究分为"描写翻译研究"（descriptive translation studies，DTS）、"理论翻译研究"（theoretical translation studies，ThTS）与"应用翻译研究"（applied translation studies，ATS）三大模块。其中的"描写翻译研究"主要指描写翻译行为与翻译现象，"二者在经验世界里表现自我"①，与此相对的是传统的"规定翻译研究"（prescriptive translation studies，PTS）。据此，术语翻译也可分为"描写性"与"规定性"两类研究。模因学视角考察《孙子兵法》术语翻译属于"描写翻译研究"范畴，术语的基础是自然语言，模因的复制与传播必然遵循自然语言规律，因而具有变异性（variation）。从上面不同例子看来，一个术语经语际翻译，其翻译模因可拥有几个不同的指称。从历时的角度看，术语是随着学科的发展而不断变化的动态系统，知识体系会沿着新陈代谢的路径波浪式地向前推进，有些术语经翻译进入译语体系会后很快得到认可、传播与接受，有的术语在某个时期沉寂，但随着某个学术流派、学术思潮的勃然兴起而重新引起学界的关注。

以上我们从"模因论"的视角探讨了《孙子兵法》四个典型的全英译本的翻译模因复制与传播情况。英国生物学家道金斯受达尔文进化论启发，借助遗传学术语"基因"创造出新术语"模因"，将其引入人类文化学研究，拓宽了人文研究的视野，实现了跨界的成果传播；芬兰社会学者切斯特曼提出的"翻译模因论"，揭示了翻译在人类文化最大范围内进行

---

① 霍姆斯：《翻译研究的名与实》，载陈永国主编《翻译与后现代性》，中国人民大学出版社2005年版，第403页。

有效传播的新维度，描摹了中西兵学文化交流的某些面相，实现了"翻译模因论"从生物学到翻译研究的隐喻化过程（metaphorization）转变，将自然科学的术语引入人文学科研究，获取崭新的研究路径。从认知语言学看，翻译模因是人类隐喻思维的产物，借助替换两者相似性的类比（analogy），让概念从一个认知领域映射到另一个认知领域，是用已知比喻未知，用熟悉比喻陌生，用具体比喻抽象，目的是产生新知，帮助人们认识世界。

我们通过比较 1905 年英国军人卡尔斯罗普上尉翻译《孙子兵法》的首个英译本、1910 年英国汉学家翟林奈翻译出版的"学术型范本"、1963 年美国海军准将格里菲思英译的当代最畅销的英译本、1999 年国内资深学者林戊荪出版的"文化型译本"，探讨《孙子兵法》术语翻译模因演绎的大致历程，从历时的视角关注《孙子兵法》关键模因经过语际翻译所呈现的复制、变异、传播、接纳的轨迹与路径。

我们仔细分析了《孙子兵法》十三篇篇名的翻译情况，部分核心兵学术语的英译变异，比较了不同时代、不同身份、不同国籍的四位译者面对同一个汉语模因的篇名英译，从模因复制的保真性、变异性探讨了英语模因的复制、传播轨迹，初步揭示了模因借助语际翻译产生种种变化的理据，考察了英译模因在不同历史时期的演绎过程。

第六章 《孙子兵法》 回译研究

传统文化回译犹如重回阔别已久的家乡，浪迹天涯的游子也许会面对偶遇稚童的发问：

"少小离家老大回，乡音无改鬓毛衰。儿童相见不相识，笑问客从何处来。"

——贺知章《回乡偶书》

人是有思想的万物之灵长，会要不时地反思；一个民族发展到一定阶段也会沉静下来反思、检讨自己的演进过程。当今中国人对自我的观照除了自身的体验、鸟瞰与史料追溯，还可以去寻找另外的"镜像"——从西方人的凝视与关注里探寻我们传统历史文化的变迁，由此观照今日中国之生态。典籍英译的回译研究可有助于我们从他者的角度与思维反观自己的文化传统，更好地认识自己。

《孙子兵法》英译是一个把古汉语翻译成现代英语的过程，而从源语（文言文）到译语（现代英语）的转换经历了语内翻译与语际翻译两个阶段。第一阶段是语内翻译，即借助现代汉语合理地诠释典籍的古汉语。这是发生在汉语系统内的"古文今译"，源语是古汉语，译语是现代汉语。第二阶段是语际翻译，即借助"中介语"现代汉语，用现代英语确当地表达文言文。这是跨越语种的翻译，源语是现代汉语，译语是现代英语。

第一节　回译与《孙子兵法》回译研究意义

就《孙子兵法》英译文而言，回译是英译的逆向翻译过程，呈现出反向的思维方式。究其实质，《孙子兵法》回译研究主要是探索如何将汉英跨文化传播还原成英汉跨文化交际的过程，着重剖析文本文字、信息、文化等诸要素的保存、变异及其深层次的理据，为此，我们拟从"研究性回译"与"检验性回译"等两个层面加以论述。

一、回译概念与实质梳理

回译（back translation）也称作"逆译""解译""返译""反译"等，是相对于顺译（forward translation）而言的翻译学概念，它指将译语文本经再译回归源语文本的过程，主要由回译者（back translator）、新"源语文本"（new source language text）、再翻译（re-translation）、新"译语文本"（new target language text）等几个关键要素构成。回译源自文化返流，将已经在异国他乡传播、交流的信息翻译回来。

Shuttleworth 认为，回译就是"把已经译成特定语言的文本重新译成源语的过程（a process in which a text which has been translated into a given language is retranslated into SL）"[①]。他强调文本"重新译成源语"的过程，侧重于语言层面的回归。Al-Qinai 则指出，回译是考察译文改变原文程度的评估方法，可大致描述复杂的翻译过程，但这种评估法还受制于诸如译者能力、选词倾向、误读等因素。[②] 显然，他关注的是回译的功能。New-

---

① Shuttleworth, M. & Moira C., *Dictionary of Translation Studies. Shanghai Foreign Language Education Press*, 2004, p. 14.

② Al-Qinai J., *Translation Quality Assessment. Strategies, Parametres and Procedures*. Meta, 2000, 45 (3): pp. 497–519.

mark 提出，回译可充当检验译文质量的有效手段（The validity of literal translation can sometimes be established by the back-translation test）。① 冯庆华主张，"回译对译文的检验功效是其他方法无法企及的，因而回译在翻译实践中的重要地位也是不容怠慢的。或者可以说，回译的积极意义在翻译领域尚属一片有待继续开发的新领地，值得大家进行各种个性题材的挖掘和探讨"②，因此，回译研究是一片广阔的天地，研究者大有作为。

《孙子兵法》回译指将某个英译本（本章特指格里菲思译本）译回汉语（特指国内译者育委译本）的实践。《孙子兵法》回译这种翻译活动，从逻辑思维看，正好与传统的顺译（汉译英）背道而驰。从过程看，它指回译者视现有译语文本为"源语文本"，并将这个新"源语文本"再翻译成新"译语文本"（汉译本）的转换活动。回译可以揭示两个文本间内在的语言与文化联系，它虽立足于新"源语文本"，旨在产生新"译语文本"，但更多关注新"源语文本"在历时性语言与文化等元素发生变异时的调适性、平衡性探究。

二、《孙子兵法》回译研究的哲学意义

从哲学层面看，研究《孙子兵法》回译，有助于我们重新认识"二元对立"（binary opposition）这个形而上（metaphysics）的概念。二元论是辩证法的核心内容，长期以来在中外学界占主导地位。"二元结构是思想必不可少的分类，它是我们在力所能及的范围内理解现实的工具……我们既不能完全弃之不用，又不能完全信以为真"③，汤因比在此比较客观地指出了二分逻辑的认识论作用与局限性。将二元论引进翻译研究，衍生出一系列译学概念：直译（literal translation）与意译（paraphrase）、归化（do-

① Newmark, P. , *A Textbook of Translation.* New York：Prentice Hall. 1988, p. 74.
② 冯庆华：《文体翻译论》，上海外语教育出版社 2001 年版，第 436 页。
③ ［英］阿诺德·汤因比：《历史研究》，刘北成等译，上海人民出版社 2000 年版，第 423 页。

mestication）与异化（foreignization）、形式对应（formal correspondence）与动态对等（dynamic equivalence）、充分翻译（adequacy）与可接受翻译（acceptability）、语义翻译（semantic translation）与语用翻译（pragmatic translation）、直接翻译（direct translation）与间接翻译（indirect translation）等。这些是按"顺译"研究思路演绎而成的现代翻译理论术语，遵循作者到译者、原作到译作的习惯思维，以成对（pair-wise terms）的形式（二元对立的具体化）出现。

但是，从事《孙子兵法》回译研究，颠覆了顺译一贯恪守的"二元对立"原则，消解了"厚原作薄译作"的评价等级制（hierarchy）。回译不同于顺译，《孙子兵法》回译者育委面对的是新"源语译本"格里菲思英译本，努力的结果是产生了新的"译语文本"汉译本。相对于顺译的"终端产品"而言，需回译的新"源语译本"本身已经具有本源的实质（英语版《孙子兵法》），因而成为新的"出发语"（source language）。考察回译的整个过程，我们发现，从文本顺序看，新"源语文本"与新"译语文本"间产生一种奇特的"父子颠倒"关系：顺译里译语文本是源语文本的派生物（derivative），可在回译中原先的译本反过来变成了源语文本的根本与依托。从产生时间看，源语文本早已预设存在，回译者要做的是催生新"译语文本"，但无论回译者投入如何艰辛的工作，他都只是无限地接近源语，而难以实现真正的回归。这样，回译解构了顺译过程中所呈现的源文与译文间的二元对立（dichotomy），消解了作者与译者间的主导与依从关系，因而构建了一种新型的语篇关系。

尽管《孙子兵法》回译的终极目标是靠近始发地（《孙子兵法》古汉语版），但回译实践证明，既然译语文本已经踏上漫漫旅程，就难以再回归到位。原因就是译语一路风尘仆仆，跋山涉水，经过异域时空语言与文化的洗礼、浸润，再让它"原路返还"，难免已"带有抵抗性和消解性的污染源"，或者可能成为使新"译语文本"得到净化的"过滤器"。换而言之，新"译语文本"再次回归本土文化，"把输出的文化成分重新放回到它原来所处的位置。译入语文化背景成了一个不可或缺的参照系，只有与原来的落脚点相比对、照应，才能了解文本在往返的旅行中所发生的变化"①。

第二节 归化与异化：《孙子兵法》研究性回译

《孙子兵法》研究性回译主要包括归化与异化两个方面，它涉及汉译本的翻译策略倾向及由此产生的文化传播意义。

梳理中外文化交流史，我们发现，回译与典籍外译有着密切的关系。许多传统文化典籍大致经历了某个历史时期的外译、境外接受与传播、再回归发源地的复杂过程。佛经翻译是中国历史上的第一次翻译高潮，也是一次里程碑式的中外文化交流。唐朝的玄奘是集大成的译经大师，他也从事过回译实践，将佛教名著《大乘起信论》从汉语回译成梵语。该佛经梵语版在印度久已失传，玄奘就以梁代真谛三藏汉译本为底本翻译，救回了印度佛教缺失的重要典籍。这样，汉译佛经原本是为了汲取东方印度学营养，玄奘通过回译反哺佛经发源地，创造了中印佛学交流的一段佳话。

无论是从外语回译成母语，还是从母语回译成外语，都是文化还原的实现手段与载体，其主要过程是将某些语言文化语汇的译名还原成其原来的语言形式。在回译《孙子兵法》时，我们有必要将借自汉语的各种表达方式回译成汉语，即从外语回译成母语。思果认为，回译是一件难事："本来是外文，不管多难，都可以译成中文；独有原来是中文的外文译文，任何高手也译不回来；意思可以译对，却不是原文。任何人手上有原文，都可以拿出来指责你"②，因为回译供译者施展才情的平台很小，新"译

---

① 陈志杰等：《回译——文化全球化与本土化的交汇处》，《上海翻译》2008 年第 3 期，第 59 页。

② 思果：《翻译新究》，中国对外翻译出版公司 2000 年版，第 119 页。

语文本"给读者挑剔的机会却很多。

《孙子兵法》英译是一种西方化演绎，将英译本返译成汉译本属于中国式回译，这两个翻译过程都难免存在一些有意与无意的"曲解"，出现主动性误译与改写。从深层次看，不论是《孙子兵法》的"欧化"，还是其"汉化"，都涉及翻译的改写与操控理论，与之对应的是异化与归化的话题，即研究性回译。

《孙子兵法》回译的归化与异化，取决于翻译过程中存在的两大系统：背景变量（background variables）与内部变量（inner variables）。背景变量指翻译的外部因素，如意识形态、诗学、赞助人、读者期待、传播路径等；内部变量包括译者主体性、文本因素等。回译文本的归化与异化的实现，有赖于背景变量与内部变量对翻译策略、处理方式及翻译效果产生的影响与作用①。这样，根据文本回译性程度（back translatability），可分为"完全回译性"（complete back translatability）、"部分回译性"（partial back translatability）与"微弱回译性"（weak back translatability）等三类。

总的来说，虽然《孙子兵法》回译本在不同章节、不同语言层面存在不同的回译性，但是据我们深入研究，发现其回译本总体呈现这样的变化规律：如果顺译文倾向于归化策略，回译文就趋于"完全回译性"；顺译文介于归化与异化两种策略之间，回译文就呈现"部分回译性"；顺译文偏重于异化策略，回译文就归属于"微弱回译性"。

有学者认为，通过将回译文与源文对比，可揭示不同语言在语法、构词、语义等方面的深层次特征及差异，检验原文与译文之间的对等程度，检验不同译本之间的关系，了解不同译者的翻译操作倾向。② 这种倾向主要也体现于归化与异化，两者孰轻孰重，或是否等量齐观，通过顺译本与回译本对比可昭然若揭。

---

① 王宏印：《试论文学翻译批评的背景变量》，《中国翻译》2004 年第 2 期，第 36 页。
② 李英照等：《回译性与魏迺杰的中医术语翻译模式》，《辽宁中医药大学学报》2008 年第 11 期，第 208 页。

另外，典籍的知名度也影响回译文本的归化与异化程度。知名度高的典籍，译者容易找到其原文，直接采用"拿来主义"，照搬即是；知名度较低的典籍，就得仰仗译者的个人学养与翻译策略，能实现"部分回译"就不错了。

借助《孙子兵法》回译文本进行英汉对比研究，至少可探讨以下五个与译者相关的问题：（1）译者的个人翻译能力；（2）译者受制约的文化因素；（3）译者是否参照了原文回译；（4）译者是否存在某个语言层次上追求相同的预设；（5）译者是否存有某个语言层次上追求差异的预设，回译时有意放弃源语的词句。① 这些问题直接影响到回译文本的回译程度。

此外，仰仗《孙子兵法》研究性回译，让我们换个角度反思本土文化。Ramírez 提出，回译可以让那些鲜为外人所知的文化能更清晰地诠释自己，这样，"外人"便能洞悉那些异域文化的内涵，并称这是一种可以推广的方法。② 我们不仅要有国际视野，"风物长宜放眼量"，而且必须借助域外资源重新认识中国，向国内学者移译海外的西学，也需介绍海外的中学，所谓"西学中用"，回译"中学"再为"中用"。

总之，开展《孙子兵法》研究性回译，要求学者运用包括语言学、文献学、文化人类学、民族学等多学科知识，考证拟译文本的元典出处，发掘回溯文化流变的源头，考察、把握源语文化形态发展的源流，在翻译过程中揭示文化与翻译的内在关联。因此，回译也就成了文学影响研究、文化影响研究的手段与方法。

---

① 王建国：《回译与翻译研究、英汉对比研究之间的关系》，《外语学刊》2005 年第 4 期，第 82 页。

② Ramírez S. L. , *From People to Place and Back Again：Back Translation as Decentering—An Andean Case Study*. Ethnohistory，2006，53（2）：pp. 355-381.

第三节　古代兵学与现代传播效果：
《孙子兵法》检验性回译

1963 年，牛津大学出版社出版了美国海军准将格里菲思（Samuel B. Griffith）的英译本《孙子——战争艺术》（Sun Tzu：The Art of War），此书很快被联合国教科文组织收入"中国代表作丛书"。2008 年曾连续数月雄踞亚马逊 e-book 排行榜之首，创下单月 16000 本的销量纪录，成为当代最畅销的《孙子兵法》英译本，在英语世界产生了深远的影响。饶有趣味的是，2003 年北京学苑出版社出版了格里菲思英译本的汉语回译本《孙子兵法：美国人的解读》。该书声称，这是牛津大学出版社正式授权、名列该社畅销书单第二的图书。这里我们将结合该回译本，研究其在英语世界与汉语世界的检验性回译。

对于典籍外译来说，英语回译"是介于原作古文和英文翻译之间的一个混杂语文本……对于英文创造因素的保留和古汉语特点的保留比例是一个难题，但保留二者到达一个语篇和谐可读的程度，是理想的回译文的标志之一"①，这是语言层面的检验性回译论。事实上，我们着重探讨的是从《孙子兵法》英译语文本回译到现代汉语的情形，并不涉及保留古汉语或保留其多少成分的问题，其原因为：首先《孙子兵法》是很容易获得（accessibility）的知名典籍，译者不需要花心思"回译"成文言文；其次，现代人一般缺乏古文写作能力，客观上早已限制了古文回译本产生的可能性。

格里菲思英译本由中国译者育委回译成汉语，书名为《孙子兵法：美国人的解读》。考察全书，可发现以下两个特点：首先，育委回译了新

① 李玉良：《序》，载李玉良《〈诗经〉英译研究》，齐鲁书社 2007 年版，第 18 页。

"源语文本"（new source language text）Sun Tzu：The Art of War 的《〈孙子兵法〉十三篇英译文》《利德尔·哈特序》《前言》《导论》《附录》等，其中的《导论》包含了孙武生平、孙子文本流传、战国时代背景、孙武时代的战争、孙武论战争、孙子与毛泽东等；《附录》包括《吴起兵法》、孙子对日本军事思想的影响等内容。从体例上看，译者为突出孙武正文，将原来置于十三篇之前的其他篇章挪后，删除了《孙子兵法》西语译本、注家简介等章节。

其次，在每篇现代汉语回译文之后，都附有孙星衍《十一家注孙子》原文（其中的注疏是经格里菲思选定的部分，侧重于战例释义，其余的不少注家及其注疏均被略去），便于感兴趣的读者对照古汉语。

育委在《译者的话》中明确指出："今天，《孙子兵法》的魅力早已经超出了军事领域，而在工商业、体育产业甚至日常生活中能够得到广泛的应用。这是因为现代社会的本质就是竞争，这种竞争在工商业领域、在体育竞争中、在日常生活中无处不在，而《孙子兵法》所揭示的原理非常适合于这种竞争的需要。在欧美，《孙子兵法》的相关论述在有关企业战略、组织和竞争的不计其数的书籍、论文中被广泛引用。全球的许多工商业人士都发现了孙子的教诲的价值。"接着，他欣喜地宣称，该英译本"居然是全球最大的图书网站亚马逊（Amazon. com）的畅销书！而且，在亚马逊的 e-book 中，《孙子兵法》居然连续数月雄踞畅销排行榜第 1 名……在工商投资类排行榜长期位居前 10 名！而且居然是 2001 年全年畅销书第 8 名"①。他连续用三个"居然"赞叹《孙子兵法》出色的销售业绩，足以说明孙子在英语世界的知名度与影响力。虽然这是军人英译的军事型文本，但是孙子的兵学思想早已超越了现代军事，已成为工商投资类的指南性读本，因为俗话说："商场如战场。"孙子的用兵原则具有哲学的普世

---

① ［美］塞缪尔·B. 格里菲思：《孙子兵法：美国人的解读》，育委译，学苑出版社2003 年版，第 1—2 页。

价值，其非军事领域的应用意义自不待言。译者回译是着眼于孙子在经济、管理方面的应用价值，读者群为希望将孙武用兵之法运用到经济、管理领域的人士。

鉴于上述情形，我们将从三方面着力探讨《孙子兵法》的检验性回译。

一、回译本参照了原文回译与否

格里菲思的英译本，与著名英国汉学家翟林奈于 1910 年出版的偏重于考证、注释的"学术范本"相比，最大的特点是简单易懂、行文流畅、保留精髓，英语读者更容易将孙子与社会现实联系起来，所谓彰显"经世致用"的特征，因此，成为迄今为止在西方世界影响最大、流传最广的《孙子兵法》英译本。

首先，《孙子兵法》回译具有定向性（orientation），这是它与顺译的根本区别之一，因为译底①（destined source）是回译之前早已设定的，不以译者主观意志的改变而改变。其次，译底具有两面性（double-faced），既是译出语（对顺译过程而言），又是译入语（对回译过程而言），通达译底的回译文等同于顺译者的翻译对象。这里，孙子英译本或称"子本"（grand-son's version）前面摆着两个译底：一个是古汉语版，它是恒定不变的，可称为"祖本"（ancestral version）；另一个是现代汉语版，或称为"父本"（parental version），这是充满活力与变数的文本，也是我们需着重探讨的研究对象。"子本""父本"与"祖本"这三者之间呈现的关系可以借助下面的示意图来说明。从下图可知，究其实质性的学理，典籍回译的确是名副其实的"返祖现象"：

$$子本(英语)\rightarrow父本(现代汉语)\rightarrow祖本(古汉语)(回译)$$

----

① 译底指原语文本，本章特指《孙子兵法》古汉语本。

祖本（古汉语）→父本（现代汉语）→子本（英语）（顺译）

考察上面的简易示意图，我们看到，子本向着父本、祖本的方向运动，风雨兼程，就是《孙子兵法》英译本的回译路径。一路上，子本也许颠沛流离（稍稍偏离译出语），也许挪腾闪失（曲解译出语），也许一帆风顺（紧贴译出语）。总而言之，向着既定的目标不断进发。这样，子本（英语）→父本（现代汉语）→祖本（古汉语）就形成了一个完整的回译链（chain of back translation），也就是回译研究的生态系统。

翻译实际上是用一种不同的语言，在不同的语境下塑造一个他者，但这个他者已经不可能是纯粹意义上的他者了，也包含了译者个人经验的外在投射。在译作里，译者把中国模式与其个人的经验糅合在一起，创造出一个杂合的、西化的中国语言模式。

我们特别关注《孙子兵法》术语的回译问题，发现大致有两种情形：一是严格参照了原文回译，二是直接按英语回译。

严格参照原文回译，采用古汉语术语。如《行军篇》谈到几种军队应该远离的地形，格里菲思的英译文是：

> Where there are precipitous torrents，"Heavenly Wells"，"Heavenly Prisons"，"Heavenly Nets"，"Heavenly Traps"，and "Heavenly Cracks"，you must march speedily away from them. Do not approach them. [1]

育委的回译文：

> 当遇有绝涧、天井、天牢、天罗、天陷与天隙时，必须迅速远离。不要接近。[2]

---

[1]　Griffith, S. B., *Sun Tzu: The Art of War*. Oxford: Clarendon Press, 1963, p. 118.

[2]　[美] 塞缪尔·B. 格里菲思：《孙子兵法：美国人的解读》，育委译，学苑出版社2003年版，第137页。

孙子的原文：

> 凡地有绝涧、天井、天牢、天罗、天陷、天隙，必亟去之，勿近也。①

很显然，译者完全照搬了孙子十三篇的术语，这组术语的回译是全部抵达译底，也可以说是完整保留了术语的古文表达方式。

直接按英语回译，属于解释性翻译。《九变篇》开头谈到进入什么地形应采取何种策略的原则。格里菲思的英译本是：

> You should not encamp in low-lying ground. In communicating ground, unite with your allies. You should not linger in desolate ground. In enclosed ground, resourcefulness is required. ②

育委的回译文：

> 不应在低洼的地方扎营。在四通八达的地方与邻国建立同盟。不应在荒无人烟的地方逗留。在易被包围的地方，需要足智多谋。③

孙子的原文：

> 圮地无舍，衢地合交，绝地无留，围地则谋。④

回译文没有参阅孙子原文，而是按英译文译出。译者没有意识到"圮地、衢地、绝地、围地"是兵学术语，只是当作普通名词回译而已，丢失了兵学特色。

---

① 孙武：《十一家注孙子》，曹操等注，郭化若译，中华书局 1962 年版，第 150—151 页。

② Griffith, S. B., *Sun Tzu: The Art of War.* Oxford: Clarendon Press, 963, p. 111.

③ ［美］塞缪尔·B. 格里菲思：《孙子兵法：美国人的解读》，育委译，学苑出版社 2003 年版，第 123 页。

④ 孙武：《十一家注孙子》，曹操等注，郭化若译，中华书局 1962 年版，第 132—133 页。

有关《孙子兵法》十三篇标题，每篇古汉语虽然不过几个字，但格尔菲思均做了题解。这样，为避免兵学要义易流于浅表，他作注解说明，以免读者望文生义。他对孙子各篇题旨所作的解读，通常包含在译本前言里，有的在译文中解说题旨。其通常做法是仔细考察各篇标题的字义，解读篇名的具体含义，概述各篇的段落结构、思想要点与论证过程。但回译文里，没有翻译迹象，直接从古汉语搬来用上。

二、存在某个语言层次上追求相同的预设与否

回译研究需设立一个前提：回译是一种跨语言、跨文化的交际，更确切地说，这是一种回归原交际的还原交际过程。回译文变异程度的大小与顺译文的质量密切相关，也与译者主体因素有关。这表明，译文不能一次到位或一蹴而就，而是通过回译，受原文校验而定。

通过检验《孙子兵法》回译文，我们可确定译者是否诉求某个语言层次的相似。话语（discourse）指译面的超出句子范围的语言环境，它是该译面周围与之毗连的相关句子的集合体。具体而言，它可以是句子、句群、段落、章节乃至整部作品。至于语用意义的确定及传达，起决定作用的是广义的上下文，这不仅涉及话语的修辞特征、语域与感情色彩，而且涉及句子的交际功能切分，还涉及新目标语的读者因素、主流意识、传播环境与话语管制。

我们以《用间篇》的片段为分析语料（analytic corpus），发现回译文存在话语层面的相同预设（similar presupposition）；考察其他十二篇，也有这样的语言现象。

格里菲思的英译文：

> Of all those in the army close to the commander none is more intimate than the secret agent; of all rewards none more liberal than those given to secret agents; of all matters none is more confidential than those

relating to secret operations. ①

育委的回译文：

> 军队中所有人与将帅的关系都比不上间谍与将帅关系的亲密程度；对任何人的奖赏都没有对间谍的奖赏那样慷慨；在所有事物当中没有比涉及间谍的事情更机密的。②

孙子的原文：

> 故三军之事，莫亲于间，赏莫厚于间，事莫密于间。③

这是一段表示因果关系的话语，孙武用一组排比句从三个方面强调间谍的重要性：关系最密切，奖赏最丰厚，事务最机密。英语也借助排比句式对译。回译文"父本"处于"子本"（英语）与"祖本"（古汉语）之间，一方面它是"子本"的直接产物，另一方面它受"祖本"的隐性制约（主要是语义），所以，回译文里存在许多"相同的预设"，无论是有意的（参照古汉语原文），还是无意的（直接英译），这点在话语层面十分明显。

另外，话语水平的"相同预设"也与译者的母语有关。育委是具有博士学位的国内译者，其回译是外语译成汉语，他掌握丰富的中国传统文化知识，比外国译者具有更多的译前知识储备优势，因而在翻译实践过程里比外国译者具备更多的背景变量（background variable）。回译的背景变量指背景知识、情景知识、跨文化交际知识等。因为回译的对象不是孤立的语言单位，而是整个话语，对回译文的"相同预设"作用不可低估。

翻译家傅雷认为，译事要以艺术修养为根本，如果译者缺乏丰富的同情心、适当的鉴赏能力、相当的社会经验、充分的常识（所谓杂学），那

---

① Griffith, S. B., *Sun Tzu: The Art of War*. Oxford: Clarendon Press, 1963, p. 147.
② ［美］塞缪尔·B. 格里菲思：《孙子兵法：美国人的解读》，育委译，学苑出版社2003年版，第198—199页。
③ 孙武：《十一家注孙子》，曹操等注，郭化若译，中华书局1962年版，第231页。

么，他就难以彻底理解原作要义，即使理解，也未必能深切领悟原作精神。傅雷根据自己长期以来潜心翻译法国文学作品的亲身经历，强调"艺术修养""鉴赏能力""社会经验""充分的常识"等要素的重要性。[①] 其实，这些要素就包括在背景变量内。对于顺译如此，回译也同样不例外。译者的"背景知识、情景知识、跨文化交际知识"在回译里发挥着重要的作用，往往制约着回译文里"相同预设"的质与量，制约着回译文在目标语体系的接受程度。

译底（destined source）是回译的"父本"，其极致目标是"祖本"，同时是至译[②]（complete translation）需要实现的目标。如何达到至译的要求呢？我们主张一定得查找相应的起初文献，努力按图索骥，找到所需的译底。与顺译方法相比，回译有其自身的特点，主要区别是，为了获得至译的效果，回译必须增加所谓的"检索模式"（retrieve mode），设法找到回译的译底——犹如谜底，而且译底必须要回归到相应文献的特定出处（specific source）。一般而言，回译检索方式有两种——人工检索（human retrieve）与机器检索（machine retrieve）。所谓人工检索，指译者尽力搜寻（如通过国内外各类图书馆）所有可能包含译底的文献，包括古今中外、不同语种的资料。所谓机器检索，表示译者借助网络（目前有超强功能的大数据，国内外皆可），或者借助软件搜索回译的译底。无论是人工检索，还是机器检索，研究者或译者都可以根据心理期待而设定，也可以根据研究思路、研究目标、研究流程而选择。既可单独使用某一种检索方式，也可同时使用人工检索、机器检索，提高工作效率。

但是，《孙子兵法》的译底不仅仅是古汉语"祖本"，还包括现代汉语"父本"，所以译底不是唯一的，而且因受制于许多背景变量而产生的系列译底，呈现出一对多的关系。

---

① 傅雷：《傅雷文集（书信卷）》，当代世界出版社 2006 年版，第 719 页。
② 至译指回译本与原语本完全一致的情形，比如回译汉语与《孙子兵法》古汉语本完全相同。

三、存在某个语言层次上追求差异的预设，回译时有意放弃源语的词句

无论是抽象的翻译研究，还是具体的翻译实践，我们发现，借助回译可以发现顺译过程出现的诸多情况，根据实际需要采取改译、再次"顺译"的方法，可努力达到理想的"定译"（final version）。一般可以涉及三个层面的回译，由此可清楚地判断译者是否追求差异的预设，回译时有意放弃源语的词句等情形。

我们认为，三个层面的回译具体指以下三种情形。（1）"词语层回译"：回译语中的几个词（或整个词组）与顺译语中的一个词相对应。词组层回译最明显的情形是习语或固定词组的回译。（2）"句子层回译"：回译对应的语言单位大多表现在句子层面，因为句意并不简单地等同于各个词与词组意义的总量。（3）"话语层回译"：回译时将整个话语看作翻译单位，可在较开阔的视野下考察回译效果。

顺译语已与源语产生了一定的距离，即所谓的语言方面的"隔"与文化方面的"隔"。回译会造成二度的"隔阂"。但如果我们将话语层当作一个回译单位，那么，回译文到达译底的概率就会显著增加，这正好符合了"大礼不辞小让"的说法。因此，从词语层回译、句子层回译到话语层回译，回译单位逐级提升，通往译底的可能性也逐渐增大。我们认为，回译的总体趋势表现为归化，回译文跋山涉水，说尽千言万语，吃过千辛万苦，使尽千方百计，好不容易到达译底。

我们试通过解剖孙子《地形篇》的三段话语，考察回译文在上述三个层面是否"追求差异的预设"及其预设效果。

格里菲思的英译文：

Ground may be classified according to its nature as accessible，entrapping，indecisive，constricted，precipitous，and distant.

Ground which both we and the enemy can traverse with equal ease is called accessible. In such ground, he who first takes high sunny positions convenient to his supply routes can fight advantageously.

If I first occupy constricted ground I must block the passes and await the enemy. If the enemy first occupies such ground and blocks the defiles I should not follow him; if he does not block them completely I may do so. ①

育委的回译文：

（1）根据其特点，地形可分为"通地""挂地""支地""隘地""险地""远地"。

（2）敌我双方可以同样轻易穿越的称为"通地"。在通地中，谁能够首先占据向阳的高地并保持后勤线路的畅通，谁就占有优势。

（3）如果我先占据隘地，则必须封锁所有道路并等待敌人。如果敌人先占据了隘地并封锁了道路，则我不应跟进；如果敌人没有完全封锁道路，则我可以跟进。②

孙子的原文：

地形有通者、有挂者、有支者、有隘者、有险者、有远者。我可以往，彼可以来，曰通。通形者，先居高阳，利粮道，以战则利……隘形者，我先居之，必盈之以待敌。若敌先居之，盈而勿从，不盈而从之。③

----

① Griffith, S. B., *Sun Tzu: The Art of War.* Oxford: Clarendon Press, 1963, pp. 124 - 125.

② ［美］塞缪尔·B. 格里菲思：《孙子兵法：美国人的解读》，育委译，学苑出版社2003年版，第151—152页。

③ 孙武：《十一家注孙子》，曹操等注，郭化若译，中华书局1962年版，第167—169页。

从"词语层回译"角度考察，第一段回译文的兵学术语完全参照了孙武原文，几乎是直接照搬，译者没有回避源语的词句。如果用英语翻译，则会遇到如何表述的挑战，因为"通地""挂地""支地""隘地""险地""远地"这组术语属于本源概念（indigenous concept）①，是经春秋战国时期及此前漫漫历史、文化的积淀，逐渐演绎而形成的特有或本土（endemic or native）观念，难以再另起炉灶。不过，若是顺译，则可采取音译策略，但这是回译成汉语，所以照搬源语的词语为宜。第二段与第三段回译文里存在不少故意放弃源语词汇的现象，理由是非术语表达的弹性很大，可分为解释性、说明性、同义转述等情形，"求异原则"便于体现回译者的创造性因素。

从"句子层回译"角度考察，格尔菲思英译文已部分改造了孙子古汉语（如 according to its nature 是衍生义，he who first takes high sunny positions 里的人称代词显化了原文的隐性代词等），所以，回译文改变了句式表达，变得散漫随意。

对于经得起回译考验的顺译文来说，其传播的频率将会大大增强，因为母语译成外语较之外语译成母语更难，所以，顺译时译者便利用回译，即外语中可能已有的介绍来参照。

从"话语层回译"视角观察上述回译文，这三段话语是介于古文今译与英汉顺译的混合性话语，但仔细考察，它们更多地倾向于英语译本。

从结构上看，话语（discourse）由句子组成，是大于句子的语言单位。从功能上看，话语是一个语义单位，语篇与句子之间的关系是"体现"（realization）关系，话语由句子体现，也就是说句子体现了话语语义，意义体现于整个话语。因此，翻译是一个自上而下（top-down）的心理整合过程。

话语的意义是一个立体结构，其内部各子系统（词语、句子）既有独

----

① 本源概念英译已在第二章第三节专门论述，此处从略。

立性，又有互补性。翻译单位具有层级性（hierarchy），初级单位是词语，最高单位是话语。以话语为单位分析原文是译者在翻译过程中的重要程序，译者不但要从词、句、段的角度，更要从话语层次理解原文的意义，有助于从不同层面考察回译。

由此看来，回译无法达到译底，就可遵循"译心加注"的原则。如果再进一步细分，回译分至译与部分至译两种，这样，回译的规范与标准也相应分两种：对至译而言，要求是达至译底；对于部分至译，可采取"译心加注"① 方式，同时说明未查出译底，以利他人通过其他途径深入查找、考证。

回译者在回译实践中发挥着至关重要的作用，他出入于新"源语文本"与新"译语文本"之间，不断借助"比较、对照、解析、推论、评价、综合等一系列过程，展现复杂的变异发生轨迹，并在回译中再现这种变异。因此，回译实际上成了一种逆向思考、追寻与再现这个文化交往发生学轨迹的过程"。② 回译研究可以换个维度审视民族文化。

第四节　激活与遮蔽：《孙子兵法》文化层面回译

英国著名中医翻译家与译论学者魏迺杰（Nigel Wiseman）主张"源语导向法"，该理论在其博士论文《中医术语翻译——源语导向的方法》（Translation of Chinese Medical Terms A Source-oriented Approach）里有深入的阐述。中医是中国文化元典的重要组成部分，英译中医与英译《孙子兵法》具有许多共性。据魏迺杰中医术语翻译模式，我们可从"直译法的回

---

① 译心加注指回译者对暂时无法达到至译的译语添加注释、说明。
② 陈志杰等：《回译——文化全球化与本土化的交汇处》，《上海翻译》2008 年第 3 期，第 59 页。

译性""仿造法的回译性""造词法的回译性""比照西方军事法的回译
性"① 等多方面探讨《孙子兵法》的文化方面的回译问题，以下拟从"激
活"与"遮蔽"两个层面展开论述。

中国典籍英译需跨越时空、语言、文化、专业知识等多重困难，对此
许多翻译大家都深有感触。钱锺书为李高洁（Le Gros Clark）的英译评注
本《苏东坡的赋》撰写过前言，他感叹道："时隔久远，如果英语读者看
了译文依然不能像中国读者那样与苏东坡会心地微笑、寒暄，这可能与翻
译不容易有关，肯定不是这位优秀译者的过失（If the English reader still
cannot exchange smiles and salutes with Su across the great gulf of time so famil-
iarly as the Chinese does, it is perhaps due to a difficulty inherent in the very na-
ture of translation. It is certainly no fault of Su's accomplished translator. ）。"②
这段话表明，即使学贯中西的钱锺书也认为翻译绝非易事，而且他对自己
的翻译也表示不满。他曾借用亚理奥斯多（Ariosto）的话，"稍变希腊成
谚，非谓驴不解听琴，而谓驴不解鼓琴、驴与牛不解奏弹乐器"，接着说
"余译文不确"。③ 法国文豪雨果（Victor Hugo）谈起翻译时提出一个令人
耳目一新的比喻，他说翻译犹如"以宽颈瓶里水灌注入狭颈瓶内，傍倾而
流失者必多（Traduire, c'est transvaser une liqueur d'un vase a col large dans
un vase a col etroit; il s'en perd beaucoup）"④，文言文与英语间的语际翻译
差异更大，将《孙子兵法》英译文回译成汉语，可更好地检验两种语言文
化转换带来的变异。

回译典籍成汉语也同样会遭遇上述挑战。我们把译文能够回到源语文
本的程度称为回译度，回译度越高，译文就越容易回到源语文本，即到达

① 李英照等：《回译性与魏迺杰的中医术语翻译模式》，《辽宁中医药大学学报》2008
年第 11 期，第 209 页。
② 钱锺书：《钱锺书英文论集》，外语教学与研究出版社 2005 年版，第 50 页。
③ 钱锺书：《管锥编》，中华书局 1986 年版，第 244 页。
④ 罗新璋、陈应年编：《翻译论集》，商务印书馆 2009 年版，第 32 页。

译底。

回译涉及的不仅是静止的语言（static language），而且还有语言里承载的个性鲜明的民族文化，因此，回译的过程就包含不断解译（decode）文化与编译（encode）文化的双文化性（biculturism）。这就需要文化调适（cultural adaption），它指的是回译者跨越语言文化的国界，将顺译文里体现的文化因素设法向回译文转变、调适与整合，以顺应回译语的文化需求。合格的回译者，必须拥有深厚的双文化底蕴。要实现成功的回译，双文化能力比双语言能力更重要，这一点与顺译的情形一样。

一、检验"直译法的回译性"

所谓"直译法的回译性"，主要指直接移译原文字面含义的回译程度。因为源语与译语都是普通名词，普通读者比较熟悉，所以具有较好的回译性。此类情形在《孙子兵法》回译文里最普遍。

《行军篇》提到如何根据自然因素来判断敌情的段落是属于典型的"直译法的回译"，孙武在这几段原文里很少出现兵学术语，但运用了一连串的排比句，铿锵有力，体现出军旅群体那种恢宏阳刚的气势。

格里菲思的英译文：

（1）When the trees are seen to move the enemy is advancing.

（2）When many obstacles have been placed in the undergrowth, it is for the purpose of deception.

（3）Birds rising in flight is a sign that the enemy is lying in ambush; when the wild animals are startled and flee he is trying to take you unaware.

（4）Dust spurting upward in high straight columns indicates the approach of chariots. When it hangs low and is widespread infantry is approaching. ①

育委的回译文：

　　（1）当看到众树摇动，则敌人正在行军。

　　（2）当杂草丛生之处设置有许多障碍物时，是为了欺骗我军。

　　（3）许多鸟儿飞起是敌人有埋伏的信号；当野兽受惊逃跑，是敌人正试图对我进行出其不意的袭击。

　　（4）尘土腾起高而直，表明战车的到来。当尘土低空笼罩并弥漫时，是步兵正在到来。②

孙子的原文：

　　众树动者，来也；众草多障者，疑也；鸟起者，伏也；兽骇者，覆也；尘高而锐者，车来也；卑而广者，徒来也。③

　　孙武的原文颇有节奏感，采用了六个排比式的判断句，从"我方"的视角观察"树动""草丛""飞鸟""惊兽""尘土"等变化，用以侦察、判明相应的敌情。自然界的风吹草动成了军事行动的重要侦察依据，这生动地描摹了 2500 多年前春秋战国时期的行军场景，富于兵学文化特色。

　　格里菲思英译文的第一段与第三段说明了侦察敌我的视角，与孙武本义相吻合；但第二段与第四段出现了变异，关键是谁设置了 deception，将出现哪方的 chariots 与 infantry，这些重要元素均语焉不详。再看育委的回译文，第二段修订了英语，加上了"敌人有埋伏"与"敌人正试图"的主

---

① Griffith, S. B., *Sun Tzu: The Art of War.* Oxford: Clarendon Press, 1963, pp. 118 - 119.

② [美] 塞缪尔·B. 格里菲思：《孙子兵法：美国人的解读》，育委译，学苑出版社 2003 年版，第 138—139 页。

③ 孙武：《十一家注孙子》，曹操等注，郭化若译，中华书局 1962 年版，第 153—154 页。

语，第四段则还是顺着英语直接译出。因此，"直译法的回译性"有可能"激活"了兵学文化的主体部分，而同时会"遮蔽"了某些细节，可是如果回译者深入参照了孙武原文，还是有补救措施的。

文化传播的效果如何，主要取决于顺译者的译文质量，有些译文可能将文化因素恰如其分地传递出去，有些可能会出现文化零译，甚至是文化误译的现象。当然，有时采用文化勿译的策略也未尝不可，而要对这一切做出检验，回译可以充当检测译文的试金石。

二、检验"仿造法的回译性"

"仿造法"指顺译文里借用已有的译入语（汉语）单词来表达《孙子兵法》特有的概念，重新排列组合相关源语（英语）单词，组成新的概念与表述。由于在词语层面上具有明显对应的关系，所以也较容易回译成汉语。

回译具有定向性，所以顺译文中的定向参数越多，顺译文的回译度就越高。充当定向参数的因素有直译中的关键词、音译、解释、标注等，通常具有两个或两个以上定向参数的顺译文较强。例如，有些引文采用了直译加音译的原则，可以说具有较高的回译度。

《地形篇》有涉及治军的语段，阐述了将领与士兵之间强势、弱势的对比关系会影响军队作战的观点。

格里菲思的英译文：

Now when troops flee, are insubordinate, distressed, collapse in disorder or are routed, it is the fault of the general. None of these disasters can be attributed to natural causes.

When troops are strong and officers weak the army is insubordinate.

When the officers are valiant and the troops ineffective the army is in distress. ①

育委的回译文：

> 所以，当士兵逃跑、不顺从、军队陷入困境、在混乱中崩溃
> 或被击溃时，都是将帅的过失。这些灾难中没有一个是能够归咎
> 于自然因素的。
>
> 当士兵强悍而将领懦弱，则军队就是不顺从。
>
> 当将领勇敢但士兵无能时，则军队陷入困境。②

孙子的原文：

> 故兵有走者、有驰者、有陷者、有崩者、有乱者、有北者。
> 凡此六者，非天之灾，将之过也……卒强吏弱，曰驰；吏强卒
> 弱，曰陷。③

孙武原文有一组兵学术语，包括"走、驰、陷、崩、乱、北"等表示士兵出现六种特殊情形的表达式，这些是名词性术语。其英译文是 flee，insubordinate，distressed，collapse in disorder 与 routed，变成了动词与形容词，充当谓语，不仅改变了源语词性，而且也不符合术语译名的原则。回译文是"逃跑、不顺从、军队陷入困境、在混乱中崩溃或被击溃时"，经再度变异，只是解释性翻译。

三、检验"造词法的回译性"

何谓"造词法"？它指这样一种情形：根据源语（英语）的概念去对应相关的汉语概念，但因缺乏字面意义的直接提示，回译性比仿造法翻译

---

① Griffith, S. B., *Sun Tzu: The Art of War*. Oxford: Clarendon Press, 1963, pp. 125 – 126.

② ［美］塞缪尔·B. 格里菲思：《孙子兵法：美国人的解读》，育委译，学苑出版社 2003 年版，第 152—154 页。

③ 孙武：《十一家注孙子》，曹操等注，郭化若译，中华书局 1962 年版，第 172 页。

要弱一些。虽然汉语的内涵与英译文在语义场上有交叉重叠，但语言的规约性等因素，使得回译文很可能不是源语，而是接近源语意思或有语义重叠的语汇。

汉语文化成分通过各种方式借入到外语，回译这些文化成分主要靠译者的知识储备，必要时查阅有关资料，一般不允许含创造性因素。

《势篇》介绍了一个重要的概念"势"，很能体现当时的兵学文化特色。"势"有多种含义。李筌曰："得势而战，人怯者能勇，故能择其所能任之。"曹操曰："用兵，任势也。"王晳曰："势者，积势之变也。善战者能任势以取胜，不劳力也。"① 由此可见，历代注家对"兵势"术语的理解都比较宽泛笼统，有的作同义解释，有的作比喻性说明。但综合出现"势"字的语段，考察其语境，它主要包含"态势、能势、威势、气势、任势、因势、地势"等多种意义，从不同视角揭示了"势"存在或发生的主观因素、客观环境、显著特点等，阐明了兵势的人为性、隐蔽性、自然性与偶然性等性质。

中国古代兵法讲究"势"，很看重"势"的作用，将它摆在一个很重要的地位。据我们统计，"势"在《孙子兵法》里出现了16次。黄朴民认为："在孙子看来，所谓'势'，就是'兵势'，它作为中国古典兵学的一个重要范畴，主要是指军事力量合理的组合、积聚和运用，充分发挥其威力，表现为有利的态势和强大的冲击力。"② 可见，"势"是动态的，不同于静态的"形"，与战略有关。

格里菲思将《势篇》标题译为 energy，还提到汉字"势"的英语内涵，可以用 force、influence、authority、energy、potential、situation 等不同单词来英译③，显示出与其他译者不同的职业军人素养，给自己的作品打上了深刻的军事烙印。

---

① 孙武：《十一家注孙子》，曹操等注，郭化若译，中华书局1962年版，第65页。
② 黄朴民：《大话〈孙子兵法〉》，齐鲁书社2003年版，第46页。
③ Griffith, S. B., *Sun Tzu*: *The Art of War*. Oxford: Clarendon Press, 1963, p. 90.

以下是选自《势篇》的结尾段落，通过描述水的冲击力，突出"势"的"动力、动量"（momentum）。格里菲思的英译文：

He who relies on the situation uses his men in fighting as one rolls logs or stones. Now the nature of logs and stones is that on stable ground they are static; on unstable ground, they move. If square, they stop; if round, they roll.

Thus, the potential of troops skillfully commanded in battle may be compared to that of round boulders which roll down from mountain heights. ①

育委的回译文：

在作战中依据形势来用人就如同滚动圆木或石头。圆木和石头的本性是在平地上是静止的，而在不平的地面上，它们就会滚动。如果其形状是方的就会静止，如果其形状是圆的，就会滚动。

因此，善于指挥作战的人所造成的部队的潜能可以比作从山坡上滚下的圆石。②

孙子的原文：

任势者，其战人也，如转木石。木石之性，安则静，危则动，方则止，圆则行。

故善战人之势，如转圆石于千仞之山，势也。③

"任势者，其战人也，如转木石"一句，格里菲思将"势"英译为 the

① Griffith, S. B., *Sun Tzu: The Art of War*. Oxford: Clarendon Press, 1963, p. 95.

② ［美］塞缪尔·B. 格里菲思：《孙子兵法：美国人的解读》，育委译，学苑出版社2003 年版，第 81 页。

③ 孙武：《十一家注孙子》，曹操等注，郭化若译，中华书局 1962 年版，第 79 页。

situation，表示"态势"，显得缺乏字面意义的直接提示。"如转圆石于千仞之山，势也"一句，既包含了速度，也包含了自高处落下产生的力量。用物理学的术语转述，物体的重力势能与物体的质量、高度、重力加速度是成正比例的，它指"动能"（物体因运动而产生的能量）、"位能"，或称"势能"。因此，巨石的冲击力就等于巨石的重量与动能、位能相乘之积①，对应的英译语为 the potential。这里，借助现代科学的术语描述，澄清了"势"的速度与冲击力的含义，这是孙子所谓的"善战人之势"，表示只要形成凌敌威势，就可以对敌实施有效的军事打击。而回译文则把关键术语译成"形势"与"潜能"，"遮蔽"了兵学文化里该体现的"态势、能势、威势"等要素，难以"激活"孙武借助"木头、石头与高山滚圆石"等鲜明而生动的词语表述所蕴藏的文化内涵。

四、检验"比照西方军事法的回译性"

什么是"比照西方军事法的回译"？它指参照现代军事学的表达方式，绕着弯子翻译孙武兵学思想的策略。纵观孙子《十三篇》，这部分回译度不高，时常还会出现因"欠额翻译"（under-translation）而产生的"文化亏损"（cultural deficiency）的现象，涉及文化负载词语的英译尤其明显。

有学者从语言关联理论角度考察回译，指出"回译本身也是一种交际，真正的回译必须是复制原交际，而那些为了研究两种语言结构差异的回译只能是一种新交际的产生，充其量能起到一定程度上反映原文结构的作用"②。回译不仅限于复原部分语言结构，还应着力于复原一定层面的文化元素。

与顺译者一样，回译者同样受到一定时间与空间等多种因素的制约，

① 古棣主编：《〈孙子兵法〉大辞典》，上海科学普及出版社1994年版，第3页。
② 王建国：《回译与翻译研究、英汉对比研究之间的关系》，《外语学刊》2005年第4期，第83页。

而不仅仅是一种新的翻译交际行为。为此，在利用回译进行相关领域的研究时，不仅要认真审视顺译文、回译文，还必须考察顺译者与回译者、顺译文读者与回译文读者，这样才能真正认识到回译在相关领域中的价值，经过回译这一熔炉的考验，相信任何一种文化的复出都会带来价值上的提升。

《计篇》里有一段学界一直以来颇有争议的文字，很能反映春秋战国时代的社会文化与兵学体制。孙武的原文：

　　将听吾计，用之必胜，留之；将不听吾计，用之必败，去之。①

梅尧臣曰："武以十三篇干吴王阖闾，故首篇以此辞动之。谓王将听我计而用战必胜，我当留此也；王将不听我计而用战必败，我当去此也。"② 梅氏说得十分清楚，把"将"字当作连词用，意为"假如"。古代注疏家如杜牧、王皙、张预等与梅氏理解相似。《孙子兵法》研究知名学者郭化若也将该字释为"如果"。这样看来，"将"字作连词"如果"解释似乎占了上风，凸显了孙武用兵的主动权力，强调了将帅的作用。

但也有学者把上句的"将"字当作名词"将军"解。早在梁代的孟氏曰："将，裨将也。听吾计画而胜，则留之；违吾计画而败，则除去之。"③ 当今学者刘唯力④、朱军⑤等力挺孟氏之说，专门撰文阐述己见。

格里菲思的英译文：

　　If a general who heeds my strategy is employed he is certain to

① 孙武：《十一家注孙子》，曹操等注，郭化若译，中华书局 1962 年版，第 10 页。
② 孙武：《十一家注孙子》，曹操等注，郭化若译，中华书局 1962 年版，第 10—11 页。
③ 孙武：《十一家注孙子》，曹操等注，郭化若译，中华书局 1962 年版，第 10 页。
④ 刘唯力在 1988 年第 5 期《中国语文》上发表了论文《〈孙子译注〉商榷》，认为"将听吾计"的"将"不作"假如"解释，而作"将军"理解。
⑤ 朱军：《〈孙子兵法·计篇〉探微三则》，载于汝波等编《〈孙子〉新论集萃：第二届〈孙子兵法〉国际研讨会论文选》，长征出版社 1992 年版。

win. Retain him! When one who refuses to listen to my strategy is em-
ployed, he is certain to be defeated. Dismiss him![1]

育委的回译文：

> 使用听从我的计策的将领，作战必胜。留住他！使用拒绝听
> 从我的计策的将领，作战必败。赶走他![2]

考察回译文，"将"字的理解走了第三条道路，同时采纳了上述两家
之言：既作假设连词"如果"解，又作名词"将军"释；"我"成了孙
武，似乎在决定第三者（下将）的去留，而且用了两个祈使句，带有命令
的口吻，斩钉截铁，"去留"由"我"定夺。这是回译文顺着英译文理解
之故，格里菲思把"将"英译成 if 与 a general 两个语言单位，误读了孙武
的原义。

我们探讨一下孙武生活的春秋战国时期的社会状况、孙武与吴王阖闾
的性格特点（暂且不论当时的语言因素），以论证"将听吾计"之"将"
宜作假设连词。"春秋列国不像现代的民族国家，更不是不同阶级专政的
国家，这一国人到那一国去当大臣大将的很多"[3]，换而言之，当时诸侯国
之间的"人才流动"相当频繁。春秋时期，封国林立，所谓"邦无定交，
士无定主"，一些失意的士大夫游食四方，甚至朝秦暮楚，离开自己的国
家，到他国去求官谋生。当时，怀抱旷世之才的孙武不堪家族争斗，毅然
离开了齐国。他研究了春秋末年的形势，认定吴国是最有希望施展自己才
能、实现理想的地方，于是从齐国南下投奔到吴国。可见他具有选择的自
由与权力。

阖闾是一位具有革新图强思想及政治、军事才干的君主，他"任贤使

---

① Griffith, S. B., *Sun Tzu: The Art of War.* Oxford: Clarendon Press, 1963, p. 66.
② ［美］塞缪尔·B. 格里菲思：《孙子兵法：美国人的解读》，育委译，学苑出版社
2003 年版，第 19 页。
③ 孙武：《十一家注孙子》，曹操等注，郭化若译，中华书局 1962 年版，第 20 页。

能，施恩行惠，以仁义闻于诸侯"（《吴越春秋·阖闾内传》）。孙武不但是出色的军事家，还是心理学家。他善于利用阖闾求贤若渴的心态，抓住吴王急需军事良才的难得时机，揣摩对方心理，呈上《十三篇》，因此得以留任吴国大将。因此，孙武在开篇《计篇》里表明自己去留的条件是可能的。况且，他在末篇《用间篇》里借古喻今："昔殷之兴也，伊挚在夏；周之兴也，吕牙在殷。"他巧妙地把自己比作伊挚、吕牙，把吴王比作商汤、周武王，点破阖闾意欲成就霸业的心理。可谓首尾呼应，足见孙武在《十三篇》中体现的神机妙算。

综上所述，"将听吾计，用之必胜，留之；将不听吾计，用之必败，去之"的"将"字当用作假设解，可翻译为"如果""假如"等连词，古文今译为"如果能听从我的计划，用我指挥军队打仗，一定能胜利，就留在这里；如果不能听从我的计划，虽用我指挥军队打仗，一定会失败，就告辞而去"①，这是孙武充满自信的真心告白，同时也是向吴王阖闾提出的用人前提。如此看来，回译文"遮蔽"了春秋战国时期军事家可以选择国君发挥自己才能的社会现实，掩盖了孙武本人（不是推荐或决定下将命运）"良禽择木而栖"的心路历程与远大的军事抱负。如果说，对于人们熟悉的文化成果，通过回译主要是检验其文化传播的效果，那么，对于人们淡忘的文化成果，回译的意义则在于激活。但如果顺译出现了文本理解或表达的问题，其回译文就可能丢失一部分文化元素，制造新的文化"隔阂"。如果再度审视回译文，就可以追溯历史，补救亏损的文化。

人类翻译学史在经历了神话与习俗的时代、哲学时代与科学时代之后，于 21 世纪迎来了文化时代。② 假如说，受顺译者所处的历史环境、文化背景等因素的影响，不同时代的顺译文呈现出不同的历史特色，浸染了

---

① 孙武：《十一家注孙子》，曹操等注，郭化若译，中华书局 1962 年版，第 11 页。
② 张柏然：《发展中国的译学研究》，《光明日报》2002 年 6 月 14 日。

不同的文化色彩，那么，回译经过长途跋涉，一路颠簸，经受了异域文化的排斥与接纳、冲突与融合、传播与洗礼，究竟还能还原多少的本土文化成分？

季羡林在长期考察中国、印度之间文化交流的基础上发现一种奇妙的现象，他指出："既然说'交'，就不会是向一个方向流，而是相向地流，这才是真正的'交流'……经过这一方的改造、加工、发展、提高，又流了回去。如此循环往复，无休无止，一步比一步提高，从而促进了人类文化的发展，以及人类社会的进步。这种流出去又流回来的现象，我称之为'倒流'。"[1] 季先生谈论的是佛教的"倒流"，但与"回译"有着密切的关系。试问如何实现"文化倒流"？肯定与翻译有关，具体说它离不开"回译"。一个国家接受了另一个国家的语言、文学与文化，"结合自己的情况，加以融会贯通、发扬光大"，"再流回来源的国家"[2]，会发生什么样的情况呢？赞宁在《宋高僧传》里用"根"与"叶"来比喻印度与中国，表明佛教文化输入国的"叶子"也可能壮大输出国的"树根"。在季先生看来，"佛教倒流"缘于中国人富于研究与探究精神，梁启超也认为"大乘教理多由独悟"，所以中国高僧拓展印度佛教义理，并将之"倒流"回原产国，丰富发展了印度佛教。

另外，唐代玄奘历经千辛万苦，西行天竺取经，历经19年，将600多卷佛经带回长安。他设立译经院，率领弟子翻译了1335卷佛经，其中最著名的包括《大般若经》《心经》《解深密经》《瑜伽师地论》《成唯识论》等，佛经借助翻译在中国生根、开花、结果，逐渐成为主流社会的主导宗教。据史书记载，12世纪突厥人大肆入侵印度，抢劫了当时最大的寺

---

[1]　季羡林：《季羡林谈义理》，人民出版社2010年版，第225页。
[2]　季羡林：《季羡林谈义理》，人民出版社2010年版，第84页。

庙那烂陀（Nalanda）寺①，寺内佛经藏书经历了一场浩劫，大批僧侣四处逃难。那烂陀寺焚毁是佛教在印度走向衰败的转折点，从此高深烦琐的佛教走向式微。那些野蛮的外族人所到之处，抢掠印度教神庙、佛教寺院，并随即建立清真寺。虽然印度还有其他宗教，但是这样大规模的毁灭行动佛教受到的打击最大，原因是佛教集中在北印度、东印度地区，突厥人一旦攻占，就彻底摧毁佛教寺院，扑灭佛教的有生力量，其结果是加速了佛教的消歇。于是，很多佛经典籍在一次次战火里焚毁、失传，盛极一时的佛教一度从这片广袤的南亚次大陆上销声匿迹了。而正是一千多年前玄奘翻译的众多佛经回译成梵语，拯救了许多早已失传的佛教典籍，反哺了佛教文化。中印文化"倒流"是依靠回译来实现的，这是当年玄奘不辞辛劳远赴西域取经、潜心汉译佛经时未曾想到的收获。

据此，回译研究同样可以促进中西方的文化交流。正因为中国典籍蕴含了数千年以来丰富而深厚的华夏文化，回译大多与传统古典名著结下了不解之缘，回译研究必然与文化翻译有着密切的联系，可以揭示英译转汉译的许多料想不到的成果。

综上所述，回译不仅能极大地推进本国文化向世界传播的广度与深度，而且对于本国的文化复兴同样发挥着不可或缺的重要作用，回译的价值与意义所在，就是促进民族文化的不断升值，彰显民族文化向外的张力与影响力。

---

① 古代梵语 nalan 表示"莲花"，象征知识；da 表示"给予"；"那烂陀"表示"知识给予者"。那烂陀寺相传建于公元 427 年，位于古摩揭陀国王舍城。不仅是古印度最大的寺院、佛教的最高学府，而且传授医学、语言、数学、哲学、逻辑等知识，藏书 900 万册，僧侣学者超万人。

第七章　拥抱杂合性：逼近《孙子兵法》

东海西海，心理攸同；南学北学，道术未裂。①

——钱锺书

《易经》云："子曰：天下何思何虑，天下同归而殊途，一致而百虑，天下何思何虑。"东西方文化虽然存在巨大的差异，但依然可找到不少相通之处。翻译无疑是一艘从此岸驶向彼岸的船，译者就是穿越异质文化的摆渡者。普希金将译者称作"文化的驿马"，包含着这位俄罗斯伟大诗人对翻译家辛勤劳动的高度尊重与充分理解，同时也说明了翻译在文化交流中不可或缺的推动作用。

就《孙子兵法》英译本而言，杂合的译文，无论是语言、文化，还是诗学、规范，更容易逼近典籍。典籍外译发端于外国传教士，经过相当长时间的努力，国内译者也跻身于外译行列，自觉担当起弘扬中国传统文化的重任。汉语与英语借助翻译而杂合，产生中国英语。

---

① 钱锺书：《序》，载钱锺书《谈艺录》（上），生活·读书·新知三联书店 2001 年版，第 1 页。

"杂合"①（hybridization）一词源于生物学，指两个品种通过合理的杂交培育出优良的新品种。我们将此概念引入翻译研究，具有特别的意义。既然"杂合"可把两种各具特点的事物经有效交流变成新的混合物，而且往往具有先前单一事物无法比拟的优点，"杂合"的翻译就可以模糊归化与异化、他者与自我之间的界限，平衡强势文化与弱势文化之间的权力之争，译者凭借"杂合"有可能较好地发挥其主体性，让两种异质文化卸下民族主义（nationalism）的面具，一起创意性地构建译入语文化。

译文杂合，指译文里既包含译语语言、文化等成分，又容纳了源语语言、文化等异质元素，两者有机地混杂在一起，成为"第三种语言"。译文杂合是一个语言接触、文化协商的过程，是两种语言与文化的融合、创造与新生。

中国译者与外国译者采取不同的策略来翻译典籍，因而产生不同的传播效果。西方汉学家介绍、翻译中国典籍，一般有比较明确的读者群与目标定位，如卡尔斯罗普上尉英译《孙子兵法》是为英国政府获取远东军事情报，侧重传递孙子的兵学思想，这也是他关注日本军界战略思想的重要来源；汉学家翟林奈注重学术规范，中英文注疏、释义远远超过正文译文，他是为英国知识阶层译介《孙子兵法》；美国海军准将格里菲思英译《孙子兵法》，乃基于现代军事科学，以中国历史与当时的军事状况为参照，为美国军界引进中国古代兵学体系。

中国内地学者英译《孙子兵法》，怀着传递典籍主旨、弘扬祖国文化的目的，对国人比较熟悉的背景一概省略，也少有注疏介绍，这些或许是出版社的要求使然。显而易见，不同身份的译者采取不同的翻译策略。但这样做的结果是，大陆学者翻译、国内出版社出版的译本主要面向中国英

---

① "杂合"一词系生物学术语，语言学、文学理论与文化研究等学科也引进了这一概念，含义大致相同：把"杂合"看作是两种不同事物相互交融、相互影响而形成的新事物。这种新事物既有原先两种事物的优点，又有自己显著的优点。翻译是两种语言、文化交流的过程，其结果是"杂合"的译文。

语读者、人文科学研究者等，外面的世界很难听到发自中国译者的声音，所以很少能在国外流行。由此看来，要实现真正意义上东西方文化的平等对话，依然"路漫漫其修远兮"。

第一节 林戊荪英译本述评

1999 年，中国资深翻译家林戊荪出版了《孙子兵法》英译本①，这是20 世纪末在中国诞生的一个重要版本。此前，至少已有两个由中国学者翻译的英译本问世。

1945 年，中国出版了第一个孙子英译本。译者郑麐②将书名英译为 *The Art of War*：*Military Manual Written cir*，510 B. C.（《兵法——著于约公元前 510 年的军事手册》），由上海世界图书有限公司出版（该书还有1945 年的重庆版）。据考证，郑麐的翻译底本是孙星衍辑平津馆本《孙子十家注》。

当时，郑麐知道外国人对中国传统文化了解甚少，就立志把中国传统文化的精髓推向世界。他英译《孙子兵法》的工作流程是：选定善本—加上注释—段落编号—译成白话文。全书加新式标点，附有序论、索引，介绍典籍的时代、作者、版本等，再译成英语。中、英文各出一本，版式完全相同，便于读者对照检索。为帮助外国读者进一步了解中国传统文化，郑麐还出版了英语专著《中国古籍校读新论》，讲述学习中国典籍的基本方法。郑麐孜孜不倦的典籍译介工作受到了国人的普遍肯定，但境外对这个首译本评价不高，"郑麐的英文属初级水平，他的译本没什么价值"（Cheng Lin's knowledge of English was so elementary that his version is of little

---

① 孙武、孙膑：《孙子兵法·孙膑兵法》，林戊荪译，外文出版社 1999 年版。

② 郑麐（lin），广东潮阳人，国人遗忘的精研古代历史哲学、英译先秦典籍的学者。20 世纪初留学欧美，先在美国哈佛大学学习哲学，继而赴英国牛津大学研究历史，归国后任教于清华大学。

value)①。尽管该译本的影响十分有限，发行范围也不广，但毕竟是中国学者翻译出版的《孙子兵法》首个英译本，具有一定的文献研究与参译价值。

1987 年，在美国出版了由中国外交学院袁士槟翻译的 Sun Tzu's Art of War: The Modern Chinese Interpretation（《〈孙子兵法〉——现代中国人的阐释》），他参照的底本是中国将军陶汉章的专著《〈孙子兵法〉概论》。总体上看，该译本较格里菲思译本有较大的改进，在国外出版弥足珍贵，也产生了一定的影响，发挥了积极的跨文化交际作用。

林戊荪于 1946 年赴美留学，在新罕布什尔州达特茅斯大学主修哲学，1950 年回国。历任中国外文局局长、中国翻译工作者协会常务副会长、《北京周报》副总编辑、《中国翻译》杂志主编、中国翻译工作者协会顾问、中国翻译资格水平考试英语专家委员会副主任、中国外文局教育培训中心高级顾问等。他英译、出版了《孙子兵法·孙膑兵法》《论语》《丝绸之路》等著述，是我国著名的汉译英翻译家。2002 年 1 月，林戊荪受中国翻译工作者协会表彰，获得"资深翻译家"称号。

据林戊荪介绍，他从事《孙子兵法》的翻译存在一定的偶然性，但也有其必然性。他年轻时候读孙子，觉得兵法里面充满了智慧。"文化大革命"时期国内可看的图书很少，有一份《孙膑兵法》，出自山东省临沂市银雀山，因为学界一直颇有争议，孙武与孙膑到底是不是一个人？银雀山出土的兵法竹简证明，他们是两个人，只不过《孙膑兵法》失传，流传下来的《孙子兵法》是一本很薄的书。当时他在北京干校，偶尔发现了这本书，一有空就在干校点着蜡烛看。他有时因为晚上太困了，蜡烛倒下来差点把书皮都烧光了，但依然看得津津有味。有出版社去找他，他就答应承担了《孙子兵法》的翻译任务，同时潜心研究孙武对中国人价值观的影响等。

---

① Griffith, S. B., *Sun Tzu: The Art of War.* Oxford: Clarendon Press, 1963, p. 182.

外文出版社的林译本出自"大中华文库"系列丛书①。编者在《总序前言》里声明："西学仍在东渐，中学也将西传。各国人民的优秀文化正日益迅速地为中国文化所汲取，而无论西方和东方，也都需要从中国文化汲取养分。正是基于这一认识，我们组织出版汉英对照版《大中华文库》，全面系统地翻译介绍中国传统文化典籍……向全世界展示，中华民族五千年的追求……万众一心，迎接新世纪文明的太阳。"② 由此看来，该英译典籍系列主要定位于"对外译介"，旨在向英语世界传播优秀的中国文化，同时兼顾"国内英文学习者、爱好者及英译工作者"的需求。勒弗维尔从社会、历史与文化等层面阐述了翻译的社会功能，其中提到了赞助者的作用。具体而言，赞助者可以是个人、宗教机构、大众传媒机构等。从此角度考察，林译本具有以下特点。

第一，中英文对开排的体例，便于读者检索（cross reference）。全书左页的上半部分排孙武原文，下半部分排今译文（由孙子研究名家提供权威的现代汉语）③，右页全部排英译文。上下看，文言文与现代汉语对照；左右看，汉语与英语对照。既实现了从文言文到现代汉语的"语内翻译"，又做到了从汉语到英语的"语际翻译"。

由于没有译者前言之类的副文本，我们无从得知林译本参照了哪家注疏者的版本，只在《前言》获悉一点信息，这些英译图书均取自相关领域著名的、权威的作品④，但也是语焉不详。这说明出版者缺乏版本意识，较少考虑读者的深层次需求，但重在典籍作品的文化传真工作。

---

① 该丛书收录的是中国古典文学作品，其他包括《中国古代寓言选》《楚辞选》《史记选》《汉魏六朝小说选》《杜甫诗选》《唐代传奇选》《太平广记选》《宋明平话选》《关汉卿杂剧选》《长生殿》《聊斋志异选》与《中国古代短篇小说选》等。
② 林戊荪：《总序》，载孙武、孙膑《孙子兵法·孙膑兵法》，林戊荪译，外文出版社1999年版。
③ 吴如嵩等校释。吴如嵩，中国孙子兵法研究会副会长，少将军衔，博士生导师，中国人民解放军军事科学院古代兵法研究专家，从事《孙子兵法》研究四十多年。
④ 林戊荪：《前言》，载孙子、孙膑《孙子兵法·孙膑兵法》，林戊荪译，外文出版社1999年版。

译本有较长篇幅的中英文出版者序言，接着是按"孙子原文、古文今译与英语"排序的文本对照。典籍作品要达到文化"译介"与文化传播的目的，译本最好提供必要的背景知识，如介绍孙武的文字等，否则，西方人就难以理解《孙子兵法》及其价值所在。

第二，林译本着眼于较大的语篇段落。反观翟林奈与格里非思英译本，都以汉语句子为翻译单位，先编号，再插入大段注疏、释义，其优点是内容翔实，考据充分，缺点是正文译文显得支离破碎，有喧宾夺主之嫌。林译本删除了所有的注疏，只剩下正文。所以，译者将句群作为翻译单位，利于整体比照，读起来更轻松、便捷，但无法领略《孙子兵法》的背景知识，如成书情况、典故、注疏、历史等拓展方面的副文本。

孙武在《形篇》谈到如何确保"全胜原则"时，认为关键在于处理好"守"与"攻"的辩证关系。孙子原文是：

> 不可胜者，守也；可胜者，攻也。守则有余，攻则不足。善守者，藏于九地之下；善攻者，动于九天之上，故能自保而全胜也。①

林译文是：

Invulnerability lies with defense, and opportunity of victory with attack. One defends when his strength is inadequate; he attacks when his strength is abundant. He who is skilled in defense positions his forces in places as safe and inaccessible as in the depth of the earth, whereas he who is skilled in attack strikes as from the highest reaches of heaven. In this way he is able both to protect himself and to win complete victory. ②

---

① 孙武：《十一家注孙子》，曹操等注，郭化若译，中华书局 1962 年版，第 54—55 页。
② 孙武、孙膑：《孙子兵法·孙膑兵法》，林戊荪译，外文出版社 1999 年版，第 25 页。

　　林戊荪将句群作为翻译单位（translation unit），便于在话语层面传递孙武关于"攻"与"守"的微妙关系，读来有整体感。无论是词语意义、句子意义，还是段落意义，都有充分表述的余地。

　　第三，林译本语言规范，很少出现衍生义译文，经得起对行检索（lineal reference）与汉英对比，尤其是兵学术语译名相当规范，远远胜过国外诸译本。譬如，《地形篇》论述如何管理士兵的主题，罗列了六种将领与士兵之间强弱关系的情形。孙子原文是一个句群：

　　　　故兵有走者、有驰者、有陷者、有崩者、有乱者、有北者。凡此六者，非天之灾，将之过也。①

林译文是：

　　In warfare, there are six calamitous situations, namely, flight, insubordination, deterioration, ruin, chaos and rout. These are not caused by nature; rather they are the fault of the commander. ②

格里菲思英译文是：

　　Now when troops flee, are insubordinate, distressed, collapse in disorder or are routed, it is the fault of the general. None of these disasters can be attributed to natural causes. ③

　　中英文涉及的兵学术语，林戊荪以六个英语名词对译原文名词性术语，符合术语译名的原则；而格里菲思英译文是 flee, insubordinate, distressed, collapse in disorder 与 routed，变成了动词与形容词，在句子里充当谓语，变成了事件叙述，不仅改变了源语词性，而且违反术语译名的原则。

---

① 孙武：《十一家注孙子》，曹操等注，郭化若译，中华书局 1962 年版，第 172 页。
② 孙武、孙膑：《孙子兵法·孙膑兵法》，林戊荪译，外文出版社 1999 年版，第 75 页。
③ Griffith, S. B., *Sun Tzu: The Art of War.* Oxford: Clarendon Press, 1963, p.125.

林戊荪译本属"文化型"文本，它不同于翟林奈的"文献型"文本与格里菲思的"军事型"文本。林译本另辟蹊径，发挥本土译者在语言、文化、专业知识等方面得天独厚的优势，从文化交流与文学鉴赏的角度英译《孙子兵法》，再现了中国兵学典籍宝贵的文学价值，展示了古代兵学博大精深的哲学意蕴与经世致用的实践意义。他深深体会原著优美对仗而铿锵有力的语言魅力，着力用文采飞扬的译语演绎孙武的兵学思想，通过尽力沉浸到历史的语境，将自己理解的古代兵学要义呈现给现代读者。

林译虽然省略了原文的注疏、战例等，但是注重演绎原著恢宏大气的文风与深刻简明的内涵。比如，他力求用流畅、丰富的句式演绎孙子的独特文风。如《计篇》云："利而诱之，乱而取之，实而备之，强而避之，怒而挠之，卑而骄之，佚而劳之，亲而离之"，其英译文为："When the enemy is greedy for gains, hand out a bait to lure him; when he is in disorder, attack and overcome him; when he boasts substantial strength, be doubly prepared against him, and when he is formidable, evade him. If he is given to anger, provoke him. If he is timid and careful, encourage his arrogance. If his forces are rested, wear him down. If he is united and as one, divide him."① 这段排比译语，是林戊荪与孙子间"视域融合"的结果，他用优美的英文再现《十三篇》收放自如的文笔，用漂亮的排比，酣畅淋漓地描摹了孙武才情横溢的文人气质与粗犷睿智的大将气度。

第二节 《孙子兵法》英译与走向
世界的中国英语

《孙子兵法》林译本是探讨"中国英语"的典型文本，这由译者身份与背景、"中国英语"的历史渊源、语言特点、发展趋势等因素决定。

① 孙武、孙膑：《孙子兵法·孙膑兵法》，林戊荪译，外文出版社1999年版，第7页。

一、"中国英语"① 的界定与演进

1980 年，葛传槼率先提出了"中国英语"（China English）与"中国式英语"（Chinglish）这对概念。他认为，中国英语是一种客观存在，是专门用来表达中国特有的事物的词汇，时常会引起交际的困难，但经过解释不影响沟通。他接着指出，英语是英语民族的语言，任何英语民族以外的人使用英语，当然要依照英语民族的习惯用法。不过，各国有各国的特殊情况。就我国而论，不论在旧中国或新中国，讲或写英语时都有些我国所特有的东西要表达。② 他举出"四书"（Four Books）、"五经"（Five Classics）、"八股文"（Eight-legged Essay）、"秀才"（Xiu Cai）、"五四运动"（May 4th Movement）等富于中国特色的词语，认为这些不是中国式英语，而是中国英语。同样，《孙子兵法》林译本也拥有丰富的研究中国英语的语料。

三十多年以来，国内很多学者就"中国英语"与"中国式英语"（或简称"中式英语"）的定义展开了有益的探讨。较有代表性与影响力的当属李文中。他较早从语言学角度区分了"中国英语"与"中式英语"："中国英语是以规范英语为核心，表达中国社会文化诸领域特有事物，不受母语干扰，通过音译、译借及语义再生诸手段进入英语交际，具有中国

---

① 英语属于印欧语系里日尔曼语族的西日尔曼语支，最初由公元 5 世纪从欧洲大陆迁移到大不列颠岛的盎格鲁（Anglo）、撒克逊（Saxons）、朱特（Jutes）等部落使用，大约形成于 6 世纪，借助英国殖民传播至世界各地，产生许多变体英语，中国英语就是其中之一。1639 年英国人约翰·威德尔（John Weddell）进入中国，开启了中英接触、交流的帷幕。1807 年英国传教士罗伯特·马礼逊（Robert Morrison）到中国传授英语。从历时角度看，英语在中国已经历了多个发展阶段，主要包括 16 世纪的澳门葡语（a medley of Portuguese and Chinese）、18 世纪的广州英语（Canton English）、19 世纪的上海洋泾浜英语（Shanghai Pidgin English）、20 世纪的中国式英语（Chinglish）与 21 世纪的中国英语（China English）。不同阶段的变体英语是中国自明清以来接受西方影响而产生的社会变迁缩影，反映了中西交流的历史脉络，揭示了中国政治、经济、文化、社会等方面的演进过程，体现了国家硬实力、软实力在上述历史时期的变化态势。

② 葛传槼：《漫谈由汉译英问题》，《翻译通讯》1980 年第 2 期，第 1—8 页。

特点的词汇、句式和语篇。中国式英语则是指中国的英语学习和使用者由于受母语干扰和影响，硬套汉语规则和习惯，在英语交际中出现的不合规范英语或不合英语文化习惯的畸形英语。"① 他认为，"中国英语"的使用不局限于中国境内，还可以延伸到海外，应把那些合乎英语语法规则、为英语国家所接受与理解的英语作为核心内容。接着，谢之君从文化冲突、语言交际等角度修订"中国英语"的内涵，认为"中国英语"是一种干扰性英语变体，表现在语言、思维与文化等层面。② 贾冠杰、向明友指出，"中国英语"长期以来遭到贬斥，其积极方面未受应有的重视；并将之定义为操汉语的人们所使用，以标准英语为核心，具备有利于传播中国文化特点的英语变体，能部分弥补汉语在世界范围影响力不大的缺憾，还承载着重要的社会意义。③ 上述学者强调的是一种变体（variation），依附的是所谓的标准英语。那么，什么是"标准英语"呢？是英式英语，还是美式英语？大家也莫衷一是。金惠康认为，从狭义的角度讲，中国英语指的是在描述华夏文明、中国社会及汉语言时被拓展了的那部分英语。④ 这里似乎与特殊用途的英语翻译有关。

综合上述研究与辨析，"中国英语"具有以下特征：以常规英语为核心，受中国文化与社会影响，表达中国特有的事物，具有中国特色，为操规范英语者所接受，如经解释或反复使用，则不影响沟通。无论是"中国英语"，还是"中式英语"，都归属于汉化英语（Sinicized English）——中国化了的英语，经中国英语学习者与使用者改造了的英语。

所谓"中国式英语"，或称"中式英语"（Chinglish，系 Chinese 的首

---

① 李文中：《中国英语与中国式英语》，《外语教学与研究》1993 年第 4 期，第 18—24 页。

② 谢之君：《中国英语：跨文化语言交际中的干扰性变体》，《现代外语》1995 年第 1期，第 7—11 页。

③ 贾冠杰、向明友：《为中国英语一辩》，《外语与外语教学》1997 年第 5 期，第 11—12 页。

④ 金惠康：《中国英语》，外语教学与研究出版社 2004 年版，第 5 页。

音节与 English 的尾音节缩合而成)①，指受到母语文化干扰的不纯正英语，是学习者在跨文化交际过程中生搬硬套母语规则习惯而形成的不规则英语，是汉语为母语的英语学习者在学习过程中产生的"过渡语"（interlanguage）产品。20 世纪 30 年代，英语语言史学家 Serjeantson 就在其论著《英语里的外来词历史》里使用这个词，并指出，当时已有二十多个源于汉语的外来语。② 中式英语是一种中介语，既具有汉语特征，又具备英语的特点；既受母语汉语"正迁移"的积极影响，又受其"负迁移"的消极影响。它与规范英语有明显的差异，反映了中国式思维、习惯与理念，成为一种杂交英语，可以导致理解困难、交际困惑、表述失误以及跨文化冲突。由此可见，海外学者已较早注意到这个现象了，不同语言之间通过文化交流可以互相借鉴，产生另类的新词汇。

从词源学角度看，中式英语包含两层意思，一指汉语为母语者在学习英语时因受汉语影响而使用夹杂语言错误的英语；二是西化了的中国人因汉语表达不流利，当他们想不起恰当的汉语词汇时就把英语单词掺杂到语句里，由此形成的混合英语。中式英语产生的词汇层原因很多，主要包括汉英歧义、空缺、替代、错用与冗余等。

美国伊利诺斯大学教授 Kachru 认为，英语与其他语言、文化的接触会产生两种结果，一是全球化(globalization/Englishlisation/internationalization)，二是本土化（nativization/indigenization/hybridization）。③ 本土化既受制于语言使用者所处社会、文化的历时变化，也受制于英语与新环境的互相调

---

① 根据 answers. com Chinglish：Chinglish is a portmanteau of the words Chinese and English, and refers to either（a）English interspersed with Chinese language errors common to those Chinese persons who are learning English or（b）Chinese interspersed with English, such as used by westernized Chinese.

② Serjeantson, Mary S. , *A History of Foreign Words in English*. London：Kegan Paul, Trench, Trubner, 1935.

③ 转引自 Li, Wenzhong, Word Clusters, *Phrases and Collocations in China's English News Articles-A Preliminary Report on the Corpus-based Pilot Study on China English*. Paper presented at the International Conference on Corpus Linguistics, Shanghai, 2003.

适。所谓英语本土化，就是英语通过接触其他语言、文化而导致的自我变迁与发展。英语在某一地区被长期使用，会经历语言与文化方面的再生过程。他根据传播方式、习得途径、地理分布等因素提出了世界英语的"三大同心轴圈"（The Three Concentric Circles）模式，提倡英语多元主义的观点，受到国际学界的赞同。

语言学家特鲁吉尔（Peter Trudgill）与汉娜（Jean Hannah）在《国际英语：标准英语变体指南》（International English：A Guide to Varieties of Standard English）一书里指出，目前，根据全世界英语使用情况可分为三个圈①，第一是"内圈国家"（inner countries），包括英国、美国、加拿大、澳大利亚、新西兰等国家，英语是自然习得的母语，也是其他变体英语的"标准英语"，其中英式英语与美式英语是全世界英语学习者、使用者广泛认可的规范提供源；第二是"外圈国家"（outer countries），包括印度、马来西亚、新加坡、菲律宾、南非等，主体是英国的前殖民地，通过学习习得英语；第三是"拓展圈国家"（expanding countries），包括中国、日本、韩国、德国、法国、俄罗斯、意大利、保加利亚、罗马尼亚等，主要通过学校教育学习英语，学习者数量最大，英语不仅成为西方文化的载体，而且已充当东方文化的媒介。鉴于世界英语发展的现状，出现了一些世界英语机构，如1992年成立的"世界英语国际协会"（International Association for World Englishes，IAWE），旨在联络世界各地学术界、教学界使用英语的教研人员，关注非英语国家使用英语时的文化移入、文化身份意识等问题。该协会的成立标志着变体英语在国际学术界获得广泛的认可，也预示英语多元化研究进入新的阶段。还有1987年建立的"世界英语国际委员会"（International Committee on World Englishes，ICWE）。近年来，世界英语已逐渐成为国际语言学界研究的热点，着重探讨各类变体英

---

① Trudgill, P. & Hannah, J., *International English*. Beijing：Foreign Language Teaching and Research Press，2000.

语的发生、发展、特点、功能等课题。

根据特鲁吉尔与汉娜提出的变体英语分类法，"中国英语"属于"拓展圈国家"内的规范依附形变体英语。综合上述研究成果，我们认为，所谓的"中国英语"，指以规范英语为基础，表达中国社会文化等领域的特有事物，通过音译、译借、音译加类词、音译加解释、译借加解释、意译、语义再生、创译等手段进入英语交际，得到英语母语者认同的英语变体。它在语言形式、语言功能与语言认同等方面具有自身的特点。中式英语是英语学习者在学习过程中因英语能力的欠缺与汉语母语的干扰及影响而造成的不合英语文化习惯的错误英语，是错误分析的对象。中国英语与中式英语虽然同在一个连续体上，但要变成中国英语，需要具备像国力、语言资源、文化资源等必要条件。

二、中国英语与《孙子兵法》典籍今译、汉英翻译

如果说全球化与本土化是中国英语产生的宏观环境与间接因素，那么翻译是导致中国英语产生的微观环境与直接因素。翻译是跨语言、跨文化的交际，中国英语主要是汉译英的产物，尤其是英译具有中国传统文化特质或者带有中国特色的语料时，中国英语问世的时机就成熟了。所以，它与翻译有着密不可分的关系。

《孙子兵法》英译还涉及"语内翻译"——典籍今译。典籍今译是伴随着现代汉语而出现的语内翻译实践，兴起于五四时期。典籍今译的前提是注译者必须首先具备目录版本、语言文字等知识，因为它涉及训诂学、注释学、古籍整理学等。古汉语深奥晦涩，被公认是"难以驾驭"（refractory）的书面语。即使中国知识阶层，也只有少数通晓古文、善于"微言大义"的专业人士才能理解典籍。

张中行指出："文言和白话，实物是古已有之，名称却是近几十年来才流行的。"他认为，两者都是书面语，区别是"文言，意思是只见于文

而不口说的语言。白话，白是说，话是所说，总的意思是口说的语言"。①
从晚清黄遵宪的"我手写我口"开启了白话文运动的先河，到五四时期胡
适发表的《文学改良刍议》将白话文运动推向极致，"文"与"言"分离
之快，白话文发展势头之迅猛，直接催生了现代汉语。

如果我们追溯汉语演绎历史，就可发现，其实汉语的语内翻译活动早
存于两千多年前的汉朝。张清常指出："司马迁写五帝、夏、商、周等本
纪，写鲁、宋等世家，运用《尚书》等材料时，就采取了今译的办法，可
以算得一大创举，是古籍今译的祖师……从司马迁到现在，前后两千多
年，没有多少经验……到底古汉语的不朽名著如何转化，产生出现代汉语
精彩的今译本，以备将来再根据这个优秀的今译本转译为其他语种的译
本，以弘扬中华文化，看来仍有些朦胧之感。"② 这里不仅提出了典籍今译
的千年困惑，而且谈到了今译与外译的关系。譬如魏晋时期皇甫谧《三都
赋序》里的几句话："然则赋也者，所以因物造端，敷弘体理，欲人不能
加也。引而申之，故文必极美；触类而长之，故辞必尽丽。然则美丽之
文，赋之作也。"文言文有艰深与浅显之分，如将"因物造端，敷弘体理"
之类翻译成现代汉语，就有言不尽意、言不尽美的遗憾；如读到"白日依
山尽，黄河入海流。欲穷千里目，更上一层楼"这样优美易懂的唐诗，如
果今译，诗意、文采就会大大失色。当然，产生于两千五百多年前的《孙
子兵法》采用的是艰深难懂的文言文，我们必须要依靠历代校点、注疏的
成果，博采众长，形成可靠的今译文，这是英译的基础，自然就不得不涉
及汉英的翻译问题。

典籍英译就意味着英语与中国传统文化的结合，英语自然成为多元文
化的载体。借助英语表达中国文化、信息时经常会产生捉襟见肘、力不从
心的感觉，需要采纳汉语的一些语言要素、汉语的思维模式才能解决英译

---

① 张中行:《文言和白话》，中华书局 2007 年版，第 1 页。
② 张清常:《古籍今译与信达雅》，载张清常《语言学论文集》，语文出版社 2001 年
版，第 128 页。

的问题，这样，中国英语就应运而生了，它是汉英语言、文化接触成长起来的混合语，是汉英跨文化交际不可或缺的媒介与助推器，可增益英语词汇。

典籍英译会促使中国英语的问世，而中国英语正开始走向世界，这是众所周知的事实。① 特别是新世纪随着中国的崛起，其经济硬实力的不断增长，必然促进文化软实力的持续增强，继而加大传统文化向外输出的力度，逐步提升中国在国际社会的话语权与影响力。

20 世纪末出版的《孙子兵法》英译本，正处于中国由经济大国昂首迈向经济强国的关键时期，考察《孙子兵法》英译与中国英语走向世界，不但具有特别的学术理据与文化意义，而且具有重要的现实意义。再者，当前畅行全球的美国英语就是从所谓的"标准英语"或"女皇英语"（Queen's English）或称"不列颠英语"（British English）里衍生出来，不断完善的第一种英语变体，美国英语的发展历程可以为我们带来有益的启示。

第三节　从强势文化与弱势文化
看林译本的中国英语

毋庸置疑，作为中国大陆的资深翻译家，林戊荪英译《孙子兵法》可发挥外国译者不可比拟的优势。本节我们着重探究"文化型"林译本的中国英语，从强势文化与弱势文化的角度，发掘英译本里中国英语的特点、功能与传播意义。

《孙子兵法》是两千多年前传承下来的优秀民族传统文化的载体，其

---

① 如中国英语词汇有 gelivable，是"给力"的音译，含"给予力量"之意；其他形式有 geilivable，geilivalbe，geliable，geiliable 等。名列 2010 年八大中文新词双语榜首。登上 2010 年 11 月 10 日《人民日报》头版头条，出现于《纽约时报》；甚至还翻译成法语 très guélile，作形容词。

英译必然涉及中国文化与英语文化之间的较量。当代西方翻译研究流派纷呈，各自创造了一些术语，如"折射"（refraction）、"操控"（manipulation）、"改写"（rewriting）、"译者显现"（visibility of the translator）、"食人主义"（cannibalism）等，它们具有共同的特征，即从不同角度揭示了译者如何处置源语文化与译语文化的策略。

《孙子兵法》英译就是在英语文化里寻求能表述汉语文化的对应编码。隐藏在文化深处的"心理积淀"包含了民族的思维定式、价值标准与原本观念，这部分内容更难以被英语文化背景的人群所理解、接受与容纳。学贯中西的杨宪益是国内典籍英译大家，曾向世界推介了上千万字的古代文学经典英译作品。他不无感慨地说道："旬月踟蹰信达难，译文雅俗更难言。不如饱飨东坡肉，免与陈公去论禅"，诗里道出了典籍英译的困难与译者的艰辛。

就《孙子兵法》英译如何发挥译者创造性理解、突显翻译的忠实性等方面而言，中国译者大有潜力可挖，很有独特的优势可发挥。他们善于准确理解与总体把握中国典籍，拥有丰富的学术成果与翔实的参考资料，有利于向世界展现来自典籍故乡的最新英译研究与实践成果，进而在典籍新译或复译方面展示中国译者对典籍内容的解读路径、英译策略及方法。

考察近代以来的东西方文化交流，不是"东风"压倒"西风"，而是"西风"压倒"东风"。具体而言，每当西方强势文化来袭时，弱势文化起初抵挡一阵，但往往是节节败退，无奈缴械投降，放弃传统，拱手迎接西方强势文化的入侵。久而久之，弱势文化就得了"自卑症"（self-devaluation），文化自信与批判西方文化的能力越来越弱，形成了凡是源自强势文化里的事物都奉为"珍宝"的价值取向，强势文化就这样成了弱势文化普遍接受的价值标尺。所有这些都证明了弱势文化面对强势文化别无选择、只有拥抱强势文化的现实。

就当今国际局势而言，西方文化相对于其他文化是强势文化，其他文化相对于西方文化是弱势文化。强势文化总是千方百计地摆布弱势文化，那么，弱势文化如何面对这样的局面呢？一般都潜移默化地接受着强势文化，以"他者"为镜像，以"他文化"为依托。其实，最能体现"他者"文化的是传统文化，以此反拨、反思民族文化。

《孙子兵法》林译本是"文化型"文本，属于推广性的典籍英译，因此，译介重点在于尽量传达孙子的汉文化特色。主张保持源语文化魅力的学者并不少见。如歌德宣称："译者应尽量忠实于原文的形象……要以忠实的翻译'信'于中国的文化核心、中国文明的精神。"① 中国英语恰好是推进汉文化向外传播的重要媒介，是确保孙子兵学思想"高保真"地进入英语强势文化的通行证。

如前所述，就中国英语的概念而言，无论是三十多年前葛传椝"用来表达中国特有事物的词汇"论，还是十几年前李文中"具有中国特点的词汇、句式与语篇"的主张，都侧重于语言学的角度。但实际上，《孙子兵法》林译本的中国英语除了体现在词语、句式与语篇等不同语言（语法）层面上，还包含了译语模拟汉语的气势、修辞、文化等。

一、包含传统文化负载词的中国英语

《孙子兵法》富含中国传统文化的负载词，其英译直接导致中国英语的诞生。在很长的历史时期内华夏文化一直是强势文化，对周边国家产生过深远的威慑力量，自近代起它沦为弱势文化。进入 21 世纪后，随着中国综合实力的不断增强，中国的文化软实力也日益成长，文化输出尤其是典籍文化输出越来越受到学者的关注。在这样的语境下，要求"标准英语"担当传播中国文化的重任就明显力不从心了，因为英语承载的是英语文化。翻译中国传统文化，还需要中国英语来填补空白。如王宁呼吁，在新世纪翻译理论与实践应转向"汉译外"领域。在东西方文化交流或者文

---

① Goethe, J.W.A., *Translations.In Schulte & Biguenet*（ed.）*Theories of Translation*.Chicago：Chicago University Press, 1992, p. 23 .

化较量的舞台上，这样才有助于保留中华文化的风采，展现中国文化的精髓，跻身世界民族文化之林。

《作战篇》里谈到远征军队如何有效地解决军粮补给问题，提出"因地制宜，就地取材"的原则，向敌方夺粮，以一当十。孙武指出：

> 故智将务食于敌。食敌一钟，当吾二十钟；萁秆一石，当吾二十石。①

这段话语提及"钟"与"石"两个古代的度量衡单位。曹操注疏："六斛四斗为钟……石者，一百二十斤也。转输之法，费二十石得一石。七十斤为一石。当吾二十，言远费也。"② 这是据姜齐量制的说法，一钟等于六十四升；另据出土衡器，战国时期的石相当于三十公斤③。度量衡是动态变化的，在不同历史时期标准不一，秦始皇统一中国时规范了度量衡单位，但时至今日，译者还是难以把握确切含义。

林译文：

> Therefore, a wise general does his best to feed his troops on the enemy's grain, for one zhong (tr. 1000 liters) of grain obtained from enemy territory is equivalent to 20 zhong shipped from home country, and one dan (tr. 60 kilos) of fodder from enemy territory to 20 dan from home. ④

---

① 孙武：《十一家注孙子》，曹操等注，郭化若译，中华书局 1962 年版，第 28 页。
② 孙武：《十一家注孙子》，曹操等注，郭化若译，中华书局 1962 年版，第 28 页。
③ 李零译注：《孙子译注》，中华书局 2007 年版，第 15—16 页。
④ 孙武、孙膑：《孙子兵法·孙膑兵法》，林戊荪译，外文出版社 1999 年版，第 15 页。

林戊荪采取音译（transcription or transliteration）① 策略，再辅以文内夹注说明，参照现行国际度量衡单位"升"与"千克"，也算是"语际翻译"里的再度翻译——"古文今译"。因此，用音译保留了古代汉语的计量单位，英语读者可借此稍稍了解中国古代的度量衡制，这样的"中国英语"既富于东方异国情调，也丰富了英语语言与文化，较好地实现了文化传播功能。我们既可以从翻译实现的功能去推断翻译目的，也可通过译文本身去体现翻译目的。

纵观林译本，但凡涉及中国文化负载词（culture-loaded words），除了音译，还采用其他译法，往往省去与原文相关的注释，借助注释、直译与意译等手法。例如《计篇》里，林戊荪将庙算时预测战争形势的"五事"英译为 the way（dao 道），heaven（tian 天），earth（di 地），command（jiang 将），rules and regulations（fa 法），按英译、夹注（含拼音与汉字）顺序处理；《地形篇》里，他运用了拼音、汉字加英语解释的综合法，英译了六种军事地形：tong（通）——that which is accessible；gua（挂）——that which enmeshes；zhi（支）——that which is disadvantageous to both sides；ai（隘）——that which is narrow and precipitous，这样的"中国英语"既有英语，又吸纳了汉字，不仅帮助读者了解原文的内涵，还偶或以汉字为媒介，拉近了读者与原文的距离。汪榕培结合自己英译《诗经》实践，提出了典籍英译的策略："我们的译文不是以西方的学者或研究者为主要对象，而是以当代西方普通读者为对象，所以没有任何考证和注释，以便西方普通读者能够顺利阅读。"② 中国翻译研究学者强调的是有

① 汉语属表意符号，音译成英语时不能像字母文字之间那样直接转写，主要是求得发音与英语相近。汉译英的早期译音，借助了威妥玛—贾尔斯系统（The Wade-Giles System）。这是外国人设计的语音系统，出于英语考虑发音规则与搭配习惯的考虑，曾在汉译英的译音方面发挥了很大的作用。现在，中国遵照《汉语拼音方案》，将此作为我国人名、地名罗马字母拼写法的统一规范。1982 年，国际标准化组织决定采用这一方案作为汉语罗马字母拼写法的国际标准。

② 汪榕培：《〈诗经〉的英译》，《中国翻译》2007 年第 6 期，第 33 页。

效地传播典籍文化，过多的注解不仅打断普通读者阅读的连贯性，而且增加他们的心理负担，影响他们理解、欣赏中国传统文化。

勒菲弗尔（Lefevere）将典故（allusion）比作译出语文化所特有的印记：一个词或短语可以唤起一种场景，它象征着某种情感或是某种事物状态（A word or phrase can evoke a situation that is symbolic for an emotion of a state of affairs）。由此可见，如果译出语文本里涉及诸如历史人物、文化典故、神话故事等特有的背景知识，再加上译语读者缺少与此相关的共有文化背景，就会造成"文化空白"（cultural gaps），给理解原文、表述译语带来很大的困难。这样的中国英语加入了译者的理解与汉语的特色，增强民族文化认同感，实现跨文化交际顺利进行的目标。

《九地篇》中有这样一句话：投之无所往者，诸刿之勇也。① （今译：把他们投入无路可走的绝地，就会像专诸、曹刿一样勇敢）

林译文：

> Yet when they are thrown into a situation where there is no way out, they will be as courageous as Zhuan Zhu, Cao Gui and other heroes of ancient times.②

林戊荪采取直译方法，原文中没有的 and other heroes of ancient times 却出现在译文里，以此解释"曹刿、专诸"的出典，说明身处绝地的士兵会像古代英雄"曹刿、专诸"那样冲锋陷阵，突出重围。一旦出现"文化空白"问题，且仅用直译法又不足以解决这一问题时，林译本常以解释性翻译做补偿。

二、彰显古代兵学语言铿锵有力特色的中国英语

《孙子兵法》具有用词凝练、生动有力、节奏感强、易于记诵的特点，

---

① 孙武：《十一家注孙子》，曹操等注，郭化若译，中华书局 1962 年版，第 196 页。
② 孙武、孙膑：《孙子兵法·孙膑兵法》，林戊荪译，外文出版社 1999 年版，第 89 页。

读来气势磅礴，如江河直下，令人回肠荡气。其主要原因之一是运用了众多辞格，如比喻、排比、对比、对偶、层递、引用、顶针、反复、问答、设问、反问、夸张等，在《十三篇》里俯拾皆是。刘勰在《文心雕龙·程器》里高度评价了《孙子兵法》的语言艺术："孙武《兵经》，辞如珠玉，岂以习武而不晓文也？"[1] 兵学题材的著述照样也能写得文采飞扬、美不胜收！

林戊荪在理解《孙子兵法》的文化内涵上占有优势，汉语的母语意识影响了他对该典籍的态度，他比外国译者更尊重原文，不会轻易对原文做出调整。他以原文为中心，力求保留孙子铿锵有力、朗朗上口的兵语特色，推介中国情调，还原汉语辞格，以彰显《孙子兵法》排山倒海、恢宏大气的兵语气势。

顶真（thimble）是一种用上句的结尾词语作为下句的开头，产生首尾相连的艺术效果。其特点是用前文的末尾作下文的开头，首尾相连两次以上，使邻近相接的语句或片段或章节传下接，又称作"顶针、联珠、蝉联"，表现出蝉联的美学趣味，突出事物的有机相联关系，反映事物的相辅相成的辩证关系，很能体现汉语的特色。陈望道指出："顶真是用前一句的结尾来做后一句的起头，使邻接的句子头尾蝉联而有上递下接趣味的一种措辞法。"[2] 这种修辞格的功能是让表现事物的连锁关系简洁明了，语气贯通畅达，句式整齐，韵律优美，可带来淋漓酣畅的语言表述力。英译顶真辞格，虽然对译者来说在语言、文化层面是不小的挑战，但其结果通常是典型的中国英语。

《形篇》中有一则很具代表性的顶真辞格：

地生度，度生量，量生数，数生称，称生胜。[3]

---

① 刘勰：《文心雕龙》，王志彬译注，中华书局 2017 年版，第 565 页。
② 陈望道：《修辞学发凡》，复旦大学出版社 2008 年版，第 173 页。
③ 孙武：《十一家注孙子》，曹操等注，郭化若译，中华书局 1962 年版，第 61—62 页。

林译文：

Measurement of space refers to the difference in the territories of the opposing parties; from that derives estimation of quantity, which refers to the difference in the resources; from that, calculation of numbers, which refers to the difference in the size of their troops; from that, comparison of the relative strengths of their armies and finally, assessment of the material base for the chances of victory. ①

孙武用顶真的修辞手法把双方地理、战场地幅、战役容量、兵力数量、力量强弱之间的内在连锁关系清晰地展现了出来。林戊荪借助三个 which refers to 结构与三个 from that 介词搭配，较好地借鉴了这种富于汉语言魅力的修辞格特点，采用关系代词 which 重复定语从句里先行词 quantity 与 numbers 的手法，从语义、语用、结构上再现了顶真修辞格的艺术效果。

相比之下，美国海军准将格里菲思英译本在处理这个顶真辞格时，采取了简化、淡化的翻译策略。他的英译文是这样的：

Measurements of space are derived from the ground. Quantities derive from measurement, figures from quantities, comparisons from figures, and victory from comparisons②

英国汉学家翟林奈译本也借助了简化的英译策略。他的顶真辞格译文如下：

Measurement owes its existence to Earth; Estimation of quantity to Measurement; Calculation to Estimation of quantity; Balancing of chances to Calculation; and Victory to Balancing of chances③

---

① 孙武、孙膑：《孙子兵法·孙膑兵法》，林戊荪译，外文出版社 1999 年版，第 29 页。
② Griffith, S. B., *Sun Tzu: The Art of War*. Oxford: Clarendon Press, 1963, p. 88.
③ Giles, L., *Sun Tzu on the Art of War: The Oldest Military Treatise in the World*. London: Luzac Co., 1910, p. 31.

顶真辞格的不同英译，可能缘于译者所处不同的语言、文化背景。林戊荪知道这是修辞格，就试图尽力以近似于顶针的形式对应，而这两位外国译者未必明白顶真辞格，所以，就没有意识到需从修辞手法上去努力追求英译的审美效果。

此外，孙武还借助辞格连用手法，使得《十三篇》文采飞扬。所谓"辞格连用"，就是将多种辞格交错使用，互补互衬，珠联璧合，达到浑然一体的艺术效果；读来琅琅上口，听来铿锵悦耳，看来醒目明快。其作用是使兵学思想内容表达丰富多彩，鲜明有力，便于传诵，造成了强大的艺术感染力。

《势篇》中有一个语段采取了两个排比的连用：乱生于治，怯生于勇，弱生于强。治乱，数也；勇怯，势也；强弱，形也。①

林译文：

> To simulate disorder, there must be strict organization. To simulate fear, there must be great courage. To simulate weakness, there must be strength. Order comes from organization, courage from momentum, and strength from disposition. ②

格里菲思在处理这两组排比时，采取了归化的翻译策略，发挥英语里介词简洁而达意的功能（Brevity is soul of expression）：

> Apparent confusion is a product of good order; apparent cowardice, of courage; apparent weakness, of strength.
>
> Order or disorder depends on organization; courage or cowardice on circumstances; strength or weakness on dispositions. ③

与格里菲思截然相反的是，翟林奈借助了异化的英译策略：

---

① 孙武：《十一家注孙子》，曹操等注，郭化若译，中华书局1962年版，第74—75页。
② 孙武、孙膑：《孙子兵法·孙膑兵法》，林戊荪译，外文出版社1999年版，第33页。
③ Griffith, S. B., *Sun Tzu: The Art of War*. Oxford: Clarendon Press, 1963, pp. 92-93.

Simulated disorder postulates perfect discipline; simulated fear postulates courage; simulated weakness postulates strength.

Hiding order beneath the cloak of disorder is simply a question of subdivision; concealing courage under a show of timidity presupposes a fund of latent energy; masking strength with weakness is to be effected by tactical dispositions. ①

翟林奈不仅翻译了排比句的形式，而且特别讲究英语的遣词造句；尤其是英译第二组排比句时，采用了 beneath the cloak of，under a show of，with weakness 等三个复杂的介词结构，虽然用心良苦，但显得拖沓缓慢，影响了兵学语言掷地有声、急促有力的气势的传达。排比是用一连串内容相关、结构相似的句子成分或句子排列而成的修辞格。汉语的排比要求通常至少三项相似结构的有机组合，一气呵成，意义关联，英译时可以根据实际句式特点适度调整，体现英语排比句的气势。

《军争篇》中有一个语段由六个连用的比喻组成：其疾如风，其徐如林，侵掠如火，不动如山，难知如阴，动如雷震。②

林译文：

When the army advances, it is as swift as the wind; when it is immobile, as still as the forest; when it attacks, as destructive as a fire; when it defends, as immovable as the mountain; when it conceals itself, it is as though hidden behind an overcast sky; and when it strikes, it can be as sudden as a thunderbolt. ③

---

① Giles, L., *Sun Tzu on the Art of War: The Oldest Military Treatise in the World.* London: Luzac Co., 1910, p. 39.
② 孙武:《十一家注孙子》，曹操等注，郭化若译，中华书局 1962 年版，第 114—115 页。
③ 孙武、孙膑:《孙子兵法·孙膑兵法》，林戊荪译，外文出版社 1999 年版，第 49，51 页。

林戊荪在翻译时都保留了原文的特点与意象，并显化了汉语里的隐含意义。杨宪益在谈及自己英译《红楼梦》的实践时强调，翻译时不能作过多的解释，译者应尽量忠实于原文形象，否则，翻译就变成改写了。

在翻译过程中考虑如何便于读者欣赏《孙子兵法》，这是译者需认真考虑的问题。林译本有一个明显特点，即全书没有一个脚注，碰到需要特别加以解释的文化负载词语或者是原本概念，他通常在译文里采用夹注来说明，或者采取增译的办法补充。因为对于一般读者来说，主要是出于了解中国传统文化的好奇与兴趣，太多的注释无助于他们的阅读，而且反而往往会分散他们的注意力。《红楼梦》著名英译者霍克斯（David Hawkes）认为，如果人们阅读一本注释繁多的小说，就会令人产生如同戴着镣铐打网球的感觉（Though footnotes are all very well in their place, reading a heavily annotated novel would seem to me rather like trying to play tennis in chains）。①注释对研究者可能很有帮助，可以提供丰富的学术资源，大大拓展研究思路，有效地拓宽科研视野，但是对普通的英语读者而言，繁多的注释与接踵而来的评论无疑会经常打断他们的阅读思路，影响其欣赏作品。

三、顺从中国思维的中国英语

勒菲弗尔指出，原文文本地位越高，译者就越倾向于使译文规范化。译者出于对原著文化地位的尊重，回归历史语境以确保读者正确地理解原文。对于中国译者来说，《孙子兵法》是一部富含传统兵学意蕴的元典，往往采取尽力阐释孙武大义的翻译策略，使用不同的英语词汇挖掘古汉语丰富多变的含义。

古汉语结构高度简洁，一个语言单位所容纳的信息量往往比英语要密，这是汉译英的一大困难。处理的方法大多为减少信息难度而增加信息

---

① Hawkes, D., *The Story of the Stone Vol. 2. The Crab-Flower Club. Harmondsworth*, *Middlesex: Penguin*, 1977, p. 18.

长度。但有时还要综合信息的性质与信息性这两个因素来考虑。

孙武在《形篇》第一段开门见山地指出"可胜"与"不可胜"的关系：

孙子曰：昔之善战者，先为不可胜，以待敌之可胜。不可胜在己，可胜在敌。故善战者，能为不可胜，不能使敌之可胜。故曰：胜可知而不可为。①

林译文：

Sunzi said：The skilled commanders of the past first made themselves invulnerable，then waited for the enemy's moment of vulnerability. Invulnerability depends on one's own efforts，whereas victory over the enemy depends on the latter's negligence. It follows that those skilled in warfare can make themselves invincible but they cannot be sure of victory over the enemy. Therefore it is said that victory can be anticipated but it cannot be forced. ②

译者在阅读、理解、翻译源语的过程中经历了复杂的审美过程。其间，审美主体译者必须先分析原文的审美表象要素，进而才有可能把握诸如神韵、意境等这类非表象要素。刘宓庆指出，文章的气质如意境、神韵、气势、情态、风貌等审美构成属非物质形态，这些在总体上是可感知的，语汇、场景、事件、叙事风格等构成文本的"文化气质"。③ 其中，语汇是第一要素，是体现"文化气质"的关键指标。诚然，《孙子兵法》是一部古代的重要兵学典籍，同时也是一部具有很高文学、语言价值的文化元典，其优美的语言、高超的修辞无疑增加了传播的力度，真可谓"言之无文，行而不远"。通览全篇，流畅顺达的语言节奏、鲜明生动的修辞

① 孙武：《十一家注孙子》，曹操等注，郭化若译，中华书局 1962 年版，第 53—54 页。
② 孙武、孙膑：《孙子兵法·孙膑兵法》，林戊荪译，外文出版社 1999 年版，第 25 页。
③ 刘宓庆：《文化翻译论纲》，湖北教育出版社 1999 年版，第 70 页。

比喻、痛快淋漓的表达气势，形成了阳刚壮美的论辩力量。

孙武通过分析敌我双方的形势对比，阐明了如何"取胜"的哲理，具有鲜明的辩证色彩。其中的"胜"与其他汉字搭配，形成"不可胜""可胜"等概念，在不同的语境里含有不同的蕴义。林戊荪在深刻领会"胜"的丰富内涵的基础上，分别用 invulnerable, vulnerability, invulnerability, victory 与 invincible 等富于变化的英语单词对译，而且英语句式错落有致，顺着中国思维创造出中国英语，展示了中国译者驾驭古汉语、英语的娴熟程度与游刃有余的跨文化交际水平，这些也是中国译者的优势。

在此，我们参照翟林奈的相应译文：

Sun Tzu said：The good fighters of old first put themselves beyond the possibility of defeat，and then waited for an opportunity of defeating the enemy.

To secure ourselves against defeat lies in our own hands，but the opportunity of defeating the enemy is provided by the enemy himself.

Thus the good fighter is able to secure himself against defeat，but cannot make certain of defeating the enemy.

Hence the saying：One may know how to conquer without being able to do it. ①

翟林奈英译"不可胜""可胜"等概念时，他借助的核心词语是 defeat，分别用作名词与动词，再跟其他词语搭配来表述"胜利"原则，遵循的当然是英语思维，借助一连串介词结构，用词单一而不失简洁，同样也基本说明了《孙子兵法》的兵学内涵。但与林戊荪译文相比，汉语思维与英语思维可谓"泾渭分明"，两种译文各具特色。

《行军篇》有一段话语分析如何根据敌情判断当前形势。这是一组节

---

① Giles, L., *Sun Tzu on the Art of War：The Oldest Military Treatise in the World*. London：Luzac Co., 1910, pp. 26-27.

奏感明快的排比句：

> 辞卑而益备者，进也；辞强而进驱者，退也；轻车先出居其
> 侧者，陈也无约而请和者，谋也；奔走而陈兵车者，期也；半进
> 而半退者，诱也。①

林译文是：

> If his emissaries sound humble and yet he steps up his readiness for
> war, he plans to advance; if their language is belligerent and they put
> on an aggressive air, he plans to retreat; if his light chariots move out
> first and take up position on the flanks, he is moving into formation; if
> he has suffered no setback and yet sues for peace, that means he has
> something up his sleeve; if his troops move rapidly and his chariots are
> in formation, he is anticipating a decisive battle; if some of his troops
> advance and some retreat, he is seeking to lure you forward. ②

什么是审美过程呢？其实，审美过程就是激活审美信息的过程。由于汉英的概念系统、表达系统存在巨大的差异性，主要体现在审美信息结构、审美激活途径有很明显的不同特征。譬如说，能激活汉语民族审美信息的信息，不一定同样能激活英语民族，反之亦然。这样一来，译者就必须深刻了解英语、汉语民族的审美信息特征、信息结构，采取有效的翻译策略。

排比句的特点是把结构相同或相似、语气一致、意思密切关联的句子或句子成分排列起来，用以增强语势；排比的句子必须有三项或三项以上，且内容相关，呈并列或递进关系。排比是一种极富表现力的修辞方法，用于说理，可使论证或阐述更严密透彻，呈现出一气呵成、一脉相承

---

① 孙武：《十一家注孙子》，曹操等注，郭化若译，中华书局 1962 年版，第 155—158 页。

② 孙武、孙膑：《孙子兵法·孙膑兵法》，林戊荪译，外文出版社 1999 年版，第 67 页。

的气势。

上述的孙子排比句，由六个判断句组成，属典型的兵学语句，节奏明快，充满质感（metallic quality），同时又如行云流水，汪洋恣肆，跌宕跳跃，具有诗性语言（poetic literariness）的特征，不仅意义深远，而且朗朗上口，很有气势。

英译排比句采用了六个 if 引导的条件状语从句，主语大多为单数第三人称，用来描述对方的几种情形。总体看来，这组排比句在追求译文的形似、神似的同时，还给读者带来神韵与美感的体验。审美是一个模糊的范畴，需借助信息的外化。译者不容易把握好这一模糊范畴，他应当拥有明察秋毫的审美能力，专心研究源语，根据汉英语言文化信息特点适度调整翻译方法，合理修饰译文。这样，借用英语媒介描述的是中国古代《孙子兵法》的内涵，传达的是孙武的兵学思想、价值观与气韵。

有学者指出："强势文化总是试图把它们的文化价值和美学原则通过翻译强加给弱势文化。"①　其实，这只是揭示了一部分规律，翻译实践证明，事实未必如此，弱势文化借助翻译也可将自己的语言特征、诗学等渗透、影响，甚至可以摆布强势文化。

林戊荪英译排比句，并不拘泥于以上几种译法。考察其他译文，他采取了多种多样的翻译技巧，譬如音译、释译、直译等，借助变通、增益、补偿、减省等翻译手段，有时多种译法并用，充分理解源语，把握要义，有效地英译《孙子兵法》的文化内涵。汉英文化交流过程中，当英语缺乏对应汉语文化里特有的现象时，可考虑适当调整句子，以填补文化空缺，这是出于满足文化交际目的需求的考虑。林译考虑到中国侧重于感性思维，英语的遣词造句多少受到汉语重意合的影响，彰显民族特色，均属于规范英语，可以被英语读者理解、接受，成为蕴含中国思维的中国英语。

我们再参照一下翟林奈的相应译文：

---

① 王宁：《文化翻译与经典阐释》，中华书局 2006 年版，第 149 页。

Humble words and increased preparations are signs that the enemy is about to advance.

Violent language and driving forward as if to the attack are signs that he will retreat.

When the light chariots come out first and take up a position on the wings, it is a sign that the enemy is forming for battle.

Peace proposals unaccompanied by a sworn covenant indicate a plot.

When there is much running about and the soldiers fall into ranks, it means that the critical moment has come.

When some are seen advancing and some retreating, it is a lure. ①

翟林奈英译本是文献型文本，英译文句子之间充满了大篇幅的中英文说明、解释，其译文被淹没在大段的注疏文字里，看上去"支离破碎"。依次推断他的翻译过程：一方面他需关注引文、注疏等佐证材料；另一方面他引经据典，旁征博引大量中国古代文史资料，这样，留给翻译《孙子兵法》正文的精力就十分有限，因此，翟林奈注重每个句子的英译，而可能忽略了语篇的整体考虑。由于古文没有句读，也许，他根本就没有意识到这是一组排比句，忽略了源语的语内意义（linguistic meaning），即其中的修辞意义，只翻译了指称意义（referential meaning），即符号之间的概念意义。

中国译者与外国译者翻译同一部文化元典，东西方思维差异自然会在各自的译本里表露无遗，这取决于他们不同的思维定式。对此，学贯中西的翻译大家林语堂也深有感触地指出："我的译文以翟理思的译本为蓝本。

---

① Giles, L., *Sun Tzu on the Art of War：The Oldest Military Treatise in the World*. London：Luzac Co., 1910, pp. 90-92.

我翻译时很快便发现，在容易且可能译得确切之处，翟理思的译文都是意译。他的风格不假思索，爱用口语体，这可能被认为是一个瑕疵。结果，几乎没有一行不是如此，所以我只得自己动手翻译……他译得好的地方，我没做什么改动。在此意义上，这个译本可视为是我本人的译作。"① 林氏虽声明以外译者的译本为底本，但看到"不顺眼"的地方，还是忍不住去修订，以顺着中国思维表达。

林戊荪采取了自己的翻译方法，主要体现在三个方面。第一，借助阐释，扩充译文外延。他面对《孙子兵法》里的许多术语，或称为"文化负载词"（culture-loaded terms），为顾及英语读者的求知欲，需要增加基础性的解释篇幅，帮助他们了解中国兵学文化。第二，他采用音译（transliteration）的技法，譬如核心术语"奇""正"是孙武战略思想的具体表述，可是英语里没有这样的对应词（equivalent），况且"奇""正"的汉语解释也有多种，如何处理呢？林戊荪就音译为 qi 与 zheng，通过脚注说明含义。第三，他处理兵学术语有自己的理解与见识。例如，他用 disposition 英译术语"形"，用 momentum 英译"势"，便于英语读者较好地了解内涵。

让西方读者领略到孙武语言的写实之美以及中国古代兵学丰厚的文化底蕴，是文化性译本着力关照的重要因素，林戊荪显然注意到了这一点，其中，借助中国英语去传达孙武思想是其成功的翻译策略。另外，就《孙子兵法》林译本的中国英语与其产生的英译理据而言，我们可参照许渊冲②概括的"八卦"论，借以说明这两者之间的因果关系。

精通英语、法语的许渊冲结合自己长期从事典籍外译的实践，在《译

---

① 林语堂：《中国印度之智慧（中国卷）》，杨彩霞译，陕西师范大学出版社 2006 年版，第 65 页。

② 许渊冲（1921—2021），北京大学教授，著名翻译家。在国内外出版典籍英、法文著译几十本，包括《诗经》《楚辞》《李白诗选》《西厢记》等，是将中国历代诗词译成英、法韵文的著名译家。1999 年被提名为诺贝尔文学奖候选人。

诗六论》①《译诗六论》（续）② 与《译学与〈易经〉》③（在该文补充了两论，总共八论）里提出了翻译与《易经》乾、离、坤、巽、兑、坎、艮、震等八卦之间的某种内在联系，可谓"古为今用"，赋予国学以新时代的新内容：

第一论：译者一也（identification），译语在字句等层次与源语统一（乾卦）

第二论：译者依也（imitation），译语以源语为依据（离卦）

第三论：译者异也（innovation），译语可创新立异（坤卦）

第四论：译者易也（rendition），翻译需换易语言形式（巽卦）

第五论：译者意也（representation），译语要传递意义（兑卦）

第六论：译者艺也（re-creation），文学翻译是艺术（坎卦）

第七论：译者益也（instruction），翻译需开卷有益，让人"知之"（艮卦）

第八论：译者怡也（recreation），翻译使读者"好之""乐之"（震卦）

上述的许氏理论十分耐人寻味，他凭借古老而深奥的乾、离、坤、巽、兑、坎、艮、震等八卦来解释翻译理论，颇有见地。依他看来，第一至第三论涉及语言学层面的翻译方法论，第四至第六论说明了翻译认识论，第七至第八论反映了翻译目的论。这也许能从某种角度解释中国英语需经历如此之多的过程，才能有效地传播文化元典精髓。

---

① 许渊冲：《译诗六论》，《中国翻译》1991 年第 5 期，第 2—10 页。
② 许渊冲：《译诗六论》（续），《中国翻译》1991 年第 6 期，第 2—9 页。
③ 许渊冲：《译学与〈易经〉》，《北京大学学报（哲学社会科学版）》1992 年第 3 期，第 88 页。

《易经》是中国传统文化元典的重要源头，八卦理论体现了中国的辩证思维，反映了古代朴素的唯物思想。"易有太极，是生两仪。两仪生四象，四象生八卦。"八卦代表八种基本物象：乾为天，坤为地，震为雷，巽为风，艮为山，兑为泽，坎为水，离为火，总称为经卦，再由八个经卦里的两个为一组排列组合，构成六十四卦。易经里包含的常量、变量与翻译实践的"量变而质不变"有相通之处，无论是语言内部的演绎变化（语内翻译），还是不同语言之间的交流传播（语际翻译），其实质是翻译在不断推动着各种文化的传承与发展、接受与创新。

由此，借助许渊冲译学"八论"考察《孙子兵法》林译本的中国英语，可较好地揭示中国英语所包含的传统思维，因为这"八论"道出了译者、作者与读者的主体间性或称主体关系（inter-subjectivity），也说明了译作、原作与客观世界之间的客体关系，同时体现了上述主体与客体间错综复杂的交互关系。具体而言，第一论"译者一也"揭示了林译本与原作《孙子兵法》意义相同的语缘关系；第二论"译者依也"表示的是译者林戊荪与原作《孙子兵法》的依存关系；第三论"译者异也"表达了译者改造、变异原作的创新问题；第四论"译者易也"表示林译本在形式上不同于原作《孙子兵法》的变化问题；第五论"译者意也"表达了林戊荪需要传递孙武兵学意义的使命问题；第六论"译者艺也"阐明的是如何处理林戊荪与其译本的文学性问题；第七论"译者益也"着眼于译者林戊荪与读者增智受益的问题；第八论"译者怡也"则努力兼顾《孙子兵法》林译本与读者接受的互动交叉关系。

四、有关中国英语的若干思考

总而言之，在西方强势文化与中国弱势文化的角逐过程里，中国的汉外翻译向来屈从或迁就于西方的诗学规范，顺应英语文化的需要选择。比如说，饱含中国国情特色的家庭成员称谓具有一个完整的体系，长幼尊卑，人物关系非常明确，但如果要英译"侄子侄女、外孙外孙女、表兄弟表姐妹、堂兄弟堂姐妹"等称谓时，英语里的那几个词汇（nephew，niece and cousin）就显得捉襟见肘了。在英译汉语里许多精髓内容时，大多仅局限于向西方人解释清楚，而很难告诉他们如何用英语表述，导致优秀的华夏传统文化无法进入英语世界，直接影响了国际社会对中国的认知。自近代以来，中国更多的是注重单方面地吸收西方文化，及至今日，文化输入大大超过文化输出，属于"贸易逆差"，至于有效的双向文化交流更是路途遥遥。但是，随着中国硬实力与软实力的持续增长，中国在国际舞台上的声音越来越响亮，越来越多的中国英语挺进了英语权威词典①，这也从某种程度说明了英译的影响力。

考察《孙子兵法》林译本的中国英语可以得知，中国英语的创造者主要是汉语为母语的中国译者（无论是专业译者，还是英语使用者），其内容指表达中国社会文化（其中典籍文化是不可或缺的核心部分）的特有事物、概念，而且还包括英语表达里所隐藏的中国思维，借用英语形式，表达中国内容。既然中国英语是"拓展圈国家"变体英语的成员，那么经过典籍英译产生的中国英语就可以获得合法的语言地位，具备自己的文化特征。

由于历史的原因，中国文化在国际舞台上一直处于边缘化的境遇，英语成了英美等西方世界对其他国家施加影响的媒介，成为继续维持不平等格局的手段，占据了国际学术交流用语的主宰地位，其结果是弱化了其他国家使用民族语言传播学术的价值、意义。于是，中国人似乎患了"文化

---

① 中国英语 add oil（加油）近日收入了《牛津英语词典》，并引用了四个例句，最新一条来自《中国日报》（香港版）2016 年 6 月 7 日的报道：If we really are serious about being Asia's World City, we still have a lot of work to do. So add oil, everyone!（如果我们真的想成为亚洲的世界级城市，那么还有许多工作要做。各位，加油！）作者是英国驻港学者安德鲁·米切尔。《牛津英语词典》从词源学角度做了进一步说明，add oil 词组直译汉语"加油"，广东话 ga you，表示"鼓励、支持"，相当于英语的 go on 或者 go for it 的意思。

失语症"①，主要"症状"是：第一，不了解汉语文化知识的"失语"，对中国文化知之甚少；第二，不知道如何用英语表达汉语文化的"失语"。如何救治"失语症"呢？中国英语或许能够发挥作用。因为中国英语反映了中国国情，承载着民族特有的文化历史内涵，表达独特的民族文化体验，体现了民族文化修养，凝聚着民族文化精神气质。尤其是通过翻译中国题材而产生的中国英语可以填补规范英语里的语汇空白、概念空白、思维方式空白，涉猎中国传统医学、历史、文学、哲学、地理、风俗、民情等领域。传播中国文化的过程，就是让中国英语发出声音的过程，也是减轻"文化失语症"的过程，同时可不断增强民族自信，提升文化自信，丰富世界英语。

中国英语的出现，跟其他国家与地区的"各式各样英语"一起会对英语的格局产生不可忽略的影响。一方面，来自其他国家的英语正在消解正统英语的权威性，挑战"国王的英语"（King's English）或者"女王的英语"（Queen's English）；另一方面，在促进英语全球化方面也发挥着积极的作用，使"钦定的英语"逐渐演变成"世界性英语"（world englishes）、"全球英语"（global englishes）② 或称"变体英语"（English variation）等。世界英语的快速发展引起了国际语言学界的关注，各国学者从社会语言学、跨文化交际、翻译学、哲学、心理学等学科入手，探究世界英语的使用、特点、作用及其对当地国家语言规划与语言策略所产生的影响等。

---

① 从丛：《中国文化失语：我国英语教学的缺陷》，《光明日报》2000 年 10 月 19 日。

② 1985 年，Kachru 提出三个同心轴圈（three concentric circles of English）理论，用以表示英语在当今世界的分布与使用情形、发展趋势与特点，涉及英语在跨语言、跨文化环境里的传播形式、获得模式与功能领域。这三个同心圈分别是内圈（the Inner Circle）、外圈（the Outer Circle）与扩展圈（the Expanding Circle）。内圈指英语为母语的国家（English as a native language），外圈指英语不是母语但第二语言或是官方语言的国家（English as a second language），扩展圈指英语为外语的国家（English as a foreign language）。参见 Kachru, Braj B. 1985. Standards, codification and sociolinguistic realism: The English language in the outer cirlcevIn R. Quirk & H. G. Widdowson (eds.). English in the World: Teaching and Learning the Language and Literatures. Cambridge: Cambridge University Press.

有学者提出两个问题：第一，中国英语文化归属权利问题，即中国英语既然是为表达中国社会文化诸领域的特有事物而存在，那么，不容忽视中国英语表达中保证中国文化的归属权利；第二，中国英语是一种英语变体，还是以英语表述的汉语？这是"中国英语"最根本的哲学问题。① 语言是文化的载体，中国英语承载的是中国文化，既是民族的，又是国际的。中国英语具有积极的跨文化价值，采取异化翻译策略，将中国的思想、概念、事物变成英语的表述，以丰富英语词汇，增强英语表达力，让欧美读者直接了解中国文化与历史，理解中国文化的核心价值观，为英语文化系统注入来自东方的异质因子，提供鲜活的语汇、思维资源。

不妨换个角度回答这两个问题，可以阅读一则名人趣事。钱锺书利用牛津大学戴维·霍克斯《红楼梦》英译书名 The Story of the Stone 中 story 与 stone 两个单词，再巧借罗马史家苏维东纽斯（Suetonius Tranquillus）在《帝王传》里描写罗马皇帝奥古斯都（Augustus Caesar）的一句话"他开始看见的是砖头，离开时却已成了大理石"，进而得出这个颇有意味的评语："David Hawks 以所译 The Story of the Stone 新出第三册相赠，我看了一些，觉得文笔远胜另一译本。我回信中有云：All other translators of the 'Story' found it 'stone' and left it brick。"② 钱氏的品评通俗易懂，值得玩味，他以"俗"喻"雅"，以此"砖头"喻彼"砖头"，给读者带来新鲜的感知效果与雅俗共赏的类比信息。

这个故事说明了钱锺书的机智与幽默，更喻说了翻译的常量与变量。中国英语看起来是英语，好比罗马皇帝奥古斯都起初看见的是"石头"（stone）；但表述的内容是中国文化，更确切地说是中国特有的内涵，犹如皇帝离开时却变成了砖头（brick）。砖头不同于石头，但毕竟都属于质地

① 韩玲：《"中国英语"研究现状分析》，《外语与外语教学》2007 年第 10 期，第32 页。
② 张隆溪：《关于〈我们仨〉的一些个人回忆》，《万象》2003 年第 10 期，第31—32 页。

坚硬的建筑材料，两者既拥有同源关系，又保持各自的特性。所以，中国英语既是东西方文化调和的产物，典籍英译的必然结果，又是英汉两种语言文化"杂合"的混血儿，融合了两者的优势与营养，因而，"杂合"的英译文最逼近中国典籍要义。适当异化的中国英语能丰富英语读者的精神体验，开拓文化视野，领略充满东方情调的异域文字，激发了解东方的求知欲，接纳英语的"舶来品"。就像加拿大英语、澳洲英语、印度英语、新西兰英语等变体英语那样，中国英语理应在世界英语的大家庭里占有一席之地。

第八章　众声复调：走得更远的《孙子兵法》

Oh, East is East, and West is West, and never the twain shall meet, Till Earth and Sky stand presently at God's great Judgment Seat; But there is neither East nor West, Border, nor Breed, nor Birth, When two strong men stand face to face, Tho' they come from the ends of the earth!

——Joseph Rudyard Kipling: The Ballad of East and West

——约瑟夫·鲁德亚德·吉卜林《东西方民谣》①

纵观《孙子兵法》的英译历史，我们发现，它经历了从外国译者到中国译者、从军人到学者的主体身份演绎，走过了军事型转译本——学术型文本——军事型文本——文化型文本的历程，记录了最近一个世纪以来的中外兵学文化交流史。1905 年，英国军人卡尔斯罗普上尉的首个英译本，开创了《孙子兵法》英译的先河；1910 年，英国汉学家翟林奈出版的第

---

① 吉卜林，英国 19 至 20 世纪颇受欢迎的散文作家、诗人、小说家，被誉为"短篇小说艺术创新之人"，其作品在 20 世纪初的世界文坛产生过很大的影响，1907 年获得诺贝尔文学奖，系第一个英国诺贝尔文学奖得主。《东西方民谣》是吉卜林最著名的诗歌。这几行诗可以汉译为："啊，东方是东方，西方是西方，东西方永不相逢，直到地老与天荒。虽然东西在两端，两个巨人面对时，不论种族与疆界，不分东方与西方。"

二个英译本，严格遵循汉学规范，富于"东方情调韵味"，被誉为"学术范本"；1963年，美国海军准将格里菲思的英译本被联合国教科文组织收入"中国代表作丛书"，推动了世界范围内的"孙子热"，因而成为当代最畅销的《孙子兵法》英译本；1999年，国内资深学者林戊荪出版的英译本，旨在主动传播传统兵学文化，是20世纪中国内地的"文化型译本"。在历史的流变中，上述译本代表了不同时期、不同国籍、不同身份的文化互动成果，有的已成为英语语境下很有特色的经典译本，经受了中外时空的考验与广大读者的选择，在不同的历史阶段占有重要的地位。

第一节 《孙子兵法》西传英译本回顾

汉语与英语分别承载着东西方迥然不同的文化体系，所以，从事《孙子兵法》英译研究无疑具有深远的文化意义与强烈的现实意义。

古汉语是中国传统文化典籍的主要载体，数千年来积淀而成的"经史子集"，可资借鉴与利用的语言、文化资源远远超过现代汉语，"按语汇说，除近代科学与哲学名词是中文所缺乏外，若就描述的字眼（形容词、副词）说，中文是异常丰富的，决不逊于任何其他种文字，而且还要更丰富些，问题只在于我们善于选择应用"①。典籍英译自然成为对外文化传播的重要手段。英译《孙子兵法》有助于弘扬民族文化，促进东西方文化融合，保持中国固有的文化身份。汉语是世界上历史悠久、使用人数最多的语言，英语是当今影响力最大的语言，要使中国传统文化在最大范围内进行有效的传播，发挥最大程度的影响，就必须借助英译这个跨语言、跨文化、跨疆域的媒介。

梁启超曾形象地将读者接受小说的过程用四个字来表述，即"熏、

---

① 唐人：《翻译是艺术》，载罗新璋主编《翻译论集》，商务印书馆1984年版，第525页。

浸、刺、提"。"熏也者，如入云烟中而为其所烘，如近墨朱处而为其所染"；"浸也者，入而与之俱化者也"；"刺也者，刺激之义也"；"前三者之力，自外而灌之使入；提之力，自内而脱之使出，实佛法之最上乘也"。① 进而言之，"熏"指"久之而此小说之境界，随入其灵台而据之，成为一特别之原质之种子"，从空间上不知不觉地接受了影响；"浸"指"如酒焉，作十日饮，则作百日醉"，从时间上渐起作用；"刺"指让读者顿起异感而不能自制；"提"指作者从内心达到升华。梁氏的这一连串比喻描绘了小说潜移默化地影响读者的过程，也可以看作是他自己受益于文学作品的真实体验，优秀的作品读来犹如醍醐灌顶，如入仙境，让人流连忘返。其实，译者的翻译实践也经历了阅读——理解——表达的过程，而且一定会比一般读者的经历复杂得多，困难得多，因为他还担当将阅读物翻译成目标语的使命。如果效仿梁氏的语言描绘，至少还应该增加译者攀登高山时面临的巨大挑战，当然还有登顶时那种"把酒临风，其喜洋洋者矣"的欣喜与豪迈。总而言之，翻译过程肯定比阅读小说的感觉要精彩得多！

当代译论家斯坦纳（George Steiner）明确主张，翻译实践一般包括四个步骤：信赖（trust）、侵入（aggression）、吸收（import）与补偿（compensation）。② "信赖"表示译者相信源语文本具有探究意义，"侵入"表明译者介入源语，"吸收"意指译者整合源语的内涵与形式，"补偿"表示译者调适译语。两位中外学者从各自视角探讨了译者（也是读者）、读者处置文本的策略与手段，前者属语内交际体验，后者属语际互动写照，有着"异曲同工"之妙。因为相信《孙子兵法》具有文化元典的普世价值，所以"引无数英雄竞折腰"，千百年来多少饱学之士皓首穷经，注疏

---

① 饮冰：《论小说与群治之关系》，转引自陈平原、夏晓虹编：《二十世纪中国小说理论资料（1897—1916）》第一卷，北京大学出版社 1997 年版，第 51—52 页。

② George，S.，*After Babel*：*Aspects of Language and Translation.* Shanghai：Shanghai Foreign Language Education Press，2001，pp. 312–319.

阐发孙子思想。最近一个多世纪以来，多少海内外译者投身于《孙子兵法》翻译事业，努力不懈地吸收典籍文化精粹，殚精竭虑产生多少英译文，为的是让孙子兵学思想走得更远，影响更广。

我们综合考察《孙子兵法》四种英译本，发现它们呈现出不同的翻译风格。不同译者翻译《孙子兵法》的目的多有不同：有的主要是汉学研究，有的侧重于军事研究，有的着力于文化传播。卡尔斯罗普的首个英译本是借助日语的"转译本"，为了通过日本获取军事情报，了解中国古代兵学思想，所以其特点是摘要式地翻译《孙子兵法》，仅英译其主要内容，但为此后其他英译者开通了西传道路，并直接激发了第二个英译本的诞生，诚可谓"筚路蓝缕，以启山林"，功不可没。翟林奈的"学术型译本"努力保持与元典《孙子兵法》有很大程度的相似性，译文措辞不过于深奥难懂，易达于读者，他以一致的文风翻译，尽量保持源语的多种声调。他参考历代多家注释本，不辞辛苦地进行《孙子兵法》的研究、解读与翻译。其译本包括英译正文、长篇付梓前言、研究导论及各章题要，译文里还标出众多脚注，其间不时穿插相关的汉字，书末备附录与索引。这无疑既体现了译者研究性、创造性的解读，又是译者严谨治学的证明。译本体例的这些特征表明，他以忠实性为中心价值取向，通过英译向西方传达原汁原味的《孙子兵法》内涵。

格里菲思的"军事型译本"倾向于凸显军事特色，侧重阐释著名战例，满足西方军界读者借鉴孙武兵学思想的需求。林戊荪的"文化型译本"重点演绎恢宏大气的中国兵学文化，着力揭示深邃而富于哲理的兵学理论。不难看出，这些译本有一个共同的特点，即所有的译者都发挥了各自所长，保持各自特色，尽可能在"忠实性"与"可读性"这个跷跷板（seesaw）之间保持适度平衡。

《孙子兵法》英译本的诞生，既是孙子翻译实践与研究的结果，又是"孙子学"研究不断拓展与深入的产物。"研究过往译作的序跋可以了解译者对翻译和对译本的态度"①，译著里的序跋又称为"副文本"（para-text），是研究译者翻译动机、策略与思想的重要线索。

比较而言，翟林奈与格里菲思译本皆包含丰富的"副文本"，其中翟林奈仿效汉学传统，其注疏与解释远远超过了孙子《十三篇》的正文译文。通过解读"副文本"，研究者可挖掘《孙子兵法》思想渊源、内在意蕴、文本作者及其他相关问题，有助于翻译实践。因此，每一个译本不仅是汉英语言间语符之转换、意义之更替、文化之传播，而且还代表了不同时期的译者研究孙子相关问题的状况与水平，因为典籍英译是学术性很强的脑力劳动，译者还必须重视对元典时代背景的纵深探究，熟悉其成书的历史背景、学术潮流，进而可以描摹《孙子兵法》英译与研究的大致轨迹与图景。

《孙子兵法》英译本与读者也呈现紧密的关系，读者群的设定直接影响了翻译策略。这些译本各有千秋，都有隐含的读者群（implied readers）。通常而言，从语种掌握熟练程度看，译著的读者对象大致可分为"英语为母语的读者""英语为通用语读者""英语为外国语读者"等；从学养看，可分"学者读者""普通读者"等；从受教育程度看，可分"高等教育读者""中等教育读者""初等教育读者"等。理想的受众（audience）可能要"从学术研究的角度看，理想的典籍注译体例应当是包含原文、注释、今译、英译、疏解在内的一个完整体系"②，如果加上详尽的疏解、评注及术语解释，那么容纳古汉语、现代汉语、英语对照等内容的《孙子兵法》篇幅会大大加长，这样的学究式译本更多的是具有研究价值与图书馆收藏价值，多半吸引象牙塔里的研究学者。如果要充分实现典籍英译的"文本目的"，让不懂源语的英语读者知道、了解甚至欣赏元典的思想内容及其

① Long, Lynne, *History and Translation*, *in A Companion to Translation Studies*, *Piotr Kuhiwezak et al.* (*ed.*). Clevedon: Multilingual Matters Ltd., 2007, p. 64.
② 王宏印:《中国文化典籍翻译理论与技巧》，载《第五届全国典籍英译学术研讨会主题论文》，2008 年。

文体风格，读到与典籍意义相当、语义相近、文体相仿、风格相吻的英译本，全面准确地了解博大精深的中国文化思想，达到传承与外译中国文化、助推中西文化交流的目标，译者就必须调整翻译策略。

林戊荪译本的"中国英语"是我们研究的一个创新点。中国英语既是东西方文化较量的产物，又是典籍英译"杂合"的必然结果。以中国在21世纪重新崛起为宏大背景，以对外翻译为传播媒介，借助其他典籍英译本，中国英语已开始逐步走向世界。《孙子兵法》林译本采取可读性为上的原则，力求译文通顺流畅，设定的"隐含读者"是普通的中外英语读者，并非纯学术性翻译，或曰学究式翻译，旨在传播传统文化，兼顾读者的接受因素，让译文顺畅地进入英语世界。

保留适度异化加释译的翻译手段，是确保传统文化"保真传译"的有效方法，颇有借鉴意义。如译者翟林奈比较注意结合兵学思想的起源与发展，尤其是潜心考察了孙子其人其书，厘清主要注疏本脉络。这显然有助于其开展《孙子兵法》的英译研究，指出孙子兵学特点，制定相应的翻译策略。译文体现的"东方情调化倾向"，包括"阐释性东方情调化""心理性东方情调化"与"学理性东方情调"，这些是翟林奈译本的显著特点。

一般来说，如果着眼于以忠实性为价值取向的翻译标准，那么《孙子兵法》英译者大多采取异化处理，即多作直译与音译，并"在翻译原文之外还需旁征博引，解释典故，考释出处。这种翻译突出的是译文的叙述价值和文化价值"[1]，译者有时还在译文中间夹插相应的古汉语原文，甚至不遗余力地追求歌德所提倡的隔行对译方法（lineal translation），因为这种看似"亦步亦趋"的译法"旨在努力强化人们对原作的理解，使人们阅读过程中去靠近原作，让人们在差异与熟悉、懂与不懂互相靠近的翻译中完成阅读的循环"[2]。翟林奈译本最充分地展现了这种学究性特色，格里菲思译

---

[1]　汪榕培等：《中国典籍英译》，上海外语教育出版社2009年版，第10页。

[2]　Robinson, D., *Western Translation Theory：from Herodotus to Nietzsche*. Beijing：Foreign Language Teaching and Research Press，2006，p. 224.

本从军事角度较好地阐释了孙武的兵学要旨。

第二节　中国典籍外译与文化阐释

中国典籍要想通过翻译进入异域文化，一般需经过三个步骤：第一步是文本的翻译及再创作，第二步是进入异域文化圈内期待视野，第三步是译入语读者的阅读与接受。这个过程，究其实质，是一个生产、流通、消费的过程。翻译即译者的再创造过程取决于原材料的选取，文本的再创作是影响与接受的条件。

除了中国与英语国家国情不同、汉英语言文化差异、东西方意识形态迥异等因素以外，还应考虑以下两点：一是英语国家对外来典籍的接受机制与传播体制；二是中国对本民族文化典籍输出所做出的努力与关注的程度。

很长一段时期内，中国学界与译界忽略了遴选、介绍、翻译典籍作品的工作，少见较有规模、较成气候、较有组织的典籍外译系统工程。进入21 世纪以来，这种情况有了较大改变，典籍翻译工作被学界纳入议事日程。① 由中国政府资助的大型学术著作外译工程，如"经典中国国际出版工程""中国文化著作翻译出版工程""中华学术外译项目"等极大地推进了优秀典籍文化的海外传播。

回顾中国典籍翻译、输出历史，我们注意到，最早把中国传统文史哲著作译入英语、传到西方世界的是早期来华的传教士，他们率先翻译了老子、庄子、孔子以及李白、杜甫等作品，开启了中国典籍西行征程的

---

① 1995 年启动了《大中华文库》翻译出版工程，该项目经新闻出版总署批准，列入国家规划的重大出版工程。2004 年推出了中国图书对外推广计划，由国务院新闻办公室与新闻出版总署发起。2008 年推行了海外百部国剧英译工程，由中国人民大学、中国外文局等联手发起。2009 年启动经典中国国际出版工程，由新闻出版总署资助选题、出版，形成了走出海外的"中国文学系列"与"中国学术系列"。

大幕。

长期以来，向西方译介中国典籍一直是传教士与西方汉学家涉足的领域。直到 19 世纪末至 20 世纪初，中国学者开始加入这一项事业。辜鸿铭以其"独步神州"的英语造诣与后来居上的儒学学识，成为典籍英译最有代表性、最有影响的译者。辜鸿铭"生在南洋，学在西洋，婚在东洋，仕在北洋"①，即所谓的"四洋先生"，富于传奇色彩、游历广泛的人生。他是清末民初学界公认的、通晓中西的"文化怪杰"，独自英译了儒家"四书"中的三部——《论语》《中庸》与《大学》。林语堂这样评价辜鸿铭："英文文字超越出众，二百年来，未见其右。造词、用字，皆属上乘。总而言之，有辜先生之超越思想，始有其异人之文采。鸿铭亦可谓出类拔萃，人中铮铮之怪杰。"另一方面，他饱读中国典籍，"读五经诸子，日夜不释手。数年，遂遍涉群籍，爽然曰：道固在是，不待旁求也。"经过数年苦读，他对中西方文化产生了崭新的认知，他认为："谓欧美主强权，鹜外者也；中国主礼教，修内者也。言一时强盛，似优于中国，而图长治久安，则中国之道盛矣、美矣！文襄闻而大异之，延入幕府，不烦以常职，有要事就询焉。"正是凭借其雄厚的中西文学素养，20 世纪之交的辜鸿铭义不容辞地担当起典籍英译的跨文化重任。

德莱顿（John Dryden）把翻译比喻为"戴着脚镣在绳索上跳舞"（dancing on ropes with fettered legs），联合国教科文组织的《译员指南》称翻译是"在拉紧绳索上行走的永恒壮举"。王国维在评说辜鸿铭的《中庸》（The Universal Order or Conduct of Life，1906）英译本时，无不感叹英译典籍过程中荆棘遍地、险象环生的情形：

> 夫古人之说，固未必悉有条理也。往往一篇之中，时而说天道，时而说人事。岂独一篇中而已，一章之中，亦复如此。幸而其所用之语，意义甚为广漠，无论说天说人时，皆可用此语，故

---

① 宋炳辉：《辜鸿铭印象》，学林出版社 1997 年版，第 1 页。

不觉其不贯串耳。若译之为他国语，则他国语之与此语相当者，其意义不必若是之广，即令其意义等于此语，或广于此语，然其所得应用之处不必尽同，故不贯串不统一之病，自不能免。而欲求其贯串统一，势不能不用意义更广之语，然语意愈广者，其语愈虚。于是古人之说之特质渐不可见，所存者其肤廓耳。译古书之难，全在于是。①

接着，王氏举例说明辜译《中庸》"大病"之一是，以己意释经之"小误"者不少。其病之大者，一为辜译"皆过于求古人之说之统一之病也。至全以西洋之形而上学释此书，其病反是"。按照王氏标准，"前病失之于减古书之意义，而后者失之于增古书之意义。吾人之译古书，如其量而止则可矣，或失之减，或失之增，虽为病不同，同一不忠于古人而已矣"。

根据黄兴涛②考证，林语堂"认为这是极为了不起的功绩，给予高度评价，言'辜鸿铭的翻译是真正的天启'，'不只是忠实的翻译，而且是一种创作性翻译，古代典籍的光透过一种深奥哲学的注入'"。还有学者评价辜鸿铭"翻译儒家经典，对外弘扬民族文化，使中国传统儒学赢得世界的理解、尊重与赞赏，在二十世纪初尤其是第一次世界大战前后在西欧社会产生了广泛强烈的反响"③。这些评价无疑肯定了中国学者在典籍英译领域的贡献。

从翻译的角度理解如何构建中国文化在国际舞台上的话语权问题，不是指"再建立"或"修复"（rebuild，repair），更不是抛弃已有的传统话语而去重新建立另一套话语体系，而是"再寻找"（re+search）或"研究"（research）中国古代文化话语，更是"重新评价"（re-evaluate）中国

---

① 王国维：《书辜氏汤生英译〈中庸〉后》，载罗新璋主编《翻译论集》，商务印书馆1984 年版，第 196—197 页。

② 黄兴涛：《闲话辜鸿铭》，广西师范大学出版社 2001 年版，第 27—31 页。

③ 孔庆茂：《辜鸿铭评传》，百花洲文艺出版社 1996 年版，第 137 页。

古代文化话语的价值。这样的"重建"工程，实际上是要求我们在当今多元化的语境里着力挖掘传统文化话语的现实价值，凭借历时与共时的方法考察话语的内涵、外延，立足不同的视角审视话语产生的效果及其应用的范围，努力将之纳入世界文化不可或缺的组成部分。

典籍英译是我们重新审视典籍文化的机遇，也是重新挖掘传统资源的契机，有助于重振中国话语影响力与传播力。鉴于此，我们须从以下三个方面入手：第一，我们必须用心研读中国传统文献，梳理、寻找、阐述关键术语（key terms），研究这些术语的历史语境，探寻其丰富的蕴意；第二，抓住历史语境脉络，沿着意义的绵延长河采撷民族智慧；第三，置身于新世纪东西方文化大交融的体系里，我们要抓住中国传统文化走出去的难得时机，充分发挥"有无相生""虚实相间"的文化成长特色，借助现代话语来阐述传统话语，探求东西方文化的归因一致性，让传统智慧乘上现代文明的列车，促进世界多元文化的和谐平衡发展。

鉴于典籍文本的特点，我们可借助图里（Gideon Toury）的"翻译规范"（translation norms）来进一步探讨《孙子兵法》英译本。图里将翻译规范分为"起始规范"（initial norms）、"初级规范"（preliminary norms）与"操作规范"（operational norms）等三种。初级规范指那些左右译文选择的因素与采取的翻译策略，它决定译者对译作的总体倾向。换而言之，译者既可向源语文本靠近，也能向译语文本贴近，或者选择居中态度。图里把趋向于源语的特征称为"充分性"①（adequacy），将走近译语的倾向称作"接受性"②（acceptability）。

具体到翻译实践，译者总是在"充分性"与"接受性"之间不断徘

---

① 翻译的"充分性"，指翻译过程趋向于全译，将表达远离译入语读者所接受的标准，译者依据译出语的信息运用形式逻辑与艺术逻辑，最大限度地还原原作者的思维信息与原作者所要表达的事理信息，但其结果往往是降低了译入语的接受性。

② 翻译的"接受性"，指译入语文本所包含的信息在译入语及支持译入语的系统里获得的正价值，是信息对系统有用性的标志，同时它是读者对译入语文本的评价。"接受性"要求译者在解读译出语文本之前应有清晰的目标，明确译入语文本拟作出的预期整合。

徊，产生的译作通常是两者调和的结果。奈达认为："既然任何两个会话者对相同的音系、词汇、语法和语篇特征都没有完全相同的所指意义和联想意义，在语言交际中总会有一些损失或扭曲……那么两个民族没有完全相同的背景，在语言交际中总会有一些损失和扭曲。"① 这里所指的"损失和扭曲"源于两种文本与文化的不同"规范"，使得译者不可能完全选择"充分性"或"接受性"。即使译者倾向于"充分性"，接受源语文本的"规范"，也无法丝毫不受译语文本的影响。反之亦然，若选择"接受性"，也并不意味着完全抛弃"充分性"。所以，译者常常需在这两极之间寻求最佳调和点。

全面研究《孙子兵法》四种英译本，我们发现外国人的英译本（以下简称"外译本"）偏离汉语"充分性"的情形明显多于国内译本（简称"内译本"），主要原因是汉英语言、文化差异大，"外译本"译者发挥着更大的主观能动性，尽量使译本靠近"接受性"，采取以"译入语为中心"的策略；"内译本"则既能较好地体现汉语"充分性"，较多地传达源语信息（主要在深层含义、表层语义、语句结构、语域风格、句段格式等），又适当照顾译入语英语的"接受性"。为此，我们不妨打一个通俗的比喻：如果把"充分性"比作地球的北极，将"接受性"比作地球的南极，那么"内译本"大致处于"南回归线"（南纬 23.5 度）处，即太阳一年内一次直射的最南端，摆动幅度较小；而"外译本"大概位于"北纬10 度"附近，离地球中部赤道偏北一点的位置，处于太阳一年内两次直射的范围内，活动幅度较大。

西方学者英译中国典籍存在自身的弊端。由于典籍所采用的古汉语晦涩难懂，内容博大精深，西方译者往往难以抓住原著的精髓，误译的地方较多。经常出现这样一些情形，英译本里的许多直译让西方读者不知所

---

① Nida, E., Language and culture：Contexts in Translation. Shanghai：Shanghai Foreign Language Education Press, 2001, p. 33.

云，不少意译让未识中国传统文化真谛的西方读者不得原旨。① 这就涉及翻译方向的问题，涉及国内译者适合译入（in-coming translation）还是译出（out-going translation）的问题，涉及海外译者如何与国内译者合作的问题。

许渊冲认为，21 世纪是全球化的世纪。全球化不仅经济方面呈现走向一体的趋势，而且文化方面表现出吸收他国精华的需求，以构建灿烂辉煌的全球文化。② 中国历史上已经历了三次翻译高潮，无论是跨越汉唐的佛经翻译，还是明末时期的科技翻译、清末民初的文学翻译，都给当时社会的方方面面带来了深远的影响。21 世纪是国际交流空前繁盛的时代，是全方位的综合翻译时代，也是推进中国传统文化向外传播的大好时机。

在中外文化交流史上中国文化在很长时期内一直处于强势状态，从明末开始渐入弱势状态。外国译者为了某种利益，其中国典籍译本就不可避免地烙上特定的印痕。如有外国评论者认为，中国诗歌包含的思想十分简单，创造的人物并不精巧细腻，而且甚至几乎没有头脑。③ 读过中国诗歌的人看了这些评论，都不难发现他们对中国古诗的无知，这种评论扭曲了中国诗歌的美好形象，影响了英译作品在英语世界里的传播与接受。这说明，我们有必要向世界提供比较全面、系统、完整而且比较符合原貌的中国古诗译本。④ 针对典籍惜墨如金、文字简练、内涵丰富、不重形合而重意合等语言特点，潘文国等撰文指出，典籍英译应当明白（understand-ability）、通畅（readability）、简洁（succinctness），这些是典籍英译的"起码标准和最低要求"。⑤ 当然，优秀的译文经历了语内翻译、语际翻译的持续变异过程，犹如拓扑变化的图形要发生拉伸、收缩，变形之后的图形与原图之间依然保存着恒定不变的元素，译文同样保留某些核心内容，

---

① 汪榕培：《比较与翻译》，上海外语教育出版社 1997 年版，第 1 页。
② 许渊冲：《诗词英译与中西文化交流》，《外语与翻译》2003 年第 3 期，第 6 页。
③ 赵毅衡：《远游的诗神》，四川人民出版社 1985 年版，第 31 页。
④ 吴钧陶：《中译英技巧文集》，中国对外翻译出版公司 1992 年版，第 6 页。
⑤ 潘文国等：《古籍英译当求明白、通畅、简洁》，载杨自俭主编《英汉语比较与翻译》（3），上海外语教育出版社 2000 年版，第 393 页。

小而言之，是源语的中心思想，大而言之，是人类文化的普世价值。

典籍英译就像冯友兰所说的那样："一种翻译，终究不过是一种解释。比方说，有人翻译一句《老子》，他就是对此句的意义作出自己的解释。但是这句译文只能传达一个意思，而在实际上，除了译者传达的这个意思，原文还可能含有许多别的意思。原文是富于暗示的，而译文则不是，也不可能是。所以译文把原文固有的丰富内容丢掉了许多。《老子》《论语》现在已经有多种译本。每个译者都觉得别人的翻译不能令人满意。但是无论译得多好，译本也一定比原本贫乏。需要把一切译本，包括已经译出的和其他尚未译出的，都结合起来，才能把《老子》《论语》原本的丰富内容显示出来。"① 自 20 世纪初《孙子兵法》的第一个英译本诞生以来，持不同身份、来自不同背景、怀不同目的的中外译者所创造的英译本如同许许多多的汉语注疏本一样，都是从各自的视角去解读这部兵学圣典，每一个译本阐释的是其"冰山一角"。即使将所有的译本或注疏本加起来，也只能是无限地接近孙子思想，难以等同孙子全部。但是，另一方面，译者呕心沥血推出的每一个英译本都拓宽了人们理解孙子的领域，增加了孙子《十三篇》原文可能不曾拥有的内涵，犹如同一作品向众多方向的创造性拓展，扩大了孙子兵学思想的传播与影响范围，延续了孙子思想在第二个精神家园的生命。这既是英译《孙子兵法》的挑战与魅力，也是英译中国典籍的挑战与魅力所在。

第三节　《孙子兵法》英译与全球化语境

我们历时地考察近代以来中国典籍英译发展历史，发现以下特点：典籍英译与研究一贯是西方传统汉学的重镇，西方汉学建立在译介中国典籍基础之上，中外典籍英译与研究的队伍不断壮大，英译实践与研究日趋紧

---

① 冯友兰：《中国哲学简史》，北京大学出版社 1996 年版，第 13 页。

密，译本的数量明显增加，质量日益提高。

典籍英译是双重翻译，从理论上看，译者需经历语内翻译与语际翻译两个过程。典籍译者最好同时是学者，他们善于借助考据分析与比较研究的方法，面对典籍纷繁复杂的语内意义与语际意义，潜心爬梳剔抉，领会"微言大义"，穿梭于汉语与英语之间，担当好东西文化的摆渡者角色。

早在现代汉语诞生之前①，外国译者是否经历了"语内翻译"？我们虽不得而知，但有一点是十分明确的，即他们至少借鉴、参照了相关注疏本，做了大量的考据工作。如翟林奈的《孙子兵法》英译文迥然不同于其他译者的作品，他经过深思熟虑，编排了这样的翻译体制——全书由孙武原文背景提要、篇章主旨解读、文言文关键训释、核心义理解释、选择性注疏翻译、关联性意义互涉、译者评论等部分构成。全书一气呵成，俨然一部脱胎换骨的英语注疏本，一部英国汉学家的权威阐释著述！他在中英文夹杂的注释里，旁征博引，有关中国古代学者，无论是主流的，还是边缘的，都如数家珍，充当其英译的有力佐证。翟林奈仿效了其同胞翻译家理雅格的严谨学风。理雅格治学熔西方阐释学与中国训诂学于一炉，他从事的是学术性、研究性翻译。他指出："作为译者，自己必须公平恰当地翻译、注释中国经典，即使有百分之九十九的读者不会看那些冗长而繁复的评注，然而，只要有百分之一的读者理会那些详尽的评注，那么，就算是为了这第一百位读者，自己也应该认真注写。"② 可以说，翟林奈英译中国典籍，一脉相承了理雅格风格，他们都具有扎实的中国文史哲知识，同样热爱中国文化。

约瑟夫·列文森在《儒教中国及其现代命运》一书里指出，中国的思想观念与文艺对西方文明造成的影响主要拘泥于"词汇"方面，难以改变

① 根据王力先生关于汉语发展历史的"四分法"，现代汉语源自 20 世纪的五四运动。参见王力：《汉语史稿》，中华书局 2006 年版，第 43 页。

② Legge，*Helen Edith*，*James Legge*：*Missionary and Scholar*. London：The Religious Tract Society，1905，p. 42.

西方的社会结构与生活方式，因此，无法对西方文明的"语言"层次造成有力冲击。但是，近代西方只花了几十年时间就让包括中国在内的东方遭遇了从"词汇"到"语言"的巨大改变，从根本上改造了中国传统的思维模式与生活方式。海德格尔说过，语言是存在的家园，用此语言说话或写作的人则是这个家园的守护者；洪堡特也指出，语言无疑就是人类精神的表现形式。那么，究竟如何才能守住汉语这个我们赖以生存与发展的精神家园呢？翻译应该发挥怎样的作用呢？这些都是值得我们深思的问题。

1997 年版《论语》英译者西蒙·勒斯这样论述经典文本在译出语世界与译入语世界的不同境遇与不同结果，其描写细致，比喻鲜明，读来很有意思：

> 一部经典作品，从本质上来说，从它自身经常获得新的发展、新的评价与不同的解释角度来看，应该是具有开放性的。随着时间的流逝，这些评价、解释、注释形成了一系列的覆盖物、沉淀物、累积物与冲积物，它们不断积累、增加、叠压，就如同淤塞的河里的沙与沉淀物一样。经典作品经得起无数的正确使用与错误使用，正确理解与错误理解；它应该是不断增加的文本——它既可以被毁坏，也可以被丰富——然而，即使它最初的形式不能完全复原，它的核心本体也保持不变……对本土读者来说，经典作品内容错综复杂繁多，里面充满了人、声音、事件与记忆——它们与回声一同振荡。相反，对于外国读者，经典作品经常呈现一幅孤独的衣帽间的景象——在一个空房间，光秃秃的墙上仅有几排钩子。①

在他看来，关于文化经典的评价、注疏犹如"覆盖物、沉淀物、累积物"，随着时间的流逝而层层堆积，人们的阅读既有正解，又有误解。在

---

① Leys, Simon trans. *The Analects of Confucius.* New York: W. W. Norton Company, 1997. p. XVIII.

不一样的环境既能获得热捧，又会遭到冷遇。不同的经典面临不同的遭遇，无论是热闹，还是冷清，无论"衣帽间"里挂着多少个"钩子"，每个"钩子"都在无声地表达自己的价值，传递文化信息。

在国内，像《孙子兵法》这样的文化典籍，无论是注疏本，还是今译本，可谓卷帙浩繁，研究者与欣赏者享有众多的选择；而在汉语以外的世界，即使是英语已成为最具影响力语言的今天，中国典籍完整的英译本并不算多，而且能产生深远影响的译本则更少，不过，那些仅有的英译本还是在努力传播着博大精深的中国传统文化。

当前，全球经济一体化（economic globalization）、文化多样化（cultural diversity）的大潮在持续进行着，经济搭台、文化唱戏，国际间日益频繁的经济活动让东西文化不断地接触，不断地交汇，不断地融合。其间，来自西方的强势文化通过许多途径渗透进入华夏民族文化体系，这样，东方文化纳入了越来越多的西方文化因子。结果是，一方面，"文化边缘""文化中心"的标签常换常新，所谓的"三十年河东，三十年河西"，"曾经沧海难为水"，无论是东方文化，还是西方文化，两者都需要共生、共融，共同繁荣发展。表面上看，文化交流促使异质文化间的冲突与渗透，但其实质是为两者的沟通（communication）、融入（infusion）提供了条件。另一方面，无论是沟通，还是融入，都需要借助翻译来实现，翻译凭借不同语言的变异来转换，实现跨文化交际。因此，源于不同社会发展阶段的东方文化、西方文化，都各自承载着代表那个时代的社会文明成果的模因，这两种包含不同因子的文化汇聚在一起，难免会激发赏心悦目的暖风细雨，也会掀起触目惊心的滔天巨浪，有时带来春光明媚，有时遭遇凄风苦雨，但都彰显了翻译在不同历史阶段的作用。每逢重大历史变革时期，每逢国际时局变化的转换点，翻译，尤其语际翻译，就是一只"无形的手"，悄悄地左右着局势的变化。

结　　论

　　数千年中外文化交流史表明，翻译在借鉴学习异邦文明、推动社会发展进程中发挥了不可替代的作用，各种各样的翻译话语是各民族之间互相沟通、求同存异的关键媒介。因为翻译从来不单单是语言间的符号解码与编码，还集中彰显了译者的知识结构、文化背景、思想意识，反映了文化冲突、形象塑造、观念传播的价值演绎历程，呈现的是丰富而复杂的社会实践活动。翻译自古以来就扮演着推进外来文化与民族文化不断杂合的角色，其结果是产生由多种语言文化基因有机组合的杂糅体。孔子的"君子和而不同"论包含了接触不同文化时所持有的宽容态度，也提出了差异性包容和谐的诉求。让我们的思绪追溯得更遥远一点，西周末有一位名叫王朝太史伯阳父的思想家，他结合当时的治国经验，在《国语》里倡导"和实生物，同则不继"的发展观，进一步指出："以他平他谓之和，故能丰长而物归之。若以同裨同，尽乃弃矣。""平"表示"辨别、品评"，表示不同事物通过互相品评与借鉴而达到更好的认知水平，通过优势互补与文化过滤器的选择而产生新思想。倘若全部是同类事物的简单叠加，如何能催生新事物？如何能推进创新事业？

　　中国传统哲学提出了"协同万邦"的至高社会境界，这表示什么意思呢？其实，"协同万邦"就是"万物并育而不相害，道并行而不相悖"，实现建设性的共赢目标。老子在《道德经》里强调："道生一，一生二，二生三，三生万物。"这表明事物由"一"到"多"、从"同"到"异"的发展过程。不同文化间的交汇、沟通、传播、创新、传承是语际翻译的主要价值体现，译者既要跨越语言差异、文化差异、思维差异带来的藩篱，又需要在目标语系统内适当地展示上述差异，实质是如何平衡"自我"与"他者"的关系。其实，语际翻译一直以来充当引进外来文化的助推器，译者是将异质文化从此岸到达彼岸的摆渡者。一个国家接纳外来文化的力度与民族文化的发达成正相关系，如果开放程度越高，就越需要语际翻译的全方位参与，结果是越能促进经济文化的持续发展。所谓"物之不齐，物之情也"，文化差异是认识事物的出发点（starting-point），充实民族文化是归宿，异质语言的差异性需要借助翻译得以认识、传播与接纳，民族文化需要依靠语际翻译得以不断丰富、提升与至臻。

如果说 18 世纪前叶是西方世界认识中国的重要分水岭，之前他们企图寻求东西方的相似性、共同点与融合点，明末欧洲耶稣会士的"学术传教"带来了中西文化接触的历史机遇，可谓平等意义上的交流，因为当时的中国社会还有充足的生命力与文化自信，怀着"翻夷书、刺夷事""师夷长技以制夷"的宏愿，"翻译、兴学、图强"成为士人译书经世的时代诉求。但是，一旦跨过那道分水岭，国际时局就发生了重大的变化，西方人开始改变认识中国的思路，尝试寻找中西方的差异性，继而付诸武力试图征服中国。"双方互为他者，是对立、借鉴、批判、镜子的关系。一旦任何一方逾越这一界限，试图把镜子变成自己，用自己的文明标准强加于他者，就会出现大冲突。"① 左右中国近代社会进程的鸦片战争就是一个典型的例子。19 世纪 40 年代，欧美国家凭借工业革命的成果，占据了政治、经济、军事、技术方面的制高点，企图开拓海外市场，争抢海外原料产地，由此加快了拓展海外殖民地的步伐，大清帝国及周边国家很快变成"人为刀俎，我为鱼肉"。当时的中国是自然经济为主的农业国家，虽然地

---

① 乐黛云：《差别与对话》，《中国比较文学》2008 年第 1 期，第 2 页。

大物博，但由于长期闭关锁国，自给自足，陷入了内忧外患、积弱积贫的困境，沦为西方殖民者实施对外侵略扩张的试验田、展开利益博弈的角逐场。

面对西方列强虎视眈眈的国际局势，中国只能任人宰割。于是，他们凭借坚船利炮，远涉重洋，轰开了天朝大门，清廷成为列强实施西方文明、推行对外扩张的接受者。回顾近代史，东西方文化交流经历了一个半世纪的历程，那么已进入了21世纪的我们应该抱着什么样的文化心态关注更加复杂多变的新型国际关系呢？如何对待民族自我与异域他者的文化关系呢？如何实现跨文化语境里人类的文化多元共存目标呢？这些都是我们应该深思的问题。

在当前全球化语境下，我们需要提倡文化自觉、文化自信的主张。文化多样化是保持个性的必要手段，各民族在获得有效信息的同时，如何实现信息的广泛传播，取得深远的影响是一个国家提升文化软实力的策略，而语际翻译是最大限度地撒播不同语言所承载信息的最有效、最直接的媒介，所以，当前"翻译的重点就应该从外翻中变成中翻外，也就是说，要把中国文化的精品……翻译成世界上的主要语言——英语，使它在世界上拥有更广大的读者"①，典籍英译无疑是"中译外"的中坚力量，也是中国传统文化走向世界的内核。我们拥有的优秀典籍汗牛充栋，像《孙子兵法》这样的文化元典应该是典籍英译的重中之重，因为典籍海外传播可以彰显中国传统文化的核心价值，可以在国际舞台上发挥深远的影响，体现中国文化自觉、自信与自强的精神风貌。历史上，由于中外文化一直存在严重的"文化逆差"，中国向来是外来文化的输入目的地。现在，我们必须认真反思这种交流现实，了解历史，关注当下，顺应文化战略，珍视传统典籍，加强英译实践及其理论研究，利用全球化的机遇大力传播中国传统价值，努力达到中西方文化交流的平衡。虽然自近代以来，西方的各种

---

① 王宁：《文化翻译与经典阐释》，中华书局2006年版，第14页。

思想经译介大量地涌入，但是当我们掌握了足够的知识，具备一定的经济实力，拥有与西方学术界平等交流的能力时，就应该着力将优秀的传统文化翻译、传播至西方——主要是英语世界，展现东方大国的文化魅力，推广博大精深的中国文化，促进世界文化的多样性。

参 考 文 献

一、古籍

戴震：《戴震全书》第 6 册，杨应芹、诸伟奇主编，黄山书社 1995 年版。

郭庆藩：《庄子集释》，中华书局 1961 年版。

刘勰：《文心雕龙》，中华书局 2017 年版。

孟子：《孟子译注》，杨伯峻译注，中华书局 2012 年版。

司马迁：《史记》，岳麓书社 1995 年版。

孙武：《十一家注孙子》，曹操等注，郭化若译，中华书局 1962 年版。

二、今人论著

（一）英译本与回译本

Calthrop, E. F.: *The Book of War：The Military Classic of the Far East*, London：John Murray, Albemmarle ST. W. 1908.

Giles, *Lionel*: *Sun Tzu on the Art of War：The Oldest Military Treatise in the World*, London：Luzac Co. , 1910.

Griffith, *Samuel B.*: *Sun Tzu：The Art of War*, Oxford：Clarendon Press, 1963.

［美］塞缪尔·B. 格里菲思：《孙子兵法：美国人的解读》，育委译，学苑出版社 2003 年版。

孙武、孙膑:《孙子兵法·孙膑兵法》,林戊荪译,外文出版社 1999 年版。

(二) 专著类

[英] 阿诺德·汤因比:《历史研究》,刘北成等译,上海人民出版社 2000 年版。

[美] 爱德华·霍尔:《超越文化》,居延安等译,上海文化出版社 1988 年版。

[美] 安乐哲:《和而不同:比较哲学与中西会通》,温海明译,北京大学出版社 2002 年版。

白兆麟:《简明文言语法》,河北教育出版社 1990 年版。

蔡新乐:《翻译与汉语》,中央编译出版社 2006 年版。

蔡新乐:《相关的相关》,中国社会科学出版社 2007 年版。

蔡英杰:《〈孙子兵法〉语法研究》,商务印书馆 2006 年版。

陈波:《奎因哲学研究》,三联书店 1998 年版。

陈福康:《中国译学史》,上海人民出版社 2010 年版。

陈鼓应:《老庄新论》,上海古籍出版社 1992 年版。

陈浩东等:《拓扑翻译学》,人民出版社 2016 年版。

陈平原:《大书小书》,广东旅游出版社 1992 年版。

陈蒲清:《文言今译学》,岳麓书社 1999 年版。

陈望道:《修辞学发凡》,复旦大学出版社 2008 年版。

陈伟武:《简帛兵学文献谈论》,中山大学出版社 1999 年版。

陈小荷等:《先秦文献信息处理》,世界图书出版公司 2013 年版。

陈寅恪:《陈寅恪先生文集》,里仁书局 1981 年版。

陈寅恪:《金明馆丛稿二编》,三联书店 2009 年版。

程永生:《描写交际翻译学》,安徽大学出版社 2001 年版。

陈志杰:《文言语体与文学翻译》,上海外语教育出版社 2009 年版。

褚良才:《中国古代军语研究导论》,浙江教育出版社 1998 年版。

褚良才:《〈孙子兵法〉研究与应用》,浙江大学出版社 2002 年版。

[日] 大塚幸男:《比较文学原理》,陈秋峰等译,陕西人民出版社 1985 年版。

董洪利：《古籍的阐释》，辽宁教育出版社 1997 年版。

冯庆华：《文体翻译论》，上海外语教育出版社 2001 年版。

冯友兰：《中国哲学简史》，北京大学出版社 1996 年版。

冯友兰：《中国哲学史新编》第四册，人民出版社 1986 年版。

冯友兰：《中国哲学史新编》第六册，人民出版社 1989 年版。

冯志伟：《现代术语学引论》，语文出版社 1997 年版。

葛本仪：《汉语词汇学》，山东大学出版社 2003 年版。

韩洪举：《林译小说研究》，中国社会科学出版社 2005 年版。

韩胜宝主编：《〈孙子兵法〉与文化战略》，古吴轩出版社 2016 年版。

何卫平：《通向解释学辩证法之途：伽达默尔哲学思想研究》，上海三联书店 2001 年版。

何锡蓉：《佛学与中国哲学的双向构建》，上海社会科学院出版社 2004 年版。

何自然：《当代语用学》，外语教学与研究出版社 2004 年版。

洪汉鼎：《阐释学——它的历史和当代发展》，人民出版社 2001 年版。

洪汉鼎编：《中国诠释学》第二辑，山东人民出版社 2004 年版。

洪汉鼎编：《中国诠释学》第三辑，山东人民出版社 2006 年版。

洪湛侯：《中国文献学要籍解题》，杭州大学出版社 1997 年版。

胡翠娥：《文学翻译与文化参与》，上海外语教育出版社 2007 年版。

黄建华等：《双语词典学导论》，商务印书馆 2001 年版。

黄俊杰主编：《中国经典诠释传统（一）：通论篇》，华东师范大学出版社 2008 年版。

黄朴民：《大话〈孙子兵法〉》，齐鲁书社 2003 年版。

黄兴涛：《闲话辜鸿铭》，广西师范大学出版社 2001 年版。

黄亚平：《典籍符号与权力话语》，中国社会科学出版社 2004 年版。

黄忠廉：《翻译方法论》，中国社会科学出版社 2009 年版。

陈永国主编：《翻译与后现代性》，中国人民大学出版社 2005 年版。

［德］伽达默尔：《真理与方法》，洪汉鼎译，上海译文出版社 1999 年版。

季羡林：《季羡林谈义理》，人民出版社 2010 年版。

贾玉新：《跨文化交际学》，上海外语教育出版社1997年版。

姜其煌：《欧美红学》，大象出版社2005年版。

金惠康：《中国英语》，外语教学与研究出版社2004年版。

［英］凯特·迪斯汀：《自私的模因》，李冬梅、谢朝群译，世界图书出版公司2014年版。

孔慧怡：《翻译·文学·文化》，北京大学出版社1999年版。

孔庆茂：《辜鸿铭评传》，百花洲文艺出版社1996年版。

乐黛云、勒·比松编：《独角兽与龙——在寻找中西文化普遍性中的误读》，北京大学出版社1995年版。

李零译注：《孙子译注》，中华书局2007年版。

李亚舒、黎难秋：《中国科学翻译史》，湖南教育出版社2000年版。

李玉良：《〈诗经〉英译研究》，齐鲁书社2007年版。

李运兴：《语篇翻译引论》，中国对外翻译出版公司2001年版。

梁启超：《中国佛教研究史》，上海三联书店1988年版。

梁启超：《饮冰室合集·专集之五十》。

梁启超：《佛学研究十八篇》，天津古籍出版社2005年版。

廖七一等编：《当代英国翻译理论》，湖北教育出版社2004年版。

刘桂生：《刘桂生学术文化随笔》，中国青年出版社2000年版。

刘禾：《语际书写：现代思想史写作批评纲要》，上海三联书店1999年版。

刘宓庆：《文化翻译论纲》，湖北教育出版社1999年版。

刘宓庆：《翻译与语言哲学》，中国对外翻译出版公司2007年版。

刘润清：《西方语言流派》，外语教学与研究出版社2002年版。

刘士聪主编：《红楼译评》，南开大学出版社2004年版。

刘振志：《孙子的关键字及其思想内涵》，《孙子新论集萃》，长征出版社1992年版。

林语堂：《中国印度之智慧（中国卷）》，杨彩霞译，陕西师范大学出版社2006年版。

鲁迅：《新版鲁迅杂文集》，浙江人民出版社2002年版。

［法］罗贝尔·埃斯卡皮：《文学社会学》，王美华、于沛译，安徽文艺出版社1987 年版。

罗新璋主编：《翻译论集》，商务印书馆 1984 年版。

马建忠：《马氏文通》，商务印书馆 1998 年版。

马祖毅、任荣珍：《汉籍外译史》，湖北教育出版社 2007 年版。

毛泽东：《毛泽东选集》第一卷，人民出版社 1991 年版。

［德］尼采：《快乐的知识》，余鸿荣译，哈尔滨出版社 2016 年版。

倪梁康：《现象学及其效应》，生活·读书·新知三联书店 1994 年版。

钱锺书：《林纾的翻译》，商务印书馆 1981 年版。

钱锺书：《管锥编》，中华书局 1986 年版。

钱锺书：《谈艺录》，生活·读书·新知三联书店 2001 年版。

钱锺书：《钱锺书英文论集》，外语教学与研究出版社 2005 年版。

单继刚：《翻译的哲学方面》，中国社会科学出版社 2007 年版。

申小龙：《当代中国语法学》，广东教育出版社 1996 年版。

申迎丽：《理解与接受中意义的建构》，上海译文出版社 2008 年版。

［美］史景迁：《大汗之国》，阮叔梅译，广西师范大学出版社 2013 年版。

思果：《翻译新究》，中国对外翻译出版公司 2000 年版。

宋炳辉：《辜鸿铭印象》，学林出版社 1997 年版。

苏渊雷：《传统佛教与中国近代化》，华东师范大学出版社 1994 年版。

［英］苏珊·布莱克摩尔：《谜米机器》，高申春、吴友军、许波译，吉林人民出版社 2001 年版。

汤用彤：《汉魏两晋南北朝佛教史》，中华书局 1983 年版。

汤用彤：《理学·佛学·玄学》，北京大学出版社 1991 年版。

涂禄友：《炮兵战术基础》，国防科技大学出版社 2001 年版。

王秉钦：《20 世纪中国翻译思想史》，南开大学出版社 2004 年版。

王秉钦：《对比语义学与翻译》，南开大学出版社 2008 年版。

王东风：《连贯与翻译》，上海外语教育出版社 2009 年版。

王国维：《观堂集林》卷二，世界书局 1964 年版。

王宏印：《中国传统译论经典诠释——从道安到傅雷》，湖北教育出版社 2003 年版。

王克非：《翻译文化史论》，上海外语教育出版社 1997 年版。

王克友：《翻译过程与译文的演生——翻译的认识、语言、交际和意义观》，中国社会科学出版社 2008 年版。

王力：《中国语法理论》，中华书局 1954 年版。

王力：《中国现代语法》，商务印书馆 1983 年版。

王力：《汉语史稿》，中华书局 2006 年版。

王宁：《文化翻译与经典阐释》，中华书局 2006 年版。

汪榕培：《比较与翻译》，上海外语教育出版社 1997 年版。

汪榕培等：《典籍英译研究》，河北大学出版社 2005 年版。

汪榕培等：《中国典籍英译》，上海外语教育出版社 2009 年版。

王正良：《回译研究》，大连海事大学出版社 2007 年版。

温秀颖：《翻译批评——从理论到实践》，南开大学出版社 2007 年版。

吴国良：《现代英语句法与语义》，航空工业出版社 2005 年版。

吴国良：《英语术语翻译与译名规范研究》，浙江大学出版社 2009 年版。

吴钧陶：《中译英技巧文集》，中国对外翻译出版公司 1992 年版。

吴南松：《"第三类语言"面面观》，上海译文出版社 2008 年版。

吴如嵩：《〈孙子兵法〉新论》，解放军出版社 1989 年版。

吴如嵩：《〈孙子兵法〉新说》，解放军出版社 2008 年版。

夏廷德：《翻译补偿研究》，湖北教育出版社 2006 年版。

谢天振：《翻译研究新视野》，青岛出版社 2003 年版。

谢天振：《译介学导论》，北京大学出版社 2007 年版。

谢天振主编：《当代国外翻译理论导读》，南开大学出版社 2008 年版。

谢祥皓、李政教主编：《兵圣孙武》，军事科学出版社 1992 年版。

邢福义：《文化语言学》，湖北教育出版社 2000 年版。

辛红娟：《〈道德经〉在英语世界：文本行旅与世界想象》，上海译文出版社 2008 年版。

熊月之：《西学东渐与晚清社会》，上海人民出版社 1994 年版。

许钧、袁筱一：《当代法国翻译理论》，湖北教育出版社 2001 年版。

徐珺：《古典小说英译与中国传统文化传承》，吉林出版集团 2005 年版。

许渊冲：《翻译的艺术》，五洲传播出版社 2006 年版。

杨丙安：《十一家注孙子校理》，中华书局 1999 年版。

杨自俭主编：《英汉语比较与翻译》（3），上海外语教育出版社 2000 年版。

于汝波等编：《〈孙子〉新论集萃：第二届孙子兵法国际研讨会论文选》，长征出版社 1992 年版。

于汝波主编：《孙子学文献提要》，军事科学出版社 1994 年版。

于汝波主编：《〈孙子兵法〉研究史》，军事科学院出版社 2001 年版。

［美］宇文所安：《中国文论：英译与评论》，王柏华等译，上海社会科学院出版社 2003 年版。

［英］约翰·柯林斯：《大战略》，军事科学院译，战士出版社 1978 年版。

曾文雄：《语用学翻译研究》，武汉大学出版社 2007 年版。

张隆溪：《道与逻各斯》，冯川译，四川人民出版社 1998 年版。

张美芳：《翻译研究的功能途径》，上海外语教育出版社 2006 年版。

张南峰：《中西译学批评》，清华大学出版社 2004 年版。

张清常：《语言学论文集》，语文出版社 2001 年版。

张先坦：《古今汉语语法比较概要》，四川出版集团巴蜀书社 2007 年版。

张中行：《文言和白话》，中华书局 2007 年版。

赵彦春：《翻译学归结论》，上海外语教育出版社 2005 年版。

赵毅衡：《远游的诗神》，四川人民出版社 1985 年版。

郑克礼、周敏等主编：《〈孙子兵法〉在当今世界的妙用》，中国国际广播出版社 1992 年版。

郑也夫：《一个社会学的新视角》，生活·读书·新知三联书店 1995 年版。

周宁：《天朝遥远：西方的中国形象研究》，北京大学出版社 2006 年版。

中国翻译工作者协会《翻译通讯》编辑部编：《翻译研究论文集（1894—1948）》，外语教学与研究出版社 1984 年版。

朱健平：《翻译：跨文化解释》，湖南人民出版社 2007 年版。

朱跃：《语义论》，北京大学出版社 2006 年版。

卓振英：《汉诗英译论要》，中国科学文化出版社 2003 年版。

（三）期刊论文类：

查明建等：《论译者主体性——从译者文化地位的边缘化谈起》，《中国翻译》
2003 年第 1 期。

陈大亮：《谁是翻译主体》，《中国翻译》2004 年第 2 期。

陈志杰等：《回译——文化全球化与本土化的交汇处》，《上海翻译》2008 年第
3 期。

傅朝：《〈孙子兵法〉军语研究》，《锦州师范学院学报（哲学社会科学版）》
2001 年第 2 期。

葛传椝：《漫谈由汉译英问题》，《翻译通讯》1980 年第 2 期。

韩玲：《"中国英语"研究现状分析》，《外语与外语教学》2007 年第 10 期。

何元建：《论本源概念的翻译模式》，《外语教学与研究》2010 年第 3 期。

贾冠杰、向明友：《为中国英语一辩》，《外语与外语教学》1997 年第 5 期。

蒋骁华：《典籍英译中的"东方情调化翻译倾向"研究》，《中国翻译》2010 年
第 4 期。

乐黛云：《差别与对话》，《中国比较文学》2008 年第 1 期。

李文中：《中国英语与中国式英语》，《外语教学与研究》1993 年第 4 期。

李英照等：《回译性与魏迺杰的中医术语翻译模式》，《辽宁中医药大学学报》
2008 年第 11 期。

连淑能：《论中西思维方式》，《外语与外语教学》2002 年第 2 期。

梁爱林：《论术语学理论与翻译的一些相关问题》，《科技术语研究》2003 年第
3 期。

罗建平：《〈孙子兵法〉Giles 译本译误分析》，《钦州学刊》1998 年第 1 期。

马连湘、孟娇：《〈孙子兵法〉军事用语分析》，《长春理工大学学报》2008 年
第 5 期。

孟令霞:《术语学及其外部亲缘学科》,《术语学研究》2006 年第 4 期。

裘禾敏:《〈孙子兵法〉在英语世界的传播》,《浙江社会科学》2012 年第 6 期。

裘禾敏:《〈孙子兵法〉的回译性解读:激活与遮蔽》,《西安外国语大学学报》2014 年第 4 期。

裘禾敏:《国内〈孙子兵法〉英译研究综述》,《孙子研究》2015 年第 9 期。

裘禾敏:《典籍英译与中国英语关系探讨》,《亚太跨学科翻译研究》2017 年第 2 期。

裘禾敏:《典籍英译与东方情调化翻译倾向》,《西安外国语大学学报》2019 年第 1 期。

孙晓燕:《〈静夜思〉英译本的回译比较》,《科技咨询》2009 年第 4 期。

王宏印:《试论文学翻译批评的背景变量》,《中国翻译》2004 年第 2 期。

王建国:《回译与翻译研究、英汉对比研究之间的关系》,《外语学刊》2005 年第 4 期。

汪榕培:《〈诗经〉的英译——写在"大中华文库"版〈诗经〉即将出版之际》,《中国翻译》2007 年第 6 期。

王宪明:《返朴归真最是信:由几处经典引文回译所想到的》,《清华大学学报》1994 年第 4 期。

王岳川:《新世界中国文艺理论的前沿问题》,《社会科学战线》2004 年第 2 期。

魏向清、张柏然:《学术摹因的跨语际复制——试论术语翻译的文化特征及研究意义》,《中国外语》2008 年第 6 期。

吴荣政:《论〈孙子兵法〉在日本的传播与影响》,《广西民族学院学报》1997 年第 3 期。

谢之君:《中国英语:跨文化语言交际中的干扰性变体》,《现代外语》1995 年第 1 期。

许钧:《"创造性叛逆"和翻译主体性的确立》,《中国翻译》2003 年第 1 期。

许渊冲:《译诗六论》,《中国翻译》1991 年第 5 期。

许渊冲:《译诗六论》(续),《中国翻译》1991 年第 6 期。

许渊冲：《译学与〈易经〉》，《北京大学学报》1992 年第 3 期。

许渊冲：《诗词英译与中西文化交流》，《外语与翻译》2003 年第 3 期。

杨武能：《再谈文学翻译主体》，《中国翻译》2003 年第 3 期。

詹绪左等：《汉字的文化功能》，《天津师大学报（社会科学版）》1994 年第 1 期。

张隆溪：《关于〈我们仨〉的一些个人回忆》，《万象》2003 年第 10—11 期。

赵国华：《中国孙子学的历史考察》，《南都学坛》2008 年第 1 期。

朱宝锋：《辜鸿铭的翻译思想初探》，《世界文学评论》2007 年第 1 期。

朱建平等：《加强中国术语学学科建设之我见》，《科技术语研究》2005 年第 1 期。

卓振英：《典籍英译中的疑难考辨》，《中国翻译》2005 年第 4 期。

（四）工具书、报纸类：

从丛：《中国文化失语：我国英语教学的缺陷》，《光明日报》2000 年 10 月 19 日。

方梦之：《译学辞典》，上海外语教育出版社 2004 年版。

古棣主编：《〈孙子兵法〉大辞典》，上海科学普及出版社 1994 年版。

《汉语大词典》，汉语大词典出版社 1992 年版。

吴如嵩主编：《〈孙子兵法〉辞典》，白山出版社 1993 年版。

张柏然：《发展中国的译学研究》，《光明日报》2002 年 6 月 14 日。

（五）英语类著述：

Al-Qinai J., 2000. *Translation Quality Assessment. Strategies, Parametres and Procedures. Meta.*

Baker, Mona. 1992. *In Other Words: A Coursebook on Translation.* London and New York: Routledge.

Bassnett, S. & Andre, L., 2001. *Constructing Cultures. Shanghai: Shanghai Foreign Language Education Press.*

Blackmore, S. *The Mene Machine*, Oxford: Oxford University Press, 1999.

Bloom, Harold. 1975. *A Map of Misreading*. New York and London: Oxford University Press.

Butler-Bowdon, T. trans. *The Art of War: The Ancient Classic, including the translated The Sayings of Wu Tzu. West Wesses*, UK: Capstone Publishing, 2010.

Chesterman, A., *Memes of Translation—The Spread of Ideas in Translation Theory*, Shanghai: Shanghai Foreign Language Education Press.

Cyril Birch, Reflection of a Working Translator, in Translating Chinese Literature, eds., Eugene Eoyang and Lin Yao-fu, Bloomington and Indianapolis: Indiana University Press, 1995.

Dawkins, R. *The Selfish Gene*, New York: Oxford University Press, 1976.

Ch'u, *Ta-kao*. 1982. *Tao Te Ching*. London: Unwin Paperbacks.

Davis, Kathleen. 2004. *Deconstruction and Translation*. Shanghai: Shanghai Foreign Language Education Press.

De Groot, A. 1997. *The cognitive study of translation and interpretation: Three approaches. In J. Hanks et al. (eds.). Cognitive Processes in Translation and Interpreting*. Thousand Oaks: Sage.

Dixon, R. M. W. 2005. *A Semantic Approach to English Grammar* Oxford University Press.

Goethe, J. W. A. 1992. *Translations. In Schulte & Biguenet (ed.) Theories of Translation*. Chicago: Chicago University Press.

Genette, G. 1997. *Paratexts: Thresholds of Interpretation. Jane E. Lewin (Trans.)* Cambridge: Press Syndicate of the University of Cambridge.

Hawkes, D. 1977. *The Story of the Stone (Vol. 2). The Crab-Flower Club. Harmondsworth, Middlesex: Penguin*.

Heylighen F. 1998. *What Makes a Meme Successful: Selection Criteria for Cultural Evolution*. http://pespmcl. vub. ac. Be /papers /memeticsNamur. html20k, 1998.

Holmes, J. 1978/1988. *Describing literary translations: Models and methods. In*

J. Holmes (ed.) . *Translated*! *-Papers on Literary Translation and Translation Studies. Amsterdam*: *Rodopi.*

Humboldt, v. W. 1989. *On Language. Cambridge University Press*, trans. Peter Heath.

Ion, H. , 1990. *Something New under the Sun*: *E. F. Calthrop and the Art of War*. Japan Forum.

Jakobson, Roman. 2000. *On Linguistic Aspects of Translation*, *The Translation Studies Reader.* (ed) . *Lawrence Venuti*, London and New York: Routledge.

Jaquemond, R. 1992. *Translation and Cultural Hegemony*: *the Case of French-Arabic Translation. In Venuti*, *L.* (ed.) *Rethinking Translation.* London: Routledge.

Larson, Mildred. 1998. *Meaning-based Translation*: *A Guide to Cross-language Equivalence*, Lanham: University Press of America, Inc.

Lefevere, Andre. 1992. *Translation /History/Culture*: *A Sourcebook* (ed.) . London: Routelege.

Lefevere, Andre. 2004. *Translation*, *Rewriting and the Manipulation of Literary Fame*. Shanghai: Shanghai Foreign Language Education Press.

Legge, Helen Edith. 1905. *James Legge*: *Missionary and Scholar*. London: The Religious Ract Society.

Lewis, M. Edward. 1971. *Sanctioned Violence in Early China*. State University of New York Press.

Leys, Simon trans. 1997. *The Analects of Confucius*. New York: W. W. Norton Company.

Li, Charles and Thompson, Sandra. 1976. *Subject and Topic*: *A New Typology of Language*, *Li.* (ed.) , *Subject and Topic*. New York: Academic Press.

Long, Lynne. 2007. *History and Translation*, *in A Companion to Translation Studies*, *Piotr Kuhiwezak et al.* (ed.) . Clevedon: Multilingual Matters Ltd.

Lowenthal, David. 1985. *The Past is a Foreign Country*. Cambridge: Cambridge University Press.

Lumsden C. J. & Wilson, E. O. , *Genes*, *Mind and Culture*, Cambridge: Harvard University Press，1981．

Malinowski，B. *The Problem of Meaning of in Primitive Languages*（C）．*Supplement I*，in C. K. Ogden & I. A. Richards. *The Meaning of Meaning*（c）．San Diego，New York and London：Harcourt Brace Jovanovich，Inc. ，1923．

Malinowski，B.*Coral Gardens and Their Magic.*Vol.2.London：Routledge，1935．

Minford，J. trans. *The Art of War*，*with an introduction and commentary*. New York：Viking，2002．

Newmark，Peter，1988. *A Textbook of Translation*. New York：Prentice Hall.

Nida，Eugene. 2000. *Language*，*Culture and Translation*. Shanghai Foreign Language Education Press.

Nida，Eugene.2001.*Language and culture：Contexts in Translation.*Shanghai：Shanghai Foreign Language Education Press.

Nord，Christiane. 2001. *Translating as a Purposeful Activity：Functionalist Approaches Explained*. Shanghai：Shanghai Foreign Language Education Press.

Owen，S. ，*A Note on Translation*，in An Anthology of Chinese Literature，*Beginnings to* 1911，New York and London：W. W. Norton & Company，1996．

Popper，Carl R.1972.*Objective Knowledge.An Evolutionary Approach.*Oxford：Clarendon Press.

Ramírez，S. L. 2006. *From People to Place and Back Again：Back Translation as De-centering—An Andean Case Study* . Ethnohistory，53（2）．

Richards，I. A. 1953. *Towards a Theory of Translation in Arthur F. Wright*（ed. ），*Studies In Chinese Thought*. Chicago：University of Chicago Press.

Robinson，Douglas. 2006. *Western Translation Theory：from Herodotus to Nietzsche*. Beijing：Foreign Language Teaching and Research Press.

Roger，T. A. trans. *Sun-tzu：The Art of Warfare*，*the first English translation incorporating the recently discovered Yin-chue-shan texts*，*with an introduction and commentary*. New York：Ballantine Books，1993．

Rosenblatt L.M.*Writing and Reading：The Transactional Theory*（M/OL）．（2006-07-

18）.http：// www. writingproject. org/downloads/csw/TRB. pkf. 1988.

Sawyer, R. D. trans. *The Seven Military Classics of Ancient China, with a commentary.* Boulder：Westview Press, 1993.

Serjeantson, Mary S. 1935. *A History of Foreign Words in English.* London：Kegan Paul, Trench, Trubner.

Shuttleworth, Mark & Moira Cowie, 2004. *Dictionary of Translation Studies* Shanghai Foreign Language Education Press.

Steiner, George. 2001. *After Babel：Aspects of Language and Translation.* Shanghai：Shanghai Foreign Language Education Press.

Sun Tzu：The Art of War, translated and with an introduction by Samuel B. Griffith.

1963. *With a Foreword by B. H. Liddell Hart*, Oxford：the Clarendon Press.

Toury, G. 1995. *Descriptive Translation Studies and Beyond.* Amsterdam：John Benjamins.

Venuti, Lawrence. 1998. *The Scandals of English：Towards an Ethics of Difference.* London and New York：Routledge.

Waley, Arthur. 1934. *The Way and Its Power——A Study of the Tao Te Ching and Its Place in Chinese Thought.* London：George Allen & Unwin Ltd.

Werizbicka A. 1988. *The Semantics of Grammar.* John Benjamins Publishing Company.

Wilss, W.1982.*The Science of Translation：Problems and Methods.*Tubingen：Narr.

附录一

《孙子兵法》兵学术语分类及含义解读

《孙子兵法》兵学术语从一定程度上反映了春秋战国时期汉语言的发展趋势，体现了 2500 多年前中国社会的物质文化水平。

我们在综合前人成果的基础上，对《孙子兵法》的兵学术语进行了重新归纳与分类，再结合本研究的标准，参照宋本《十一家注孙子》，整理、分类、收录了 100 个术语。我们按内涵将孙子的主要兵学术语分为兵制、兵器、兵略、地形、兵技、治军等六大类，分述其主要含义及与《孙子兵法》相关的篇章出典。①

第一类系"兵制"，表示军事管理制度，包括"曲制、官道、主用、军、旅、卒、伍、分数、《军政》、大吏"等 10 个术语。

"曲制"：指军队的组织、编制等制度。首见于《计篇》："法者，曲制，官道，主用也。"此术语在《孙子兵法》之前及同时期的著作里均未出现过，系孙武自创，也没有在其后兵书里出现。②

---

① 兵学术语释义主要参照《康熙字典》《辞海》《〈孙子兵法〉辞典》《古代汉语词典》等重要辞书。

② 马连湘：《〈孙子兵法〉军事用语分析》，《长春理工大学学报》2008 年第 5 期，第 116 页。

"官道"：指军队各级将吏的职责区分与统辖管理等制度。首见于《计篇》："法者，曲制，官道，主用也。凡此五者，将莫不闻，知之者胜，不知者不胜。"系孙武自创术语。

"主用"：指军备物资、军事费用等保障、供应、调配等管理制度。首见于《计篇》："法者，曲制，官道，主用也。"系孙武自创术语。

"军、旅、卒、伍"：指军队自大到小的编制单位。见于《谋攻篇》："凡用兵之法，全国为上，破国次之；全旅为上，破旅次之；全卒为上，破卒次之；全伍为上，破伍次之。"

"分数"：指军队逐级建立的编制，便于分级而治，表示整体与局部的关系。系孙武首创术语。见于《势篇》："凡治众如治寡，分数是也。"

"《军政》"：系已知中国最早的兵书之一。见于《军争篇》："《军政》曰：言不相闻，故为金鼓；视不相见，故为旌旗。"

"大吏"：指职务低于主将的上层军官。见于《地形篇》："大吏怒而不服。"

第二类系"兵器"（含军需），表示交战双方所使用的主要兵器装备与军需物资，包括"兵、驰车、驷、革车、甲、胄、矢、弩、戟、楯、蔽橹、丘牛大车、旌旗、辎辇、距闉、委积、金鼓"等18个术语。

"兵"：《孙子兵法》主要出现了四种义项。（1）战争。见于《计篇》："兵者，国之大事，死生之地，存亡之道，不可不察也。"（2）士兵、军队。见于《计篇》："主孰有道，将孰有能，天地孰得，法令孰行，兵众孰强，士卒孰练，赏罚孰明，吾以此知胜负矣。"（3）用兵之道。见于《计篇》："兵者，诡道也。"（4）兵器。见于《作战篇》："其用战也贵胜，久则钝兵挫锐，攻城则力屈，久暴师则国用足。"

"驰车"：系由四匹马驾引的轻型战车。见于《作战篇》："凡用兵之法，驰车千驷，革车千乘，带甲十万。"

"驷"：驾驶战车的四匹马，也指战车的统称。出处同上。

"革车"：古代运载军用物资的车，出处同上。

"甲、胄、矢、弩"：表示盔甲、头盔、木箭与发箭的弓。见于《作战篇》："公家之费，破车罢马，甲胄矢弩，戟楯蔽橹，丘牛大车，十去其六。"

"戟、楯、蔽橹"：指将戈与矛合为一体的兵器、盾牌、大盾牌。出处同上。

"丘牛大车"：牛拉的辎重车辆。出处同上。

"旌旗"：军用旗帜的统称。见于《作战篇》："赏其先得者，而更其旌旗。"

"轒辒"：用于攻城的四轮车，掩护抵近城池的人员。见于《谋攻篇》："攻城之法，为不得已；修橹轒辒，具器械，三月而后成；距堙，又三月而后已。"

"距堙"：直接在敌方城池边堆土而攻城的战法。出处同上。

"委积"：物资储备。见于《军争篇》。"是故军无辎重则亡，无粮食则亡，无委积则亡。"

"金鼓"：用于指挥作战的锣鼓。见于《军争篇》。"《军政》曰：言不相闻，故为金鼓；视不相见，故为旌旗。"

第三类系"兵略"，表示国君、将领等采用的战略计谋，包括"五事七计、庙算、度、量、数、称、胜、众寡、形名、奇正、夺气、夺心、相敌、主客、政举、乡间、内间、反间、死间、生间"等 20 个术语。

"五事七计"：关于战争胜负要素的术语。"五事"见于《计篇》："道、天、地、将、法"，"七计"也见于《计篇》："主孰有道？将孰有能？天地孰得？法令孰行？兵众孰强？士卒孰练？赏罚孰明？"

"庙算"：系国君出征前制定战略筹划的术语。见于《计篇》："夫未战而庙算胜者，得算多也；未战而庙算不胜者，得算少也。"

"度、量、数、称、胜"：系衡量交战双方综合国力的几项重要指数。见于《形篇》："一曰度，二曰量，三曰数，四曰称，五曰胜；地生度，度生量，量生数，数生称，称生胜。"

"众寡"：指兵力的多少。见于《势篇》："凡治众如治寡，分数是也；斗众如斗寡，形名是也。"

"形名"：指军事实力与表现形态。出处同上。

"奇正"：本指军队方阵的队形变化，作战的变法与常法，多指用兵时一般与特殊的辩证关系。见于《势篇》："三军之众，可使必受敌而无败者，奇正是也。"

"夺气"：指挫伤士气、锐气。见于《军争篇》："故三军可夺气，将军可夺心。"

"夺心"：指动摇军心。出处同上。

"相敌"：指观察战场与敌情。见于《行军篇》："凡处军，相敌；绝山依谷，视生处高，战隆无登，此处山之军也。"

"主客"：系深入敌境与在本土作战时描述军队所处态势、情形的术语。见于《九地篇》："凡为客之道：深入则专，主人不克。"

"政举"：指战争决策。见于《九地篇》："是故政举之日，夷关折符，无通其使。"

"乡间、内间、反间、死间、生间"：五种间谍名称。见于《用间篇》："故用间有五：有乡间、有内间、有反间、有死间、有生间"；"内间者，因其官人而用之"；"反间者，因其敌间而用之"；"死间者，为诳事于外，令吾间知之，而传于敌"；"生间者，反报也"。

第四类系"地形"，表示战争时期所需考虑的重要自然环境，包括"死生之地、高陵、背丘、圮地、衢地、绝地、围地、死地、天涧、天井、天牢、天罗、天陷、天隙、通形、挂形、支形、隘形、险形、远形、散地、轻地、争地、交地、重地"等25个术语。

"死生之地"：系描述地形的术语，"死地"指不可进攻退守之地，"生地"指攻守进退自如的作战地形。见于《计篇》："兵者，国之大事，死生之地，存亡之道，不可不察也。"

"高陵"：系较险峻的山地。见于《军争篇》："高陵勿向。"

"背丘"：系背靠着有险阻的丘陵。见于《军争篇》："背丘勿逆。"

"圮地"：指难行的道路。见于《九变篇》："凡用兵之法，将受命于君，合军聚众；圮地无舍，衢地合交，绝地无留，围地则谋，死地则战，途有所不由，军有所不击。"

"衢地"：指四通八达的道路。出处同上。

"围地"：指进退不便、易被包围之地。出处同上。

"死地"：指无退路之地。出处同上。

"绝地"：指难于生存之地。见于《九地篇》："去国越境而师者，绝地也。"

"绝涧"：指周围有大山之地。见于《行军篇》："凡地有绝涧、天井、天牢、天罗、天陷、天隙，必亟去之，勿近也。"

"天井"：四周高而中央低的地形。出处同上。

"天牢"：三面环山、易进难出之地形。出处同上。

"天罗"：草木繁茂、难以接战的地方。出处同上。

"天陷"：车马难通、易陷入泥泞之地形。出处同上。

"天隙"：高山峭壁之间的狭窄地带。出处同上。

"通形"：四通八达的地方。见于《地形篇》："地形有通者，有挂者，有支者，有隘者，有险者，有远者。"

"挂形"：指前平后险、易入难出之地形。出处同上。

"支形"：交战双方皆可据险对峙、不易出兵之地形。出处同上。

"隘形"：两山峡谷之间的险要地带。出处同上。

"险形"：山川险峻、行动不便之地形。出处同上。

"远形"：交战双方扎营相距遥远之情形。出处同上。

"散地"：指诸侯在本土作战时所处之地形。见于《九地篇》："诸侯自战其地者，为散地。"

"轻地"：进入敌国境内，但尚未深入之地形。见于《九地篇》："入人之地而不深者，为轻地。"

"争地"：交战双方均有利之地形。见于《九地篇》："我得则利，彼得亦利者，为争地。"

"交地"：交战双方皆可出入之地形。见于《九地篇》："我可以往，彼可以来者，为交地。"

"重地"：深入敌国境内，并留有许多尚未攻克城池之地形。见于《九地篇》："入人之地深，背城邑多者，为重地。"

第五类系"兵技"，表示交战双方常用的具体的战术战技，包括"攻守、縻军、虚实、势、劳佚、趋战、交和而舍、掠乡、武进、走、弛、陷、崩、乱、北、火人、火积、火辎、火库、火队、费留"等 21 个术语。

"攻守"：指进攻与防守之辩证关系。见于《计篇》："攻其无备，出其不意，此兵家之胜，不可先传也。"见于《谋攻篇》："故用兵之法，十则围之，五则攻之，倍则分之，敌则能战之，少者能守之，不若则能避之。"

"縻军"：束缚、牵制军队的行动。见于《谋攻篇》："故军之所以患于君者三：不知三军之不可以进，而谓之进；不知三军之不可以退，而谓之退；是谓縻军。"

"虚实"：指兵力的多少、强弱等情形，无者为虚，有者为实；空者为虚，坚者为实。见于《势篇》："兵之所加，如以碬投卵者，虚实是也。"此术语首见于《孙子兵法》，系孙武自创。①

"势"：指军队实力的表现、使用与发挥。见于《势篇》："其势险。"

"劳佚"：指军队的疲劳与体力充沛。见于《虚实篇》："凡先处战地而待敌者佚，后处战地而趋战者劳。"

"趋战"：仓促应战。出处同上。

"交和而舍"：指两军对垒、准备战斗的状态或情形。见于《军争篇》："合军聚众，交和而舍，莫难于军争。"

---

① 吴如嵩：《〈孙子兵法〉新论》，解放军出版社 1989 年版，第 45 页。

"掠乡"：指夺取敌国的物资。见于《军争篇》："掠乡分众，廓地分利。"

"武进"：冒险进军。见于《行军篇》："兵非多益，惟无武进。"

"走"：指士兵败逃。见于《地形篇》："夫势均，以一击十，曰走。"

"弛"：将吏无能、士卒涣散的状态。见于《地形篇》："卒强吏弱，曰弛。"

"陷"：将吏虽强、士卒软弱的状态。出处同上。

"崩"：指全军溃败的情形。见于《地形篇》："大吏怒而不服，遇敌怼而自战，将不知其能，曰崩。"

"乱"：指军队混乱的状态。见于《地形篇》："将弱不严，教道不明，吏卒无常，陈兵纵横，曰乱。"

"北"：指溃败而逃跑。见于《地形篇》："将不能料敌，以少合众，以弱击强，兵无选锋，曰北。"

"火人、火积、火辎、火库、火队"：简称"五火"，指火烧对方营寨人马、粮草、辎重、仓库与运输道路。见于《火攻篇》："凡火攻有五：一曰火人，二曰火积，三曰火辎，四曰火库，五曰火队。"

"费留"：指军费的流失。见于《火攻篇》："夫战胜攻取，而不修其功者凶，命曰费留。"

第六类系"治军"，表示担任将领的素质要求与治理军队的原则，包括"智、信、仁、勇、严、五危"等 6 个术语。

"智、信、仁、勇、严"：指将领需具备的五种品德，具有智慧、诚信、仁义、勇敢与严格。见于《计篇》："将者，智、信、仁、勇、严也。"

"五危"：指将领的五种过失。见于《九变篇》："覆军杀将，必以五危，不可不察也。"

附录二

《孙子兵法》原文

《孙子兵法》版本素有"三大系统"之说，即第一是"汉简本"系统；第二是"十一家注本"系统，即宋本《十一家注孙子》，最早著录于尤袤的《遂初堂书目》，《宋史·艺文志·子部》所著录的三种《孙子》集注本，都属于这个系统；第三是"《武经七书》本"系统。

1972 年山东省临沂市银雀山汉墓同时出土了《吴孙子》与《齐孙子》竹简本，这样，孙武、孙膑的千年聚讼由此自然平息。孙子学专家推断，汉简本比最早著录《孙子兵法》的《史记》还要早百余年，因此成为研究《孙子兵法》的珍贵版本，从文献学角度考量，汉简本最逼近其祖本。传世本包括《孙子兵法》的宋代版本：一是《魏武帝注孙子》本，收在孙星衍《平津馆丛书》卷一《孙吴司马法》内，是现存《孙子兵法》的最早注本；二是《武经七书》本，原为陆氏百宋楼藏书，流入日本，今有《续古逸丛书》影印本；三是《十一家注孙子》本，今北京图书馆藏足本、残本各一，上海图书馆藏足本一。1961 年中华书局出版影印本。流传的各种本子，其底本均出于宋本体系。

当代军人兼学者郭化若注译《十一家注孙子》时，利用汉简本等重要出土文献，结合《通典》《太平御览》等传世古籍，详细校勘，文字力求追索孙武兵学思想本义，因此，代表了目前《孙子兵法》版本校勘与训诂的较高水平。我们的研究以《十一家注孙子》版本为基础展开。

第一 计 篇

孙子曰：兵者，国之大事，死生之地，存亡之道，不可不察也。故经之以五事，校之以计，而索其情：一曰道，二曰天，三曰地，四曰将，五曰法。

道者，令民与上同意也，故可与之死，可以与之生，而不畏危也。天者，阴阳、寒暑、时制也。地者，远近、险易、广狭、死生也。将者，智、信、仁、勇、严也。法者，曲制、官道、主用也。

凡此五者，将莫不闻，知之者胜，不知者不胜。故校之以计，而索其情。曰：主孰有道？将孰有能？天地孰得？法令孰行？兵众孰强？士卒孰练？赏罚孰明？吾以此知胜负矣。

将听吾计，用之必胜，留之；将不听吾计，用之必败，去之。计利以听，乃为之势，以佐其外。势者，因利而制权也。

兵者，诡道也。故能而示之不能，用而示之不用，近而示之远，远而示之近。利而诱之，乱而取之，实而备之，强而避之，怒而挠之，卑而骄之，佚而劳之，亲而离之。

攻其无备，出其不意。此兵家之胜，不可先传也。夫未战而庙算胜者，得算多也；未战而庙算不胜者，得算少也。多算胜，少算不胜，而况于无算乎！吾以此观之，胜负见矣。

第二　作战篇

孙子曰：凡用兵之法，驰车千驷，革车千乘，带甲十万，千里馈粮；则内外之费，宾客之用，胶漆之材，车甲之奉，日费千金，然后十万之师举矣。

其用战也胜，久则钝兵挫锐，攻城则力屈，久暴师则国用不足。夫钝兵、挫锐、屈力、殚货，则诸侯乘其弊而起，虽有智者，不能善其后矣。

故兵闻拙速，未睹巧之久也。夫兵久而国利者，未之有也。故不尽知用兵之害者，则不能尽知用兵之利也。善用兵者，役不再籍，粮不三载；取用于国，因粮于敌，故军食可足也。

国之贫于师者远输，远输则百姓贫。近于师者贵卖，贵卖则百姓财竭，财竭则急于丘役。力屈、财殚，中原内虚于家。百姓之费，十去其七；公家之费，破车罢马，甲胄矢弩，戟楯蔽橹，丘牛大车，十去其六。

故智将务食于敌，食敌一钟，当吾二十钟；萁秆一石，当吾二十石。

故杀敌者，怒也；取敌之利者，货也。故车战，得车十乘已上，赏其先得者，而更其旌旗，车杂而乘之，卒善而养之，是谓胜敌而益强。

故兵贵胜，不贵久。故知兵之将，民之司命，国家安危之主也。

第三　谋攻篇

孙子曰：凡用兵之法，全国为上，破国次之；全军为上，破军次之；全旅为上，破旅次之；全卒为上，破卒次之；全伍为上，破伍次之。是故百战百胜，非善之善者也；不战而屈人之兵，善之善者也。

故上兵伐谋，其次伐交，其次伐兵，其下攻城；攻城之法，为不得已。修橹轒辒，具器械，三月而后成，距闉又三月而后已；将不胜其忿，而蚁附之，杀士三分之一，而城不拔者，此攻之灾也。

故善用兵者，屈人之兵，而非战也；拔人之城，而非攻也；毁人之国，而非久也。必以全争于天下，故兵不顿，而利可全，此谋攻之法也。

故用兵之法，十则围之，五则攻之，倍则战之，敌则能战之，少则能逃之，不若则能避之。故小敌之坚，大敌之擒也。

夫将者，国之辅也，辅周则国必强，辅隙则国必弱。故君之所以患于军者三：不知军之不可以进，而谓之进；不知军之不可以退，而谓之退；是谓縻军。不知三军之事，而同三军之政者，则军士惑矣。不知三军之权，而同三军之任，则军士疑矣。三军既惑且疑，则诸侯之难至矣，是谓乱军引胜。

故知胜有五：知可以战与不可以战者胜；识众寡之用者胜；上下同欲者胜；以虞待不虞者胜；将能而君不御者胜。此五者，知胜之道也。

故曰：知彼知己，百战不殆；不知彼而知己，一胜一负；不知彼不知己，每战必殆。

第四　形　篇

孙子曰：昔之善战者，先为不可胜，以待敌之可胜；不可胜在己，可胜在敌。故善战者，能为不可胜，不能使敌之可胜。故曰：胜可知，而不可为。

不可胜者，守也，可胜者，攻也。守则不足，攻则有余。善守者，藏于九地之下，善攻者，动于九天之上。故能自保而全胜也。

见胜不过众人之所知，非善之善者也；战胜而天下曰善，非善之善者也；故举秋毫不为多力，见日月不为明目，闻雷霆不为聪耳。

古之所谓善战者，胜于易胜者也。故善战者之胜也，无智名，无勇功。故其战胜不忒；不忒者，其所措必胜，胜已败者也。故善战者，立于不败之地，而不失敌之败也。是故胜兵先胜而后求战，败兵先战而后求胜。

善用兵者，修道而保法，故能为胜败之政。兵法：一曰度，二曰量，三曰数，四曰称，五曰胜；地生度，度生量，量生数，数生称，称生胜。

故胜兵若以镒称铢，败兵若以铢称镒。胜者之战民也，若决积水于千仞之谿者，形也。

第五　势　篇

孙子曰：凡治众如治寡，分数是也。斗众如斗寡，形名是也。三军之众，可使必受敌而无败者，奇正是也。兵之所加，如以碬投卵者，虚实是也。

凡战者，以正合，以奇胜。故善出奇者，无穷如天地，不竭如江河。终而复始，日月是也。死而复生，四时是也。

声不过五，五声之变，不可胜听也。色不过五，五色之变，不可胜观也。味不过五，五味之变，不可胜尝也。战势不过奇正，奇正之变，不可胜穷也。奇正相生，如循环之无端，孰能穷之？

激水之疾，至于漂石者，势也；鸷鸟之疾，至于毁折者，节也。是故善战者，其势险，其节短。势如彍弩，节如发机。

纷纷纭纭，斗乱而不可乱也；浑浑沌沌，形圆而不可败也。

敌生于治，怯生于勇，弱生于强。治乱，数也；勇怯，势也；强弱，形也。故善动敌者，形之，敌必从之；予之，敌必取之；以利动之，以卒待之。故善战者，求之于势，不责于人，故能择人而任势。任势者，其战人也，如转木石；木石之性，安则静，危则动，方则止，圆则行。

故善战人之势，如转圆石于千仞之山者，势也。

第六　虚实篇

孙子曰：凡先处战地而待敌者佚，后处战地而趋战者劳。故善战者，致人而不致于人。能使敌人自至者，利之也；能使敌人不得至者，害之也。

故敌佚能劳之，饱能饥之，安能动之。出其所不趋，趋其所不意。行千里而不劳者，行于无人之地也。攻而必取者，攻其所不守也；守而必固者，守其所不攻也。故善攻者，敌不知其所守；善守者，敌不知其所攻。

微乎微乎，至于无形，神乎神乎，至于无声，故能为敌之司命。

进而不可御者，冲其虚也；退而不可追者，速而不可及也。故我欲战，敌虽高垒深沟，不得不与我战者，攻其所必救也；我不欲战，画地而守之，敌不得与我战者，乖其所之也。

故形人而我无形，则我专而敌分。我专为一，敌分为十，是以十攻其一也。则我众而敌寡；能以众击寡者，则吾之所与战者，约矣。吾所与战之地不可知，不可知，则敌所备者多；敌所备者多，则吾所与战者，寡矣。故备前则后寡，备后则前寡，备左则右寡，备右则左寡，无所不备，则无所不寡。寡者，备人者也；众者，使人备己者也。

故知战之地，知战之日，则可千里而会战。不知战地，不知战日，则左不能救右，右不能救左，前不能救后，后不能救前，而况远者数十里，近者数里乎？

以吾度之，越人之兵虽多，亦奚益于胜败哉？故曰：胜可为也。

敌虽众，可使无斗。故策之而知得失之计，作之而知动静之理，形之而知死生之地，角之而知有余不足之处。

故形兵之极，至于无形；无形，则深间不能窥，智者不能谋。因形而错胜于众，众不能知；人皆知我所胜之形，而莫知吾所以制胜之形。故其战胜不复，而应形于无穷。

夫兵形象水，水之形，避高而趋下；兵之形，避实而击虚。水因地而制流，兵因敌而制胜。故兵无常势，水无常形；能因敌变化而取胜者，谓之神。

故五行无常胜，四时无常位，日有短长，月有死生。

第七　军争篇

孙子曰：凡用兵之法，将受命于君，合军聚众，交和而舍，莫难于军争。军争之难者，以迂为直，以患为利。故迂其途，而诱之以利，后人发，先人至，此知迂直之计者也。

故军争为利，军争为危。举军而争利，则不及；委军而争利，则辎重捐。是故卷甲而趋，日夜不处，倍道兼行，百里而争利，则擒三军将；劲者先，疲者后，其法十一而至；五十里而争利，则蹶上军将，其法半至；三十里而争利，则三分之二至。是故军无辎重则亡，无粮食则亡，无委积则亡。

故不知诸侯之谋者，不能豫交；不知山林、险阻、沮泽之形者，不能行军；不用乡导者，不能得地利。

故兵以诈立，以利动，以分合为变者也。故其疾如风，其徐如林，侵掠如火，不动如山，难知如阴，动如雷震。掠乡分众，廓地分利，悬权而动。先知迂直之计者胜，此军争之法也。

《军政》曰："言不相闻，故为金鼓；视不相见，故为旌旗。"夫金鼓旌旗者，所以一人之耳目也；人既专一，则勇者不得独进，怯者不得独退，此用众之法也。故夜战多金鼓，昼战多旌旗，所以变人耳目也。

故三军可夺气，将军可夺心。是故朝气锐，昼气惰，暮气归。故用兵者，避其锐气，击其惰归，此治气者也。

以治待乱，以静待哗，此治心者也。以近待远，以佚待劳，以饱待饥，此治力者也。无邀正正之旗，勿击堂堂之陈，此治变者也。

故用兵之法，高陵勿向，背丘勿逆，佯北勿从，锐卒勿攻，饵兵勿食，归师勿遏，围师必阙，穷寇勿迫。此用兵之法也。

第八　九变篇

孙子曰：凡用兵之法，将受命于君，合军聚众。圮地无舍，衢地交合，绝地无留，围地则谋，死地则战。途有所不由，军有所不击，城有所不攻，地有所不争，君命有所不受。

故将通于九变之地利者，知用兵矣；将不通于九变之利者，虽知地形，不能得地之利矣。治兵不知九变之术，虽知五利，不能得人之用矣。是故智者之虑，必杂于利害。杂于利，而务可信也；杂于害，而患可解也。是故屈诸侯者以害，役诸侯者以业，趋诸侯者以利。

故用兵之法，无恃其不来，恃吾有以待也；无恃其不攻，恃吾有所不可攻也。故将有五危：必死，可杀也；必生，可虏也；忿速，可侮也；廉洁，可辱也；爱民，可烦也。凡此五者，将之过也，用兵之灾也。覆军杀将，必以五危，不可不察也。

第九　行军篇

孙子曰：凡处军相敌，绝山依谷，视生处高，战隆无登，此处山之军也。绝水必远水。客绝水而来，勿迎之于水内，令半济而击之，利；欲战者，无附于水而迎客；视生处高，无迎水流，此处水上之军也。绝斥泽，惟亟去无留；若交军于斥泽之中，必依水草而背众树，此处斥泽之军也。平陆处易，而右背高，前死后生，此处平陆之军也。凡此四军之利，黄帝之所以胜四帝也。

凡军好高而恶下，贵阳而贱阴，养生而处实；军无百疾，是谓必胜。丘陵堤防，必处其阳，而右背之。此兵之利，地之助也。上雨，水沫至，欲涉者，待其定也。

凡地有绝涧、天井、天牢、天罗、天陷、天隙，必亟去之，勿近也。吾远之，敌近之；吾迎之，敌背之。军行有险阻、潢井、葭苇、山林、蘙荟者，必谨覆索之，此伏奸之所处也。敌近而静者，恃其险也；远而挑战者，欲人之进也；其所居易者，利也。

众树动者，来也；众草多障者，疑也。鸟起者，伏也；兽骇者，覆也。尘高而锐者，车来也；卑而广者，徒来也；散而条达者，樵采也；少而往来者，营军也。辞卑而益备者，进也；辞强而进驱者，退也；轻车先出居其侧者，陈也；无约而请和者，谋也；奔走而陈兵者，期也；半进半退者，诱也。

杖而立者，饥也；汲而先饮者，渴也；见利而不进者，劳也。鸟集者，虚也；夜呼者，恐也；军扰者，将不重也；旌旗动者，乱也；吏怒者，倦也；粟马肉食，军无悬甀，不返其舍者，穷寇也。谆谆翕翕，徐与人言者，失众也；数赏者，窘也；数罚者，困也；先暴而后畏其众者，不精之至也；来委谢者，欲休息也。

兵怒而相迎，久而不合，又不相去，必谨察之。兵非多益也，惟无武进，足以并力、料敌、取人而已。夫惟无虑而易敌者，必擒于人。卒未亲附而罚之，则不服，不服则难用也。卒已亲附而罚不行，则不可用也。故令之以文，齐之以武，是谓必取。令素行以教其民，则民服；令素不行以教其民，则民不服。令素行者，与众相得也。

第十　地形篇

孙子曰：地形有通者，有挂者，有支者，有隘者，有险者，有远者。我可以往，彼可以来，曰通；通形者，先居高阳，利粮道，以战则利。可以往，难以返，曰挂；挂形者，敌无备，出而胜之；敌若有备，出而不胜，难以返，不利。我出而不利，彼出而不利，曰支；支形者，敌虽利我，我无出也；引而去之，令敌半出而击之，利。隘形者，我先居之，必盈之以待敌；若敌先居之，盈而勿从，不盈而从之。险形者，我先居之，必居高阳以待敌；若敌先居之，引而去之，勿从也。远形者，势均，难以挑战，战而不利。凡此六者，地之道也；将之至任，不可不察也。

故兵有走者，有弛者，有陷者，有崩者，有乱者，有北者。凡此六者，非天之灾，将之过也。夫势均，以一击十，曰走；卒强吏弱，曰弛；吏强卒弱，曰陷；大吏怒而不服，遇敌怼而自战，将不知其能，曰崩；将弱不严，教道不明，吏卒无常，陈兵纵横，曰乱；将不能料敌，以少合众，以弱击强，兵无选锋，曰北。凡此六者，败之道也；将之至任，不可不察也。

夫地形者，兵之助也。料敌制胜，计险轭远近，上将之道也。知此而用战者必胜，不知此而用战者必败。

故战道必胜，主曰无战，必战可也；战道不胜，主曰必战，无战可也。故进不求名，退不避罪，唯人是保，而利合于主，国之宝也。

视卒如婴儿，故可与之赴深谿；视卒如爱子，故可与之俱死。厚而不能使，爱而不能令，乱而不能治，譬若骄子，不可用也。

知吾卒之可以击，而不知敌之不可击，胜之半也；知敌之可击，而不知吾卒之不可以击，胜之半也；知敌之可击，知吾卒之可以击，而不知地形之不可以战，胜之半也。

故知兵者，动而不迷，举而不穷。故曰：知彼知己，胜乃不殆；知天知地，胜乃不穷。

第十一　九地篇

孙子曰：用兵之法，有散地，有轻地，有争地，有交地，有衢地，有重地，有圮地，有围地，有死地。诸侯自战其地者，为散地。入人之地而不深者，为轻地。我得则利，彼得亦利者，为争地。我可以往，彼可以来者，为交地。诸侯之地三属，先至而得天下之众者，为衢地。入人之地深，背城邑多者，为重地。行山林、险阻、沮泽，凡难行之道者，为圮地。所由入者隘，所从归者迂，彼寡可以击吾之众者，为围地。疾战则存，不疾战则亡者，为死地。是故散地则无战，轻地则无止，争地则无攻，交地则无绝，衢地则合交，重地则掠，圮地则行，围地则谋，死地则战。

所谓古之善用兵者，能使敌人前后不相及，众寡不相恃，贵贱不相救，上下不相收，卒离而不集，兵合而不齐。合于利而动，不合于利而止。敢问：敌众整而将来，待之若何？曰：先夺其所爱，则听矣。

兵之情主速，乘人之不及，由不虞之道，攻其所不戒也。凡为客之道：深入则专，主人不克；掠于饶野，三军足食；谨养而勿劳，并气积力；运兵计谋，为不可测。投之无所往，死且不北，死焉不得，士人尽力。兵士甚陷则不惧，无所往则固，入深则拘，不得已则斗。是故其兵不修而戒，不求而得，不约而亲，不令而信，去疑，至死无所之。吾士无余财，非恶货也；无余命，非恶寿也。令发之日，士卒坐者涕沾襟，偃卧者涕交颐。投之无所往者，诸、刿之勇也。

故善用兵者，譬如率然；率然者，恒山之蛇也。击其首则尾至，击其尾则首至，击其中则首尾俱至。敢问：兵可使如率然乎？曰：可。夫吴人与越人相恶也，当其同舟而济，遇风，其相救也如左右手。是故方马埋轮，未足恃也；齐勇若一，政之道也；刚柔皆得，地之理也。故善用兵者，携手若使一人，不得已也。

将军之事：静以幽，正以治。能愚士卒之耳目，使之无知。易其事，革其谋，使人无识；易其居，迁其途，使民不得虑。帅与之期，如登高而去其梯；帅与之深入诸侯之地，而发其机，焚舟破釜；若驱群羊，驱而往，驱而来，莫知所之。聚三军之众，投之于险，此谓将军之事也。九地之变，屈伸之利，人情之理，不可不察也。

凡为客之道：深则专，浅则散。去国越境而师者，绝地也；四达者，衢地也；入深者，重地也；入浅者，轻地也；背固前隘者，围地也；无所往者，死地也。

是故散地，吾将一其志；轻地，吾将使之属；争地，吾将趋其后；交地，吾将谨其守；衢地，吾将固其结；重地，吾将继其食；圮地，吾将进其途；围地，吾将塞其阙；死地，吾将示之以不活。

故兵之情：围则御，不得已则斗，过则从。是故不知诸侯之谋者，不能预交；不知山林、险阻、沮泽之形者，不能行军；不用乡导者，不能得地利。四五者，不知一，非霸王之兵也。夫霸王之兵，伐大国，则其众不得聚；威加于敌，则其交不得合。是故不争天下之交，不养天下之权，信己之私，威加于敌，故其城可拔，其国可隳。施无法之赏，悬无政之令，犯三军之众，若使一人。犯之以事，勿告以言；犯之以利，勿告以害。投之亡地然后存，陷之死地然后生。夫众陷于害，然后能为胜败。

故为兵之事，在于顺详敌之意，并敌一向，千里杀将，此谓巧能成事者也。

是故政举之日，夷关折符，无通其使，厉于廊庙之上，以诛其事。敌人开阖，必亟入之。先其所爱，微与之期。践墨随敌，以决战事。是故始如处女，敌人开户，后如脱兔，敌不及拒。

第十二 火攻篇

孙子曰：凡火攻有五：一曰火人，二曰火积，三曰火辎，四曰火库，五曰火队。行火必有因，烟火必素具。发火有时，起火有日。时者，天之燥也；日者，月在箕、壁、翼、轸也；凡此四宿者，风起之日也。

凡火攻，必因五火之变而应之。火发于内，则早应之于外。火发兵静者，待而勿攻；极其火力，可从而从之，不可从而止。火可发于外，无待于内，以时发之。火发上风，无攻下风。昼风久，夜风止。

凡军必知有五火之变，以数守之。故以火佐攻者明，以水佐攻者强。水可以绝，不可以夺。夫战胜攻取，而不修其功者凶，命曰费留。故曰：明主虑之，良将修之。非利不动，非得不用，非危不战。

主不可以怒而兴师，将不可以愠而致战；合于利而动，不合于利而止；怒可以复喜，愠可以复悦，亡国不可以复存，死者不可以复生。故明君慎之，良将警之，此安国全军之道也。

第十三 用间篇

孙子曰：凡兴师十万，出征千里，百姓之费，公家之奉，日费千金；内外骚动，怠于道路，不得操事者，七十万家。相守数年，以争一日之胜，而爱爵禄百金，不知敌之情者，不仁之至也，非人之将也，非主之佐也，非胜之主也。故明君贤将，所以动而胜人，成功出于众者，先知也。先知者不可取于鬼神，不可象于事，不可验于度，必取于人，知敌之情者也。

故用间有五：有因间、有内间、有反间、有死间、有生间。五间俱起，莫知其道，是谓神纪，人君之宝也。

因间者，因其乡人而用之。内间者，因其官人而用之。反间者，因其敌间而用之。死间者，为诳事于外，令吾间知之，而传于敌间也。生间者，反报也。

故三军之事，莫亲于间，赏莫厚于间，事莫密于间。非圣智不能用间，非仁义不能使间，非微妙不能得间之实。微哉微哉，无所不用间也！间事未发，而先闻者，间与所告者皆死。凡军之所欲击，城之所欲攻，人之所欲杀，必先知其守将、左右、谒者、门者、舍人之姓名，令吾间必索知之。

必索敌人之间来间我者，因而利之，导而舍之，故反间可得而用也。因是而知之，故乡间、内间可得而使也；因是而知之，故死间为诳事，可使告敌；因是而知之，故生间可使如期。五间之事，主必知之，知之必在于反间，故反间不可不厚也。

昔殷之兴也，伊挚在夏；周之兴也，吕牙在殷。故惟明君贤将，能以上智为间者，必成大功。此兵之要，三军之所恃而动也。

跋

贾岛《剑客》诗云"十年磨一剑，霜刃未曾试"，其豪迈之气溢于字里行间。诗人咏物自喻，托物言志，描述了磨炼才干的十年寒窗，抒发了施展抱负的远大理想。今天，当我再次读到这首五言律诗时，不由得想起了写作《20世纪〈孙子兵法〉英译研究》的心路历程。

本书是以我的同名博士论文为基础不断修改、提炼而成的。自从浙江大学博士毕业以来，迄今已有十个年头了。当初，我之所以选取两千多年前的诸子典籍《孙子兵法》为研究对象，一是因为中学生时代我就特别喜爱"知彼知己，百战不殆""不战而屈人之兵，善之善者也""攻其不备，出其不意"这样充满了智慧的名言警句，大学时代偶然翻阅了徐忠杰教授的《词百首英译》，初次领略到中国传统诗词译成英语的魅力，犹如发现一个新世界，我不禁陶醉于宋词英译的殿堂，也许那时就播下了未来要致力于汉英翻译研究的种子；二是因为自己从事的第一份职业是外事工作，我品尝了文化摆渡人——译者的酸甜苦辣，深知翻译对促进东西方文化交流的重要价值与非凡意义。诸多因缘巧合，我确立了自己在科研道路上的主攻方向——典籍英译研究。

"阅读—思考—写作"是我读博数年的常态化模式，其间虽然充满了挑战与艰辛、困惑与彷徨，但也欣喜地经历了极具诱惑且不断励志的提升、锤炼过程，因而成为我人生弥足珍贵的一笔精神财富。

回顾自己的成长历程，我总是在源源不断地接受很多很多的帮助与支持，油然而生很多很多的感激与感恩之情。

借此机会，我要特别感谢我的导师吴国良教授。吴老师渊博的学识、丰富的阅历、风趣的谈吐给我留下了难忘的印象。他在我博士论文的选题、构思、写作、审订、答辩等环节悉心指导，倾力相助，虽事隔经年，却依然历历在目。

我要感谢在浙江大学读博期间给我传道解惑的诸位老师：殷企平教授、陈刚教授、沈弘教授、吴宗杰教授、庞继贤教授、许力生教授、马博森教授、高奋教授，他们引人入胜的授课激发了我的学术兴趣，拓展了我的研究视野，丰富了我的精神世界。

我还要特别感谢家人们给我的有力支持。感谢我的父母亲，是他们让我保持不断追求卓越的无穷动力！

我要感谢大学同窗挚友卢锡光律师，在我写作进入关键阶段，缺乏重要文献时，远在北京的他以最快的速度帮我复印并寄来了国家图书馆馆藏的《孙子兵法》最早英译本，解了我的燃眉之急。

我继续在翻译学领域里心无旁骛，潜心耕耘，并取得了一些科研成果：接连获得了浙江省社科规划办课题、浙江省社科联课题、杭州市社科规划办课题，还在《中国翻译》、《外国语》、《外语教学理论与实践》、《浙江社会科学》、《翻译学报》（香港中文大学主办）等核心学术期刊上发表了多篇翻译学论文。特别欣慰的是，2014 年 6 月《20 世纪〈孙子兵法〉英译研究》被立为国家社科基金项目，我明白了"天道酬勤"的真正含义！

为此，我要衷心感谢国家社科规划办给予了我基金的资助；感谢多位匿名评审专家提出了宝贵的修改意见与建议，使我能够在喧嚣繁华的世界里静下心来，吸纳《孙子兵法》英译研究的最新成果，用心打磨书稿，丰富完善相关的核心章节。

刘勰《文心雕龙》云："方其搦翰，气倍辞前；暨乎篇成，半折心始。

何则？意翻空而易奇，言徵实而难巧也。是以意授于思，言授于意，密则无际，疏则千里。"这里作者不仅提出了气、言、意三者如何协调至善的问题，而且同时也深刻揭示了峰回路转的写作旅程，描绘了复杂多变的智力挑战。实际上，这同样是人文科研工作者不辞辛劳、勤于笔耕的真实写照。

解读现代欧洲哲人如海德格尔的名言"语言系存在之家"、伽达默尔的警句"世界自身在语言中得以表现，不存在语言之外的自在世界"、维特根斯坦的论点"我语言之界限即我世界之界限"，无不说明了"语言之外无世界"的共识。由此，我们认为，言者与译者携手参与了意义的创造，一起参与了意义的"在场"解译。无论是率性感悟，还是理性传译，无论是东西文化的传播，还是中西文明的互鉴，都需要语际翻译。于是，《孙子兵法》凭藉英语翻译突破了汉语疆域，走向了更加宽广的异域文化体系，为人类文明作出更大的贡献。

我也衷心感谢人民出版社的编辑们，他们积极负责、耐心细致的辛勤付出，使我这部"十年磨一剑"的书稿正式付梓成书。

鉴于本书宏大叙事，涉及学科众多，作者学识有限，能力不逮，书内难免有疏漏之处，敬请方家不吝批评指正。

裘禾敏

2022 年 3 月于杭州西溪

责任编辑:陈寒节

封面设计:徐　晖

图书在版编目(CIP)数据

20世纪《孙子兵法》英译研究/裘禾敏 著. —北京:人民出版社,
　2022.7

ISBN 978-7-01-022913-3

Ⅰ.①2… Ⅱ.①裘… Ⅲ.①《孙子兵法》-英语-翻译-研究

　Ⅳ.①E892.25

中国版本图书馆 CIP 数据核字(2020)第 257646 号

20 世纪《孙子兵法》英译研究

20 SHIJI SUNZI BINGFA YINGYI YANJIU

裘禾敏　著

人民出版社出版发行

(100706　北京市东城区隆福寺街 99 号)

天津文林印务有限公司印刷　新华书店经销

2022 年 7 月第 1 版　2022 年 7 月北京第 1 次印刷

开本:710 毫米×1000 毫米 1/16　印张:23.5

字数:363 千字

ISBN 978-7-01-022913-3　定价:95.00 元

邮购地址:100706　北京市东城区隆福寺街 99 号

人民东方图书销售中心　电话:(010)65250042　65289539

版权所有·侵权必究

凡购买本社图书,如有印刷质量问题,我社负责调换。

服务电话:(010)65250042